PÄDAGOGIK BEI GEISTIGER BEHINDERUNG UND VERHALTENSAUFFÄLLIGKEITEN

Ein Kompendium für die Praxis

von

Georg Theunissen

3., stark erweiterte und überarbeitete Auflage

KLINKHARDT

2000

JULIUS KLINKHARDT • BAD HEILBRUNN / OBB.

Die Deutsche Bibliothek – CIP-Einheitsaufnahme

Theunissen, Georg:
Pädagogik bei geistiger Behinderung und Verhaltensauffälligkeiten :
ein Kompendium für die Praxis /
von Georg Theunissen. –
3., überarb. Aufl.. – Bad Heilbrunn / Obb. : Klinkhardt, 2000.
(Prävention – Integration – Rehabilitation ;
Eine Studienbuchreihe zur Heil- und Sonderpädagogik)
ISBN 3-7815-1094-8

2000.7.li.
Gesamtherstellung:
Friedrich Pustet, Regensburg
Printed in Germany 2000
Gedruckt auf chlorfrei gebleichtem alterungsbeständigem Papier
ISBN 3-7815-1094-8

INHALTSVERZEICHNIS

Vorwort zur ersten Auflage

Seit einiger Zeit klagen immer mehr Pädagogen, Helfer und auch Eltern, die mit geistig behinderten Menschen zusammenleben und zusammenarbeiten, über die Zunahme von psychischen Störungen oder Verhaltensauffälligkeiten. Einige Fachleute, insbesondere Repräsentanten der traditionellen Behindertenhilfe, Anstaltsfürsorge und Psychiatrie, betrachten dies als ein Ergebnis der Normalisierung und artikulieren Vorbehalte gegenüber dem modernen Weg der gesellschaftlichen Integration. Manche führen den allgemeinen gesellschaftlichen Wertewandel, den Verfall „guter" Sitten, Unsicherheiten in der Erziehung sowie Entwicklungen der modernen Gesellschaft ins Feld der Diskussion; und sie nehmen an, daß dies alles den Umgang mit geistig behinderten Menschen erheblich belaste. Aber auch die behinderten Menschen selbst seien dadurch zusehends irritiert, verunsichert und in der Entwicklung geeigneter Bewältigungsformen überfordert.

Andere Fachleute wiederum argumentieren aus einer ganz anderen Perspektive, indem sie auf den Konzeptwandel in der Behindertenarbeit aufmerksam machen und überzeugend aufzeigen, daß früher im Zuge der Psychiatrisierung der Versorgung und Heilpädagogik psychische Störungen bei geistig behinderten Menschen als behinderungsspezifische, personinhärente Merkmale ausgelegt und durch Medikalisierung und Zwangsmaßnahmen verdeckt oder im Keime erstickt wurden. Heute sei man dagegen dank einer fortschrittlichen, autonomiefördernden Behindertenpädagogik gegenüber Verhaltensauffälligkeiten und psychosozialen Belastungen bei Menschen mit geistiger Behinderung weitaus sensibler geworden, weswegen eine intensive Beschäftigung mit dieser Thematik eingesetzt habe.

Wir könnten an dieser Stelle nun noch weitere Argumente anführen, doch sollen die Ausführungen einmal genügen, um die Brisanz und Komplexität des Themas anzudeuten. Tatsache ist, daß Verhaltensauffälligkeiten bei geistig behinderten Menschen ein Problem darstellen und Fachwissenschaft und Praxis herausfordern. Gelingt es in absehbarer Zeit nicht, ein präventives und tragfähiges Konzept psychosozialer Hilfe wirksam werden zu lassen, droht die Gefahr des Zusammenbruchs der integrativen Bemühungen und letztlich des Scheiterns fortschrittlicher Behindertenarbeit. Erste Anzeichen gibt es bereits, wo Pädagogen dem Problem hilflos gegenüberstehen und das „Heil" in der Psychotherapie suchen. Immer lauter wird auch der Ruf nach „mehr Psychiatrie" – eine Tendenz, die von klinisch ausgebildeten und denkenden Menschen voll unterstützt wird. Diese Entwicklung erweckt auf den ersten Blick den Eindruck, die Behindertenpädagogik sei weder imstande noch bereit, Verantwortung zu tragen, weswegen sie dazu neige, spezifische Erziehungs- oder Verhaltensprobleme an andere Institutionen oder Disziplinen zu überantworten.

Kritisch muß eingeräumt werden, daß die herkömmliche (außerschulische) Heilpädagogik tatsächlich diese Ansicht befördert hat. Sie hat sich bis heute originären pädagogischen Aufgaben kaum gestellt, ihren Auftrag als erziehungswissenschaftlich verortete Disziplin nicht ernst genommen und sich weitgehend dem klinischen Denk- und Handlungsmodell verschrieben. Soll dieser drohende Ausverkauf der Pädagogik gestoppt werden, ist die Entwicklung einer weitreichenden behindertenpädagogischen Konzeption für die Arbeit mit verhaltensauffälligen geistig behinderten Menschen unabdingbar.

Genau an dieser Stelle setzt die vorliegende Schrift an, die den Versuch darstellt, diese augenfällige Lücke zu schließen. Sie paßt nahtlos in die Reihe unserer bisherigen Arbeiten und stellt eine wesentliche – von vielen Pädagogen lang ersehnte – Ergänzung, ja Bereicherung dar, indem sie die in „Wege aus der Hospitalisierung" (Theunissen 1994a) und in „Psychische Störungen bei geistig Behinderten" (Lingg/Theunissen 1993) entwickelten pädagogischen Vorstellungen aufgegriffen und zu einem detaillierten, praxisnahen Handlungskonzept für Pädagogen weiterentwikkelt und aufbereitet hat. Darin liegt wohl die Einmaligkeit dieser Schrift, die mit einer „verstehenden" Problemsicht und Handlungsperspektive aufzeigen und dokumentieren soll, daß es sehr wohl pädagogische Konzepte gibt, die im Umgang mit Verhaltensproblemen oder psychosozialen Krisen von Menschen mit geistiger Behinderung tragfähig sein können. Insofern braucht sich die Behindertenpädagogik nicht hinter der psychologischen Therapie oder Psychiatrie zu verstecken. Im Gegenteil: sie sollte mehr fachliches Selbstbewußtsein demonstrieren und sich offensiv und kooperativ für die Interessen von geistig behinderten Menschen mit Verhaltensauffälligkeiten einsetzen. Dabei sollte sie die interdisziplinäre Zusammenarbeit nicht scheuen und ihren Beitrag in die Fachdiskussion einbringen. Die Kooperation mit Psychotherapie oder Psychiatrie steht damit außer Frage, sie ist vielmehr ein wesentlicher und notwendiger Bestandteil im System der psychosozialen Hilfe. Da wir darauf in unserer Schrift „Psychische Störungen bei geistig Behinderten" schon intensiv eingegangen sind, haben wir dieses Thema nicht erneut aufgegriffen, sondern setzen es als bekannt voraus. Stattdessen wurde eben das vertieft, was bislang zu kurz gekommen ist: das pädagogische Aufgabenfeld und Konzept.

Mein Dank gilt all jenen, die Teile der vorliegenden Schrift kritisch durchgesehen und mich zur Veröffentlichung ermutigt haben, vor allem meinen Mitarbeiterinnen Frau Dr. Melitta Stichling und Frau Dr. Kerstin Ziemen sowie Herrn Prim. Dr. Albert Lingg (Rankweil/Österreich) und Frau Birgit Garlipp (Landesverband der Lebenshilfe Sachsen-Anhalt). Bedanken möchte ich mich auch bei Frau Claudia Hoffmann und unserer Sekretärin Frau Brigitte Ehrhardt für die Schreibarbeiten.

Zum Schluß noch eine Anmerkung: Der Einfachheit halber wird zumeist die männliche Schreibweise angewandt (Pädagoge, Therapeut...), gemeint sind jedoch auch immer Personen weiblichen Geschlechts.

Georg Theunissen Halle, April 1995

Vorwort zur zweiten Auflage

Angesichts des raschen Verkaufs der ersten Auflage des Buches „Pädagogik bei geistiger Behinderung und Verhaltensauffälligkeiten" ist anzunehmen, daß das Thema sehr aktuell ist. In der Tat lassen Reaktionen aus der Praxis darauf schließen, und es hat uns gefreut, daß unsere Abhandlung so positive Resonanz gefunden hat.

Die zweite Auflage des Buches erscheint nun in einer neu eingerichteten Fachbuchreihe, die unter besonderer Berücksichtigung spezieller, disziplinrelevanter Fragestellungen in verschiedene rehabilitationspädagogische Fachrichtungen einführen soll.

Das hat uns dazu veranlaßt, die erste Auflage praxisorientiert zu überarbeiten und zu erweitern. Neu aufgenommen wurde ein einführendes Kapitel über *geistige Behinderung*, um unser (kritisches) fachliches Selbstverständnis zu dokumentieren. An dieser Stelle danke ich meinen Mitarbeiterinnen Frau Dr. Melitta Stichling und Frau Dr. Kerstin Ziemen, die diesen Beitrag durchgesehen, mit mir diskutiert und anregende Rückmeldungen gegeben haben. Darüber hinaus wurde der anschließende Theorieteil präzisiert und stellenweise neu verfaßt. Auch die pädagogische Konzeption erfuhr leichte Veränderungen, indem einige Abschnitte für eine pragmatische Vorgehensweise umstrukturiert wurden. Abgerundet wird die zweite Auflage durch ein neu hereingenommenes Kapitel über *Pädagogische Hilfen für den Unterricht mit geistig behinderten und verhaltensauffälligen Schülern,* welches in enger Anlehnung an einem mit Melitta Stichling gemeinsam verfaßten Artikel aus der Zeitschrift „Geistige Behinderung" (1/1997) zusammengestellt wurde. Mein Dank gilt hier meiner Kollegin sowie Frau Regina Humbert (Bundesvereinigung Lebenshilfe e.V.) für die Druckerlaubnis. Bedanken möchte ich mich aber auch bei Frau Milly Aßmann (Rehabilitationspädagogin) für die Mitwirkung bei der Aufbereitung psychosozialer Kompetenzen von Menschen mit geistiger Behinderung und bei unserer Mitarbeiterin Frau Dipl.-Päd. Claudia Hoffmann, die freundlicherweise die Korrekturarbeiten, die redaktionelle Überarbeitung und Erstellung der neuen Druckvorlage übernahm.

Der Einfachheit halber wurde auch in dieser Schrift die männliche Schreibweise (Pädagoge, Erzieher...) angewandt, gemeint sind hiermit stets auch Personen weiblichen Geschlechts.

Georg Theunissen — Halle, im Januar 1997

Vorwort zur dritten Auflage

Der gute Verkauf auch der zweiten Auflage des vorliegenden Kompendiums ging unvermindert weiter. Ebenso positiv war und ist das Echo vieler Leserinnen und Leser in bezug auf die hier vorgestellten Konzepte und Empfehlungen für die Praxis. Daher hätte es wohl bei einer unveränderten dritten Auflage keine Einwände gegeben. Trotzdem hielt ich es für wichtig, unsere Arbeit noch einmal durchzusehen, stellenweise zu verbessern und zu erweitern.

Zum einen wurden einige Korrekturen und der Lesbarkeit halber kleine stilistische Verbesserungen vorgenommen. Zum anderen wurden neueste einschlägige Fachbeiträge berücksichtigt und dort, wo es uns notwendig erschien, eingearbeitet. Erweitert wurde auch der synoptische Überblick der pädagogisch-therapeutischen Verfahren durch die Methode der *Validation,* durch den Ansatz der *Unterstützten Kommunikation* sowie durch Überlegungen zu einer *neuropsychologisch* und *‚verhaltensphänotypisch' orientierten Förderung und Therapie.*

Ferner habe ich mit Blick auf die an der Praxis interessierten Leserinnen und Leser einen *Leitfaden zur Individuellen Zukunftsplanung* sowie einen Erfahrungsbericht über die Arbeit der pädagogisch-therapeutischen Beratungsstelle der Behinderteneinrichtung „Schloß Hoym “(Sachsen-Anhalt) mit in die Neuauflage aufgenommen; und darüber hinaus war ich bemüht, die vorliegende Schrift mit meinen beiden neuen „Standardwerken der Heilpädagogik“ abzustimmen. So befaßt sich die Monographie „Wege aus der Hospitalisierung“ (1999) ausführlich mit der Theorie und Praxis des Empowerment-Konzepts; und das mit Albert Lingg verfaßte Lehrbuch „Psychische Störungen und geistige Behinderung“ (2000) konzentiert sich auf psychiatrische Grundlagen, psychotherapeutische Ansätze sowie auf Konzepte Sozialer Arbeit. Durch diese Abstimmung konnten unnötige Überschneidungen oder Wiederholungen vermieden werden – ein Gewinn, den sicherlich auch die Leserschaft meiner Bücher zu schätzen weiß.

Bedanken möchte ich mich bei allen, die das vorliegende Buchprojekt unterstützt haben: bei Frau Yvonne Eim und Frau Anne Pirl für die spontane Bereitschaft zur Mitarbeit, bei Albert Lingg für die Anregungen aus sozialpsychiatrischer Sicht, bei Melitta Stichling für die Mitwirkung an den „Anregungen für den Unterricht“, bei Birgit Garlipp für die ermutigende Ko-Reflexion und schließlich bei Frau Wiebach für die Korrekturarbeiten und sorgfältige Erstellung der Druckvorlage sowie bei Herrn Klinkhardt für die unkomplizierte Zusammenarbeit.

Georg Theunissen — Halle, April 2000

1. Geistige Behinderung – Begriff und Theorieentwicklung

1.1 Einleitende Bemerkungen

Gegen Ende der 50er Jahre wurde von der Elternvereinigung „Lebenshilfe“ der Begriff *geistige Behinderung* in die fachliche Diskussion eingebracht. Zwei Aspekte standen dabei im Vordergrund: Zum einen wollte man Anschluß finden an die Terminologie im angloamerikanischen Sprachraum (mental handicap; mental retardation), zum anderen sollten Begriffe abgelöst werden, die bis dahin als ausgesprochen negative Stigmata geläufig waren, z.B. „Schwachsinn“, „Blödsinn“, „Idiotie“ und „Oligophrenie“. Seitdem hat der Begriff „geistige Behinderung“ nicht nur in pädagogisch orientierten Fachkreisen, sondern auch in anderen Disziplinen und Bereichen (z.B. Sozialgesetzgebung; Behindertenpolitik) weite Verbreitung gefunden.

Trotz dieser Entwicklung gibt es aber bis heute keine einheitliche Beschreibung oder Kennzeichnung des als „geistig behindert“ definierten Personenkreises. Im Gegenteil: es ist festzustellen, daß sich Auffassungen über geistige Behinderung zum Teil erheblich unterscheiden und daß es ein breites Spektrum verschiedener Definitionen, Theorien und Ansätze gibt, die eine begriffliche Interpretation und Konsensfindung erschweren, ja teilweise verunmöglichen. Schon das Adjektiv „geistig“ weist auf Verständigungsschwierigkeiten und semantische Probleme hin (vgl. Thalhammer 1977, 36f.; Speck 1999a, 39). Betrachtet man „Geist“ als die dem menschlichen Denken zugrunde liegende Kraft (vgl. Buchner 1973, 539), so kann dieser eigentlich nicht behindert sein. Setzt man dagegen „Geist“ mit Intelligenz, intellektuellen Leistungen oder kognitiven Funktionen weitgehend gleich (vgl. Dörner/ Plog 1994, 70), so kann allzu leicht die Komplexität von geistiger Behinderung aus dem Blick geraten (vgl. auch Fröhlich 1994, 37).

Problematisch ist der Begriff „Behinderung“ allein aus der Wortbedeutungslehre heraus: „Der etymologische Befund zeigt: Behinderung ist das Einschränken des individuellen Bewegungsraumes eines Menschen durch das Einwirken anderer (z.B. am Vorwärtsgehen hindern, durch Festhalten, Hindernisse o. ä. jemanden den Weg versperren, G. T.) und – das ist besonders bedeutsam – gegen den Willen des betroffenen Menschen“ (Klein 1994, 82).

Behinderung als Wertbegriff mißt sich stets an dem, was als „normal" wahrgenommen und beschrieben wird: „Ein Mensch, der erwarteten Normen nicht entspricht, wird durch eine bequeme Eliminierungspraxis in seinem Entfaltungs-, Handlungs- und Bewegungsspielraum eingeengt und ins gesellschaftliche Ghetto gedrängt" (ebd., 82). Insofern ist der Begriff „geistige Behinderung" kein objektiver Tatbestand (vgl. auch Mercer 1973, 22f.); vielmehr handelt es sich hierbei um ein soziales Zuschreibungskriterium, um ein subjektives Werturteil, weswegen es präzise(r) wäre, nicht (wie häufig der Einfachheit halber) von „Menschen mit geistiger Behinderung" zu sprechen, sondern von Kindern, Jugendlichen oder Erwachsenen, die als geistig behindert *bezeichnet* (etikettiert) werden. Hinzu kommt der stigmatisierende Charakter des Begriffs, was zur Frage führt, ob „geistige Behinderung" als Leitterminus überhaupt Sinn macht. Einige Fachleute (z.B. Feuser 1979, 272; 1996) wie auch viele Betroffene, d.h. Menschen, die als behindert bezeichnet werden (vgl. Saal 1992), halten derlei Begriffe grundsätzlich für überflüssig, da sie in der augenfälligen Gefahr stehen, Segregation, Aussonderung, Besonderung und Isolation zu befördern und damit den Betroffenen womöglich mehr schaden als nutzen. Entsprechende Initiativen gegen stigmatisierende Bezeichnungen und Logos sind im westlichen Ausland (z.B. USA, Kanada, Großbritannien, Holland, Schweden, Dänemark) schon seit Anfang der 70er Jahre zu beobachten; deutlichen Ausdruck finden sie in der *Self-Advocacy Movement* von Menschen, die als lern- oder geistig behindert gelten (vgl. Knust-Potter 1994; 1998; Miller/Keys 1996). „Es ist ein Zeichen der Bedeutung der Self Advocacy Bewegung, daß sie erreicht hat, ein Label abzuschaffen, das viele Betroffene als stigmatisierend und mit einer bestimmten Vergangenheit und Unterdrückung verbinden. Aufgrund jahrelanger, zäher landesweiter Aktivitäten ist die Bezeichnung ‚mentally handicapped' zugunsten der von den Betroffenen favorisierten Bezeichnung ‚people with learning difficulties' bzw. ‚people with learning disabilities' verändert worden" (Knust-Potter 1994, 206). Inzwischen haben diese neuen Leitbegriffe auch in der internationalen Fachwelt Resonanz gefunden, wenngleich gesehen werden muß, daß ein „Etikettenwechsel" allein noch kein Garant für eine Nicht-Aussonderung betroffener Menschen ist (vgl. Speck 1999a, 40f.). Hierzulande hat die Auseinandersetzung mit dieser von Betroffenen aus initiierten Entstigmatisierungskampagne gerade erst begonnen. Im Moment gehen große Teile der Fachwissenschaft davon aus, daß die Zeit zum Verzicht auf den Behinderungsbegriff angesichts eklatanter Hemmnisse in bezug auf eine gesellschaftliche Integration aller als behindert etikettierten Menschen noch nicht gegeben sei (vgl. auch Mühl 1991, 24f.). So unbefriedigend der Begriff der „geistigen Behinderung" auch ist, so wichtig sei er „letztlich als Hilfsetikette für eine halbwegs praktikable Verständigung" (Speck 1999a, 42), um nicht nur in fachlicher Hinsicht, sondern vor allem auch auf bildungs- und sozialpolitischem Gebiete Fortschritte im Interesse geistig behinderter Menschen zu erzielen.

Die Orientierung an einem Leitbegriff zur Durchsetzung der Betroffenen-Perspektive verlangt freilich eine permanente kritische Begriffsreflexion und schließt die Suche nach Alternativen bzw. neuen Verständigungsmöglichkeiten nicht aus. Betroffene aus dem westlichen Ausland führen uns vor, daß Veränderungen möglich sind. Ob zukünftig anstelle von „geistiger Behinderung" von „Lernbeeinträchtigungen" oder „Lernschwierigkeiten" gesprochen werden sollte, sei einmal dahingestellt. Baroff (1999) hält es in dem Falle für wichtig, spezifische „Lernprobleme" im Auge zu behalten, die bei Menschen, die als „lernbeeinträchtigt" bezeichnet werden, unterschiedlich zum Tragen kämen, so z.B. (partielle) Lernstörungen oder Lernschwierigkeiten beim Erwerb von Kulturtechniken (z.B. bei „lernbehinderten" Schülern); Lernblockaden, Lernhemmungen i.S.e. verzögerten Lernens (sog. „slow learner"); soziale Anpassungsprobleme (bei Menschen mit geistiger Behinderung i.e.S.); partielle Lernprobleme bei Kindern und Jugendlichen mit Wahrnehmungsstörungen, „Aufmerksamkeitsdefizitsyndrom" oder MCD (vgl. zu diesen Klassifikationsfragen auch Siegel 1999, 305f.). Denn die meisten Autoren, die „geistige Behinderung" als Orientierungsbegriff verwenden, verstehen darunter ein komplexes Phänomen, das nicht allein durch „Lernprobleme" abgedeckt werden kann. Das heißt nun aber nicht, auf eine Einführung neuer Beschreibungen oder auf Weiterentwicklungsversuche zu verzichten. Ganz im Gegenteil: Angesichts der zahlreichen Mißverständnisse, Ungereimtheiten und stigmatisierenden Effekte, die der Begriff der geistigen Behinderung impliziert, muß eine fortschreitende Auseinandersetzung mit dieser Begrifflichkeit statthaben mit dem Ziel, daß eines Tages auf jegliche Etikettierung verzichtet werden kann. Genau an dieser Stelle setzt unser Beitrag an, der im Anschluß an eine kritische Diskussion „problematischer Begriffsbestimmungen" die Suche nach einem wegweisenden Verständnis von „geistiger Behinderung" zu befördern versucht. Dabei ist es uns nicht um die Präsentation einer weiteren Definition oder gar neuen Theorie zu tun, unsere Absicht besteht lediglich in dem Bemühen, auf vergessene Zusammenhänge, Widersprüche und einseitige Begriffsauslegungen und deren Konsequenzen aufmerksam zu machen, um Perspektiven einer subjektzentrierten und kontextorientierten Betrachtung des Phänomens aufzuzeigen. Insofern haben unsere Überlegungen vorläufigen und skizzenhaften Charakter, die zum Nachdenken sowie zur Weiterarbeit einladen sollen.

1.2 Definitionsansätze, Beschreibungsversuche und Sichtweisen

Wirft man einen Blick auf das breite Spektrum an Definitionen oder Aussagen über „geistige Behinderung", so stößt man über alle Differenzierungen hinweg auf fünf z.T. veraltete und problematische Sichtweisen, die bis heute miteinander konkurrieren und politisch wie auch handlungspraktisch in mehr oder weniger starkem Maße wirksam sind:

- **Zur psychiatrisch-nihilistischen Sichtweise**

Dem historisch ältesten Definitionsansatz begegnen wir in der (deutschsprachigen) Psychiatrie. Bereits 1803 wurde von Reil eine „Dreiteilung des Blödsinns" vorgenommen, an deren Struktur bis heute weitgehend festgehalten wird: „Der *erste Grad* ist am schwersten zu bestimmen, weil er eine Demarkationslinie zwischen gesundem Menschenverstand und anfangenden Blödsinn voraussetzt ... Der *mittlere Grad* ist von beiden Endpunkten gleich weit entfernt. Der Kranke ist nicht ganz sinnlos, sondern faßt noch die einfachsten Begriffe, doch er ist zu den gemeinsten Geschäften unfähig, wenn sie nicht ganz mechanisch abzumachen sind ... In dem *äußersten Grade* des Blödsinns ... fehlen alle Wahrnehmungen der Sinne ... Der Kranke hört ein wildes Geräusch, aber überall keinen verständlichen Ton ... Seine Seele ähnelt einem Spiegel, in welchem sich ein totes Bild der Welt abprägt. Er ist ohne Begriffe, Urteile, Gefühle, Leidenschaften, also auch ohne Triebe und Willen. ... Der Kranke bewegt sich entweder äußerst träge oder gar nicht... Kurz, er lebt zwar, weil er vegetiert, aber außer dieser ganz allgemeinen Funktion des Organismus ... ist weiter kein Charakter der Tierheit vorhanden" (413ff.).

An anderer Stelle haben wir dazu kritisch Stellung genommen (Theunissen 1999a, 47ff.). Hier sei nur erwähnt, daß führende Lehrbücher der Psychiatrie heute noch ähnlich argumentieren, wenn sie Oligophrenie (Schwachsinn) als (psychiatrische) Krankheit definieren und auf der Grundlage eines IQ-bezogenen Klassifikationssystems zwischen *Debilität* als leichteste Form geistiger Behinderung, *Imbezillität* als mittlerer Grad geistiger Behinderung und *Idiotie* als eine sehr schwere geistige Behinderung unterscheiden (vgl. Weitbrecht/Glatzel 1979, 151; Bleuler 1983, 588f.; Naske 1987, 85; Haring 1996, 216, 211; Frank 1993, 188; Möller 1994, 366; Huber 1994, 556; Vetter 1995, 50ff.). Uns interessieren an dieser Stelle vor allem die Aussagen über „Idiotie", weil hier ein ausgesprochen nihilistisches und statisches Bild über Menschen mit geistiger Behinderung verbreitet wird. Stellvertretend für die o.g. Schriften behauptet z.B. Huber (1994, 556), daß bei schweren Oligophrenien „völlige Bildungsunfähigkeit sowie Pflege- und/-oder Anstaltsbedürftigkeit" bestehe. „Bis zu einem IQ von 50" – so Haring (1989, 211) – „können partielle Begabungen durch Schule und Ausbildung noch gefördert werden. Unterhalb dieser Grenze ist die organische Schädigung bestimmend, die Störung läßt sich durch pädagogische und medizinische Maßnahmen nicht mehr beeinflussen. Es bleibt nur noch die Pflege der Kranken ... Etwa 1 % aller schulpflichtigen Kinder können wegen Oligophrenie nicht eingeschult werden". Derlei Aussagen entbehren jeglicher wissenschaftlichen Dignität, da sie vor dem Hintergrund praktischer Erfahrungen und theoretischer Einsichten eindeutig widerlegt worden sind (vgl. Theunissen 1999a; Wedekind u.a. 1994; Höss/Goll 1986; Gromann-Richter 1991; Jantzen/Lauwer-Koppelin 1996). Überdies wurde (schon) vor über 20 Jahren in der alten Bundesrepublik die Schulpflicht für *alle* weitgehend eingeführt (vgl. Speck 1999a, 30; Ellger-Rüttgart 1995, 41). Anscheinend ist dies nur von wenigen eher sozial-psychiatrisch oder pädiatrisch orientierten Fachleuten aus dem Lager der Medizin zur Kenntnis genommen worden (vgl. zusammenfassend Theunissen 1999a, 52ff.; vgl. auch die bemerkenswerten Unterschiede in Tölle 1985 und 1990 in bezug auf Aussagen über „Idiotie"). Welche Folgen die psychiatrisch-nihilistische Position für die Praxis und Sozialpolitik haben kann, zeigen die Diskussionen um Enthospitalisierung und gesellschaftliche Integration geistig schwer und mehrfachbehinderter Menschen aus psychiatrischen oder klinisch orientierten Anstalten sowie der Streit um die Pflegeversicherung im Zusammenhang mit dem Recht auf Eingliederungshilfe. Einige Kostenträger haben anscheinend (wieder) den geistig schwer behinderten Menschen als „Pflegefall" entdeckt (vgl. Theunissen 1999a, 69ff.) – finden sie doch hierzu zur Genüge „wissenschaftliche" Belege (Bestätigung) in bekannten Lehrbüchern der Psychiatrie. Ebenso betroffen macht uns darüber hinaus die Tatsache, daß dieses dominant nihilistische Menschenbild nicht nur im Medizinstudium, sondern auch in der Ausbildung von Heil-Hilfsberufen (Krankenpflege; Beschäftigungstherapie) als wissenschaftliche Lehrmeinung dargestellt und propagiert wird (besonders bezeichnend ist hierzu das Buch von Vetter 1995).

Auch im Bereich der schulischen Bildung und Erziehung geistig behinderter Kinder und Jugendlicher lassen sich schwerwiegende Folgen ausmachen. Obwohl sich die Schule für geistig Behinderte unabhängig von der Schwere der Behinderung (oder der Pflegebedürftigkeit) der Kinder und Jugendlichen für alle geöffnet hat, werden immer noch geistig schwerstbehinderte Kinder vom Schulbesuch „vorübergehend befreit" oder ganz ausgeschlossen, weil Ärzte ihnen „Schulbildungsunfähigkeit" bescheinigt haben.

• Zur heilpädagogisch-defizitorientierten Sicht

Sprachlichen Entwertungsprozessen, negativen Beschreibungen und defizitorientierten Aussagen über Menschen mit geistiger Behinderung begegnen wir aber nicht nur innerhalb der Psychiatrie, sondern sehr wohl auch in der Heilpädagogik, vor allem in der älteren Fachliteratur (vgl. Heller 1925, 29; Hanselmann 1976, 109ff.; vgl. auch Busemann 1963, 407; Buytendijk 1967, 276). Auch wenn sich die Heilpädagogik auf weiten Strecken im Schlepptau der Psychiatrie befand, wurde von einigen Fachvertretern die psychiatrische Position in bezug auf Aussagen über Menschenbild und Behandlungsmöglichkeiten (therapeutischer Nihilismus) geistig behinderter Menschen aber nicht uneingeschränkt übernommen. So begegnen wir z.B. bei Hanselmann (1976, 111f.) schon einer differenzierteren Betrachtung, wenn er einerseits den „Idioten“ Bildungsunfähigkeit „im engeren Sinne“ attestiert, andererseits aber einräumt, daß „im Verlaufe einer besonders aufmerksamen Pflege auf dem Wege der Dressur selbst bei solch dürftigem Seelenleben eine gewisse Entwicklung wahrzunehmen (ist, G. T.); ohne diese Pflege gehen derartige Kinder hingegen sehr oft zugrunde“. Deswegen sei der Begriff der „Bildungsunfähigkeit“ sowohl praktisch als auch theoretisch „falsch“.

Ein Lehrbuch (Oy/Sagi 1995), welches vor allem in der heilpädagogischen Ausbildung auf Fachschul- und Fachhochschulebene verbreitet ist, knüpft heute noch an dieser Traditionslinie an. Nach wie vor werden Menschen mit geistiger Behinderung in dieser Schrift nur vom Nicht-Können her beschrieben:

„Der Personenkreis läßt sich am leichtesten schulisch beschreiben: Geistig behindert sind Kinder, die nicht mehr fähig sind, die Sonderschule für Lernbehinderte sinnvoll zu besuchen. ... Der geistig Behinderte ist unfähig, sein Leben selbständig zu gestalten, er ist dauerhaft auf die Hilfe anderer angewiesen. Sein auffälligstes Symptom ist die verminderte intellektuelle Leistungsfähigkeit, verbunden mit einem gestörten Sozialverhalten. ...
Der geistig Behinderte ist mehr oder weniger unfähig,
- Zusammenhänge logisch zu erfassen und in ein altersgerechtes, für ihn durchschaubares System einzuordnen,
- Erfahrungen auf ähnliche Situationen zu übertragen (Transfer), zwischen logischem und chronologischem Zusammenhang sicher zu unterscheiden,
- langfristig, manchmal auch kurzfristig zu planen.

Die Welt des geistig Behinderten ist gleichsam zerrissen; sie wird punktuell erfaßt, die Zusammenhänge sind nicht sachlich einsichtig, vielfach werden magische Verbindungen vermutet. ... Der geistig Behinderte schwankt in der sozialen Anpassung zwischen ängstlicher Unansprechbarkeit und Distanzlosigkeit... Der geistig Behinderte kann Sinneseindrücke oft inadäquat, mangelhaft oder verlangsamt in gezielte, koordinierte Bewegungen umsetzen. ... Er kann selbst seine grundsätzlich vorhandenen Anlagen ohne fremde Hilfe nicht entwickeln; er ist, gleichsam im Sinne einer ‚zweiten Behinderung‘, ständig auf die Hilfe Anderer angewiesen“ (Oy/Sagi 1995, 15ff.).

Der hier anskizzierte Katalog einer negativen Merkmalsbeschreibung, der allein auf Grund von Absolutaussagen („*ist* unfähig“, „*die* Unfähigkeit zum sinnvollen Besuch der Sonderschule für Lernbehinderte“ u.a.m.) in aller Entschiedenheit zurückgewiesen werden sollte, ließe sich lange fortschreiben; er entspricht weitgehend dem, was auch andere „heilpädagogisch“ orientierte Autoren (z.B. Vetter 1972) in den 60er und 70er Jahren über geistige Behinderung ausgesagt haben. Für

Thalhammer (1977, 26f.) handelt es sich hierbei um Schriften, die jegliches Verständnis für eine Bildsamkeit, für Ausdrucks-, Verhaltens- und Erlebensweisen geistig schwer oder schwerstbehinderter Menschen vermissen lassen. In der Tat zeichnet sich Vetters Beschreibung sog. „pflegebedürftiger Schwachsinnsformen“ (1972, 29) „durch eine Ausschließlichkeit aus, die nicht mehr überbietbar erscheint“ (Thalhammer 1977, 26). Vetters Aussagen „lassen vermuten, daß auch nicht die geringste *Spur* menschlicher Stellungnahme zu erwarten ist: ... *Ausschließlichkeit der Argumentation* (‚der *völlige* Mangel‘, ‚*ohne* Gedächtnisspuren‘, ‚*keine* Erfahrungen‘, ‚*totale* Unfähigkeit‘ u.a.) und bedenkliche *Einseitigkeiten der Beschreibung* (... ‚torpide *Stumpfheit* ohne Aktivitätsmerkmale‘ u.a.) sind nun in der Tat kein Instrumentarium, den Menschen, in welcher conditio humana auch immer, zu beschreiben, und diese seine Situation zu definieren“ (ebd., 27).

Eine schulische Bildung und Erziehung, die sich an derartigen Beschreibungen orientieren würde, setzt von vornherein Begrenzungen für die Persönlichkeitsentwicklung der geistig behinderten Schüler, weil sie in einer „schädigungsadäquaten“ Lernprozeßgestaltung steckenbleibt. Wer heute noch ein statisches Bild vom Menschen mit geistiger Behinderung schreibt, hat den intensiven Auseinandersetzungsprozeß der Heilpädagogik (synonym für Sonder-, Behinderten- oder Rehabilitationspädagogik) um die Überwindung des defizitorientierten Denkens nicht zur Kenntnis genommen.

Mit Goll (1994) dürfen wir annehmen, daß das defizitorientierte Denken bis zum gegenwärtigen Zeitpunkt in einer heilpädagogischen Praxis, die sich als klinisch orientierte Therapie auszugeben und zu profilieren versucht (vgl. hierzu Theunissen 1993), wirksam ist. Die damit verknüpften Gefahren liegen auf der Hand: Ein ausgesprochen schiefgewichtiges Bild vom geistig behinderten Menschen, indem Inkompetenz, Defizite wie auch Verhaltensauffälligkeiten oder Störungen als „wesensbedingt“ betrachtet werden; eine Reduktion des „vollen Menschseins“ (Portmann) auf ausschließlich negative Merkmale, so daß eine einseitig ausgerichtete Praxis die Folge ist (Segregation; unreflektiertes Festhalten am Sonderschulsystem; Besonderung; Verdinglichung; funktionsorientierte Dressur; Ignoranz positiver Merkmale u.a.m.). Eine vorwiegend „auf die ‚Reparatur eines Defekts‘ hin orientierte Sichtweise reduziert den Menschen auf einen winzigen Teilaspekt seiner Gesamtpersönlichkeit. Dies widerspricht der humanistischen Grundüberzeugung vom Menschen als unteilbarer Einheit“ (Hansen 1994, 31). Überdies erscheinen geistig behinderte Menschen im Lichte dieses Nicht-Könnens als hilfebedürftige „Mängelwesen“, denen die Fähigkeit zu Autonomie und Selbständigkeit weitgehend abgesprochen wird, denen nichts zugetraut wird und die vor dem Hintergrund einer „abhängigen Passiv-Rolle“ (Herriger 1991, 223) auf eine „unendliche Kindheit“ fixiert werden.

Dieses Denken, welches Grundsätzen einer modernen Behindertenarbeit, die auf *Empowerment* setzt (vgl. Polloway et al. 1996; Turnbull/Turnbull III 1997; Theunissen 1998a; 1999a), widerspricht, legitimiert dann letztlich den kontrollierenden Einfluß von Pflege, Pädagogik und Therapie in heilpädagogischen Revieren eines Sonderdaseins.

• Zur IQ-bezogenen Sicht

Die anscheinend weit verbreitete Gleichschaltung von Geist und Intelligenz verleitet dazu, kognitive (Minder-)Leistungen bei Menschen mit geistiger Behinderung in den Mittelpunkt der Betrachtung zu rücken. So nimmt es nicht wunder, daß geistige Behinderung häufig „direkt als *intellektuelle Retardierung* definiert" (Speck 1999a, 47) wird. Dagegen richtet sich schon seit geraumer Zeit die Kritik (vgl. Mercer 1973, 5, 68f.; Thalhammer 1977, 45ff., Wendeler 1988; 1993; Mühl 1991; Speck 1977, 76ff.; 1999a, 48ff.). Grundsätzliche Probleme ergeben sich allein bei dem Versuch, zu einer übereinstimmenden Definition von „Intelligenz" zu gelangen. Auf Grund dieser Schwierigkeit gilt bis heute die Aussage: Intelligenz ist „das, was mit Intelligenztests gemessen wird" (Liungman 1973, 13). Die damit verknüpfte Problematik dürfte hinlänglich bekannt sein (z.B. Implikation herrschender Moralnormen; Ignoranz schichtenspezifischer Sozialisationserfahrungen; Vernachlässigung kreativer, emotionaler und sozialer Kompetenzen); vor allem wissen wir, „daß die Ergebnisse von Intelligenztests recht wenig über den Erfolg eines Menschen im Leben ... aussagen" (ebd., 13). Da übliche Intelligenztests bei Menschen mit geistiger Behinderung sowieso nur bedingt anwendbar sind, stellt sich grundsätzlich die Frage nach Sinn und Bedeutung einer sich auf IQ-Werten beziehenden Definition geistiger Behinderung. Vergegenwärtigt man sich dann noch die Fragwürdigkeit des IQ als ein stabiles Merkmal im Lebenslauf eines geistig behinderten Menschen, so kommt man mit Wendeler (1988, 57ff.; 1993, 20f.) zu dem Ergebnis, auf IQ-Berechnungen am besten zu verzichten (vgl. hierzu auch Siegel 1999, 311ff.). Die häufig bei geistig behinderten Menschen konstatierte Abflachung der Intelligenzentwicklung bei Durchführung entsprechender Tests kann damit begründet werden, „daß mit höherem Entwicklungsniveau die Bedeutung von Sprache und Denken bei der Intelligenzmessung wächst" (ebd. 1988, 70).

Trotz derlei Bedenken wird aber nach wie vor geistige Behinderung unter IQ-bezogenen Aspekten betrachtet (vgl. auch Mühl 1991, 26f.). Dies sei vor allem für sozialpolitische Planungen und schulrechtliche Angelegenheiten, z.B. zur Unterscheidung von Lernbehinderung (IQ 80/75-60/55) und geistiger Behinderung (IQ unter 60/55), notwendig (vgl. Speck 1999a, 58; auch Holtz 1994, 19f.). Der pädagogische Aussagewert bleibt dabei aber höchst fragwürdig, da nur negative Merkmalsbeschreibungen (Minderleistungen, Lernausfälle, Inkompetenz) im Mittelpunkt der Kennzeichnung (Charakterisierung) einer bestimmten Personengruppe stehen. So gerät denn auch durch die Exponierung der kognitiven (intellektuellen) Inkompetenz als Leitsyndrom das Verständnis von geistiger Behinderung als „ein komplexes Gefüge von sich wechselseitig bedingenden und verstärkenden Größen“ (Fröhlich 1994, 37) weitgehend aus dem Blick. Die Betrachtung geistiger Behinderung „als bloß intellektuelle Schwäche“ wurde bereits von Hanselmann (1976, 109) in den 30er Jahren unmißverständlich kritisiert: „Unter Geistesschwachheit verstehen wir eine Form von Entwicklungshemmung, bei welcher das gesamte Seelenleben vermindert, herabgemindert ist“. Auch wenn sich geistige Behinderung „offensichtlich am augenfälligsten zunächst im kognitiven Bereich manifestiert“ (Mühl 1991, 26), rechtfertige dies – so der Autor – noch keineswegs eine darauf ausschließlich ausgerichtete Betrachtungsweise. Aus der Entwicklungspsychologie der frühen Kindheit wissen wir zum Beispiel um die unauflösbare Verschränkung kognitiver Leistungen mit der sensomotorischen Entwicklung (vgl. Piaget 1975). Außerdem gibt es enge Zusammenhänge zwischen der kognitiven und psychosozialen Entwicklung eines Kindes (vgl. Spitz 1973; 1976). Vor dem Hintergrund der Ignoranz motivationaler, kommunikativer und sozialer Aspekte ist das mit dem IQ-bezogenen Denken verhaftete Menschenbild eines „Homo fabers“ eindeutig: Was zählt sind Momente wie Ratio, Verstand, Vernunft, Begabung, Leistung, Können, Tüchtigkeit, Erfolg oder auch Karriere, nicht aber die menschliche Existenz in ihrer „Totalität“, d.h. Emotionen, Affekte, sinnerfüllte Lebensbedürfnisse – kurzum die sog. ästhetische Dimension (vgl. hierzu Portmann 1970; 1973; Theunissen 1993; 1997a). Problematisch wird diese utilitaristisch präformierte Sichtweise vor allem dann, wenn daraus einseitige Folgerungen für die Praxis (z.B. Unterricht mit geistig behinderten Schülern) gezogen werden. Durch eine (Über-) Akzentuierung kognitiver Lernziele werden bekanntlich (auch) Kinder und Jugendliche mit geistiger Behinderung kaum erreicht, weswegen derlei curriculare Modelle in der augenfälligen Gefahr stehen, einen pädagogischen Pessimismus zu befördern, was letztlich einen Verzicht auf intensive schulische Förderung insbesondere geistig schwer behinderter Menschen bedeuten kann (vgl. auch Bach 1979, 23).

Häufiger als eine Überbetonung kognitiver Lernziele lassen sich in der Unterrichtspraxis Unterforderungen ausmachen, die entstehen, wenn von diagnostizierten IQ-Werten linear auf Grenzen in der kognitiven Leistungsfähigkeit geistig behinderter Schüler geschlossen wird. Lehrkräfte in Schulen für geistig Behinderte zeigen im allgemeinen aber eine deutliche Distanzierung von IQ-Tests, welche bei der Diagnostizierung von Schülern im Grenzbereich zur Lernbehinderung zwar noch angewendet werden, als Maßgabe für das pädagogische Arbeiten anscheinend aber keine Rolle spielen (vgl. Stichling u. a. 1999; vgl. auch die IQ-Kritik in Sacks [1997, 310, 399], der das Konzept der „multiplen Intelligenzen“ diskutiert).

• **Zum sog. Doppelkriterium**

Das Unbehagen gegenüber der „Überschätzung des Intelligenzquotienten" (Eggert) bei geistiger Behinderung hatte schon vor geraumer Zeit im anglo-amerikanischen Sprachraum zur Einführung eines sog. Doppelkriteriums geführt, das neben dem Intelligenzfaktor auch „soziale Anpassungsleistungen" berücksichtigt (AAMR 1992). Bei diesem Konzept geht es inzwischen um die Bestimmung eines *‚individuellen Assistenzbedarfs'* (hierzu Theunissen 1999a, 125ff), indem in Bereichen, die für ein Leben in der Gesellschaft als besonders relevant gelten (z.B. Kommunikation, Selbstversorgung, Wohnen, Sozialverhalten, Selbstbestimmung, Benutzung von Infrastrukturen, Gesundheit, lebensbedeutsame Schulbildung, Arbeit, Freizeit) sowohl Einschränkungen als auch Stärken insbesondere auf kognitiver, handlungspraktischer und sozialer Ebene erfaßt werden sollen (Westling & Fox 1995; Beirne-Smith, Ittenbach und Patton 1998). Damit wird zwar die Defizitorientierung nicht gänzlich überwunden, was vermutlich auch schwer zu bewerkstelligen ist (Rödler 1999, 50f., 178f.), doch immerhin kommt mit der *‚Stärken-Perspektive'* (vgl. hierzu auch Lingg/Theunissen 2000) eine neue Dimension ins Spiel. Denn Menschen, die als geistig behindert gelten, werden jetzt nicht mehr ausschließlich vom Nicht-Können her beschrieben, sondern zugleich auch als kompetente Personen respektiert und wertgeschätzt. Die neue Sicht ist unzweifelhaft als ein Fortschritt zu bewerten, da einerseits das Menschsein in den Mittelpunkt rückt – ein Aspekt, der vor allem auch von Betroffenen eingefordert wurde – und andererseits Grundrechte beachtet werden, die sich auf Inclusion (Nicht-Aussonderung), auf ein Leben in der Gesellschaft sowie auf Selbstbestimmung und demokratische Partizipation beziehen. Fachlich gesehen rücken damit Lern-, Entwicklungs- und Integrationshilfen zur Selbst-Hilfe, das Anstiften zu Zusammenschlüssen in Selbstvertretungsgruppen (self-advocacy) sowie *umfeldbezogene Maßnahmen* ins Zentrum des Unterstützungsmanagements (vgl. Theunissen, Hoffmann u. Plaute 2000). Autoren, die an diesem „Doppelkriterium" anknüpfen (vgl. Dever 1990, 150; Dörner/Plog 1994, 70; Neuhäuser 1995, 321), machen zu Recht darauf aufmerksam, daß Menschen, die im Schulalter als „geistig behindert" etikettiert wurden, manchmal im Erwachsenenalter nicht mehr zu diesem Personenkreis gezählt werden, wenn sie im Zuge iher Entwicklung ein gewisses Maß an Selbständigkeit erworben sowie ein erfolgreiches „soziales Lernen" und eine beruflich-integrative Ausbildung durchlaufen haben.

• **Zum „kognitiven Anderssein"**

Ein Kritiker der defizitorientierten Definitionsansätze ist Thalhammer (1977). Seiner Ansicht nach handle es sich hierbei stets um „Außenperspektiven", um normbezogene Standpunkte aus der Sicht eines Beobachters, der angesichts des fehlenden Feedback geistig behinderter Menschen deren „existentielle Wahrheit und Wirklichkeit" (9) nie erfassen könne. Gerade dieses Problem befördere die Verdinglichung der Betroffenen mit all den beschriebenen Konsequenzen (Entwertung, Defizitorientierung, Stigmatisierung, nihilistische Prognose). Insbesondere habe Ratlosigkeit statt, wenn es um die Frage des Menschseins gehe. Sätze mit „auch" (vgl. 19f.) seien häufig ein Beleg dafür, daß das Mensch- oder Personsein geistig Behinderter entweder angezweifelt oder aber eingefordert werde. Will man die Existenz geistig behinderter Menschen nicht weiter gefährden, etwa mit dem Stigma des (Noch-) „Nicht-Voll-Mensch-Gewordenseins" (Wunderlich 1970, 55), so müsse eine anthropologisch fundierte Perspektive von der „Welt" des geistig behinderten Menschen aus entwickelt werden (Thalhammer 1977, 31). Vor dem Hintergrund dieser Überlegung schlägt der Autor vor, geistige Behinderung als „diejenige Seinsweise und Ordnungsform menschlichen Erlebens (zu bezeichnen, G. T.), die durch kognitives Anderssein bedingt ist und die besondere lebenslange mitmenschliche Hilfe zur Selbstverwirklichung in individuellen Dimensionen und kommunikativen Prozessen notwendig macht" (39). Damit betrachtet Thal-hammer die Wirklichkeit des geistig behinderten Menschen als „Voraussetzung" und nicht als Zielsetzung (vgl. ebd., 20). Überdies will er „alle Dimensionen des Menschseins" (20) durch Hilfe und nicht durch pädagogische Eingriffe (vgl. 31) erreichen, insbesondere ist es ihm dabei um die Bereiche des Lebens, der kommunikativen Erfahrung und Sinnverwirklichung zu tun. Dieser anthropologische Aspekt ist zweifellos bedeutsam – öffnet er doch den Blick für ein dominant subjektzentriertes pädagogisches Handeln (vgl. Theunissen 1997a), das sich nicht auf intellektuelle Beeinträchtigung oder soziale Inkompetenz fixiert.

Trotzdem gibt es kaum einen anderen Definitionsansatz, der so viele Mißverständnisse und Irritationen befördert hat. Das erste Mißverständnis wird durch den Begriff des „Andersseins" ausgelöst, der allzu leicht mit „Andersartigkeit" verwechselt, identifiziert oder assoziiert wird, so daß Thalhammers Theorieentwurf ungewollt in die Nähe derjenigen Ansätze rückt, denen gerade in aller Entschiedenheit entgegengetreten werden sollte (vgl. z.B. Wunderlich 1970, 51ff.; Wegener 1970, 10). Ein zweites Mißverständnis ergibt sich dort, wo „kognitives Anderssein" mit „genereller Insuffizienz" gleichgesetzt wird (vgl. 34, 38), etwa im Sinne der von Hanselmann (1976, 135) postulierten „Gesamtseelenschwäche", die – so Thalhammer – alle Dimensionen menschlichen Verhaltens und Erlebens ins Negative ziehe. Auch wenn es Thalhammer in keiner Weise darum zu tun ist, suggeriert und schafft der Begriff des „Andersseins" Distanz und sabotiert letztlich den intendierten Blick für das (pädagogisch) Gemeinsame (Zwischenmenschlichkeit, Beziehung). Eher werden Prozesse der Abgrenzung, Ausgrenzung, Besonderung und Isolation befördert und verstärkt. Ferner löst Thalhammers Definition dort Widerspruch aus, wo von einer „besonderen lebenslangen" Hilfe als eine unabänderliche Tatsache die Rede ist. Schließlich verleitet die Theorie des „kognitiven Andersseins" zu der Annahme, geistig behinderte Menschen besäßen eine „andere Form des Denkens", die dem „normalen Zugang" (z.B. auch einer Tiefenpsychologie; Psychotherapie) verschlossen bliebe. Dieses Mißverständnis ist – wie die Praxis zeigt – aber keineswegs haltbar (vgl. Lingg/Theunissen 2000). Alles in allem kann daher zu Recht kritisiert werden, daß sich noch neuere Schriften (z.B. Pitsch 1998) im Umfeld von Thalhammers Begriffsbestimmung bewegen und darüber hinaus zu einer statischen Betrachtung des Menschseins neigen.

- **Zusammenfassende Reflexion und Ausblick**

Den vorausgegangenen Ausführungen ist zu entnehmen, daß geistige Behinderung „eine komplexe Beeinträchtigung der Persönlichkeit eines Menschen in seinem Umfeld mit variierenden Einschränkungen auf der motorischen, sensorischen, emotionalen, sozialen und kognitiven Ebene" (Petzold 1994, 228) zu sein scheint, die in pädagogischer Hinsicht einen speziellen (besonderen) Erziehungs- und Lernbedarf notwendig werden läßt (vgl. auch Mühl 1991). Ein solcher Beschreibungsversuch ist in der schon 1974 vom Deutschen Bildungsrat vorgelegten Definition über geistige Behinderung angelegt: „Als geistig behindert gilt wer ... in seiner psychischen Gesamtentwicklung und seiner Lernfähigkeit so sehr beeinträchtigt ist, daß er voraussichtlich lebenslanger, sozialer und pädagogischer Hilfen bedarf. Mit den kognitiven Beeinträchtigungen gehen solche der sprachlichen, sozialen, emotionalen und der motorischen Entwicklung einher" (37).

Für Goll (1994) ist aber selbst diese Perspektive noch unbefriedigend, da sie die „vermeintliche Inkompetenz des Lernenden" (133) nicht grundsätzlich aufhebt, wenn auch unseres Erachtens die vorsichtige Argumentation bzw. der implizite Hinweis auf geistige Behinderung als ein relatives Phänomen anerkannt werden sollte. In scharfer Abgrenzung zu allen bisherigen Definitionen ist es Goll in Anlehnung an Schöler (1992) und Wolfensberger (1988) um ein „Gegenmodell" zu tun, welches Menschen mit geistiger Behinderung „in einem positiven Licht", mit positiven Kompetenzen und Eigenschaften, darzustellen versucht. Dieser Ansatz ist radikal, da er mit der bisherigen „Orientierung am Negativen" völlig bricht und sich nur an den positiven Qualitäten und Potentialen eines geistig behinderten Menschen orientiert: Anstelle der herkömmlichen Beschreibung von Defiziten geht es um das Wahrnehmen (eine Diagnose) von Fähigkeiten (kann gut sehen, ist aufrichtig, gewissenhaft, freundlich; zeigt Vertrauen, natürliche Spontaneität, Freude an einfachen Dingen des Lebens u.a.m.). Wolfensberger (1988) spricht in diesem Zusammenhang von sog. *heart-qualities*, die man „in der Vergangenheit häufig nicht als wertvolle Kompetenzen eingeschätzt, sondern eher als abzutrainierende

‚Fehlverhaltensweisen' verkannt" (Goll 1994, 136) habe. Unter dieser Perspektive sei ebenso das konventionelle Verständnis von Verhaltensauffälligkeiten kritisch zu reflektieren. Auch hierbei handle es sich nicht – wie schon Dörner/Plog (1994) treffend bemerken – um Fehlverhaltensweisen oder „Störungen" per se, sondern um situationsadäquate, für die betreffende Person sinnvolle Problemlösungsmuster, die von anderen (Umkreispersonen) negativ etikettiert, d.h. als auffällig oder pathologisch beschrieben und bezeichnet werden (vgl. hierzu Kap. 2 der vorliegenden Schrift; auch Theunissen 1992; Lingg/Theunissen 2000).

Die Würdigung positiver Botschaften von Menschen mit geistiger Behinderung bedeutet, daß geistige Behinderung nicht als eine ausschließlich negative, sondern als eine *„normale" Variante menschlicher Daseinsform* (Speck 1999a, 61, 175) erscheint. Pädagogisch betrachtet kommt es hierbei darauf an, nicht an individuellen Defiziten oder Defekten, sondern in erster Linie an positiven Fähigkeiten, an individuellen Bedürfnissen und Potentialen anzuknüpfen. Diese Akzentsetzung findet in der Geistigbehindertenpädagogik zusehends Beachtung. Formulierungen wie „Menschen mit speziellen Erziehungsbedürfnissen" (Speck 1987; 1999a, 60) weisen auf diese Umorientierung hin. Zudem hat schon die soeben erwähnte American Association on Mental Retardation (AAMR 1992) darauf reagiert, wenn sie schreibt: „The new definition ...eliminates the old subcategories – mild, moderate, severe, and profound – in favor of a new model which categorizes *needed supports,* not the individual" (zit. n. Goll 1994, 137; auch Westling/Fox 1995, 3ff., Beirne-Smith, Ittenbach u. Patton 1998, 123ff.). Diese Neuorientierung, die letztlich den Begriff der „geistigen Behinderung" überflüssig werden läßt, ist vom Ansatz her fruchtbar und wegweisend. Allerdings sollte man wissen, daß man in den USA auf den Begriff der „geistigen Behinderung" nicht völlig verzichtet, z.B. dann nicht, wenn es um die Feststellung des sonderpädagogischen Förderbedarfs und die Bereitstellung der entsprechenden finanziellen Mittel geht. Probleme ergeben sich auch dort, wo „real existierende" Lernschwierigkeiten oder „massive" Verhaltensauffälligkeiten im Rahmen einer positiven Beschreibung oder Konnotation bagatellisiert werden oder aus dem Blick geraten. Denn häufig wird man „bei aller berechtigten Betonung des Positiven ... nicht umhinkönnen, (auch G. T.) das Ausmaß des Rückstandes festzustellen" (Speck 1977, 82), um passende, individualisierte, entwicklungsfördernde Lernsituationen und/oder Lebensbedingungen arrangieren zu können (vgl. auch Theunissen 1994). Darüber hinaus können differentialdiagnostische Schwierigkeiten entstehen, wenn unter „Menschen mit speziellen Erziehungsbedürfnissen" eng umschriebene klinische Syndrome (Autismus; Schizophrenie; Epilepsie; Depression u.a.m.) zur Vermeidung von Etikettierungen aufgegeben bzw. eingeebnet werden. Ferner steht auch die Neuorientierung in der Gefahr, einer weitgehend individuumzentrierten Vorgehensweise Vorschub zu leisten, wenn die „needed supports“ (speziellen Erziehungsbedürfnisse) mit einem Verständnis von Behinderung als „individuelle Kategorie“ unterlegt werden oder Hand in Hand gehen. Bleiben dabei lebensweltliche Zusammenhänge, z.B. soziale Probleme wie auch Interaktionsschwierigkeiten, unbeachtet, führt dies zur Verkürzung des Phänomens „Behinderung“ auf eine kausal-medizinische Sichtweise.

Damit kommen wir zu einem bislang vernachlässigten Aspekt, der sich auf das den angeführten Ansätzen implizite Verständnis von „Behinderung“ bezieht und das Phänomen auf der *Ätiologie-Ebene* kritisch beleuchtet.

Geht die historisch älteste Definition noch von einer Gleichschaltung geistiger Behinderung als (psychische) Krankheit aus, so besteht heute bis auf Positionen im traditionellen Lager der Psychiatrie weitgehend Einigkeit darüber, geistige Behinderung unter einem sog. *Dreiklang* zu betrachten: *Individuelle Schädigung* (Hirnschädigung; pathologisch-anatomische Veränderungen; Organdefekt u. ä.), *Beeinträchtigung* (Lernausfälle; Lern-, Entwicklungs-, Wahrnehmungsstörungen u.ä.) und *gesellschaftliche Benachteiligung* (Barrieren; Vorurteile; Stigmatisierung u.ä.) (vgl. Bärsch 1973, 7; Jantzen 1974, 27ff.; Krebs 1980; 1985, 66; Speck 1999a, 41f.; Theunissen 1994, 9; Begemann 1995, 388, 393).

Dieses Beschreibungsmodell, welches in seinen Grundzügen auch von der WHO als Klassifikationsansatz vorgeschlagen wird (vgl. Rath 1985), weist neben medizinisch-ätiologischen Aspekten auch auf gesellschaftliche Einflüsse hin, in deren Lichte Behinderung als eingeschränkte Teilhabe am gesellschaftlichen Leben erscheint und unter Prozessen der Stigmatisierung, Isolation oder Diskriminierung reflektiert werden kann. Dies alles hat Konsequenzen für die pädagogische Praxis, die sich im Falle gesellschaftlicher Benachteiligung nicht ausschließlich auf eine individuelle Lernförderung zur Kompensation oder Bewältigung von Beeinträchtigungen beschränken darf. Nach Mercer (1973) lassen sich einige der o.g. Definitionsansätze in diesem Klassifikationsmodell miteinander verschränken, welches in Abkehr von der einseitig medizinischen, defektorientierten Sichtweise „den Prozeßcharakter der geistigen Behinderung als sozial vermitteltem Tatbestand“ (Thimm 1990, 11) hervorhebt. Dieser „Dreiklang“ von Behinderung hat allerdings in der Vergangenheit häufig Mißverständnisse hervorgerufen, indem ihm eine lineare Kausalität unterlegt wurde (vgl. Krebs 1980, 1982; Theunissen 1994, 9): Ausgangspunkt einer geistigen Behinderung sei eine individuelle Schädigung, welche zu (Lern-)Beeinträchtigungen führe, durch die ein Betroffener sozial benachteiligt sei oder die in mehr oder weniger starkem Maße von gesellschaftlicher Benachteiligung überformt seien. Je massiver der Benachteiligungsfaktor sei (totale Institution), je gravierender seien auch die Auswirkungen auf Persönlichkeitsentwicklung und Lernen (Hospitalisierung). Diese Begriffsaufbereitung hatte zunächst im Zusammenhang mit der Auseinandersetzung um Entpsychiatrisierungs- und Enthospitalisierungsprozesse sog. fehlplazierter geistig schwerst- und mehrfachbehinderter Menschen eine wichtige (heuristische) Funktion (vgl. hierzu Theunissen 1994; 1995; 1997d). Die begrenzte Reichweite dieses Ansatzes wurde aber alsbald insbesondere in der Arbeit mit hospitalisierten geistig leicht- und lernbehinderten Menschen erkannt. Ein zentrales Problem war insbesondere die Vernachlässigung des *Subjekts,* dessen Wirklichkeitskonstruktion, emotionale Befindlichkeit, psychosoziale Bewältigungsstrategien, Krisenverarbeitung, Selbstkonzept und Mitgestaltungsmöglichkeiten zu wenig Aufmerksamkeit geschenkt wurden. Darüber hinaus konnte durch die Anlehnung an einem kausal-linearen Denkmodell der Komplexität des Phänomens „geistige Behinderung", vor allem der rekursiven Verknüpfung der sog. Dreiklang-Faktoren, kaum Rechnung getragen werden (vgl. auch Sander 1988, 81; 1991, 43). Diese Unzulänglichkeiten haben uns dazu veranlaßt, ein vierdimensionales ätiologieorientiertes Verknüpfungsmodell „geistiger Behinderung" zu entwickeln, auf das wir im zweiten Teil unserer Ausführungen näher eingehen wollen.

1.3 Geistige Behinderung aus der Subjekt-Perspektive

Nicht nur der sog. Dreiklang von „Behinderung", sondern auch die vorausgegangenen Definitionsansätze zeigen auf, daß bis auf Thalhammers Bemühen um eine „Innenperspektive" und Subjektzentrierung Menschen mit geistiger Behinderung weitgehend verdinglicht, d.h. als Objekte einer Theoriebildung betrachtet und behandelt werden. Selbst die Umorientierung (vgl. Goll 1994) ist noch diesbezüglich unbefriedigend, wenngleich hier schon ähnlich wie beim sog. Doppelkriterium Überlegungen angelegt sind, Menschen mit geistiger Behinderung nicht nur im Lichte der Passiv-Rolle wahrzunehmen. Denn mit dem Schlüsselbegriff der *Kompetenz,* der den Blick für „Stärken" sowie die Suche nach Fähigkeiten (Potentialen) impliziert, ergeben sich einerseits Chancen, geistige Behinderung als eine „normale Variante menschlicher Lebensweise" (Speck) definitorisch zu fassen. Andererseits läßt sich damit die Subjektvergessenheit überwinden, indem Menschen mit geistiger Behinderung als aktiv handelnde, situationswahrnehmende, -verarbeitende und -mitgestaltende, eben als kompetente Individuen betrachtet und entsprechend wertgeschätzt werden. Im folgenden haben wir mit Blick auf vorhandene definitorische Aussagen versucht, eine „synthetisierende" Begriffsbestimmung vorzunehmen: Unter *Kompetenz* verstehen wir *die Fähigkeit, individuelle und soziale Ressourcen so zu nutzen, daß eine gegebene Situation möglichst autonom bewältigt werden und ein soziales und sinnerfülltes Leben aufrecht erhalten und weiterentwickelt werden kann.* Da diese Fähigkeit wesenhaft zum Menschsein gehört, sollte sie stets als gegeben anerkannt und wahrgenommen werden.

Gerade dies aber scheint vielen Bezugs- und Umkreispersonen schwer zu fallen: „Es dürfte das besondere Drama dieser Kinder (Jugendlichen und Erwachsenen, d.V.) sein, daß wir ihre aktuellen Kompetenzen, die Vielfalt ihrer vermutlich auch reichhaltigen symbolischen Repräsentation ihrer Erfahrungswelt mit abstrahierenden und verallgemeinernden Funktionen, die nicht konventionalisiert und verbal kommunizierbar sind, wie ihre potentiellen Entwicklungsmöglichkeiten maßlos unterschätzen" (Feuser 1994, 194f.).

Demnach sollte der Begriff der „Inkompetenz" tunlichst vermieden werden, da er nur eine „naive" (askriptive) Beobachterperspektive (Werturteil, Etikettierung) repräsentiert und Wege verschüttet, durch empathisches Wahrnehmen und Verstehen den subjektiven Sinn im menschlichen Handeln zu entschlüsseln, d.h. zu einer „Innenperspektive", zur Sicht des Handelnden (z.B. geistig behinderten Menschen) zu gelangen. Was jeder Einzelne aus seinem kompetenten Verhalten macht bzw. was im einzelnen inhaltlich daraus wird, hängt nicht etwa allein von der Person und ihren Potentialen ab, sondern von dem Zusammenspiel personaler (innerer) und sozialer (äußerer) Faktoren. Indem Transaktionen von Menschen mit ihrer Umwelt in den Blickpunkt des Kompetenzbegriffs gerückt werden, verliert die Beschreibung geistig behinderter Menschen unter Defiziten, Mängeln oder Funktionsabweichungen wesentlich an Bedeutung. Mit dem Begriff der Transaktion sollen reziproke Zusammenhänge (Wechselbeziehungen) zwischen situativen Anforderungen an eine Person und deren Bedürfnisse sowie verfügbaren Ressourcen zur Bewältigung erfaßt und als veränderbare Variablen mitgedacht werden. Außerdem beinhaltet er die „Verschmelzung von Person und Umwelt zu einer neuen Einheit, einem System" (Lazarus 1990, 205), in dem Kompetenz als adaptives Verhalten im Sinne einer möglichst günstigen „Abstimmung der eigenen Möglichkeiten mit Forderungen und Hilfen der Umwelt" (Holtz 1994, 37) in Erscheinung tritt. Dieser Prozeß bedeutet keine einseitige Anpassung des Individuums an gegebene Situationen, sondern eine adaptive Beziehung, Veränderung und Weiterentwicklung auf beiden Seiten. Mit Blick auf geistig behinderte Menschen kommt es somit nicht nur auf Anpassungsleistungen zur Bewältigung von Lebenssituationen an, sondern ebenso wichtig sind die Beachtung und Reflexion der sozialen Ressourcen, der Anpassungsfähigkeit, Veränderungs- und Entwicklungsmöglichkeiten von Lebenswelten (vgl. Schalock et al. 1994). An dieser Stelle setzt auch Dever (1990) mit seinem pragmatischen Konzept einer geistigen Behinderung an.

Ziel kompetenten Verhaltens ist die Befriedigung originärer menschlicher Bedürfnisse nach existentiell notwendiger Selbsterhaltung, Realitätskontrolle und Lebensbewältigung einerseits sowie das Streben und die Sehnsucht nach einer sinnerfüllten Verwirklichung der Grundphänomene menschlichen Lebens (Du-Bezug, Liebe, Geselligkeit, ästhetische Kulturbetätigung und Spiel) andererseits (vgl. Portmann 1970; 1973; Theunissen 1993, 104 ff; 1997a; b). Diese Selbsterhaltungs- und Selbstaktualisierungstendenz (Rogers 1974) definiert jeden Menschen – unabhängig der Schwere und Art einer Behinderung – als ein aktiv handelndes Wesen, das auf seine Lebenswelt einzuwirken versucht, um durch „Kontroll“-Effekte emotionale Selbstbestätigung hervorzubringen (vgl. White 1959). Pädagogisch gesehen gilt es hierbei im Falle einer geistigen Behinderung zu überprüfen, ob und wie der Einzelne derlei Entwicklungschancen nutzt oder ob er hinter seinen Möglichkeiten bleibt. Dabei ist zu klären, ob innere Einflüsse (z.B. anlagebedingte Vulnerabilität) oder äußere Faktoren (Umwelt) kompetentes Verhalten behindern und wie sich das reziproke Zusammenspiel dieser Aspekte auf die Persönlichkeitsentwicklung auswirkt (vgl. hierzu auch Jantzen 1998; Lingg/ Theunissen 2000). Die Überwindung oder Aufhebung einschränkender äußerer Rahmenbedingungen ist für die Praxis häufig ebenso wichtig wie die Mobilisierung individueller Ressourcen und Freisetzung blockierter, versandeter oder ungenutzter Fähigkeiten und Kräfte. Dabei darf nicht etwa nur die kognitive Dimension (Intellekt) fokussiert werden, sondern die kompetenzfördernde Freisetzung oder Unterstützung der individuellen Potentiale umfaßt insbesondere auch Aspekte des Selbstkonzepts und die ästhetische Dimension (vgl. insbesondere Theunissen 1999b). Gerade dadurch definiert sich der Mensch in seiner Einmaligkeit als einzigartige Persönlichkeit, die im Falle einer sonderpädagogischen Förderung, Therapie oder Hilfe jedwede Normierung verbietet. Dieser Aspekt hat konstitutive Bedeutung für das Verständnis von geistiger Behinderung. Nehmen wir hierzu folgendes Beispiel: Ein Erwachsener, der als geistig schwerst- und mehrfachbehindert beschrieben wird, verhält sich kompetent, wenn er zur Mahlzeit durch Mimik oder Gestik seinen Willen bekundet, Orangensaft statt Hagebuttentee zu trinken. Damit realisiert er seinen Ressourcen entsprechend einen hohen Grad an Entscheidungsautonomie, die vor dem Hintergrund stark eingeschränkter Selbständigkeit (geringe Handlungsautonomie) zur Verringerung eines gewissen Maßes an erhöhter Abhängigkeit (Fremdbestimmung) beiträgt. Diese (Kontingenz-)Erfahrung der Kontrolle über die eigenen Lebensumstände hat identitätsstiftenden, persönlichkeitsstabilisierenden Charakter, indem Erfolgserlebnisse, Selbstwertgefühle und Vertrauen in die eigenen Ressourcen gefördert werden (vgl. auch Holtz 1994, 91). Zugleich trägt die Erfahrung der Gegenseite zu dem befriedigenden Gefühl und positiven Selbstbild bei, auch von anderen als kompetentes Subjekt wertgeschätzt und ernstgenommen zu werden. Dieses Beispiel demonstriert eine „passende“ Transaktion, die durch die Verschränkung von Kompetenz und Effektanz als ihre motivationale Seite subjektive Bedeutsamkeit (Erfolg) erfährt (vgl. auch White 1959, 323). Insofern kommt dem Selbst- oder Identitätskonzept zum Verständnis von Kompetenz und Transaktionen eine prominente Rolle zu. Außerdem dürfen wir annehmen, daß der Identitätsfaktor als kompetenzbegleitendes und -konstituierendes Moment gleichermaßen „wesensbedingt" zum Menschsein gehört. Wenn wir dann davon ausgehen, daß die Beschreibung geistig behinderter Menschen als kompetente Individuen zu wenig Beachtung findet, so gilt dies ebenso für ihr Selbstkonzept, dem bislang kaum fachliches Interesse gegolten hat. Unser erklärtes Ziel ist es, diese Einseitigkeit in der Theorie- und Definitionsbildung von (geistiger) Behinderung zu vermeiden, weswegen wir im folgenden ein vierdimensionales ätiologieorientiertes Modell von „geistiger Behinderung" vorstellen möchten, das den bisherigen „Dreiklang" von Behinderung ablösen soll (vgl. Abbildung).

1.4 Geistige Behinderung als komplexes soziales Phänomen von sich wechselseitig bedingenden und verstärkenden Faktoren

Ausgangspunkt unserer Überlegungen sind vier zentrale Faktoren, die zum Verständnis von geistiger Behinderung beitragen sollen:
Faktor A:

Umfaßt biologische, physiologische, somatofunktionelle Faktoren; bezieht sich auf medizinische Ursachen und Aspekte geistiger Behinderung (z.B. pathologisch-anatomische Gegebenheiten, Organdefekt, klinische Syndrome); er entspricht dem, was üblicherweise als *individuelle Schädigung* ausgelegt wird. Ein ausschließlich auf diese Sichtweise hin orientiertes Verständnis von geistiger Behinderung ist in doppelter Hinsicht höchst problematisch. Zum einen gelten alle medizinischen Befunde von vornherein als negative Normabweichungen bzw. als negative somatische Veränderungen der normalen menschlichen Entwicklung, weswegen geistige Behinderung als „abnorme Variante" menschlichen Lebens (Vetter 1995) gelten kann. Gegen diese pauschale und unreflektierte Abwertung wendet sich zu Recht die Kritik. Insbesondere sind es Betroffene, die uns sensibel gemacht haben für eine Gegenposition, die die Einzigartigkeit und das So-Sein behinderter Menschen betont. Im Lichte dieser Sichtweise erscheint ein Down-Syndrom nicht per se als pathologisch oder negativ, sondern es gehört als unverwechselbares Merkmal eines Menschen, der eben damit geboren wurde. „Denn ohne dieses unverwechselbare Merkmal der Behinderung wäre er nicht der einmalige Mensch, der er ist. Jeder Mensch hat seinen Wert in sich, unabhängig davon, ob er dieses oder jenes instrumentell im Sinne des Herstellens verrichten kann. Entscheidend ist die Tatsache seines individuellen Menschseins" (Saal 1992, 86). Aus diesem Grunde sollte der Begriff der Schädigung durch den der *biologischen Gegebenheit* neutralisiert werden. Zum anderen darf von einem bestimmten biologischen Merkmal (bzw. klinischen Syndrom) aus nicht von vornherein auf eine geistige Behinderung geschlossen wer-

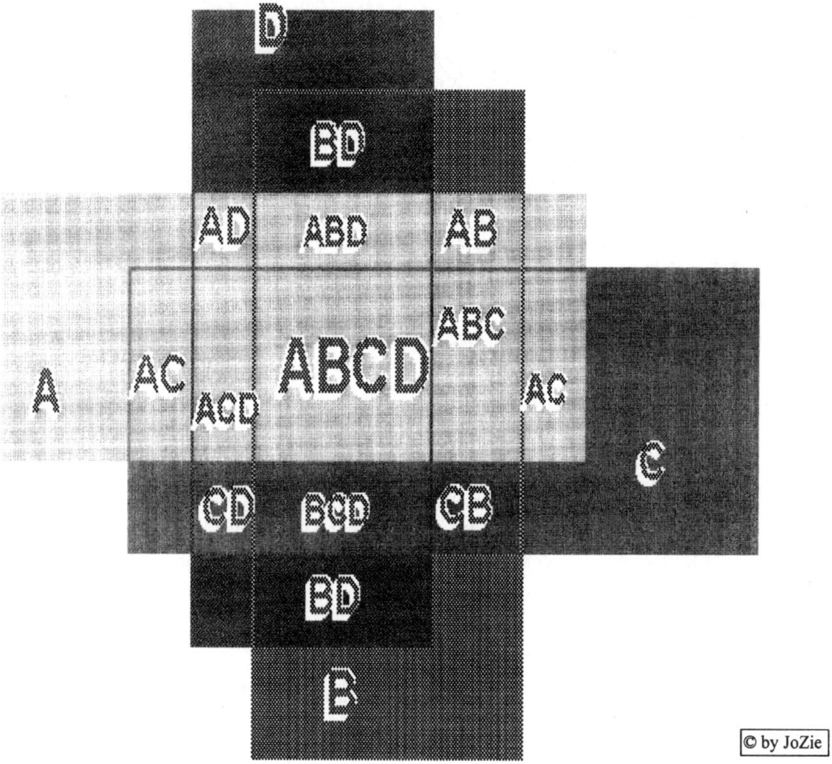

Abb. Geistige Behinderung
Verknüpfungsmodell

den (z.B. kann beim kongenitalen Hydrozephalus, Klinefelter-Syndrom oder bei Neurofibromatose die Intelligenzentwicklung ungestört sein, ebenso kann eine Enzephalitis folgenlos ausheilen; vgl. hierzu Neuhäuser 1990, 103, 193).

Faktor B:

Umfaßt den Lern- und Entwicklungsbereich auf kognitiver, sensorischer, motorischer und aktionaler Ebene; in traditioneller Hinsicht entspricht er dem, was als erhebliche *Beeinträchtigung* der Lernfähigkeit, als intellektuelle Leistungsminderung, Entwicklungsverzögerung, Wahrnehmungsstörung, psychomotorische Auffälligkeit u.a. beschrieben und bezeichnet wird. In diesem Zusammenhang stoßen wir immer wieder auf bestimmte negative Beschreibungen des Lernverhaltens bzw. spezielle Merkmale des Lernens wie Aufmerksamkeitsschwäche, mangelndes willkürliches Einprägen durch fehlende „innere Sprache“ und aktive Lernstrategien, mangelnde Umstellungsfähigkeit, Spontaneität u.a.m. (vgl. Wendeler 1976; Meyer 1977). Derlei Besonderheiten im Lernverhalten können im Einzelfalle zutreffen, sie dürfen aber in keiner Weise verallgemeinert und geistig behinderten Menschen pauschal zugeschrieben werden. Denn eine vorwiegend auf Lern- und Entwicklungsbeeinträchtigungen (Defizite) hin orientierte Sichtweise reduziert den Einzelnen auf einen kleinen Teilaspekt seiner gesamten Entwicklungsmöglichkeiten und Persönlichkeit. Oftmals haben wir es nur mit partiellen Lernausfällen oder Entwicklungsrückständen wie aber auch mit partiellen Begabungsspitzen (sog. Leistungsinseln) zu tun (hierzu auch Sacks 1997, 270, 346ff.); solche individuellen Entwicklungsdiskrepanzen verbieten es, Menschen mit geistiger Behinderung auf bestimmte Entwicklungsabschnitte zu fixieren (vgl. Inhelder 1968) oder gar auf ein „infantiles Entwicklungsniveau“ festzuschreiben.

Insofern sind unter dem Faktor B auch generelle Entwicklungspotentiale, individuelle Stärken, positive Botschaften oder individuelle Ressourcen zu beschreiben. Überdies sollte grundsätzlich der Lern- und Entwicklungsbereich nicht als isolierter Faktor, sondern nur auf dem Hintergrund der individuellen Lebensgeschichte und der konkreten Sozialisation aufbereitet werden.

Faktor C:

Bezieht sich vor allem auf jene Aspekte, die unter *gesellschaftliche Benachteiligung* gefaßt werden: Institutionalisierung, Ausgrenzung, Hospitalisierung, lernhemmende Bedingungen, Vorurteile, gesellschaftliche Barrieren, eingeschränkte Teilhabe am gesellschaftlichen Leben, sozialschwaches Milieu, broken-home-Situation u.a.m.

Darüber hinaus soll er auch *protektive (soziale) Ressourcen* sowie „kritische Lebensereignisse“ (gesellschaftliche Belastungsfaktoren) mit einbeziehen. Auch wenn dieser Faktor absolut gesetzt keine „geistige Behinderung“ beschreibt, kann er durchaus zu einer entsprechenden Stigmatisierung führen, wenn z.B. ein Kind aus einem ausgesprochen sozialschwachen Milieu auf der Basis von Vorurteilen in Verbindung mit einem sog. Hof-Effekt ohne exakte Überprüfung als geistig behindert fehleingeschätzt, etikettiert und in eine entsprechende Sonderschule eingewiesen wird.

Faktor D:

Bezieht sich auf die sog. Subjekt-Perspektive, unter die wir in abstrahierender Weise Aspekte wie Selbst- und Fremdwahrnehmung, subjektive Ereigniswahrnehmung, Selbstbild, Selbsterfahrungen, Einschätzung der eigenen Person, Selbstvertrauen, Selbstwertgefühl, emotionale Befindlichkeiten, Krisenverarbeitungsprozesse, Erleben der Beeinträchtigung, Benachteilung u. ä. zusammenfassen. Im wesentlichen geht es dabei um das *Selbst-Konzept* einer Person, welches häufig mit dem Begriff der *Ich-Identität* synonym gebraucht wird (vgl. Krappmann 1972; Neubauer 1976; Hausser 1983). In Anlehnung an Mead (1991) und Goffman (1967) lassen sich zwei wichtige Komponenten von Identität (oder „Selbst“) unterscheiden: „Persönliche Identität“ als einzigartige Kombination von biographischen Daten, Körpermerkmalen und subjektiven Momenten, die den Menschen als Individuum ausmachen und Ansatzpunkte zur Interaktion bilden sowie „soziale Identität“, die auf Grund der Übernahme von Rollenzuschreibungen und Erwartungen, die an Merkmale der personalen Identität geknüpft werden, zustande kommt und das Individuum zur sozialen Anpassung veranlaßt. Als Ich-Identität erscheint sodann die immer wieder neu zu erbringende Leistung, eine „Balance“ zwischen personalem und sozialem Selbst herzustellen, um zu einem innerpsychischen Wohlbefinden zu gelangen. Gelingt dieser Ausgleich, dann „läßt sich das Individuum einerseits trotz der ihm angesonnenen Einzigartigkeit nicht durch Isolierung aus der Kommunikation und Interaktion mit anderen ausschließen und (sich) andererseits nicht unter die für es bereit gehaltenen Erwartungen in einer Weise subsumieren, die es ihm unmöglich macht, seine eigenen Bedürfnispositionen in die Interaktion einzubringen“ (Krappmann 1972, 30). Dafür sind sog. Grundqualifikationen sozialen Rollenhandelns (z.B. realistische Selbsteinschätzung, positives Selbstwertgefühl und Selbstvertrauen, Einfühlungsvermögen, Selbstakzeptanz, Rollenflexibilität, Rollendistanz, Ambiguitäts- oder Frustrationstoleranz u.a.) hilfreich, die möglichst frühzeitig im Zuge der Sozialisation und Erziehung erworben werden sollten. Bei Menschen mit geistiger Behinderung muß dabei mit einem eingeschränkten oder einfach strukturierten Repertoire solcher Fähigkeiten (häufig auch als Bewältigungsstrategien, Daseinstechniken, Coping-Muster bezeichnet) gerechnet werden.

Der Aufbau des Identitätskonzepts geschieht einerseits über Beobachtungen des eigenen Verhaltens sowie der Wahrnehmung der eigenen physiologischen und psychischen Zustände und Befindlichkeiten. Andererseits werden durch direkte oder indirekte Rückmeldungen über das eigene Verhalten oder individuelle Merkmale Informationen aus der sozialen Umwelt gesammelt (vgl. Strahlberg, Gothe u. Frey 1988). Zur direkten Rückmeldung zählen vor allem verbale Zuschreibungen, bei der indirekten werden auf der Grundlage von Interaktionen subjektive Einschätzungen (Vergleiche) vorgenommen. Häufige Mißerfolgserfahrungen, negative Zuschreibungen, Diskriminierungen sowie immer wiederkehrende Erfahrungen sozialer Entwertung („du kannst das nicht, du bist zu sehr behindert"...) können gleichsam vor dem Hintergrund subjektiver Bedeutsamkeit und übersituativer Verarbeitung (vgl. Hausser 1981) zu Eigenschaften werden und zu einem negativen Selbstbild („ich bin behindert"; Gefühl der „Andersartigkeit") führen, welches letztlich Formen „erlernter Hilflosigkeit", Passivität, mangelndes Zutrauen, fehlendes Vertrauen in die eigenen Ressourcen oder gar „psychopathologische" Auffälligkeiten befördern kann. Wenngleich auch im Einzelfalle mit einer erfolgreichen Verarbeitung negativer Erfahrungen (coping), einem sog. Stigma-Management als protektiver Faktor gerechnet werden muß (vgl. auch Wendeler 1993, 137; Theunissen/Plaute 1999), so bestehen bei Menschen mit geistiger Behinderung in erhöhtem Maße Risiken für mangelndes Selbstwertgefühl und Selbstvertrauen (Gaedt), deren Symptombildung zunächst einmal als sinnvolles Signalverhalten in bezug auf ungünstige soziale Erfahrungen, im Hinblick auf individuelle Entwicklungschancen bzw. Persönlichkeitsentfaltung womöglich jedoch als unzweckmäßige (hemmende) Reaktionen verstanden werden muß. Die genannten gesellschaftlichen Aspekte (Stigmatisierung) sind in Verbindung mit den biologisch-physiologischen Faktoren Rahmenbedingungen, innerhalb derer die Identitätsentwicklung statthat. Dem Individuum ist es dabei stets um „balancierte" Zustände und Prozesse zu tun, um zu einem innerpsychischen Wohlbefinden zu gelangen, welches Momente der Selbstakzeptanz, des Selbstvertrauens, der Selbstachtung sowie des positiven Selbstwerterlebens umfaßt. Dieses originäre menschliche Streben nach Wohlbefinden hat zugleich konstitutive Bedeutung für die Ausbildung anderer psychischer Funktionen bzw. für kognitive Strukturen, Entwicklungs- und Lernprozesse. Da sich die Identitätsentwicklung von Beginn an als Konfliktlösungsversuch beweisen muß, sind ständig Kräfte zu mobilisieren, von denen die bestmögliche Hilfe zur Herstellung eines innerpsychischen Gleichgewichts erwartet werden kann. Auf Grund eines einfachen Fähigkeitsniveaus und/ oder defizitärer Sozialisationserfahrungen (z.B. unzureichende Kommunikations- und Lernangebote) bevorzugen viele Menschen, die als geistig behindert gelten, sensomotorische Reize und Interaktionen, die sie so aufnehmen und verarbeiten, daß sie sich unter gegebenen (ungünstigen) Rahmenbedingungen zurechtfinden und ein gewisses Maß an Wohlbefinden sichern können. Andere Lebensbewältigungsmuster, die z.B. zur Kompensation von Angst, Unbehagen oder Mangelerfahrungen dienen, können sog. Abwehrmechanismen, vor allem eine neurotische Symptombildung, aber auch Formen einer (Über-)Anpassung oder aggressiven Abwehr sein. Entscheidend ist, daß vor dem Hintergrund immer wiederkehrender Einzelerfahrungen und subjektiver Schlußfolgerungen überdauernde Bewältigungsstrategien entstehen (Lernergebnis), auf die das Individuum dann zurückgreift, wenn es sich jeweils in seiner Identität bedroht fühlt. Wenn wir davon ausgehen, daß Menschen mit geistiger Behinderung von Beginn an stärker als andere psychosozialen Belastungen (z.B. durch häufige Krankenhausaufenthalte; Krisen der Bezugspersonen) ausgesetzt sind, so dürfen wir annehmen, daß sie zusätzliche Energien mobilisieren müssen, um positive Identität zu erleben. Dies aber bedeutet, daß sie sich ständig mit ihrer Ich-Findung beschäftigen müssen, wodurch ein Gutteil der Aufmerksamkeit den anderen psychischen Funktionen und Leistungen entzogen wird. Emotionale Befindlichkeiten überlagern damit kognitive Prozesse, weswegen der soziale Ich-Findungsprozeß zunächst mehr pädagogische Aufmerksamkeit bedarf, als eine womöglich empirisch nachweisbare Liste unterschiedlichster Defizite auf kognitiver, sensorischer oder motorischer Ebene. Durch eine einseitige Beschreibung geistiger Behinderung als Intelligenzdefekt bleibt gerade hierzu der Blick völlig versperrt (diagnostic overshadowing). Denn nur ein positives Selbstwertgefühl als ein zentrales identitätskonstituierendes Moment beschreibt ein Individuum, das sich innerpsychisch wohlfühlt, sich selbst etwas zutraut und sein Leben kompetent bewältigen kann. Zur Erfassung derlei subjektiver Prozesse können verschiedene qualitative Methoden (insbesondere ein einfühlendes Beobachten, Mittun, Wahrnehmen und Verstehen) zur Anwendung kommen, die im Unterschied zur herkömmlichen Selektions- und Leistungsdiagnostik bei Menschen mit geistiger Behinderung noch viel zu wenig Beachtung finden.

Alles in allem stellen wir fest, daß im Falle einer geistigen Behinderung alle vier Faktoren in einem reziproken, dynamischen und zirkulären Wechselspiel gesehen werden müssen. Wird eine der vier Dimensionen absolut gesetzt, so schlußfolgern wir daraus noch keine geistige Behinderung – wohl wissend, daß es diesbezüglich immer wieder „Fehldiagnosen“ oder Fehlentscheidungen gibt. Indem es uns um das *Zusammenwirken verschiedener Ursachen, Auslöser oder Verstärker auf biologischer, lern- und entwicklungspsychologischer, milieuspezifischer, gesellschaftlich-normativer, interpersoneller und identitätsspezifischer Ebene* zu tun ist, verwerfen wir zugleich eine bloß linearkausale Ätiologiesicht und biologistische Ursachenforschung. Dies bedeutet, daß biologisch-somatische Aspekte (Organschaden, Hirnfunktionsstörungen, genetische Faktoren) nicht als alleinige Ursachen für geistige Behinderung oder Verhaltensauffälligkeiten betrachtet werden dürfen; selbst im Falle einer schweren Beeinträchtigung der Lernfähigkeit, die auf eine medizinisch nachweisbare Störung zurückgeführt werden kann, stellen Abweichungen nur ein Element in einem multifaktoriellen, netzwerkartig und reziprok strukturierten, komplexen Bedingungsgefüge dar. Umgekehrt reicht aber auch eine ausschließlich sozialwissenschaftlich orientierte Sicht (Labeling-Theorie; sozialisationstheoretischer Ansatz) zur Erklärung und zum Verständnis einer geistigen Behinderung nicht aus, wenn dabei intra- und interpersonelle Aspekte, individuelle und soziale „protektive Faktoren“ (z.B. Resilienz; Widerstandskräfte; hierzu Rauh, Arens u. Calvet-Kruppa 1999; „Enabling Niches“ [schützende u. unterstützende Nischen] hierzu Theunissen/Lingg 2000) weitgehend außer Betracht bleiben. Denn wir müssen uns auch immer fragen, weshalb Betroffene unter ungünstigen Lebensbedingungen (z.B. totale Institution) oder mit einer Vielzahl belastender Lebensereignisse ihr Leben „meistern“ oder dies lernen können (hierzu Theunissen 1999a, 200ff.; auch Bertling/Schwab 1999).

Zum Unterschied zu den bisher genannten Definitions- oder Erklärungsansätzen haben wir versucht die das Etikett „geistig behindert“ konstituierenden Faktoren zu neutralisieren, um sowohl positive als auch negative Wirkungen beschreiben zu können. Dadurch wollen wir einerseits eine dominant defizitorientierte Betrachtungsweise vermeiden, ohne dabei den Blick für einen problembezogenen individuellen Lern- und Entwicklungsbedarf aus dem Auge zu verlieren. Andererseits lassen sich durch diese Neutralisierung Stärken, individuelle Kompetenzen, Interessen oder Entwicklungspotentiale wie auch soziale Ressourcen erfassen, so daß der geistig behinderte Mensch als „kompetentes Subjekt“ in seiner Lebenswelt „ganzheitlich“ betrachtet werden kann. Insofern erscheint geistige Behinderung im Lichte unseres ätiologieorientierten Verknüpfungsmodells als ein komplexes soziales Phänomen, wie es insbesondere von Mercer (1973), Schalock et al. (1994) und St. Claire (1989) beschrieben wird, dessen vierdimensionale Klassifikation geistiger Behinderung in unserem Modell Eingang gefunden hat.

Um Mißverständnissen vorzubeugen, sei erwähnt, daß im Lichte dieser Betrachtung geistige Behinderung über das im deutschsprachigen Raum übliche Begriffsverständnis hinausgeht. Angesichts der Relativität von „geistiger Behinderung“ sowie der fließenden Übergänge zwischen leichter geistiger Behinderung und Lernbehinderung (zu dieser Problematik Theunissen/Plaute 1999; Stichling, Theunissen u. Plaute 1999) im Sinne eines „schwerwiegenden, andauernden und umfänglichen Schulversagens und einer deutlich verminderten sozialen Kompetenz“ (Kanter 1974, 136) beziehen wir in unsere Überlegungen Menschen mit „Lernbehinderung“ und „sozialer Benachteiligung“ mit ein. Dies entspricht ganz der Gepflogenheit im angloamerikanischen Sprachraum, wo von „mental retardation", „developmental disabilities" oder „learning difficulties" die Rede ist. Deshalb begegnen wir zum Beispiel in den Self-Advocacy Gruppen häufig Menschen, die in den deutschsprachigen Ländern als soziokulturell benachteiligt, lern- oder auch seelisch behindert bezeichnet würden. Vor einer unreflektierten Übersetzung der Leitbegriffe oder Beschreibung des Personenkreises im Sinne einer „geistigen Behinderung" sei aus diesem Grunde ausdrücklich gewarnt. Denn sie kann „ungewollt zu Fehleinschätzungen der Bedürfnisse und Fähigkeiten" von Menschen führen, die im engeren Sinne als geistig behindert gelten (Wendeler 1993, 8). Es besteht die Möglichkeit, daß sich „falsche Vorstellungen vom Grad der Hilfebedürftigkeit bilden, die für diejenigen, die im strengeren Sinn als geistig behindert gelten müssen, fatale Auswirkungen haben können: Ihre – berechtigten – Bedürfnisse nach Schutz und Hilfe werden übersehen oder heruntergespielt, ihre Fähigkeiten zur Selbständigkeit und Eigenverantwortung überschätzt, mit dem leider nicht seltenen Ergebnis, daß eine wohlgemeinte Reform in Gefahr gerät, an denen vorbeizugehen, die sie am nötigsten hätten" (ebd., 16). Mit dieser kritischen Anmerkung wollen wir freilich nicht die Bedeutung der Self-Advocacy Gruppen in Abrede stellen – ist es doch „Realität, daß die Möglichkeiten und Fähigkeiten der Betroffenen häufig eher unterschätzt wurden und werden" (Knust-Potter 1994, 201). Ebenso wichtig (wenn nicht noch wichtiger) erscheint uns aber auch eine Parteinahme für jene Menschen, die als geistig schwerst und mehrfach behindert gelten, also für „individuals who cannot speak, eat, or dress themselves without assistance" (Miller/Keys 1996, 317). Und dazu bedarf es der multidimensionalen Begriffsaufbereitung, die im übrigen den Blick – und das ist wichtig – unabhängig von geläufigen „behinderungsspezifischen" Klassifikationen auf eine Beschreibung sowohl des individuellen Förder- und Bildungsbedarfs als auch auf den lebensweltlichen Ressourcen- und Veränderungsbedarf lenkt. Ein solcher Ansatz ist nicht nur für die Arbeit mit Menschen, die als schwerstbehindert gelten, relevant; auch (und gerade) im sog. „Überschneidungsbereich" sollten anstelle einer etikettierenden Terminologie und institutionsbezogenen Zuordnung Einschätzungen vorgenommen werden, die aufgrund genauer Beobachtungen des Lernverhaltens, der subjektiven Befindlichkeit, Interessenlage, psycho-physischen Belastbarkeit und psychosozialen Bedürftigkeit sowie bei Berücksichtigung sozialer Ressourcen und protektiver Faktoren den individuellen Unterstützungsbedarf (spezielle Hilfen) kenntlich machen (vgl. auch Theunissen 2000a).

Pädagogisch gesehen dürfte dabei die Frage, ob eine geistige Behinderung abgeleitet werden kann, (eigentlich) keine Rolle spielen. Grundsätzlich ist Feuser Recht zu geben, daß geistige Behinderung „begrifflich eine gesellschaftliche und fachliche Realität" bezeichnet, „aber nicht die Individualität des Menschen, den wir mit diesem Begriff meinen. Die Aussage abstrahiert vielmehr von seiner Individualität und

Subjekthaftigkeit und bewirkt im gesellschaftlichen Kontext das Gegenteil dessen, was unsere pädagogische Absicht den so bezeichneten Menschen gegenüber ausmacht" (Feuser 1996, 18f.).

Dennoch genügt es nicht, nur auf der deskriptiven Ebene zu argumentieren. Mit unserem Modell begeben wir uns auf den Weg zu einer pädagogischen Sicht, die sich vom behinderungsspezifischen Denken löst und als pädagogische Grundprämisse individualisierende Hilfen (sonderpädagogische Förderung) *und* kontextuelle Entscheidungen (Veränderung der Lebenswelt; Arbeit mit Bezugspersonen) anzeigt. In der Hinsicht können von den vier Faktoren in ihren verschiedenartigsten Verknüpfungen aus Perspektiven für spezielle Unterstützungsmaßnahmen aufgezeigt werden. Zugleich macht vor dem Hintergrund dieser Überlegungen auch eine ätiologieorientierte Betrachtung Sinn.

Im folgenden haben wir nun verschiedene Verknüpfungsmöglichkeiten zusammengetragen. Es handelt sich um Faktorenkombinationen, die in der diagnostischen Praxis häufig zum Etikett „geistige Behinderung" führen, *aber zu kurz greifen.* Nicht selten wird schon von zwei Faktoren auf geistige Behinderung geschlossen, was eine Blickverengung darstellt.
An der Darstellung ausgewählter Faktorenkombinationen soll folgendes verdeutlicht werden:

a) die Komplexität und Relativität des Phänomens „geistige Behinderung", das nur im dynamischen Wechselspiel der vier Faktoren ergründet und „beschrieben" werden kann;
b) die Rolle der Faktoren und ihrer Verknüpfung für das Erkennen individueller Förderbedürfnisse und für die Planung entsprechender subjektzentrierter und sozialer (lebensweltbezogener) Maßnahmen;
c) die Notwendigkeit der Sicht auf Entwicklungspotentiale, Stärken und das Selbstkonzept für die Planung spezieller Unterstützungsmaßnahmen.

Faktor AB:

Bezieht sich auf Menschen, die z.B. eine frühkindliche Hirnschädigung durchgemacht haben, welche sich mit Lern- und Entwicklungsbeeinträchtigungen verknüpft. Das Zusammenspiel von Hirnschädigung und Lern- und Entwicklungsprozessen muß aber nicht zwangsläufig eine geistige Behinderung bedeuten (z.B. Ulrich-Turner-Syndrom, Cornelia-de-Lange-Syndrom).

So ist es zum Beispiel möglich, daß Lern- und Entwicklungsbeeinträchtigungen weitgehend durch individuelle Ressourcen kompensiert werden können. Dementsprechend sollte dann eine persönlichkeitsstabilisierende Erziehung oder Assistenz, die das Vertrauen in die eigenen Ressourcen stärkt, statthaben.

Faktor ABC:

Diese Kombination repräsentiert den konventionellen „Dreiklang" von (geistiger) Behinderung. In negativer Hinsicht haben wir es mit sozialer Benachteiligung (z.B. Milieuschädigung; Segregation; Hospitalisierung; gesellschaftliche Vorurteile), diffuser Hirnschädigung und schweren Beeinträchtigungen in kognitiver, motorischer oder sensorischer Hinsicht zu tun.

Systemisch betrachtet stehen alle drei Dimensionen in reziproker Wechselbeziehung zueinander. Folglich reicht eine linearkausale Betrachtung (Organschädigung – Lernbeeinträchtigung – Benachteiligung) zur Beschreibung geistiger Behinderung nicht aus. Das sich gegenseitig bedingende und verstärkende Zusammenspiel der Faktoren schließt nicht aus, daß meistens biologische Besonderheiten ein Auslösefaktor sein können.

Wegbereitend für eine geistige Behinderung kann aber auch der soziale Faktor sein, wenn z.B. vor dem Hintergrund eines sozialschwachen Milieus keine rechtzeitige Impfung bei einer Rötelerkrankung der Mutter erfolgt, so daß es zu einer pränatalen Schädigung mit schwerer intellektueller und motorischer Beeinträchtigung beim Kinde kommen kann.

Positiv gewendet gilt es, z.B. bei schwerer diffuser Hirnschädigung und massiven Lernbeeinträchtigungen Entwicklungsmöglichkeiten, individuelle Stärken sowie tragfähige soziale Ressourcen zu eruieren. Dieser Dreiklang-Faktor hat noch keine folgenschwere Auswirkung auf die Identität (Beispiel: Menschen mit geistiger Behinderung, die sich nicht als behindert erleben bzw. nicht darunter leiden; vgl. hierzu Wendeler/Godde 1989). Dies aber dürfte nach unserer obigen Diskussion eher selten der Fall sein. Wo dies der Fall ist, sollte identitätsunterstützend kommuniziert und assistiert werden.

Faktor ABD:

Diese Kombination kann sich auf folgenden Sachverhalt beziehen: Eine Person erlebt sich aufgrund eines klinischen Syndroms (z.B. XO-Konstitution mit Teilleistungsstörungen; Cockayne-Syndrom mit vorzeitigen Alterungsprozessen) als (geistig) behindert und in seiner Identität beschädigt. Sie wird von ihrer Umwelt jedoch nicht als „geistig behindert" wahrgenommen, diskriminiert oder ausgegrenzt. Die Bedeutung des Identitätsfaktors wird dabei unterschätzt, insofern angesichts der geringfügigen Lern- oder Entwicklungsbeeinträchtigung keine (psychosozialen) Hilfen für notwendig erachtet werden. Für die Planung individueller Hilfen wäre dann wichtig, subjektive Befindlichkeiten aufzuspüren und identitätsaufbauende Angebote kommunikativ-sozialer und aktional-materieller Art (z.B. Beratung; psychosoziale Begleitung; ästhetische Aktivitäten) zu arrangieren.

In positiver Hinsicht kann die Kombination der Faktoren A, B und D bedeuten, daß es einem Menschen trotz Hirnschädigung und Lernbeeinträchtigung gelingt, Bewältigungsstrategien zu entwickeln, mit denen er die Probleme kompensieren und damit zu einem positiven Selbstwertgefühl gelangen kann (Beispiel: Junge Erwachsene mit (leichter) kognitiver Beeinträchtigung stellen sich Studenten vor, indem sie darauf hinweisen, daß sie weder lesen, schreiben noch rechnen, wohl aber als Stadtführer fungieren können, da sie örtlich bestens orientiert seien; vgl. auch Edgerton 1967).

Faktor BCD:

Diese Kombination umfaßt den Lern- und Entwicklungsfaktor, den gesellschaftlichen Bereich sowie den Identitätsaspekt in ihrem reziproken negativen wie auch protektiven Zusammenspiel. Dieser Faktor gilt insbesondere für Formen einer Lernbehinderung oder leichten geistigen Behinderung, bei der keine medizinisch nachweisbare Schädigung feststellbar ist (sog. sozialbedingte Behinderung; familial retardation i.S.v. Zigler/Hodapp 1986; Kaspar-Hauser-Syndrom). Soziale Brennpunkt- und Gemeinwesensarbeit im Zeichen des Empowerment-Konzepts wäre dann das Richtige (vgl. Weiß 1989; 1994; Stark 1996; Herriger 1997; Theunissen 2000a).

Faktor BC:

Hier geht es um das Zusammenspiel des Lern-, Entwicklungs- und Gesellschaftsfaktors. „Weithin bekannt sind die retardierenden Bedingungen einer sozial anregungsarmen Umwelt für die Entstehung leichterer Formen geistiger Behinderungen (Lernbehinderung)“ (Speck 1999a, 50).

Ob dies für die Identitätsentwicklung weitgehend folgenlos bleibt, ist unseres Erachtens zu bezweifeln, weswegen wir dieser Verknüpfungsform nur eine begrenzte Reichweite zuschreiben. Positiv betrachtet lassen sich durch soziale Maßnahmen (Hilfen, Umgebungsveränderung) milieubedingte Lern- oder Entwicklungsstörungen aufheben oder kompensieren.

Faktor AD:

Lenkt den Blick auf Zusammenhänge zwischen Organschädigung und subjektiver Wahrnehmung/Identität, ohne daß es dabei zu einer geistigen Behinderung kommen muß. Dies gilt für Personen, die trotz eines klinischen Syndroms (Klinefelter-Syndrom; Hydrozephalus) kein Leistungsversagen zeigen, dennoch aber unter dem medizinischen „Störungsbild“ leiden (geringes Selbstwertgefühl; Identitätsdiffusion). Psychosoziale Hilfen unter Einbezug von Bezugspersonen wären in diesem Falle angesagt.

Faktor ACD:

Als Beispiel für diese Kombination können Kinder mit Down-Syndrom oder Hydrozephalus genannt werden, die in eine Schule für geistig Behinderte eingeschult werden, obwohl sie keine entsprechenden Lernschwächen aufzeigen. Dieser Faktor demonstriert, daß von der medizinischen Diagnose „Down-Syndrom" nicht unmittelbar auf „geistige Behinderung" geschlossen werden darf (dies gilt ebenso für die anderen o.g. klinischen Syndrome). Gesellschaftliche Zuschreibungsprozesse und damit verknüpfte Identitätsprobleme sind bei dieser voreiligen defektologisch-reduktionischen Schlußfolgerung stets kritisch zu reflektieren.

Faktor CD:

Bezieht sich auf das Zusammenspiel des Gesellschafts- und Identitätsfaktors, z.B. auf Heranwachsende, die aus einem sozialschwachen, behördlich stigmatisierten Milieu stammen (soziale Brennpunkt-Siedlung; kommunale Notunterkunft) und als „asozial" *und* lernbehindert diffamiert werden, obwohl ein „durchschnittlicher" IQ-Wert feststellbar ist. All dies hat Auswirkungen auf die Identität der Betroffenen, die unter der Stigmatisierung und Diskriminierung erheblich leiden, so daß es letztlich zur Übernahme des Fremdbildes kommt. Auch hier muß eine gemeinwesenorientierte Empowermentarbeit statthaben (vgl. Theunissen 2000a).

Faktor AC:

Unter dieser Kombination trifft man z.B. Kinder von HIV-infizierten Müttern an, die von ihrer sozialen Umwelt diskriminiert und zu Unrecht als lernbehindert etikettiert werden. Denkbar ist auch, daß ein Heranwachsender aufgrund zerebraler Bewegungsstörungen (z.B. spastische Hemiplegie, dyskinetische Störungen) irrtümlich als geistig behindert eingestuft und entsprechend institutionalisiert (Schule für geistig Behinderte), d.h. ausgesondert und benachteiligt wird. Darüber hinaus umfaßt diese Kombination auch Individuen, die auf Grund einer biologischen Normabweichung (z.B. Hydrozephalus; Down-Syndrom) bei nur geringfügiger intellektueller Beeinträchtigung in Sondereinrichtungen (Schule für Geistigbehinderte; Werkstatt für Behinderte) betreut werden. In diesem Falle kommt es darauf an, daß das bisherige institutionsbezogene Denken und Handeln durch eine bedürfnisorientierte Betroffenen-Perspektive ersetzt wird.

Faktor BD:

Bezieht sich auf Zusammenhänge zwischen kognitiver, sensomotorischer, psychischer und sozialer Entwicklung. Unter dieser Kombination stößt man auf Kinder und Jugendliche mit unterdurchschnittlichen Schulleistungen oder partiellen

Lernausfällen, bei denen weder eine (leichte) Hirnschädigung noch eine soziale Benachteiligung feststellbar ist. Diese Kinder gelten nicht als behindert und erfahren keine besondere Aufmerksamkeit (z.B. Förderung) seitens der Umwelt. Die schwachen Schulleistungen haben allerdings Auswirkungen auf die Identität der Betroffenen (z.B. mangelndes Selbstvertrauen; negatives Selbstbild; überkompensatorische Copingmuster). Psychosoziale Unterstützung hieße dann das Programm.

1.5 Schlußfolgerungen

An den vorangegangenen Beispielen wird deutlich, daß aus einzelnen Faktorenkombinationen nicht zwangsläufig auf geistige Behinderung geschlossen werden darf.

Einzelne Faktorenkombinationen sind aber aufschlußreich im Hinblick auf eine ätiologieorientierte Betrachtung der individuellen Lern- und Lebenssituation des Menschen. Es werden Entwicklungsfaktoren sichtbar, die an der Ausprägung spezifischer Beeinträchtigungen, die als „geistige Behinderung" wahrgenommen und beschrieben werden, maßgeblich beteiligt sein können.

Die ätiologieorientierte Betrachtung einzelner Faktorenkombinationen reicht aber nicht aus, wenn es uns darum geht, geistige Behinderung als komplexes und prozeßhaftes soziales Phänomen zu erfassen.

Einerseits geht das dynamische Wechselspiel aller Faktoren, die die momentane Lern- und Lebenssituation des Menschen ausmachen, aus der Beschreibung einzelner Faktorenkombinationen nicht hinreichend hervor. Wenn beispielsweise eine gravierende kognitive Beeinträchtigung nur vor dem Hintergrund gesellschaftlicher Benachteiligung erfaßt und dabei vom Selbstkonzept des Betroffenen abstrahiert wird, können wir wohl kaum herausfinden, wie der Mensch selbst seine momentane Situation sieht und über welche Stärken oder Kompetenzen er verfügt, um diese Situation zu ändern. Ohne dieses Wissen laufen wir Gefahr, pädagogische und lebensweltbezogene Maßnahmen auf die wahrgenommene defizitäre individuelle und soziale Situation zu fixieren.

Andererseits ermöglicht erst die Verknüpfung aller Faktoren in ihren Ursache-Wirkung-Beziehungen in die komplexen und differenzierten Zusammenhänge des menschlichen Entwicklungsprozesses einzudringen, die die Individualität des Menschen ausmachen. Ein Verständnis von Entwicklung als prozeßhafte, dynamisch organisierte Systemveränderung in Richtung auf zunehmende Kompetenz (vgl. auch Feuser 1996) erfordet es, die spezifischen Beziehungen zu erfassen, die zwischen lebensbeeinträchtigenden, bio-psycho-sozialen Bedingungen und der Kompetenz des Individuums, entsprechende Bewältigungsstrategien zu entwickeln, bestehen.

Faktor ABCD:

Diese Kombination repräsentiert schließlich geistige Behinderung als komplexes, multifaktoriell bedingtes Phänomen, d.h. alle vier Dimensionen in ihrer reziproken Wechselwirkung, unter negativer (lernhemmender, defizitärer) und positiver (protektiver) Merkmalsbeschreibung. Dadurch wird eine einseitige (z.B. defizitorientierte) Betrachtungsweise geistiger Behinderung ebenso verworfen wie ein linearer Denkansatz im herkömmlichen Dreiklang-Modell. Darüber hinaus werden kognitive Beeinträchtigungen nicht überdimensioniert, sondern im Kontext der gesamten menschlichen Entwicklung reflektiert, die ihrerseits von biologischen und sozialen Faktoren beeinflußt wird und zugleich aber auch diese mitbestimmt.

Auf dem Hintergrund dieser Faktorenverknüpfung läßt sich zusammengefaßt *geistige Behinderung als ein Etikett betrachten, das Menschen auferlegt wird, die angesichts spezifischer Beeinträchtigungen auf kognitiver, motorischer, sensorischer, emotionaler, sozialer und aktionaler Ebene und darauf abgestimmter Bewältigungsstrategien einen entsprechenden ressourcen-orientierten Unterstützungsbedarf (needed support) zur Verwirklichung der Grundphänomene menschlichen Lebens benötigen, der von lebensweltbezogenen Maßnahmen (environmental changes) nicht losgelöst betrachtet werden darf* (vgl. auch Schalock et al. 1994).

Trotzdem möchten wir abschließend noch einmal betonen, daß die vorausgegangenen Ausführungen nur zur Besinnung sowie zum (weiteren) kritischen Nachdenken über das Phänomen „geistige Behinderung" einladen und keine fertigen Antworten anbieten können. Denn Begriffe wie geistige Behinderung sind stets soziale Zuschreibungen (Stigmata) aus einer Beobachterperspektive heraus, weswegen es nie objektive Aussagen oder wertfreie (endgültige) Definitionen geben kann.

Außerdem wäre es korrekt, zukünftig nicht von „geistig behinderten Menschen" zu sprechen, sondern stets von *Personen, die als „geistig behindert" bezeichnet werden.* Dieser Aspekt sollte in den folgenden Ausführungen immer mitgedacht werden; und nur aus äußerlichen Gründen (Platzmangel; Stil) wurde er nicht durchgängig verschriftlicht.

2. Verhaltensauffälligkeiten bei Menschen mit geistiger Behinderung

2.1 Einleitende Bemerkungen

Bis vor wenigen Jahren spielte die *Psychiatrie* im rehabilitativen Versorgungssystem für Menschen mit geistiger Behinderung eine prominente Rolle. Zum einen war sie ein „Auffang- und Sammelbecken" für viele Menschen mit geistiger Behinderung, denen angesichts fehlender pädagogischer Frühförderung, heilpädagogischer Tagesförderstätten, familienentlastender und ambulanter Dienste sowie sozialer Netzwerke keine adäquate Hilfe zuteil werden konnte. Zum anderen vertrat und verbreitete sie die wissenschaftliche Lehrmeinung, daß ein großer Teil geistig behinderter Menschen bildungsunfähig, hochgradig pflegebedürftig und infolge psychischer Störungen oder Verhaltensauffälligkeiten krankenhausbehandlungsbedürftig sei. Auf Grund dessen lebten in der Bundesrepublik im Jahre 1975 ca. 20% aller Erwachsenen mit geistiger Behinderung in psychiatrischen Krankenhäusern oder vergleichbaren Pflegeeinrichtungen. Dort vegetierten sie meist in menschenunwürdigen Zuständen, oft in zu großen und veralteten Stationen ohne ausreichende pädagogische Betreuung und in völliger Isolation. Wohnen galt als „stationäre Unterbringung", und die alltägliche Versorgung stand ganz unter dem Diktat des traditionellen *„psychiatrischen Modells"* (Theunissen 1999a).

Die durch die anti- und sozialpsychiatrische Bewegung eingeleitete Kritik an der orthodoxen Psychiatrie, in deren Schlepptau sich lange Zeit die Heilpädagogik befand, führte gegen Ende der 70er Jahre zu einer *fachlichen Neuorientierung* im Umgang mit geistig behinderten Menschen. Wesentliche Impulse gingen von der *Psychiatrie-Enquete* (1975) aus, die eine Trennung der Versorgung psychisch kranker und geistig behinderter Menschen sowie deren Betreuung in pädagogischen Einrichtungen forderte. Diese Empfehlung wurde zuerst im Rheinland aufgegriffen, wo der Anteil psychiatrisch untergebrachter geistig behinderter Menschen am größten war. Dort kam es 1980/81 zur Verselbständigung der bisherigen Oligophrenie-Abteilungen als eigenständige Heilpädagogische Heime. Eine weitere wichtige Reform fand in Bremen statt, wo die Klinik „Kloster Blankenburg" völlig aufgelöst wurde. 1988 kam es auch in Hessen zur Abnabelung der bisherigen psychiatrisch geführten Behindertenbereiche als selbständige Heilpädagogische Einrichtungen (vgl. hierzu zusammenfassend Theunissen 1995). Diese Reformen beförderten zugleich ein pädagogisches Interesse für Verhaltensauffälligkeiten oder psychische Störungen bei Menschen mit geistiger Behinderung; überdies brachten sie neue Formen im Umgang mit hospitalisierten geistig behinderten Menschen hervor. Wenngleich auch andere Altländer zwischenzeitlich auf diese Reformen mit Ausgliederungskonzepten reagiert haben, stellen wir fest, daß es bis heute nur wenige gelungene Beispiele einer Enthospitalisierung oder Deinstitutionalisierung gibt. Vielmehr haben wir es oft mit einem Etikettenschwindel (hierzu auch Hoffmann 1998; Dörner 1998) zu tun, indem z.B. psychiatrische Oligophrenieabteilungen durch Pflegeheime für geistig behinderte Menschen (z.B. in Bayern, Baden-Württemberg, im Saarland) ersetzt wurden.

Diesem Problem begegnen wir auch in den neuen Ländern. Epidemiologischen Angaben zufolge dürfen wir annehmen, daß heute noch etwa 6.000 Menschen mit geistiger Behinderung in (psychiatrischen) Krankenhäusern, Pflege-, Alten- oder Feierabendheimen der ehemaligen DDR fehlplaziert leben (vgl. Hoffmann 1998). Politischerseits besteht der Wille, diesen fehlplazierten Personenkreis durch rehabilitationspädagogische und therapeutische Maßnahmen weitmöglichst gesellschaftlich (wieder-)einzugliedern (vgl. Kuppe 1998). Prinzipien der Normalisierung, Gemeindenähe, Deinstitutionalisierung und Regionalisierung sollen die traditionelle Verwahrung und Kasernierung ablösen. Erste Ausgliederungsprojekte zeigen auch hier wie die Reformen in NRW, Bremen und Hessen auf, daß ein gemeindeintegriertes Wohnen für ehemals fehlplazierte hospitalisierte Erwachsene mit geistiger Behinderung möglich und erstrebenswert ist.

Insofern tut die Elternvereinigung „Lebenshilfe e.V." als Protagonist gemeindenaher Wohnformen gut daran, sich dieser neuen Aufgabe zu stellen. Ihr erklärtes Ziel ist die Integration *aller* Menschen mit geistiger Behinderung. Denn jeder geistig behinderte Mensch hat – unabhängig einer Schwere der Behinderung oder Auffälligkeit – das Recht auf Anerkennung als Mitbürger, auf Bildung und Arbeit, auf die Benutzung öffentlicher Einrichtungen oder Verkehrsmittel und damit auf ein Leben inmitten der Gesellschaft. Gemeindenahe Wohneinrichtungen sollten demnach sog. fehlplazierte Menschen mit geistiger Behinderung aufnehmen und einen Beitrag zur Enthospitalisierung leisten.

Freilich haben wir es im Falle von Verhaltensauffälligkeiten nicht nur mit einem klinisch institutionalisierten Personenkreis zu tun, sondern es können genauso auch andere, z.B. geistig behinderte Kinder und Jugendliche in Schulen oder Familien, psychosoziale Probleme signalisieren; und in der Tat klagen seit einiger Zeit immer mehr Schulpädagogen wie auch Eltern über die Zunahme von psychischen Störungen bei geistig behinderten Kindern und Jugendlichen (vgl. Holtz/Nassal 1999). Damit kommen Anforderungen sowohl auf die Schulpraxis als auch auf gemeindenahe Wohneinrichtungen zu, die einer dringenden Lösung bedürfen. Denn vielerorts steckt die Entwicklung geeigneter pädagogischer und therapeutischer Ansätze zur Krisen- und Problembewältigung noch in den Anfängen (vgl. Wüllenweber 1999), außerdem mangelt es an zusätzlichen Mitarbeitern und begleitenden psychosozialen Hilfen (z.B. Praxisberatung). Diese sind aber unabdingbar, wenn der Wille zur (gesellschaftlichen) Integration und die Bereitschaft der Wohneinrichtungen, sich Verhaltensauffälligkeiten bei geistig behinderten Menschen zu stellen, gestärkt werden sollen. Ebenso wichtig sind geeignete institutionelle Rahmenbedingungen, die von einer pädagogischen Konzeption nicht losgelöst betrachtet werden können. Gelingt es in absehbarer Zeit nicht, ein präventives und tragfähiges Konzept psychosozialer Hilfe wirksam werden zu lassen, droht die Gefahr des Zusammenbruchs der integrativen Bemühungen und letztlich des Scheiterns einer zeitgemäßen Behindertenarbeit.

2.2 Zur Epidemiologie

Fachleute gehen heute davon aus, daß bei geistig behinderten Menschen im Prinzip die gleichen psychosozialen Auffälligkeiten wie bei Nichtbehinderten auftreten können. Epidemiologischen Studien (Lotz/Koch 1994; Westling/Fox 1995, 15) zufolge kann davon ausgegangen werden, daß 10 – 40% geistig behinderter Menschen irgendeine Form psychischer Störung (hierzu Anmerkung 1, 269) aufweisen. Diese hohen Angaben bedeuten jedoch nicht in jedem Fall eine psychiatrische oder psychotherapeutische Behandlungsbedürftigkeit. Denn die Mehrzahl psychosozialer Auffälligkeiten läßt sich mit lebensweltbezogenen und pädagogisch-therapeutischen Konzepten weitgehend kompensieren (vgl. auch Hackenberg 1996, 14). Es gibt Anzeichen dafür, daß insbesondere institutionalisierte geistig schwer behinderte Menschen massive Verhaltensauffälligkeiten (selbst- und fremdaggressives Verhalten, Hyperaktivität, Stereotypien, Zwangshandlungen, depressive Verstimmungszustände, Kontaktprobleme) an den Tag legen (vgl. Westling/Fox 1995, 299). Persönlichkeitsstörungen, affektive und schizophrene Psychosen werden dagegen eher bei Menschen mit leichter geistiger Behinderung beobachtet. Trotzdem sollten sämtliche Daten mit Vorsicht betrachtet werden. Denn „Untersuchungen an repräsentativen Stichproben stellen die Ausnahme dar ... Selbst genaue Angaben zum Behinderungsgrad der Probanden wurden nicht immer mitgeteilt" (Lotz/Koch 1994, 15). Überdies schwanken die Angaben zur Häufigkeit und Prävalenz zum Teil beträchtlich, weswegen eindeutige Aussagen nicht möglich sind. Dies hängt

3 Paradigmen

auch mit den verschiedenen Untersuchungsmethoden zusammen. Zudem macht es einen Unterschied, ob in einer klinischen Einrichtung, die sich am Primat der „Pflege“ orientiert, psychische Störungen ermittelt werden oder ob eine Untersuchung nach einer „Enthospitalisierungsphase“ erfolgt. Deshalb macht es wenig Sinn, überhaupt mit Zahlen zu arbeiten. „Objektive“ Kriterien zur Erfassung psychischer Störungen gibt es nicht. Vielmehr haben wir es mit subjektiven Werturteilen zu tun, weswegen wir uns davor hüten sollten, askriptive Urteile als deskriptive auszulegen. Zusammenfassend läßt sich festhalten, daß Verhaltensauffälligkeit sich stets am Urteil anderer Personen bemißt, die durch die Übertragung und Anwendung eines subjektiv gefärbten, in der Regel unreflektierten Normalitätsmaßstabs auf Verhaltens- und Erlebensweisen wertend reagieren.

2.3 Erklärungsansätze

Die gegenwärtige Diskussion über Ursachen, Entstehungsbedingungen oder Erklärungen psychosozialer Auffälligkeiten bei Menschen mit geistiger Behinderung ist durch drei kontroverse Paradigmen geprägt (hierzu Anmerkung 2, 269).

• Zur psychiatrischen Sicht

Der wissenschaftshistorisch älteste Erklärungsansatz stammt aus der Medizin. Hier können wir zwischen dem Konzept der psychiatrischen Orthodoxie und dem Ansatz der neueren klinischen Rehabilitation unterscheiden.

Theoretisches Kernstück der *psychiatrischen Orthodoxie* ist die Gleichschaltung von geistiger Behinderung, Verhaltensauffälligkeit und Krankheit. Lange Zeit wurde diesbezüglich die Meinung vertreten, daß psychische Störungen/ Verhaltensauffälligkeiten bei geistig behinderten Menschen in erster Linie „wesensbedingt“ seien. Folglich gäbe es hier keine „echten“ psychischen Störungen, sondern allenfalls ein zufälliges Zusammentreffen unterschiedlicher Krankheitsentitäten wie bei der sog. Propfpsychose. Hier würden schizophrene Psychosen „gleichsam auf dem Boden des Schwachsinns entstehen“ (Tölle 1985, 305). In der älteren psychiatrischen Literatur findet man darüber hinaus zwei weitere typische „Störungsbilder“, den „erethischen Schwachsinn“ (hochgradige Erregbarkeit, Umtriebigkeit) sowie den „torpiden Schwachsinn“ (Antriebsarmut, Apathie). Mit diesen Persönlichkeitstypen glaubte man die psychischen Probleme geistig behinderter Menschen hinreichend erfaßt zu haben.

Die *neuere Psychiatrie* hat sich inzwischen von dieser Position deutlich distanziert, indem sie psychische Störungen, Gefühle und damit eine emotionale Konfliktverarbeitung bei Menschen mit geistiger Behinderung nicht mehr leugnet.

Mit dem Begriff der *„dual diagnosis"* soll dies ausdrücklich betont werden. Dieses in der angloamerikanischen Psychiatrie geläufige Etikett ist aber inzwischen umstritten, da es wenig zum Verständnis „auffälliger Verhaltensweisen" beiträgt und eher die *Gefahr einer „Neuen Medizinierung"* von Menschen mit geistiger Behinderung befördert. In der Tat läßt sich nachweisen, daß Repräsentanten dieses Konzepts das konzeptionelle Raster des traditionellen medizinischen Modells nicht verlassen. So interpretiert Day (1993, 79f.) z.B. Verhaltensauffälligkeiten bei geistig behinderten Menschen als Hinweis auf einen krankhaften Prozeß: „Viele Verhaltensstörungen haben eine organische Grundlage ... Es gibt immer mehr Anhaltspunkte dafür, daß auffälliges Verhalten in vielen Fällen auf eine zugrundeliegende psychische Krankheit zurückzuführen ist". Ähnlich äußert sich auch Meins (1994, 50), der davon ausgeht, daß „zumindest bei höhergradiger geistiger Behinderung ... hirnorganische Faktoren in Ätiologie und Pathogenese psychischer Störungen" einen wesentlichen Anteil ausmachen. Diese Auffassung hat zugleich weitreichende Konsequenzen für die Praxis. So kommt für Day (1993, 80) „oft ... nur eine psychiatrische Betreuung in Frage", und dies durchaus in „gesonderten psychiatrischen Einrichtungen für geistig behinderte Menschen" (ebd. 90). Damit wird deutlich, daß mit dem Konzept der „dual diagnosis" das traditionelle medizinische Denken und Handeln in der klinischen Rehabilitation weiter fortgeschrieben wird. Kritisch muß angemerkt werden, daß mit der Orientierung an organmedizinischen Pathologievorstellungen der sozialen Dimension von Verhaltensauffälligkeit zu wenig Beachtung geschenkt wird. Verhaltensauffälligkeiten sind in der Regel kein direkter Ausdruck einer hirnorganischen Schädigung. Diese Erkenntnis gilt es auch bei dem in jüngster Zeit gerne diskutierten Konzept der *‚Verhaltensphänotypen'* zu beachten (vgl. Kap. 5.3.1). Unter einem ‚Verhaltensphänotyp' versteht Sarimski (1997, 15) „eine Kombination von bestimmten Entwicklungs- und Verhaltensmerkmalen, die bei Kindern und Erwachsenen mit einem definierten genetischen Syndrom mit einer höheren Wahrscheinlichkeit auftritt als bei Kindern und Erwachsenen mit einer Behinderung anderer Ursache." Mit dieser Definition versucht sich Sarimski von monokausalen Sichtweisen abzugrenzen, die zum Beispiel eine genetische Determinierung aggressiven Verhaltens behaupten und dieses nur durch Gendefekte erklären (kritisch hierzu auch Lingg/Theunissen 2000). Organpathologische Befunde von Verhaltensauffälligkeiten sind bei Menschen mit geistiger Behinderung genauso wie bei anderen Personen selten oder nur als Folge- oder Begleiterscheinung eines reziproken Austauschprozesses zwischen Biologischem, Psychischem und Sozialem nachweisbar. In diesem Sinne sollten zum Beispiel auch Veränderungen bzw. Funktionsstörungen in verschiedenen Neurotransmittersystemen (geringer Serotingehalt; erhöhter Dopaminspiegel) bei (auto-)aggressivem Verhalten diskutiert werden (vgl. hierzu auch Kap. 3). Dort, wo organpathologische Ursachen von Verhaltensauffälligkeiten bei geistiger Behinderung angenommen werden, handelt es sich zumeist um klinische Syndrome mit einer sehr geringen Verbreitung (Neuhäuser 1999; Sarimski 1997); und selbst hier ist es wichtig, um inter- und intraindividuelle Unterschiede zu wissen: Nicht alle Kinder mit Prader-Willi-Syndrom entwickeln in gleichem Maße eine dranghafte Neigung zum Essen, nicht alle Kinder mit dem Smith-Lemli-Opitz-Syndrom entwickeln autoaggressive Verhaltensweisen und sind gleichermaßen irritierbar und überaktiv (Sarimski 1997, 8; Neuhäuser 1999, 167f.). In diesem Sinne weist Gaedt (1987, 45) zu Recht darauf hin, „daß es viele geistig Behinderte mit nachweisbaren entsprechenden hirnorganischen Störungen ohne psychische Symptomatik gibt."

Ferner greift das Konzept der „dual diagnosis" zu kurz, wenn an der herkömmlichen psychiatrischen Klassifikation und Pathogenese festgehalten wird. Aus der Praxis wissen wir, daß sich die meisten Auffälligkeiten bei Menschen mit geistiger Behinderung kaum einem bekannten psychiatrischen Krankheitsbild zuordnen lassen, weswegen psychiatrische Diagnosen nur unter Vorbehalt erstellt und am besten vermieden werden sollten (vgl. Gaedt 1987, 119ff.; Lingg/Theunissen 2000). Einige Vertreter der neueren Psychiatrie (vgl. Ciompi 1986; Warnke 1993; Hennicke 1994; 1999; Lingg 1995) wissen sehr wohl um diese Problematik, weswegen es ihnen um eine mehrdimensionale, systemisch orientierte Problemaufbereitung zu tun ist. Darauf werden wir an späterer Stelle noch kurz eingehen.

- **Zur sozialwissenschaftlichen Sicht**

Nicht zuletzt hat die Kritik an dem traditionellen psychiatrischen Modell zur Entwicklung alternativer Erklärungsansätze geführt, die den sozialen Faktor priorisieren. Zum einen ist ein *sozialisationstheoretisch-sozialpsychologisch orientierter Ansatz* (hierzu Anmerkung 3, 270) auszumachen (auch Theunissen 1992), der die Entstehung von Verhaltensauffälligkeiten bei geistig behinderten Menschen auf Schwächen in den Erziehungsleistungen der Eltern zurückführt, als Produkt familiärer Interaktionsstörungen und/oder als Resultat defizitärer Sozialisationsbedingungen begreift. Momente, die die kindliche Identitätsentwicklung gefährden und die Weichen für Verhaltensprobleme stellen können, sind beispielsweise: primäre Ablehnung und Feindseligkeit, Overprotection, unzureichende kommunikative Stimulation, depressiv getöntes Erziehungsverhalten, psychische und physische Überbelastung von Müttern, unzureichende Ablösung, ein häufiger Wechsel zwischen Verwöhnung und Feindseligkeit/Vernachlässigung, körperliche Strafgewalt, sexuelle Mißhandlung, Überforderung, zu hohe Leistungsanforderungen, Fremdbestimmung, gesellschaftliche Diskriminierung und familialer Rückzug, familienintern ablaufende Prozesse einer Schuldzuschreibung, ökonomische Benachteiligung, broken-home-Situation u.a.m. Die o.g. Milieufaktoren spielen insbesondere im Zusammenhang mit „Lernbehinderung“ eine prominente Rolle (vgl. auch Theunissen 1992, 43ff.).

Zum anderen versucht die *soziologisch-systemkritische Forschung* Zusammenhänge zwischen Verhaltensauffälligkeiten und institutionellen Unzulänglichkeiten nachzuweisen. Analysiert werden Momente, die Goffman unter der „totalen Institution“ (1972) zusammengetragen hat. Die damit verknüpfte Produktion von Verhaltensauffälligkeiten (Hospitalisierung) hat Jervis (1978, 131) treffend herausgestellt: „Der Patient (oder behinderte Mensch, G. T.) verschließt sich langsam immer mehr in sich selbst, wird energielos, abhängig, gleichgültig, träge, schmutzig, oft widerspenstig, regrediert auf infantile Verhaltensweisen, entwickelt starre Haltungen und sonderbare stereotype Tics, paßt sich einer extrem beschränkten und armseligen Lebensroutine an, aus der er nicht einmal ausbrechen möchte und baut sich oft als eine Art Tröstung Wahnvorstellungen auf.“ Überdies nennen wir an anderer Stelle eine Vielzahl kritischer institutioneller Sozialisationsfaktoren (z.B. pädagogische Unzulänglichkeiten; heimliches Betreuungskonzept), die ein breites Spektrum an Verhaltensauffälligkeiten auslösen können (vgl. Theunissen 1998b, 76ff.; 1999a, 174ff.).

Der dritte sozialwissenschaftliche Erklärungsansatz ist die *Labeling-Theorie*, die den Prozeß des Zustandekommens von Verhaltensauffälligkeiten, den Definitions- und Normanwendungsprozeß sowie die Arbeitsweise von Instanzen sozialer Kontrolle (Psychiatrie; Behindertenhilfe) zum Gegenstand ihres Forschungsinteresses hat. Ausgangspunkt der Labeling-Theorie sind „normabweichende“ Verhaltensweisen (z.B. Stören anderer Bewohner während der Mahlzeit), auf die zunächst mit „leichten“ Sanktionen (Ermahnen) reagiert wird. Bleiben diese erfolglos, wird in stärkerem Maße sanktioniert (z.B. time out; zeitweiliger Ausschluß von Freizeitangeboten; keine Mitnahme bei Außenaktivitäten). Paßt sich der Betreffende weiterhin nicht an, kommt es zur Verschärfung des Konflikts. Es setzt nun ein wechselseitiger Aufschaukelungsprozeß ein, der im ungünstigsten Falle zu einen Gruppenausschluß und zur Einweisung in eine klinische Einrichtung führen kann. Die Erfahrungen des als verhaltensauffällig („untragbar“) abgestempelten behinderten Menschen sind schon im Zuge dieses Aufschaukelungsprozesses ganz um diese deviante Rolle organisiert und münden letztlich in eine schwer beschädigte Identität (vgl. genauere Ausführungen in Theunissen 1992, 54ff.).

Wenngleich von den sozialwissenschaftlichen Ansätzen wichtige Impulse zur Erklärung auffälliger Verhaltens- und Erlebensweisen ausgehen, genügt es nicht, die biologistisch-individualistische Problemsicht durch eine soziale Perspektive zu ersetzen. Problematisch ist zum Beispiel ihr Determinismus. Ein geistig behinderter Mensch ist kein passives Produkt (Opfer) defizitärer Sozialisationsbedingungen. Er ist auch nicht dem Prozeß des Auffälligwerdens hilflos ausgeliefert. Ob es zu

Verhaltensauffälligkeiten kommt, hängt davon ab, wie der Einzelne die jeweilige Situation oder Anforderung wahrnimmt, bewertet und bewältigt. Darüber hinaus richtet sich die Kritik gegen implizite Schuldzuschreibungen, indem Eltern oder Mitarbeiter als Produzenten von Verhaltensauffälligkeiten dargestellt werden. Solche Tendenzen haben häufig erheblichen Schaden angerichtet.

• Zur systemökologischen Sicht

Seit kurzem wird die wissenschaftliche Diskussion über Diagnose, Ätiologie und Therapie von Verhaltensauffälligkeiten von einem „neuen" Denkansatz bestimmt, der inzwischen so unterschiedliche Disziplinen wie die Psychiatrie, (Heil-)Pädagogik, Sozialarbeit und (klinische) Psychologie erfaßt hat. Gemeinsamer Bezugspunkt sind Erkenntnisse aus der allgemeinen Systemtheorie und Sozioökologie, die zum Verständnis von Verhaltensauffälligkeiten herangezogen werden. Im Unterschied zu den bisherigen Ansätzen geht es nicht um linear-kausale Fragestellungen, sondern um die Beschreibung von Wechselbeziehungen, in denen bestimmte Verhaltensweisen als „Störungen" erscheinen (vgl. zusammenfassend Theunissen 1992, 64ff.; Rotthaus 1993; Hennicke 1994; 1999; Finger 1995). Greifen wir hierzu den o.g. Prozeß des Auffälligwerdens noch einmal auf: Die „Störungen" in der Wohngruppe lassen sich aus der Sicht des betroffenen Bewohners als zweckmäßige Reaktion auf eine für ihn als „belastend" erlebte Situation einschließlich der pädagogischen Antworten beschreiben; wie er die Situation sowie das erzieherische Verhalten wahrnimmt, bewertet und abschätzt, beeinflußt seine Gefühle und Handlungen. Auch die pädagogischen Gegenreaktionen sind aus der Mitarbeiter-Perspektive „sinnvolle" Konfliktlösungsversuche. Ihre Ereigniseinschätzung, Bewertungsprozesse, Gefühle und Handlungen sind Antworten auf ein für sie sozial unerwünschtes Verhalten. Da jede Seite ihre Handlungen immer wieder neu etabliert, entsteht ein zirkuläres, interpersonelles Muster, das eine Eigendynamik entwickelt, sich verfestigt, pädo- oder psychopathologische Effekte erzeugt, die anscheinend keine Verständigung, gegenseitige Einigung und konstruktiven Problemlösungsmuster mehr zulassen. Beide Seiten sind gleichermaßen am Problem beteiligt, und jede löst bei ihrem Gegenüber Handlungen aus, die auf sie selbst zurückwirken. Die Mitarbeiter weisen den Bewohner zurecht, weil er andere stört; und der Betreffende stört weiter, weil die Mitarbeiter immer so schimpfen und er sich nicht verstanden fühlt. Jede Seite verlangt vom anderen, daß sie sich ändert, und weil dies nicht geschieht, nehmen die Sanktionen auf der einen und die sozial unerwünschten Handlungen auf der anderen Seite immer mehr zu. Schließlich scheint ein Ausstieg aus diesem Wechselwirkungsprozeß kaum noch möglich. Aus alledem folgt, daß es keinen Sinn macht, Menschen mit Definitionen oder Etikettierungen (Bewohner A. *ist* aggressiv) zu denunzieren. Eher schaffen solche Zuschreibungen Distanz und sabotieren die Empathie und Wertschätzung des anderen als Person. *Verhaltensauffälligkeiten sind nicht einzig und allein an einer Person festzumachen, sondern stets Ausdruck einer Störung des Verhältnisses zwischen Individuum und Umwelt (Personen, Dinge, Begebenheiten), die die betreffende Person durch spezifische problemlösende Verhaltensweisen zu bewältigen versucht, die von anderen als normabweichend oder sozial unerwünscht gekennzeichnet werden.* Nicht die auffällige Person, sondern ihre Wechselbeziehung mit der Umwelt erscheint als „gestört“. Insofern sollten Begriffe wie „psychisch gestört“, „psychisch krank“ oder „verhaltensgestört“ vermieden werden, da sie leicht zu einem individuumzentrierten, sog. täterorientierten Denken und Handeln verleiten, indem sie die „Störung“ ins Subjekt projizieren. Der Begriff der „Auffälligkeit“ schließt dagegen schon eher die Person des Beobachters (z.B. Mitarbeiter) ein, z.B. seine Ereigniswahrnehmungen, Bewertungsprozesse, Gefühle und Befindlichkeiten (Ohnmacht, Hilflosigkeit, Ängste gegenüber selbstverletzenden Verhaltensweisen). Seit kurzem wird als Alternativbegriff auch „originelles Verhalten“ (Finger 1995, 89) ins Gespräch gebracht. Ob ein Bespucken eines Anderen oder ein ständiges Aufkratzen von Wunden „originell“ ist, wagen wir aber zu bezweifeln. Vor einer Bagatellisierung oder Nivellierung spezifischer Probleme sei damit gewarnt. In der angloamerikanischen Fachdiskussion wird neuerdings vorgeschlagen, etikettierende Begriffe wie „Verhaltensstörung“ oder auch die „dual diagnosis“ durch den Ausdruck *challenging behavior* (herausforderndes Verhalten) zu ersetzen (vgl. Jones/Baker 1990; Westling/Fox 1995; TASH 1995). Wenngleich dieser Begriff dazu verleiten kann, depressive Verstimmungszustände und Rückzugstendenzen als Herausforderung zu verkennen, kann er dem behinderten Menschen, der Situation und den pädagogischen Anforderungen durchaus gerechter werden als die herkömmliche Etikettierung. Zum Beispiel fordert die neue Begrifflichkeit Respekt vor der Person, deren „herausforderndes“ Verhalten als eine Botschaft verstanden wird. Überdies wird angedeutet, daß mehrere Partner an einem Problem beteiligt sein können. Allein deshalb greifen individuum- und symptomzentrierte Behandlungsformen zu kurz. Freilich ist es nicht immer einfach, den verborgenen Sinn hinter einem „herausfordernden Verhalten“ zu entdecken. So können z.B. aggressive Verhaltensweisen dazu dienen, ein Mitarbeiterteam zusammenzuhalten. Um die symbolische Bedeutung zu verstehen, sollte nach den Wirkungen, der Funktion und positiven Bedeutung auffälliger Verhaltens- und Erlebensweisen gefragt werden. Gelingt es, die positiven Anteile in einer Verhaltensauffälligkeit zu sehen, kann das herausfordernde Verhalten aus einem anderen Blickwinkel, nämlich aus einer „verstehenden“ Perspektive, betrachtet werden. Daraus ergeben sich zumeist kreative, neuartige Problemlösungswege, die sehr erfolgreich sein können.

Trotzdem sollte auch dieser systemische Ansatz nicht unkritisch rezeptiert werden. So operiert er z.B. mit einem Raumbegriff, der Interaktionen in ihrer Wechselwirkung und Funktion erfaßt, nicht aber in ihrer *Geschichtlichkeit*. Da unbewältigte krisenhafte Ereignisse im aktuellen Verhalten und Erleben wiederkehren, sollte auf eine Aufbereitung der Lebensgeschichte nicht verzichtet werden. Überdies gehen womöglich durch die Vernachlässigung der historischen Dimension wertvolle Informationen über Entwicklungsmöglichkeiten, verkümmerte oder brachliegende Fähigkeiten und Interessen verloren.

Ferner bedarf das personale System (hierzu Anmerkung 4, 270) stärkere Beachtung (gemeint sind biologisch-konstitutionelle und psychologisch-identitätsspezifische Aspekte). So wird in Anbetracht einer (leichten) frühkindlichen Hirnschädigung oder extremer Belastungssituationen (Frühgeburt; Geburtskomplikationen; mehrere Krankenhausaufenthalte in der Säuglingszeit) angenommen, daß lern- und geistig behinderte Menschen häufig *vulnerabler* als andere für psychische Krisen sind und schon bei geringfügigen alltäglichen Anforderungen leicht zu Kurzschlußhandlungen oder panikartigen Auffälligkeiten neigen (hierzu Anmerkung 5, 273). Ob es zu einer schweren Krise mit Verhaltensproblemen kommt, hängt davon ab, wie der Einzelne die jeweilige Situation wahrnimmt, bewertet und bewältigt (hierzu Wüllenweber 2000). Geistig behinderten Menschen wird nachgesagt, daß sie psychische Krisen, überfordernde oder unterfordernde Situationen häufig auf einem sehr einfachen, unmittelbar streßreduzierten Niveau abzuwehren, zu bewältigen oder zu kompensieren versuchen (z.B. motorisches Abreagieren; übermäßiges Essen; Schreien). In der Regel bevorzugen sie ein Verhalten, das für sie kontrollierbar und ihnen vertraut ist. Dennoch wäre es ein Mißverständnis anzunehmen, daß Betroffene Opfer einer anlagebedingten Disposition oder früh erworbenen Vulnerabilität seien. Vielmehr steht auch in diesem Konzept ein Zusammenwirken unterschiedlicher Faktoren auf biologischer, lern- und entwicklungspsychologischer, interaktioneller, milieuspezifischer, gesellschaftlich-normativer, lebensgeschichtlicher und identitätsspezifischer Ebene außer Frage (vgl. Ciompi 1986; Warnke 1993), und erst aus diesem Wechselspiel dürfen Folgerungen zum Verständnis eines herausfordernden Verhaltens gezogen werden. Das ist im Prinzip auch durch neuere Untersuchungen in Bezug auf Stress, Depression und Suizid bei Menschen mit Lernbehinderungen (learning disabilities) bestätigt worden (Bender, Rosenkrans u. Crane 1999). Treffen verschiedene ungünstige Faktoren individueller und sozialer Art zusammen (z.B. familialer Stress, Armut; Schulstress; fehlende Vertrauenspersonen; soziale Isolation, Einsamkeit; geringes Selbstwertgefühl; Eigenschaften wie Impulsivität, erhöhte Aggressivität; unzureichende ‚kognitive' Bewältigungsstrategien [coping]; fehlende soziale Problemlösungsmuster), muß mit einem erhöhten Risiko für psychische Störungen und Suizidalität bei den Betroffenen gerechnet werden. Insofern sind größere Risiken immer auch dann gegeben, wenn keine soziale Unterstützung durch tragfähige Beziehungen statthat sowie soziale Ressourcen (z.B. psychosoziale Hilfen) fehlen. Folgerichtig bedarf es auch einer *sozioökologischen Perspektive* zum Verständnis herausfordernder Verhaltens- und Erlebensweisen. Bekanntlich nehmen Lebenswelten wie Familie, Wohngruppe, Werkstatt, kulturelle Orte oder gesellschaftliche Normen Einfluß auf die Entwicklung eines Menschen und werden auch von ihm reziprok beeinflußt (vgl. Bronfenbrenner 1981). Diskrepanzen zwischen diesen Systemen, gegenläufige pädagogische Interaktionen oder Intentionen wie vor allem auch Instabilität der Lebenswelten erschweren die Entwicklung des Einzelnen, befördern Konflikte und sind womöglich ein fruchtbarer Boden für Verhaltensauffälligkeiten. Deshalb gehört es zu einem wichtigen, auch präventiven Anliegen der pädagogischen Arbeit, die Frage nach geeigneten Lebensräumen für Menschen mit geistiger Behinderung zu stellen sowie herausfordernde Verhaltens- und Erlebensweisen vor dem Hintergrund unterschiedlicher lebensweltlicher Bezugssysteme zu reflektieren. Dies alles mündet in eine „verstehende“ Sichtweise von Verhaltensauffälligkeiten.

2.4 Zur Diagnostizierung von Verhaltensauffälligkeiten

Die vorausgegangenen Ausführungen legen die Vermutung nahe, daß die Diagnostizierung von Verhaltensauffälligkeiten bei geistig behinderten Menschen erhebliche Schwierigkeiten bereitet: So gibt es zum Beispiel viele Verhaltensauffälligkeiten, die sich keinem bekannten psychiatrischen Krankheitsbild zuordnen lassen (vgl. Gaedt 1987b, 119f.). Allein deshalb sollten sich Fachleute (Psychiater, Psychologen, Pädagogen) immer zum *vorläufigen Charakter einer Diagnose*, etwa im Sinne einer Arbeitshypothese, bekennen; und nicht selten zwingt der pädagogisch-therapeutische Prozeß eine anfangs erstellte Diagnose zu modifizieren.

Weitere Probleme ergeben sich dort, wo eine verkürzte diagnostische Problemsicht zur Etikettierung, Stigmatisierung und Typisierung führt. Dies wird vor allem dann befördert, wenn Diagnosen nur als Ergebnis der Frage nach den Ursachen, auf dem Hintergrund naturwissenschaftlicher Fragestellungen (Verhaltensauffälligkeiten infolge hirnorganischer Störung; als unmittelbarer Ausdruck eines bestimmten Syndroms, z.B. Lesch-Nyhan-Syndrom; vgl. hierzu Kap. 3), gefällt werden; ebenso unzureichend ist es, sich nur an psychiatrischen Syndromen und Klassifikationen zu orientieren oder womöglich nur das auffällige Verhalten zu fokussieren (hierzu vor allem Lingg/Theunissen 2000).

Zu erwähnen ist auch, daß grundsätzlich die Subjektivität des Untersuchers in diagnostische Prozesse und Beurteilungen eingeht. Erschwerend kommt hinzu, daß einzelne Begriffe (z.B. Neurose, Narzißmus, Borderline) häufig unterschiedlich benutzt werden.

All dies hat uns dazu veranlaßt, von der herkömmlichen Etikettierungsdiagnostik Abschied zu nehmen und eine „verstehende" Problemaufbereitung vorzuziehen (vgl. Theunissen 1999a). Dabei kommt es uns darauf an, menschliches Verhalten und Erleben zu beschreiben, die „ganze" Person mit ihren Bedürfnissen im interpersonalen und situativen Kontext zu erfassen und die vielfältige Bedingtheit von Verhaltensauffälligkeiten zu beachten. Im Zentrum der Untersuchung stehen dabei Beziehungskonstellationen und Strukturen, die mit dem Problem zu tun haben. So lebt z. B. ein ‚auffälliger' Bewohner nicht nur in seiner Wohngruppe (primäre Lebenswelt), sondern er arbeitet tagsüber in einer Werkstatt für Behinderte, besucht an Wochenenden seine Eltern, hat einmal wöchentlich heilpädagogische Förderung, nimmt an Freizeitangeboten teil, geht spätnachmittags häufig in eine Kneipe und verstößt dadurch, daß er sein Abendessen versäumt und sich nicht an Bewohneraufgaben beteiligt, sowohl gegen die Heimvorschrift als auch gegen die Wohngruppenregel. Dieses Beispiel zeigt zahlreiche Verbindungen zwischen dem Betroffenen und seiner Lebenswelt auf, die sich wechselseitig bedingen: zwischenmenschliche Beziehungen zu Mitbewohnern und Mitarbeitern, Eltern, Angehörigen, Freunden, Bekannten, Arbeitskollegen, Mitschülern, Lehrern, Heilpädagogen, Therapeuten, Mitarbeitern anderer Institutionen, Nachbarn, anderen Bürgern; Nahsysteme wie Wohngruppe, Arbeitsgruppe, Schulklasse, Bildungskurs, Freizeitgruppe; kulturelle oder öffentliche Bezugssysteme wie Schwimmbad, Café, Kneipe, Lebensmittelgeschäft, Wald; übergeordnete normative Systeme wie Heimträger(interessen), Heim-, Schul-, Werkstattordnung, gesetzliche Vorschriften, Sozialpolitik; soziale Rahmenbedingungen und Ressourcen, z.B. Wohn- und Arbeitssituation, kulturelles Umfeld, Verfügbarkeit psychosozialer Hilfen. Wir stellen fest, daß die Aufbereitung von Verhaltensauffälligkeiten (eines Problems) ein sehr komplexer Vorgang ist, der Sorgfalt, Zeit, multiprofessionelles Vorgehen und interdisziplinäre Teamarbeit verlangt. Um sich pädagogisch zurechtzufinden schlagen wir die Erstellung einer Ausgangslage vor, die sich als Arbeitshypothese für weitere Maßnahmen an den Bausteinen einer „verstehenden Diagnostik" orientieren sollte. Welche Leitfragen, Arbeitsschritte und Überlegungen hierzu hilfreich sind, haben wir an späterer Stelle ausgeführt (vgl. Kap. 5.3.4).

Insgesamt betrachtet überschreitet eine solche verstehende Problemaufbereitung die Grenzen der üblichen klinischen Diagnostik. Sie schließt dabei medizinische (z.B. neurologische) Untersuchungen keineswegs aus, sondern macht deutlich, daß es unzulässig ist, ja ein Kunstfehler wäre, vermeintlich organisch bedingte Symptome losgelöst von sozialen Faktoren und Prozessen zu betrachten. Die sog. Disposition oder auch angeborene Faktoren gehen nämlich von Anfang an Hand in Hand mit den sozialen Bedingungen (und dies in einem wechselseitigen Prozeß). Eine verstehende Vorgehensweise ist darüber hinaus immer auf Kooperation hin angelegt. Sie stellt eine Form „menschlichen Zusammenlebens und Zusammenarbeitens“ (Jetter 1985, 288) dar, wenn Verhaltensprobleme oder psychische Krisen entwirrt und aufbereitet werden sollen, die „zwischen den Möglichkeiten des Einzelnen und seiner Lebenswelt entstanden“ (ebd., 287) sind. „Wollen wir demnach einen Menschen verstehen, der uns in dem, was er tut, fremd ist oder fremd geworden ist, dann müssen wir ihm Angebote zur Kooperation machen, von denen wir begründet annehmen können, daß sie für ihn Sinn haben, daß sie also zur Ordnung seines Lebens passen. Verstehen ist somit kein isolierter Vorgang, sondern er bildet eine untrennbare Einheit mit dem ernsthaften Bemühen um Kooperation“ (ebd., 1994, 302).

• **Bausteine einer „verstehenden Diagnostik“**

Die vorausgegangenen Ausführungen legen den Schluß nahe, daß wir einer subjektzentrierten, beziehungs- und kontextorientierten Praxis gegenüber einer täter- oder symptomzentrierten Behandlungsform den Vorzug geben. Anstelle einer Etikettierungsdiagnostik tritt damit eine „verstehende Diagnostik“ (auch Jantzen/ Lanwer-Koppelin 1996; Jantzen 1998), in der folgende Aspekte eingehen bzw. beachtet werden sollten:

- Erstellung einer *Lebensgeschichte* und Anamnese;
- Erfassung und Analyse *„kritischer“ Lebensereignisse*, die auf ihre Bedeutung für den geistig behinderten Menschen (subjektive Ereigniswahrnehmung und Bewertung) validiert werden müssen; Berücksichtigung der *individuellen* Bewältigungsformen, sog. Coping-Fähigkeiten oder protektiver Faktoren;
- Beschreibung *‚kleiner' Erfolgsgeschichten*, positiver Lebenserinnerungen u.ä.;
- Erfassung *individueller Interessen,* Bedürfnisse, Wünsche für die Zukunft, Lebensperspektiven;
- Erfassung *individueller Kompetenzen*, Stärken, Entwicklungspotentiale;
- Erfassung des *individuellen Lebensstils* (Alltags- und Freizeitverhalten; Pflege von Hobbys);
- Erfassung *sozialer Beziehungen* (Freundschaft; Partnerschaft; Gruppe);
- Erfassung *sozialer und umweltbezogener Kompetenzen* (Hilfsbereitschaft; Selbsthilfeverhalten; Orientierung/Verhalten in der Öffentlichkeit/Gesellschaft);
- Beschreibung der *Identität* (Selbst- und Fremdbild; Selbstwahrnehmung);
- Erfassung des *Entwicklungsniveaus*, der aktuellen Handlungskompetenz in bezug auf (schulisch)intellektuelle, sensorische, motorische, lebenspraktische Fähigkeiten
- *Medizinische Untersuchung* (Erfassung der klinisch-körperlichen, klinisch-funktionellen, physiologischen, biochemischen, endokrinologischen und immunologischen Bedingungen; Gesundheitszustand);

- Beobachtung und Registrierung *„wünschenswerter" Verhaltensweisen,* „positiver" Signale, Botschaften in Häufigkeit und Intensität;
- Beschreibung der *Funktion* und Bedeutung der *„positiven" Verhaltensweisen;*
- Darstellung konkreter *Situationen,* in der *Stärken* zum Ausdruck gebracht werden;
- Registrierung und Hierarchisierung der *‚beklagten' Verhaltens- und Erlebensweisen* (Verhaltensauffälligkeiten; psychische Störungen) in Häufigkeit und Intensität;
- Beschreibung der *Funktion des ‚beklagen' (herausfordernden) Verhaltens,* d.h. seiner negativen Zuschreibungen wie seiner positiven Konnotationen, um den subjektiven Sinn zu verstehen;
- Darstellung der *Situationen,* in der herausfordernde Verhaltensweisen auftreten; Beachtung der *auslösenden Momente* und der *Konsequenzen* auf das Problemverhalten;
- Beschreibung des Verhaltens der am Problem beteiligten *Bezugspersonen* in zirkulären Mustern;
- Beschreibung und Analyse des *erweiterten sozialen Umfelds* hinsichtlich seiner Bedeutung für das Problemverhalten
- Beschreibung des Alltagslebens, des *Tagesablaufs* sowie der *konfliktfreien Zeiten;*
- Beschreibung der *sozialen Ressourcen* und protektiven sozialen Faktoren und Umweltstärken;
- Beschreibung der *bisherigen Maßnahmen* zur Bewältigung der Verhaltensproblematik.

Die wichtigsten pädagogischen Mittel der „verstehenden Diagnostik" sind:
- eine (*indirekte) Informationssammlung* (z.B. Interviews und Explorationsgespräche mit Betroffenen, Angehörigen und anderen relevanten Bezugspersonen, Auswertung von Akten, Krankengeschichten u. ä.);
- *direkte Verhaltensbeobachtungen* (z.B. mit Hilfe von Videoaufzeichnungen; eines Bogens zur Erfassung der auslösenden Situation, des Verhaltens, der Konsequenzen; eines Häufigkeits- und Intensitätsbogens; eines Verhaltens- und Funktionserfassungsbogens; vgl. Westling/Fox 1995, 306ff.);
- *Entwicklungstests und qualitative Verfahren* (z.B. P-A-C; Heidelberger Kompetenzinventar; Entwicklungsgitter; TBGB; ggf. Persönlichkeitstests; Verfahren zur Erfassung alltagspraktischer und umweltbezogener Kompetenzen; gemeinsames Spiel und Handeln als qualitative Methode; vgl. zu den Untersuchungsverfahren auch Moog 1984).

Grundsätzlich ist es wichtig den als verhaltensauffällig etikettierten Menschen nicht einseitig, d.h. nur in seinem Problemverhalten zu erfassen, sondern ebenso bedeutsam ist eine gewissenhafte Verhaltensbeobachtung und Aufbereitung seiner Stärken und „positiven" Botschaften (vgl. hierzu Eggert 1996; auch Lingg/Theunissen

2000). Gerade dies wird oft in der Praxis zu sehr vernachlässigt (hierzu Anmerkung 6, 276).

Viele der o.g. Gesichtspunkte lassen sich wie schon oben angedeutet nur interdisziplinär erarbeiten, und es wird deutlich, daß eine medizinische (psychiatrische) Untersuchung keineswegs belanglos ist. Ihre Bedeutung gewinnt sie allerdings erst im Verein mit der sozialen Problemsicht. Trotzdem bedeutet auch ein diagnostisches Ergebnis vor dem Hintergrund eines verstehenden Prozesses kein definitives Urteil, vielmehr sollte man sich stets der Vorläufigkeit diagnostischer Aussagen bewußt sein, was es bei allen weiteren pädagogischen und therapeutischen Überlegungen zu beachten gilt.

2.5 Zu den Erscheinungsformen auffälligen Verhaltens

Eng verknüpft mit der Frage nach der Diagnose sind Versuche einer systematischen Katalogisierung und Klassifikation auffälligen Verhaltens. Dieses Unternehmen ist nicht minder problematisch, da die Definition auffälligen Verhaltens die Konsequenz von normativen Bezugs- und Beobachtungskriterien ist, d.h. sich an dem bemißt, was als normabweichend oder sozial unerwünscht erlebt und eingestuft wird. Da es keine objektiven Kriterien zur Erfassung auffälligen Verhaltens gibt, sollten wir uns nicht darüber wundern, daß Fachleute aus unterschiedlichen Disziplinen gemäß ihrer Sichtweise und Bezugstheorie verschiedene Klassifikationssysteme oder Symptomübersichten vorschlagen, wenn es um die Registrierung der Erscheinungsformen von Verhaltensauffälligkeiten geht. Hinzu kommt das unterschiedliche Fachvokabular, was die interdisziplinäre Verständigung zum Teil erheblich erschwert. Insofern stellt sich zurecht die Frage nach dem Sinn einer Einteilung – und das erst recht aus systemischer Perspektive, nach der sich derlei Versuche eigentlich erübrigen, ja verbieten. Wenn wir dennoch eine Übersicht geben, die wir als Fragebogen aufbereitet haben (siehe Anhang), dann hat dies rein pragmatische Gründe: Wir wollen aufzeigen, was aus *pädagogischer Sicht* in der Regel als verhaltensauffällig beschrieben und bezeichnet wird.

Unsere Symptomübersicht beruft sich im wesentlichen auf Aussagen und Befragungen von pädagogischen Bezugspersonen (Eltern, Erzieher, Gruppenbetreuer, Lehrer). Ein Vergleich mit anderen phänomenologischen Gruppierungen (vgl. Kluge 1971, 144; Theunissen 1992, 25ff.) zeigt auf, daß bis auf das breite Spektrum der autoaggressiven Symptomatik, die bei Menschen mit (schwerer) geistiger Behinderung besonders ausgeprägt zu sein scheint (vgl. Romanczk 1986, 32; Griffin et al. 1986; Brezovsky 1985; Schlosser/Goetze 1991), kaum Unterschiede zu Nichtbehinderten bestehen. Über die Problematik der Einteilung sind wir uns dabei voll bewußt. So ist zum Beispiel eine eindeutige Eingruppierung vieler der genannten Auffälligkeiten nicht möglich. Allein aus diesem Grunde darf eine solche Einteilung nur als Hilfskonstruktion betrachtet werden, sich im Dschungel möglicher Auffälligkeiten (normabweichender, sozial unerwünschter Verhaltensweisen) zurechtzufinden. Ferner verleitet eine phänomenologische Übersicht psychosozial auffälligen Verhaltens zur Etikettierung und täterorientierten (individuumzentrierten) Sicht; außerdem befördert sie eine Verdinglichung, Subjektvergessenheit und Zersplitterung des Individuums, indem die „Ganzheitlichkeit“, d.h. die sozialpersonale und lebensweltliche Bezogenheit des Menschen, aus dem Blick gerät. Dadurch, daß es sich um einen Negativkatalog handelt, besteht die Gefahr, daß der Beobachter die Stärken und Kompetenzen (Coping) des von ihm stigmatisierten Individuums nicht mehr wahrnimmt. Deshalb haben wir versucht, *die Auffälligkeiten positiv zu konnotieren*, d.h. als psychosoziale Kompetenzen umzudeuten (siehe Anhang). Dadurch erscheint der einzelne „Symptomträger“ zugleich in einem positiven Licht. Die Erfassung solcher Stärken halten wir für genauso wichtig (wenn nicht sogar wichtiger) wie die Registrierung von Verhaltensauffälligkeiten, denn ein bloßer Blick auf die Symptome entwertet die Person und sabotiert ihre Bedürfnisse und Botschaften.

Zum Schluß dieses Kapitels wollen wir kurz noch die Frage nach dem Schweregrad der genannten Auffälligkeiten ansprechen, da dieser Aspekt immer wieder zu Irritationen in der Praxis führt.

Nach Redlich (1967, 106) gibt es anscheinend unter Beobachtern und Experten weitgehend Übereinstimmung in der Einschätzung schwerer, ausgeprägter oder extremer Auffälligkeiten; dagegen würden die Ansichten bei der Beurteilung sog. leichter Formen zum Teil weit auseinander gehen. Vermutlich spielt hier die Vorstellung dessen, was noch (gemäß eines subjektiven Normalitätsmaßstabs) als „normal“ erachtet bzw. toleriert werden kann, eine wesentlich größere Rolle. So ist zum Beispiel für den einen Mitarbeiter (Erzieher) das Schreien eines Bewohners „normal“, da es die einzige Form sei, Wünsche zu artikulieren; sein Kollege (Psychiatriepfleger) nimmt dagegen das Verhalten als „störend“ wahr, da der Bewohner dadurch in der Gruppe stets „Unruhe“ stifte. Der Rückzug der Bewohnerin Frau K. wird von ihrer pädagogisch ausgebildeten Gruppenleiterin als sozial angepaßtes, ruhiges und unauffälliges Verhalten beschrieben; ihre Kollegin (Krankenschwester) definiert dies jedoch als ein Anzeichen eines „depressiven Syndroms“ und macht sich darüber ernste Sorgen. Beide Mitarbeiterinnen stimmen aber darin überein, daß das selbstverletzende Verhalten (schwere Wunden kratzen) der Mitbewohnerin Frau L. ein schwerwiegendes Problem ist. Wir merken also, wie schwierig es ist, zu

Diskurs zur Meinungsbildung

einheitlichen Einschätzungen zu gelangen. Dies kann letztendlich nur im *Diskurs* erzielt werden, an dem verschiedene Professionen beteiligt werden sollten. Ihre womöglich sehr unterschiedlichen Sichtweisen sind für die Problemdarstellung und Konzeptentwicklung von hohem Wert. Das bedeutet noch nicht, daß alle geplanten Interventionen oder Maßnahmen multiprofessionell realisiert werden müssen. Gerade bei den sog. leichteren Formen auffälligen Verhaltens, bei Verhaltensproblemen, die unterschiedlich wahrgenommen werden, sollten (zunächst) pädagogische Maßnahmen vor Ort priorisiert werden, bevor man weitere Hilfen in Betracht zieht. Aus Erfahrung wissen wir nämlich, daß es sich hier meist um pädagogisch lösbare Erziehungs- oder Interaktionsprobleme handelt, an denen die unmittelbare Lebenswelt (Wohngruppe; pädagogische Betreuungskonzeption; Erzieherverhalten; Angebote) maßgeblich beteiligt ist. Bei den sog. schweren psychischen Störungen, denen klinische Fachleute einen Krankheitswert attestieren, sind dagegen breiter angelegte Konzepte erforderlich, wie sie an anderer Stelle (Lingg/Theunissen 2000) beschrieben werden. Freilich ist diese Akzentsetzung angreifbar, da die Übergänge zwischen den sog. leichten und schweren Auffälligkeiten fließend sind. Deshalb halten wir auch eine begleitende Fachberatung (vgl. Kap. 4.3) in der Arbeit mit sog. verhaltensauffälligen geistig behinderten Menschen für unabdingbar. Dadurch kann zum einen sichergestellt werden, daß relevante Bezugspersonen (Pädagogen) für das Problemverhalten mitverantwortlich bleiben; zum anderen bleiben zusätzliche Hilfen leichter verfügbar. Insofern dürfte an dieser Stelle auch deutlich geworden sein, worum es uns bei dieser Akzentsetzung geht: um den Versuch, das pädagogische Aufgabenfeld abzustecken und eine realistische Perspektive für den Beitrag der Rehabilitations- oder Heilpädagogik in bezug auf Verhaltensauffälligkeiten bei Menschen mit geistiger Behinderung aufzuzeigen. Ihre Leistung sollte darin bestehen, die sog. leichten Formen auffälligen Verhaltens, sowie (massive) Auffälligkeiten, die einen pädagogischen bzw. sozialen Hintergrund haben (z.B. als Kommunikationsmittel; Gruppenkonflikte), möglichst in eigener Regie zu bewältigen. Hierzu gibt es inzwischen genügend Erfahrungen und Beispiele (vgl. Theunissen 1999a). Sie darf sich aber auch nicht schweren psychosozialen Auffälligkeiten, die eine psychopathologische Grundlage haben, entziehen, sondern sie hat sich hier in Kooperation mit Psychiatrie und Psychotherapie ebenfalls kompetent einzubringen.

3. Bedeutung und Funktion auffälligen Verhaltens

Eigentlich ist es an dieser Stelle naheliegend, auf die Ursachen von Verhaltensauffälligkeiten einzugehen. Auf diesen Schritt wollen wir jedoch aus zwei Gründen verzichten: zum einen sind schon bei der einführenden Darstellung der verschiedenen Erklärungsmodelle ätiologische Aspekte auffälligen Verhaltens angesprochen worden, zum anderen ist – und das hat diese Diskussion gezeigt – das Spektrum möglicher Ursachen sehr breit, so daß die Frage der Ätiologie oder Entstehungsbedingungen kaum zufriedenstellend ausgeschöpft werden kann. Überdies kommt erschwerend hinzu, daß es für ein Symptom verschiedenste Ursachen geben kann, die miteinander verschachtelt sind und sich gegenseitig beeinflussen, so daß nur Vermutungen angestellt werden können. Kraemer/Clarke (1990) haben zum Beispiel anhand von Untersuchungen an Affen einen Zusammenhang von früher Hospitalisierung, neurobiologischen Veränderungen im Neurotransmittersystem und Autoaggressivität festgestellt. Dieses Problem der multifaktoriellen Bedingtheit hat uns dazu veranlaßt, nicht nach den Ursachen zu fragen, sondern unterschiedliche Hypothesen zusammenzutragen, die zum Verständnis auffälligen Verhaltens beitragen können. Damit wollen wir nicht mehr als auf die Vielfalt und Komplexität möglicher Erklärungen aufmerksam machen und aufzeigen, daß ohne systematische (und interdisziplinäre) Aufbereitung eines Problems (vgl. hierzu Kap. 5.3.3) kein erfolgreiches pädagogisches Handeln möglich ist. Diejenigen, die mit sog. verhaltensauffälligen geistig behinderten Menschen zusammenleben und arbeiten, sollen sensibel werden für unterschiedlichste Betrachtungsweisen und erkennen, daß bei ein und demselben Problemverhalten verschiedene Erklärungen denkbar sein können. So gibt es zum Beispiel eine breite Palette an Hypothesen in bezug auf Bedeutung und Funktion autoaggressiven Verhaltens (vgl. auch zusammenfassend Remschmidt 1992), das wir hier exemplarisch und stellvertretend für andere Verhaltensprobleme herausgegriffen haben:

Frustrations-Aggressions-Hypothese

Nach Brezovsky (1985, 11) treten autoaggressive Verhaltensweisen häufig bei Unlust, Frustrationen oder Wut auf. Dementsprechend wird selbstverletzendes Verhalten als Reaktion auf frustrierende Situationen oder Enttäuschungen gewertet. „Es hat den Zweck, der Behinderung von Motiven und Trieben entgegenzuwirken" (Medicus 1994, 38).

Vermeidungshypothese
Autoaggressionen werden nach dieser Hypothese als probates Mittel eingesetzt, um unangenehme oder Belastungssituationen zu vermeiden, um Aufforderungen wie auch Lernanforderungen oder -leistungen auszuweichen. Werden Aufgaben an den Betreffenden herangetragen, so reagiert dieser mit autoaggressiven Verhaltensweisen, die zur pädagogischen Aufmerksamkeit (ggf. auch zur Wundbehandlung) herausfordern und von der eigentlichen Aufgabenstellung ablenken.

Überforderungshypothese
Sie definiert Autoaggressionen als Reaktion auf überfordernde Situationen, z.B. als Antwort auf zu hohe Leistungsanforderungen. Sie steht der Vermeidungshypothese nahe und kann durchaus auch unter dem Aspekt der Regression oder Situationskontrolle diskutiert werden.

Autoaggression als Hilferuf
Eine Person fühlt sich emotional oder aber auch im Rahmen einer Aufgabenbewältigung (möglicherweise mit überfordernden Charakter) zu sehr allein gelassen. Dieses Gefühl wird für den Betreffenden letztendlich unerträglich, weswegen er demonstrativ autoaggressive Verhaltensweisen als Hilferuf einsetzt.

Autoaggressionen in Streßsituationen
Ebenso können Autoaggressionen in Streßsituationen auftreten, wenn z.B. ein behinderter Bewohner den Essenswagen von der Küche in den Speiseraum schieben soll, andere ihm aber dabei durch Herumschlendern oder Herumstehen unbeabsichtigt den Weg versperren. Sind die Bemühungen (z.B. durch Hinweise) des Betreffenden um einen freien Weg vergeblich oder fehlen ihm entsprechende Verbalisierungs- und Handlungsmöglichkeiten, so kann er womöglich in eine panikartige Krise geraten, die er auf „primitive" Weise durch autoaggressives Verhalten (z.B. Beißen ins Handgelenk) zu bewältigen versucht. Die Entwicklung von Coping-Mustern wäre hier das Richtige.

Unterforderungshypothese
Diese Hypothese besagt, daß autoaggressives Verhalten infolge von sensorischer Deprivation oder aufgrund des Mangels entwicklungsgemäßer, stimulierender Angebote ein Mittel des Individuums sein kann, sich selbst Reize (Stimulationen) zuzuführen (vgl. auch Selbststimulationshypothese). Diese These wird immer wieder im Zusammenhang mit einer langjährigen Hospitalisierung bzw. mit isolierenden Bedingungen in einer „totalen Institution" (Goffman) diskutiert. Über die Schwie-

rigkeiten einer positiven Beeinflussung (Abbau der Autoaggressivität und Stereotypien) berichten Harlow et al. anhand tierexperimenteller Studien (1962; 1987).

Zuwendungshypothese
Diese erklärt Autoaggressionen als Mittel, um positive körperliche und kommunikative Zuwendung oder emotionale Gratifikationen zu bekommen. Die selbstverletzenden Verhaltensweisen sind nach dieser Hypothese das Resultat kommunikativer Mangelsituationen, vor allem fehlender (früher) Objektbeziehungen oder auch gestörter zwischenmenschlicher Kommunikation (körperliche oder sexuelle Mißhandlung). Nach Jantzen/Salzen (1986, 60) reagieren Kinder „auf einen Verlust des Objektes oder eine gestörte Objektbeziehung ... im ersten Lebenshalbjahr häufig mit motorischen Stereotypien und in der zweiten Hälfte des ersten Lebensjahres mit Stereotypien in Form von Autoaggressionen". Daher sei, so die Autoren, autoaggressives Verhalten „eine spezifische Form der Aufnahme von Beziehungen zur objektiven Welt (hier dem eigenen Körper) unter Bedingungen der Isolation" (48).

Autoaggressionen bei Kontrollverlust
Die Kontrolle über die eigenen Lebensumstände ist ein originäres menschliches Bedürfnis. Unüberschaubare, komplexe Situationen (Reizüberflutung), denen man womöglich über einen längeren Zeitpunkt ausgesetzt ist bzw. denen man nicht entrinnen kann, können zu Kontrollverlust führen, Ohnmacht, Hilflosigkeit und Ängste erzeugen oder aber auch panikartige Katastrophenreaktionen befördern. Selbstverletzende Verhaltensweisen können unter diesen Umständen für das betreffende Individuum die Funktion haben, Kontrollverhalten zu realisieren, d.h. sie sind das für das Individuum einzig verfügbare Mittel, sich vor der als chaotisch erlebten Außenwelt zu schützen oder abzuschirmen, die Situation zu bewältigen und selbstbestimmt zu regulieren. Darüber hinaus kann die Kontrolle über die eigenen Lebensumstände auch durch (abrupten) Situationswechsel (zu häufiger Gruppenwechsel) oder bei einer immer wieder kehrenden Abnahme von vertrauten Dingen (Verschließen von Privateigentum; verschlossene Bewohnerzimmer) verloren gehen. Auch derlei Erfahrungen können Autoaggressionen als selbstkontrollierendes Verhalten befördern.

Autoaggressionen als Entwicklungsbeschränkung
Aus der Entwicklungspsychologie wissen wir, daß bei ca. 7 – 17% nichtbehinderter Kleinstkinder ungefähr ab dem 7.- 8. Lebensmonat Autoaggressionen auftreten können (vgl. Brezovsky 1985, 4). Ein entsprechendes Beispiel finden wir bei Piaget

(1975, 63): „Mit 0;1 (7) entdecke ich, wie er (Piagets Sohn, G. T.) an seinem Daumen lutscht, während er ausgestreckt daliegt. Aber er verliert ihn immer wieder, weil der Daumen nicht ins innere der Mundhöhle gelangt, sondern sich zwischen Oberlippe und Zahnfleisch verirrt. Es besteht dennoch insofern ein Fortschritt, als der Daumen jedesmal, wenn er aus dem Mund fällt, augenblicklich dorthin zurück geführt wird, und zwar mehrmals hintereinander. Unglücklicherweise schlägt sich Laurent zwischen diesen Erfolgen auf Nase, Arm und Augen. Nach einem neuerlichen Mißerfolg hört er verärgert auf". In diesem Stadium der Entwicklung hat der Säugling noch Schwierigkeiten, mit seinem Körper zurechtzukommen. Autoaggressionen treten demnach im Zusammenhang mit Bemühungen auf, den eigenen Körper kennenzulernen, zu beherrschen, zu kontrollieren sowie zwischen „Ich" und Umwelt zu differenzieren. Während bei nichtbehinderten Kindern das autoaggressive Verhalten nur vorübergehend in Erscheinung tritt, wird bei geistig (schwerst) behinderten Erwachsenen eine Fixierung auf dieses frühe Entwicklungsniveau als mögliche Erklärung selbstverletzenden Verhaltens in Betracht gezogen (vgl. Baumeister/Rollings 1976, 10). Es wird vermutet, daß die Betreffenden noch nicht zwischen ihrem Körper und der Umwelt unterscheiden können. „Diese Form der Selbstaggression kommt somit bei Menschen mit sehr niedrigem Entwicklungsniveau oder bei jenen vor, die in ihrer sozioemotionalen Entwicklung in der ersten Phase stecken geblieben sind" (Lingg 1994, 5; auch Bigger 1993, 86ff.).

Autoaggressionen als Folge von Objektverlust
Diese Hypothese fußt auf den Untersuchungen von R. Spitz (1973) zum „Hospitalismus" sowie zur „anaklitischen Depression". Damit sind Phasen gemeint, die Säuglinge bzw. Kleinkinder durchlaufen, wenn sie für längere Zeit von ihrer Mutter getrennt und in isolierenden Heimen ohne ausreichende personale, kommunikativ und emotional fundierte Zuwendung untergebracht wurden. Solche Kinder werden „unfähig, Nahrung zu verdauen; sie leiden an Schlaflosigkeit; später können diese Kinder sich selbst aktiv angreifen, indem sie mit dem Kopf gegen die Gitterstäbe ihres Bettchens schlagen, sich mit den Fäusten auf den Kopf schlagen und sich die Haare büschelweise ausreißen" (297).

Autoaggression als Abwehrmechanismus bei Depression
Diese Problemsicht erweitert die zuvor genannte Hypothese. Ausgangspunkt sind Verlustsituationen (z.B. Verlust einer geliebten Person), die der Betreffende durch depressive Grundreaktionen zu bewältigen versucht. Dazu gehören auch aggressive Tendenzen, die sich zunächst gegen die wahrgenommene Ursache des Verlusts (z.B. gegen die Person, die „verloren" wurde) richten. „Beim Vorliegen einer ‚depressiven Vulnerabilität' kann die Aggression jedoch nicht dauerhaft gegen die Person... ge-

richtet werden. Sie richtet sich deshalb früher oder später gegen das ‚Selbst'“ (Sand/Bothe 1993, 96). Durch diese Umkehrung der Aggression soll die geliebte Person vor aggressiven Impulsen geschützt und damit diese existentiell wichtige Beziehung aufrechterhalten werden; „damit wird das Selbst bestraft, weil es zu schwach bzw. zu wenig liebenswert war, um den Verlust zu verhindern“ (ebd., 97; vgl. auch Gaedt/Gärtner 1990, 33f.).

Autoaggression als Form von Selbstbestrafung
Eine Person nimmt an, daß sie in den Augen anderer immer wieder alles falsch macht. Tatsächlich erlebt sie ständig Mißerfolge, weswegen sie einen Selbsthaß entwickelt hat und sich selbst durch autoaggressives Verhalten bestraft.

Autoaggression bei negativ erlebter sozialer Identität
Vor dem Hintergrund konkreter Alltagserfahrungen (Entwertung, Fremdbestimmung, Reglementierung, Bestrafung) nimmt eine Person an, daß andere (z.B. Mitarbeiter) sie nicht mögen bzw. hassen. Dieses Gefühl einer negativen Zuschreibung hat sich im Laufe der Zeit verfestigt, indem der Betreffende tatsächlich glaubt, „böse“ zu sein (Identitätsübernahme). In Wirklichkeit ist es ihm um ein positives Selbstbild zu tun. Dieser innere Konflikt ist schwer auszuhalten, und da die Bemühungen um Anerkennung zur Gewinnung einer positiven Identität immer wieder scheitern, kommt es zu selbstverletzenden Verhaltensweisen, deren Funktion mehrdeutig sein kann (Selbstbestrafung; Botschaft an andere, mißverstanden oder unfair behandelt zu werden).

Autoaggressionen als Durchsetzungsstrategie
Diese Hypothese besagt, daß autoaggressive Verhaltensweisen als Mittel eingesetzt werden, um sich erfolgreich durchzusetzen bzw. um sich selbst zu behaupten. Der Erfolg kann darin bestehen, Aufmerksamkeit auf sich zu lenken, Beachtung zu finden, Zuwendung zu erfahren, aber auch Anforderungen (Aufforderungen) auszuweichen oder in Ruhe gelassen zu werden. Die Autoaggressionen sind Ausdruck eines selbstbestimmten Verhaltens, was allerdings restringiert erscheint, da der Betreffende nur über derart einfache Problemlösungsmuster (Coping) verfügt. (Zum Thema „Verhaltensauffälligkeiten – Selbstbestimmung“ siehe auch Theunissen 2000c)

Autoaggressionen als Mittel zur Spannungsabfuhr
Nach Brezovsky (1985, 19) ist anzunehmen, daß Autoaggressionen in verstärktem Maße auftreten können, wenn zum Beispiel durch die Einnahme von Koffein oder Cola Spannungen erzeugt oder angestaut werden. Kane/Hettinger (1987) nehmen darüber hinaus an, daß selbstverletzenden Verhaltensweisen ein Bewegungsmangel

zugrunde liegen kann. In Anbetracht isolierender institutioneller Bedingungen, unter denen sich viele geistig schwer behinderte Menschen zurecht finden müssen, ist diese Hypothese nachvollziehbar. Körperliche Betätigung durch Sport oder grobe Gartenarbeit sollen alternative Möglichkeiten zur „Entladung" bieten. Es werden aber auch Entspannungsverfahren zum Abbau autoaggressiven Verhaltens genannt (vgl. Rohmann/Hartmann 1988).

Autoaggressionen als Mittel zur Schmerzlinderung

Autoaggressive Verhaltensweisen können auch als Mittel zur Schmerzlinderung eingesetzt werden. Postuliert wird beispielsweise eine „Inbalance im Endorphinhaushalt, wonach die Betroffenen später durch Setzen von Schmerzreizen eine Ausschüttung von Neurohormonen" erreichen (Lingg 1994, 6). Brezovsky (1985, 20, 36, 187f.) berichtet, daß 3,6 – 6,5% nichtbehinderter Säuglinge bis zum Alter von 32 Monaten mit Kopfschlagen reagieren, wenn gerade die Schneidezähne durchbrechen. Ferner hat man festgestellt, daß Kinder mit Mittelohrentzündung häufiger autoaggressiv reagieren. Diese Verhaltensweisen werden anscheinend dazu eingesetzt, „um den ursprünglich organisch verursachten Schmerzreiz selbständig und gezielt zu übertönen". Ähnliche Erfahrungen haben wir auch mit geistig schwer behinderten Menschen gemacht, die sich nicht verbal verständigen konnten (z.B. Autoaggressionen bei Kopf- oder Bauchschmerzen).

Autoaggressionen zur Herstellung eines inneren Gleichgewichts

Nach Feuser (1985) ist das Pulsieren von Körperprozessen grundlegend für menschliches Lernen. Neue Informationen werden normalerweise im sog. Alpha-Rhythmus verarbeitet (das sind 10 Schwingungen Hz pro Sekunde). Bei Kindern mit „frühkindlichem Autismus" dominiere dagegen der für das Langzeitgedächnis zuständige Theta-Rhythmus (4-7 Schwingungen Hz pro Sekunde). Da dieser als unangenehm erlebt werde, erzeuge das autistische Kind selbst den fehlenden Alpha-Rhythmus, der mit angenehmen Gefühlen wie Sicherheit verbunden sei. Dabei würden Autoaggressionen als Mittel eingesetzt, „um die Stabilität ... lebenserhaltender Prozesse erreichen und das dazu nötige Mindestmaß an Anpassung erbringen zu können" (82). Für Feuser haben damit diese Verhaltensweisen einen „existenzsichernden subjektiven Sinn" (84), für Brezovsky (1985, 17) eine „homöostatische Funktion" zur (Wieder-)Herstellung eines inneren Gleichgewichts (vgl. auch Baumeister/Rollings 1976, 6). Deshalb verbiete sich „ein reines Abtrainieren stereotyper und/oder selbstverletzender Verhaltensweisen" (Feuser 1985, 83). Statt dessen sollten die Verhaltensweisen aufgegriffen und in leicht veränderten Rhythmen, z.B. in Form eines musikalischen Dialogs, weiterentwickelt werden (vgl. hierzu Birkebach/Winter 1985).

Autoaggressives Verhalten als Mittel zur Kommunikation
Autoaggressive Verhaltensweisen geistig schwer behinderter Menschen werden häufig auch als Versuch bewertet, mit anderen zu kommunizieren, sich „verständlich zu machen" (Kane/Hettinger 1997, 14). Möglicherweise soll dadurch ein Kommunikationsdefizit ausgeglichen werden. Diskutiert wird aber auch die Hypothese, daß den betreffenden behinderten Menschen geeignetere (alternative) Handlungsmöglichkeiten fehlen, weswegen eine basal-kommunikative und alltagsorientierte Förderung „kommunikativer Kompetenz" unabdingbar sei (vgl. auch Bernhard-Opitz et al. 1988, 57; Durand 1986; Kapitel 5.3.1, 215ff.).

Selbststimulationshypothese
Sie definiert Autoaggressionen als selbststimulierendes Ritual, das Reize oder Gefühle (Lust) spürbar machen soll. So wird zum Beispiel häufig blinden geistig behinderten Menschen ein „Augenbohren" nachgesagt, wodurch anscheinend visuelle Empfindungen hervorgerufen werden sollen (vgl. Brezovsky 1985, 18).

Autoaggressionen in automatisierter Form
Immer wieder stößt man in der Behindertenarbeit auf die Aussage, daß geistig behinderte Menschen „ohne ersichtlichen Grund" autoaggressiv seien. Dahinter verbirgt sich nicht selten die Hilflosigkeit und Ohnmacht von Pädagogen oder anderen Bezugspersonen, Ursachen oder gar den Beginn autoaggressiver Verhaltensweisen auszumachen. In der Tat stößt man bei derartigen Überlegungen wie auch bei der Frage nach Funktion oder Bedeutung des Verhaltens auf Grenzen, da es Phasen geben kann, in denen Autoaggressionen in automatisierter Form produziert werden. In diesem Falle haben wir es mit Verhaltensweisen zu tun, die eine Eigendynamik entwickelt, d.h. sich verselbständigt haben. Ursprünglich dienten diese Verhaltensweisen einem bestimmten Ziel (vgl. Zuwendungs- oder Vermeidungshypothese), durch immer wiederkehrende Verstärkung ist womöglich ein Prozeß entstanden, der zur Automatisierung des Verhaltens geführt hat. Betroffene können dann ihr Verhalten nicht mehr kontrollieren und produzieren es aus einem „inneren Zwang" heraus, d.h. in automatisierter und stereotyper Form. Dabei kann es häufig zu einer Phasenhaftigkeit des selbstverletzenden Verhaltens kommen, wodurch der pädagogisch-therapeutische Zugang erheblich erschwert wird (vgl. Rohmann/Facion 1984, 97).

Regressionshypothese
Diese Hypothese diskutiert autoaggressives Verhalten als „Rückfall" auf das frühkindliche Entwicklungsniveau, wo derartige Verhaltensweisen im Zusammenhang

mit Abgrenzungsversuchen zwischen Ich und Umwelt, zur Lustgewinnung oder auch zur Körperbeherrschung als vorübergehendes Durchgangsstadium auftreten können. Die Regression tritt insbesondere auf, wenn äußere Anregungen, kommunikative Angebote oder sensorische Anregungen fehlen.

Autoaggressionen aus lerntheoretischer Sicht

Hierbei handelt es sich um bekannte Lerntheorien, durch die Verhalten generell erklärt werden kann. Unterschieden wird einerseits die Hypothese der positiven Verstärkung, welche besagt, daß durch autoaggressives Verhalten Aufmerksamkeit oder Zuwendung erkauft werden soll. Dies gilt z.B. für die Zuwendungs- und Vermeidungshypothese, wobei letztere eine unbeabsichtigte Verstärkung des Verhaltens bedeutet (vgl. Durand/Carr 1985). Andererseits gibt es die Hypothese der negativen Verstärkung, die selbstverletzendes Verhalten als Mittel betrachtet, um unangenehmen Situationen oder Anforderungen auszuweichen (vgl. Durand/Crimmins 1988).

Neurochemische Hypothesen

King (1993, 98ff.) unterscheidet zwei neurochemische Theorien, zum einen die Dopamin-Hypothese, welche besagt, daß zuviel Dopamin oder ein zu empfindliches Dopamin-Neurotransmitter-System selbstverletzendes Verhalten befördern kann. Zum anderen wird ein zu geringer Serotoningehalt im Neurotransmitter-System diskutiert (vgl. auch Möller/Praag 1992). „Dies wiederum könnte heißen, daß ein Mensch eine erhöhte Vulnerabilität dahingehend aufweist, beispielsweise in Lebenskrisen mit erhöhter Impulsivität und autoaggressivem Verhalten zu reagieren" (Fartacek/Geretsegger 1994, 66). Durch eine medikamentöse Behandlung, die in den Neurotransmitter-Stoffwechsel eingreift, erhoffen sich Vertreter dieser Theorien eine Veränderung des Verhaltens. Hohe Erwartungen werden hierbei insbesondere an die Substanz „Serenika" geknüpft, die ohne Beeinträchtigung der sensorischen oder motorischen Funktionen ein spezifisches antiaggressives Profil zeigen soll (vgl. ebd., 76; Möller 1992, 109). Die bisherigen Versuche lassen aber keine eindeutigen Schlußfolgerungen zu.

Autoaggressionen als Zwangsverhalten

Neuere Forschungen (vgl. King 1993, 100ff.) versuchen einen Zusammenhang zwischen Zwangsverhalten (compulsive behavior), selbstverletzendem Verhalten und Hirnschädigung (cerebral damage) herzustellen (vgl. auch Möller 1992, 105f.). Nach dieser Hypothese befördern Funktionsstörungen im Zentralnervensystem (insbesondere der Basalganglien oder des limbischen Systems) sowie biochemische Veränderungen (z.B. ein niedriger Hydroxiindolessigsäurewert im Liquor) eine mangelnde Impulskontrolle und die Entwicklung von zwanghaftem Verhalten, worunter auch Autoaggressionen gezählt werden. Mehrere Untersuchungen berichten von Ähnlichkeiten zwischen einem ausgesprochen zwanghaften Verhalten und selbstverletzenden Verhaltensweisen, wobei davon ausgegangen wird, daß die betreffenden Personen jeweils unglücklich über ihr Verhalten sind, das sie selbst nicht erfolgreich unterdrücken können. Insofern werden diese Verhaltensweisen zusätzlich mit Angst begleitet, was die Vielschichtigkeit der Problematik verdeutlicht.

Autoaggressionen bei klinischen Syndromen
Eng verknüpft mit der neurochemischen Hypothese und der neurologischen Erklärungstheorie zwanghaften Verhaltens sind Beobachtungen und Beschreibungen spezifischer klinischer Syndrome, die dem Anschein nach mit autoaggressiven Verhaltensweisen einhergehen. Dies gilt zum Beispiel für das Lesch-Nyhan-Syndrom, wo es spätestens im 2. Lebensjahr zu schweren selbstverletzenden Verhaltensweisen mit Selbstverstümmelung (zwanghaftes Beißen in Lippen, Hände, Finger) kommen kann. Die Häufigkeit dieses Syndroms wird mit 1:100000 bis 1:380000 angegeben. Insofern handelt es sich hier um ein sehr seltenes Phänomen. Darüber hinaus werden selbstverletzende Verhaltensweisen beim sog. Cornelia-de-Lange-Syndrom beschrieben, dessen Häufigkeit mit 1:30000 bis 1:50000 angegeben wird. Es bestehen allerdings keine direkten Zusammenhänge zwischen Autoaggressivität und den bekannten klinischen Syndromen (vgl. Neuhäuser 1990, 139; Sarimski 1997; auch Kapitel 5.3.1, 231ff.). So sind z.B. auch klinische Bilder eines Lesch-Nyhan-Syndroms ohne Selbstverstümmelung beobachtet worden (vgl. Schneider 1976; Lüders et al. 1979).

Autoaggressionen infolge eines Triebstaus
Medicus (1994, 48), der humanethnologische Aspekte der Aggression diskutiert, nimmt an, daß es „auf der Grundlage einer anerzogenen zu starken inneren Aggressionshemmung ... zu einer gesteigerten Aggressivität bzw. einem Triebstau kommen (kann, G. T.), der dann am eigenen Körper in z.T. selbstbeschädigender Weise abreagiert wird". Hierbei macht sich das Fehlen „aggressionsmindernder Mechanismen" bemerkbar. So kann auf der individuellen Ebene das Coping-Repertoire bzw. die Fähigkeit, Aggressionen auf sozial verträgliche Weise abzureagieren oder zu kompensieren, begrenzt sein. Auf der sozialen Ebene können fehlende Angebote, Gelegenheiten oder soziale Ressourcen für den Aggressionsstau haftbar gemacht werden.

Crowding
Eine bemerkenswerte Theorie, die abschließend noch erwähnt werden soll, bezieht

sich auf das sog. „crowding“ (vgl. Nedopil 1992, 145). Dieses Phänomen entsteht, wenn zu viele Personen auf engstem Raum zusammengepfercht sind bzw. wenn für das einzelne Individuum im Beisein mit anderen der persönliche Bewegungs- und Freiheitsraum unter ein bestimmtes, individuell bedeutsames Maß sinkt. „Danach scheinen sich bestimmte Personen dadurch auszuzeichnen, daß sie einen größeren persönlichen Raum benötigen als andere. Bei Durchbrechen des persönlichen Raumes kann es zu aggressivem Verhalten kommen“ (Janke 1992, 36f.). Beobachtungen zeigen auf, daß allein durch veränderte Umfeldbedingungen (z.B. durch ein großzügigeres Raumangebot; Reduzierung der Anzahl von Wohnplätzen in einer Gruppe) Auto- und Fremdaggressionen abnehmen können.

4. Institutionelle Rahmenbedingungen – ein Qualitätsprogramm

Bevor wir unsere pädagogische Konzeption skizzieren, wollen wir zunächst auf die institutionellen Rahmenbedingungen eingehen. Denn die Auflösung von Verhaltensproblemen und die Prävention psychischer Krisen hängen nicht zuletzt von lebensweltlichen Bedingungen bzw. der Reform der Verhältnisse ab. Nur wenn man sich auch der jeweiligen Bedingungen, insbesondere der entwicklungshemmenden, autonomie- und bedürfnisfeindlichen Momente in einer Institution bewußt wird und für ihre Veränderung eintritt, kann man im Interesse der als auffällig etikettierten Menschen handeln. Im folgenden haben wir hierzu drei Bereiche herausgegriffen, die für die pädagogische Arbeit mit sog. verhaltensauffälligen geistig behinderten Menschen von besonderer Bedeutung sind: das Wohnen, die tagesstrukturierenden Angebote und die begleitenden Fachdienste (siehe Anmerkung 7, 277).

4.1 Zum Wohnen

4.1.1 Bedeutung des Wohnens

Wohnen ist ein Ort, an dem sich der Mensch „zuhause", heimisch oder zugehörig fühlen möchte, der Sicherheit, Schutz, Beständigkeit, Vertrautheit, Wärme, Geborgenheit vermittelt und Beziehungen, Zusammenleben, Selbstverwirklichung, physisch-psychisches Wohlbefinden, Lebenszufriedenheit und Lebensglück, selbstgestaltete Lebensverwirklichung und somit die Erfüllung spezifischer Grundphänomene menschlichen Lebens (Liebe, Geselligkeit, Anerkennung, Kontrolle und Verfügung über die eigenen Lebensumstände) ermöglichen kann (vgl. Andritzky-Selle 1987, 106). Diese Momente gelten uneingeschränkt auch für Menschen mit geistiger Behinderung, die die gleichen Wohnbedürfnisse wie andere Menschen äußern und so leben möchten wie ihre Eltern, Geschwister, Bekannte, Lehrer oder Assistenten. Befragungen zufolge ist davon auszugehen, daß geistig behinderte Erwachsene nicht nur ihre Bedürfnisse an dem ausrichten, was andere an sie herantragen oder was sie unmittelbar als Wohnwelt erleben, sondern daß sie sehr wohl auch eigene Vorstellungen und Zukunftsvisionen entwickeln und artikulieren (vgl. Hustlisti/Hustlisti/Theunissen 1996). Allein deshalb sind ihre Wünsche, Interessen und Einschätzungen ernstzunehmen und zu akzeptieren. Überdies zeigt sich, daß die meisten geistig behinderten Menschen (auch viele ältere Personen) durchaus unabhängig leben wollen und am ehesten dann *„Lebenszufriedenheit“* signalisieren, wenn Wohnbedingungen gegeben sind, die sowohl Momente der „Geborgenheit“ (z.B. Einzelzimmer, Privatsphäre, konstante Bezugspersonen, häusliche Wohnatmosphäre) als auch eine autonome Lebensgestaltung (Selbstbestimmung, Empowerment, Situationskontrolle, gesellschaftliche Partizipation) zulassen (vgl. Edgerton 1988; Wehmeyer, Kelcher u. Richards 1995; Wehmeyer/ Schwartz 1998; Wehmeyer/Bolding 1999; Böhning 1998; Jakobs 1998). Somit können wir festhalten, daß diese Doppelfunktion des Wohnens (i.S.e. least restrictive environment) für ein menschenwürdiges Leben geistig behinderter Menschen unabdingbar ist.

Leider war dies lange Zeit keineswegs selbstverständlich. Wohnbedürfnisse von (erwachsenen) geistig behinderten Menschen wurden kaum wahrgenommen, geschweige denn respektiert. Allzuoft wurden Menschen mit geistiger Behinderung gegen ihren Willen in von ihrer Heimatregion weit entfernten Großanstalten, in klinisch organisierten oder geführten Einrichtungen massiert, zentral versorgt und in hohem Maße fremdbestimmt (restrictive level of care in restricted residential settings). Anstelle des Wohnens wurde die „stationäre Unterbringung“ als sinnvoll und behindertengerecht empfunden. Die entsprechende Kritik ist hinreichend bekannt.

Heute geht es um die *„Normalisierung“* der Lebens- und Wohnverhältnisse von Menschen mit geistiger Behinderung. Priorisiert werden gemeindenahe und -integrierte Wohnformen, wobei das Angebot von betreutem Einzelwohnen über Paarwohnungen, Wohngruppen mit aufsuchender Hilfe, über therapeutische Wohngemeinschaften bis hin zu vollzeit- oder intensiv betreuten Wohnungen oder Gruppen für schwerst- und mehrfachbehinderte Menschen reichen soll. Dabei besteht die Forderung nach kleinen Wohneinheiten, weil sie am ehesten den Grundbedürfnissen nach einer privaten Sphäre und konstanten Lebensgemeinschaft entsprechen sowie einen sozialen Verkehr mit der Außenwelt, sozio-kulturelle Partizipation und eine gesellschaftlich-ökologische Vernetzung ermöglichen können. Ein wichtiges Prinzip eines solchen differenzierten, gemeindenahen Wohnangebots ist die *Regionalisierung*; sie besagt, daß jeder geistig behinderte Mensch unabhängig der Schwere oder Art der Behinderung das Recht haben sollte, in seiner angestammten, in der ihm vertrauten sozialen, kulturellen und landschaftlichen Umgebung leben und wohnen zu dürfen, damit lebenswichtige Beziehungen zu relevanten Bezugspersonen (z.B. Eltern) aufrecht erhalten werden können. Leider steckt bei uns in Deutschland die Entwicklung und konsequente Umsetzung des Regionalisierungsprinzips erst in den blassen Anfängen. Werfen wir einen Blick auf die Realität des Wohnens, so stellen wir fest, daß über 60 % aller Erwachsenen mit geistiger Behinderung in ihren Herkunftsfamilien, 30 – 40 % in Anstalten oder Pflegeheimen und nur 5 – 10 % in gemeindenahen Wohnformen leben, wobei es sich hier zumeist um Wohnheime mit mehr als 40 Plätzen handelt. Dies wird heute in der fachlichen Diskussion nicht mehr als zeitgemäß und sinnvoll erachtet. Deshalb empfiehlt zum Beispiel die Bundesvereinigung der Lebenshilfe in ihrem Grundsatzprogramm „Gemeindenahes Wohnen" differenzierte kleinere Wohnformen und Kleinstgruppen sowie den Bau von Wohnstätten mit maximal 24 Plätzen. Ob sich dieses Konzept durchsetzen wird, ist eine völlig offene Frage. Zur Zeit gibt es Tendenzen, die Errungenschaften und Reformen der letzten Jahre (vgl. Bradl/Steinhart 1996; Theunissen 1998a; 1999a; Gromann-Richter 1991) zu zerschlagen und Wohneinrichtungen für geistig behinderte Menschen wieder als einfache Pflegeheime umzufunktionieren. Einige Sozialhilfeträger und Einrichtungsbetreiber haben bereits in dem geistig schwer behinderten Menschen wieder den „Pflegefall" entdeckt und sind redlich bemüht, das Rad der Geschichte zurückzudrehen. Ihr Hauptargument sind die Kosten (vgl. auch Speck 1999b). Damit haben einst auch die Nazis argumentiert. Gewisse Parallelen (utilitaristische Ideologie, nihilistisches Bild vom geistig schwer behinderten Menschen) sind unverkennbar, weswegen äußerste Wachsamkeit geboten ist.

4.1.2 Voraussetzungen und Anforderungen

Die „Normalisierung" des Wohnens beschränkt sich nicht nur auf Prozesse gesellschaftlicher Integration oder Wiedereingliederung, vielmehr geht es auch immer um die Schaffung und Sicherung eines Raumes, in dem ein selbstgestaltetes und sinnerfülltes Leben stattfinden kann. Von einem „normalisierten" Wohnen kann nur dann die Rede sein, wenn neben dem Prinzip der kleinen Gruppe und der Gemeindenähe auch den Wohnbedürfnissen entsprochen wird. So ist es für Nichtbehinderte völlig „normal", die eigene Wohnung geschmackvoll und gemütlich einzurichten, sich Tapeten auszusuchen, Möbel zu kaufen, zuhause zu kochen, zu waschen u.v.m. Erwachsene mit geistiger Behinderung haben dazu häufig keine Möglichkeiten. Damit werden ihnen wichtige Entwicklungs- und Selbstverwirklichungschancen vorenthalten. Welche Konsequenzen diese Erfahrung der Unkontrollierbarkeit für die Persönlichkeitsentwicklung haben kann, hat Seligman (1986) mit seiner Theorie der „erlernten Hilflosigkeit" verdeutlicht. Um Hospitalisierungsschäden zu vermeiden, müssen Beschränkungen bei der Verwirklichung individueller Wohnbedürfnisse unbedingt reflektiert werden. Dabei sind es in erster Linie administrative und wirtschaftliche Überlegungen, die die „Normalisierung" der Lebens- und Wohnmöglichkeiten von Erwachsenen mit geistiger Behinderung erschweren. Es spielen aber auch der kontrollierende Einfluß von Pädagogik sowie das mangelnde Vertrauen in die Ressourcen und Fähigkeiten geistig behinderter Menschen eine wesentliche Rolle. Dies alles läßt sich – wie manche irrtümlich annehmen – nicht nur dem Anstaltswesen bzw. den größeren sozialen Systemen anlasten. Auch Wohnheime oder kleinere Einrichtungen entsprechen häufig nicht den Anforderungen des Normalisierungsprinzips, indem sie nicht nur strukturelle Schwächen aufweisen (zu große Gruppen), sondern auch elementare Wohnbedürfnisse ignorieren. Normalisierung bedeutet eben nicht nur Anpassung des Einzelnen an bestehende Strukturen oder Integration in das vermeintlich „Normale", sondern Maßstab aller Normalisierungsbemühungen bleibt der als geistig behindert etikettierte Mensch mit seinen individuellen Bedürnissen und seiner Bedürftigkeit (special needs).

Das Ernstnehmen von Wohnbedürfnissen verlangt nicht nur die Beachtung der primären Wohnwelt, sondern stets auch die Berücksichtigung der angrenzenden und erweiterten Wohnumwelt, die für ein sinnerfüllendes Alltagsleben ebenfalls bedeutsam ist. Gibt es z.B. zuwenig Außenkontakte oder ist das Maß an autonomer Lebensbewältigung aufgrund äußerer Bedingungen (verkehrsreiche Wohnlage) stark eingeschränkt, entstehen isolierende Bedingungen, die Auslöser für psychosoziale Probleme sein können. Ob sich jeder geistig behinderte Mensch in einer Stadtwohnung heimisch oder physisch-psychisch wohlfühlen kann, ist zu bezweifeln. Deshalb hat Speck (1982, 13) Recht, wenn er schreibt: „Subjektiv angemessene Wohnformen und Lebensbedingungen lassen sich nicht pauschal normieren und planen".

Dieses Plädoyer für eine Vielfalt an Wohnmöglichkeiten, die das reformierte Anstaltskonzept (Ort zu leben) nicht prinzipiell ausschließt (vgl. Gaedt 1981), darf freilich nicht zu dem Mißverständnis führen, daß das gemeindeintegrierte („normalisierte") Wohnen für bestimmte Menschen mit geistiger Behinderung – nämlich für sog. geistig schwer und mehrfachbehinderte sowie für verhaltensauffällige Personen – weitgehend ungeeignet sei. Inzwischen gibt es immer mehr Beispiele, die den Nachweis erbringen, daß gemeindenahe (kleine) Wohnformen auch für geistig schwerst und mehrfachbehinderte, für verhaltensauffällige und darüber hinaus ebenso für ältere geistig behinderte Menschen möglich und sinnvoll sind (vgl. Wedekind u.a. 1994; Theunissen 1999a, 255ff.; Edgerton 1988; Dörner 1998; Dalferth 1998; Feurstein 1999; vgl. auch die Wohnangebote der Lebenshilfe Gießen). Deswegen tut zum Beispiel die Bundesvereinigung der Lebenshilfe gut daran, ihr gemeindenahes Wohnprogramm für diesen Personenkreis zu öffnen. Damit kommen aber auch Probleme auf die Wohneinrichtungen zu, die einer dringenden Lösung bedürfen. Denn „sowohl für das Personal als auch für die Mitbewohner/

innen ist der Umgang mit diesen Menschen bisweilen sehr schwierig. So wird z.B. von den Mitarbeitern laut Personalbefragung die Konfrontation mit aggressiven Bewohnern/innen als einer der am meisten belastenden Momente des Berufslebens empfunden. Die Angst vor Situationen mit aggressiven Bewohnern/innen wird immer wieder thematisiert. Vor allem in bezug auf die Arbeit in AWG (Außenwohngruppen, G. T.), in denen die Mitarbeiter/innen häufig mit den Bewohnern allein sind, werden Bedenken bezüglich selbst- oder fremdaggressiver Bewohner/innen laut" (Wedekind u.a. 1994, 244). Auf die Entwicklung und Aspekte der hierzu erforderlichen pädagogischen Konzeption und der begleitenden Hilfen (Fachdienste), die angesichts fehlender Planstellen in der regionalen Behindertenhilfe noch schwer erreichbar sind, werden wir an späterer Stelle eingehen. Jetzt geht es uns zunächst einmal um die Anforderungen und institutionellen Voraussetzungen, die wir für erforderlich halten, wenn das gemeindeintegrierte Wohnen geistig behinderter Menschen mit Verhaltensauffälligkeiten Ziel sein soll.
Stichwortartig seien folgende Aspekte genannt:

- kleine überschaubare Wohngruppen (4 bis 8 Plätze); ggf. auch als „geschlossen" geführte Gruppen mit erhöhter Personalausstattung; ggf. als Einzelwohnen in einem an einem Wohnverbund angegliederten Appartment;
- festes Mitarbeiterteam;
- Bezugsassistenz (ein Mitarbeiter sollte Bezugs- oder Vertrauensperson für den betreffenden Bewohner sein);
- Einzelzimmer (dies ist bei geistig behinderten Menschen mit Verhaltensauffälligkeiten besonders wichtig, um Rückzugsmöglichkeiten zu bieten);
- mehrperspektivische Wohnraumgestaltung (z.B. Entspannungs- und Ruhezone in der Wohngruppe; robuste wie aber auch „normale" Möblierung im Wohn- und Schlafbereich; Wohnküche, die auch für geistig behinderte Menschen zugänglich sein muß; Waschmaschine, Tapeten, Blumenbänke, Bilder u.a.m.);
- zweckmäßige Außenanlage (z.B. Zugang zu einem angrenzenden Garten);
- günstige Wohnlage (Zugang zu Grünbereichen; Vermeidung verkehrsreicher oder dichtbesiedelter Bezirke; kurze Wege zu komplementären Diensten/Einrichtungen).

Darüber hinaus favorisieren wir das Konzept der *„autonomen Wohngruppe"*. Dieses besagt, daß von seiten der Einrichtungsbetreiber Mitarbeitern an der Basis (Gruppenpersonal) genügend Handlungs- und Entscheidungsspielraum zugestanden werden muß. Das ist in der Behindertenhilfe alles andere als selbstverständlich. Unseres Erachtens gibt es kaum einen anderen Bereich im Sozialwesen, der nach wie vor so viele verkrustete, zentralistisch organisierte und undemokratische Strukturen aufweist wie das Rehabilitations- und Versorgungswesen für geistig behinderte Menschen. Es geht also um mehr Selbständigkeit und Unabhängigkeit von Wohngruppen, so zum Beispiel um Formen einer Selbstversorgung (Einkauf und Zubereitung von Mahlzeiten; Wäschewaschen; Anschaffung von Haushaltsgegenständen, Möbeln u.a.). Ein solcher Verzicht auf zentrale Versorgungs- oder Dienstleistungen bedeutet, daß einer Gruppe monatlich ein in eigener Regie zu verwaltendes Budget für Haushaltsführung (Lebensmittel, Bekleidung, Veranstaltungen, Körperpflege, Waschmittel, Gebrauchsgüter), zur Anschaffung von Einrichtungsgegenständen sowie für pädagogische Aktivitäten bereitgestellt wird. Selbstverständlich setzt dies die Unterstützung der Einrichtungsleitung und Verwaltung voraus, die dem Normalisierungs- und Autonomiegedanken aufgeschlossen gegenüberstehen muß. Durch die größere Selbständigkeit von Wohngruppen kann einerseits das Gruppenpersonal selbstverantwortlich, eigenständiger und kreativer arbeiten; andererseits werden den behinderten Menschen Situationen offeriert, die in ihren Handlungsstrukturen angeeignet werden können, so daß Leben Sinn erhält, (mehr) Entscheidungs- und Handlungsautonomie realisiert werden und eine Kontrolle über die eigenen Lebensumstände (Realitätsbewältigung) stattfinden kann. Dies entspricht ganz dem originären Bedürfnis eines jeden Menschen nach Selbstbestimmung, was uneingeschränkt auch für Personen mit geistiger Behinderung und Verhaltensauffälligkeiten gilt (Theunissen 2000c).

4.1.3 Probleme

Die vorausgegangenen Ausführungen sind fachlich betrachtet wohl unstrittig, ihre Umsetzung in der Praxis ist aber häufig mit erheblichen Schwierigkeiten verbunden. Dabei denken wir nicht nur an ungüstige Wohnverhältnisse, an Widerstände durch Einrichtungsbetreiber, Heimleiter oder Mitarbeiter, sondern an ganz konkrete Probleme, die sich allein mit der Frage der Zusammensetzung einer Wohngruppe ergeben: Sollen geistig behinderte Menschen, die als verhaltensauffällig gelten, mit anderen eher unauffälligen, angepaßten behinderten Personen zusammenleben? Oder soll anstelle der Heterogenität das Modell der sog. Therapie- oder Intensivgruppe für verhaltensauffällige geistig behinderte Menschen realisiert werden? Was bedeutet es für die anderen, wenn ein Mitbewohner die häusliche Atmosphäre durch Schreien, Zerstören von Einrichtungsgegenständen oder fremdaggressives Verhalten „stört“? Wann ist ein gewisser Grad an Belastbarkeit erreicht? Wann tritt das Moment ein, wo sechs Bewohner unter einem einzelnen erheblich leiden? Derlei Fragen beschäftigen immer wieder Mitarbeiter und führen häufig zu Konflikten im Team oder zwischen leitenden Pädagogen und dem Basispersonal. Sicherlich gibt es hierzu keine Patentrezepte oder Lösungen, die sich generalisieren ließen. Unseres Erachtens können solche Probleme immer nur vor Ort beantwortet werden. Und oftmals weiß man erst im Nachhinein, ob die Lösung richtig war. Legt man Erfahrungen zugrunde, so ist es anscheinend schwieriger einen geistig behinderten Menschen mit sog. fremdaggressiven Verhaltensweisen in einer „normalen“ Wohngruppe zu integrieren, als eine Person mit depressivem, apathischem Verhalten. Die Integration eines Bewohners mit sog. Fremdaggressionen macht oft, zumindest in der Anfangszeit eines langfristig angelegten pädagogisch-therapeutischen Konzepts, eine spezielle Milieugestaltung erforderlich (z.B. verdübelte Holzbilder; Verzicht auf Blumen, Porzellan und Stehlampen; verschließbare und zusätzlich gesicherte Radio- und Fernsehanlage, festinstallierte Eßbank), die einem häuslichen Wohnen eher abträglich ist. Hierzu müssen die übrigen Mitbewohner Verständnis zeigen, und sie müssen bereit sein, ein solches Milieu als eine vorübergehende Notlösung zu akzeptieren. Wichtig ist, daß in solchen Situationen auch alle Mitarbeiter an einem Strang ziehen. Durch begleitende Fachdienste und Supervision kann die Tragfähigkeit eines heterogenen Wohngruppenkonzepts mit Sicherheit erhöht werden.

4.2 Zu den tagesstrukturierenden Angeboten

Viele in der Behindertenhilfe Tätige sind der Auffassung, daß eine große Anzahl an Verhaltensauffälligkeiten bei Menschen mit geistiger Behinderung Ausdruck von Langeweile sind. In der Tat läßt sich nachweisen, daß auch heute noch viele geistig schwer und mehrfachbehinderte Menschen auf Pflegestationen oder in Wohngruppen größerer Einrichtungen tagsüber lange Zeit „untätig“ herumsitzen, „vor sich hin dösen“ und zu wenig Lebensanreize erfahren. Die Bedeutung sog. tagesstrukturierender Angebote kann deshalb zu einer sinnerfüllten Lebensgestaltung nicht hoch genug eingeschätzt werden. Zum einen besteht die Möglichkeit, tagesstrukturierende Angebote wie Hausarbeiten, Sportunternehmungen oder Freizeitaktivitäten im Wohnbereich zu organisieren, zum anderen sollten aber auch immer soziale Ressourcen außerhalb des Wohnens genutzt werden, da das Kennenlernen verschiedener Lebensbereiche auf jeden Fall lernanregend und entwicklungsfördernd sowie für eine flexible und autonome Lebensführung von hohem, ja notwendigem Erfahrungswert ist.

Für geistig schwer behinderte Menschen sowie für Personen mit Verhaltensauffälligkeiten gibt es nicht nur innerhalb, sondern auch außerhalb des Wohnens zu wenig (bedürfnisorientierte) tagesstrukturierende Angebote. Die Einrichtung und Sicherung eines Arbeitsplatzes und Integration des Personenkreises in einer Werkstatt für Behinderte, die Partizipation „schwieriger“ Bewohner an Öffentlichkeit, ihre Teilnahme an kulturellen Veranstaltungen, Bildungs- und Freizeitmaßnahmen scheint in der Behindertenhilfe längst noch nicht selbstverständlich zu sein. Eher stoßen wir auf die Auffassung, daß dies alles viel zu schwierig und letztlich kaum realisierbar sei. Richtig ist, daß die derzeitigen Rahmenbedingungen einer Werkstatt für Behinderte und überhaupt im öffentlich-kulturellen Bereich für eine Integration geistig behinderter Menschen mit Verhaltensauffälligkeiten denkbar ungünstig sind – eine verantwortungsbewußte, im Interesse der Betroffenen operierende Behindertenpädagogik sollte solche Unzulänglichkeiten und nihilistischen Aussagen aber nicht länger hinnehmen, sondern sie hat über Alternativen und Möglichkeiten der Veränderung nachzudenken und sich entsprechend einzubringen. Genau an dieser Stelle knüpfen die folgenden Überlegungen an, die richtungsweisend für eine integrative Behindertenarbeit mit sog. schwer geistig behinderten und verhaltensauffälligen Menschen sein sollen.

4.2.1 Werkstätten für Behinderte oder Tagesstätten?

• Problemstellung

Die Diskussion um tagesstrukturierende Angebote außerhalb des Wohnens wird von Gegensätzen geprägt: An einem Ende des Spektrums stehen die Befürworter von speziellen Sondereinrichtungen; sie gehen davon aus, daß geistig schwer behinderte und verhaltensauffällige Menschen nicht werkstatt- oder arbeitsfähig seien. Am anderen Ende stehen die Protagonisten einer „Unteilbarkeit von Integration“, die keine Ausschlußkriterien der Werkstätten für Behinderte (WfB) gelten lassen und ein gemeinsames Arbeiten und Zusammensein aller Menschen mit geistiger Behinderung verabsolutieren. Zwischen diesen konträren Positionen steht der dialektische Kompromiß – und zwar in zweifacher Hinsicht: zum einen wird ein sog. Werkstattverbundsystem vorgeschlagen, in dem eine Tagesstätte für die sog. Schwerstbehinderten integriert ist, zum anderen soll die „Idee der Tagesstätte“ in die WfB hineingetragen werden. Dieser dritte von uns favorisierte Weg geht wie die zweite Position vom Grundrecht auf Arbeit für alle Menschen mit geistiger Behinderung aus, will Besonderung, Segregation und Isolation vermeiden und knüpft nahtlos an den Errungenschaften der Schulgesetzgebung an, die heute keinen Ausschluß geistig schwerstbehinderter und verhaltensauffälliger Schüler mehr vorsieht. Ein wesentlicher Unterschied zur zweiten Richtung besteht darin, daß er sich uneingeschränkt dem Konzept einer Arbeitsstätte als „Ort zu leben“ (Speck) verschrieben hat. Mit diesen verschiedenen Möglichkeiten werden wir uns in den nächsten Abschnitten näher befassen. Zunächst werden wir auf die Bedeutung von Arbeit eingehen; und im Anschluß an die Diskussion über die unterschiedlichen institutionellen Systeme wird eine pädagogische Konzeption vorgestellt, die für tagesstrukturierende Arbeitsangebote zukunftsträchtig sein kann.

• Anthropologische Aspekte zur Arbeit
In der Behindertenhilfe wird häufig die Auffassung vertreten, daß geistig schwer und mehrfachbehinderte sowie Personen mit „schwierigem“ Verhalten nicht „arbeitsfähig“ seien. Dabei wird von einem Arbeitsbegriff ausgegangen, der Momente wie Leistung, Produktivität und wirtschaftliche Verwertbarkeit zur handlungsbestimmenden Größe erkort. Gerade dagegen wenden sich Jacobs und Welter (1992). Sie argumentieren auf der Basis der christlichen Soziallehre, die den Menschen als soziales Wesen begreift, das aufgrund seiner Abhängigkeit von der Gemeinschaft eine Sozialverpflichtung hat, zugleich aber auch ein Recht darauf hat, von der Gemeinschaft als Person angenommen, wertgeschätzt und in seinem Dasein geschützt, unterstützt oder begleitet zu werden. „Diese Sichtweise verbietet es, den Menschen allein auf seine Leistungsfähigkeit zu reduzieren. Dieser Hintergrund, dieser Zusammenhang gebietet es, die auch im Schwerbehindertengesetz und in der Werkstättenverordnung enthaltenen Gestaltungsspielräume zu nutzen und offensiv auszulegen“ (570). Denn: „Die Achtung des Menschen und seine Existenzberechtigung begründen sich und bestehen allein durch sein Dasein, sie werden nicht erst durch eine Leistung oder einen besonderen Beitrag des einzelnen zur Gemeinschaft gegeben“ (569). Folglich komme es darauf an, daß sich jeder Mensch – unabhängig von seinem Leistungsvermögen oder der Schwere einer Behinderung – in seinem Dasein voll entfalten kann. Diese Daseinsentfaltung beinhaltet ein Arbeiten als ein sozialverantwortliches, gesellschaftliches Mitgestalten. Sie ist aber nicht mit Arbeit identisch; und sie kann nur gedeihen, wenn die Gemeinschaft ihrerseits ihre sozialverantwortliche Aufgabe dem einzelnen Menschen gegenüber wahrnimmt, d.h. Bedingungen schafft, die eine Daseinsgestaltung und -verwirklichung zulassen. Für die WfB bedeutet dies, nicht einfach einen „Mehrwert mit behinderten Menschen zu schaffen“ (ebd.), sondern für jeden eine ihm angemessene Tätigkeit zu finden, so daß er sich „als tätiger Mensch erleben und erfahren“ (570) kann. Da die Daseinsverwirklichung stets eine soziale Dimension hat, sollte die WfB auch „der Ort der sozialen Funktionen“ sein: „Das Tätigsein des Menschen hier dient seiner Beziehungs- und Begegnungsfähigkeit. Die Werkstatt hilft, Einsamkeit zu überwinden, Brücken zu Mitmenschen zu schlagen. Integrations- und Sicherheitserfahrungen werden zu einem sozialen Ereignis. In einer sozialen Umwelt kann der behinderte Mensch sich selbst finden“ (570).

Neben der christlich-anthropologischen Soziallehre gibt es noch eine zweite Position, die den philosophisch-anthropologischen und entwicklungspsychologischen Stellenwert der Arbeit betont und als wegweisende Diskussionsgrundlage hilfreich sein kann. Aus philosophisch-anthropologischer Sicht ist die menschliche Arbeit ein wesentliches Mittel zur Selbstverwirklichung. Unabhängig von einer bestimmten gesellschaftlichen Form kann sie als eine bewußte, planmäßige Tätigkeit charakterisiert werden, die mit Anstrengung, Ernst oder Gewissenhaftigkeit verbunden ist und auf die Verwirklichung eines Ergebnisses durch den Gebrauch von Werkzeugen ausgerichtet ist, welches sich der Mensch gedanklich vorwegnimmt. Mit anderen Worten: Arbeit ist eine geplante, werkzeuggebrauchende Tätigkeit, die die Herstellung eines Ergebnisses (Produkt) intendiert. Entwicklungspsychologisch gesehen tritt Arbeit als anthropologische Kategorie spätestens mit Beginn des Sprechens eines Kleinkindes oder mit den sog. sensomotorisch-zielgerichteten, ergebnisorientierten Tätigkeiten auf. Deshalb kann Jantzen (1978, 121) schreiben: „Auch die Tätigkeit eines nicht sprachfähigen geistig behinderten Kindes, das ein Männchen, ein Schüsselchen oder eine Kugel formt, ist Arbeit".

Nach Ansicht von Fromm (1985, 47) ist Arbeit in diesem Sinne Ausdruck der „totalen Individualität" des Menschen. Sie ermöglicht dem Menschen, aktiv zur gegenständlichen Welt in Beziehung zu treten, sich Welt anzueignen und seine Lebensverhältnisse zu kontrollieren und zu regulieren.

Angesichts der Tatsache, daß der Mensch stets Gesellschaftswesen ist, ist Arbeit nicht nur vom Individuum, sondern auch vom Sozialverband her zu bestimmen. Dieser Aspekt führt uns zu der Frage nach der „gesellschaftlichen Relevanz" des Arbeitsbegriffes, die von Heller (1980, 39ff.) dahingehend beantwortet wird, daß es „überhaupt keine Gesellschaft ohne notwendige (gesellschaftlich notwendige) Arbeit und Arbeitsteilung" gebe und daß wir als sozialverantwortungsbewußtes, „moralisches und vernünftiges Wesen ... nicht jenseits aller Pflichten" treten können. Dieser „gesellschaftliche Auftrag" von Arbeit beinhaltet die Gefahr, daß das arbeitende Individuum oftmals zu sehr dem Zwang zu zweckbestimmter Produktivität unterstellt ist, so daß keine allseitige Entfaltung der Persönlichkeit durch menschliche Tätigkeit stattfinden kann. Die Tatsache, daß der Genuß allzu häufig von der Arbeit geschieden wird und daß emotional-affektive Aspekte sowie Momente eines lustvollen Erlebens oft gegenüber der kognitiven Dimension des Handelns eine untergeordnete Rolle spielen, führt uns zu der Überlegung, dem Begriff der Arbeit die Idee des „ästhetischen Spiels" (Schiller) zur Seite zu stellen. Unter ästhetischem Spiel verstehen wir eine Form menschlicher Tätigkeit, die der Struktur nach mit Arbeit identisch ist und die „Einheit" des Menschen, d.h. die Totalität der geistigen, seelischen und körperlichen Kräfte zu wahren, wiederherzustellen und zu entfalten verspricht. Menschliche Tätigkeit als ästhetisches Spiel geht im Unterschied zur Arbeit über den Bereich der lebenserhaltenden Auseinandersetzung mit der Natur weit hinaus und garantiert die Verwirklichung zentraler Grundphänomene menschlichen Lebens: Ich-Du-Bezug, Geselligkeit, physisch-psychisches Wohlbefinden sowie auf Phantasie und Schönheit beruhende Kulturbetätigung (vgl. Kofler 1982).

Folgt man den o.g. Ausführungen, so scheint es zweckmäßig zu sein, eine sinnvolle Verbindung von Arbeit und ästhetischem Spiel als Vehikel zur Selbstverwirklichung des Menschen anzustreben. Diese Überlegung hat für die Konzeptentwicklung tagesstrukturierender Arbeitsformen weitreichende Konsequenzen.

• Kritik der WfB

Geht man von der soeben anskizzierten anthropologischen Position aus, so kommt man zu der Feststellung, daß die Konzeption vieler deutscher WfB revisionsbedürftig ist. Kritisch ist darauf hinzuweisen, daß der gesamtrehabilitative Auftrag (soziale und berufliche Rehabilitation) nur selten zufriedenstellend eingelöst wird. Mit Seifert (1987, 154) sind wir der Ansicht, daß insbesondere im Hinblick auf schwerstbehinderte und verhaltensauffällige Menschen die sozialpädagogischen Verpflichtungen einer WfB gegenüber den Produktivitätsüberlegungen Priorität haben sollten. Dies bedeutet, daß unter anderem auch Stellen und Einflußmöglichkeiten der sozialen Dienste in WfB erweitert sowie der pädagogisch-therapeutische Bereich verstärkt ausgebaut werden müßten.

Ferner ist zu beobachten, daß sich einige WfB von der anthropologischen Bestimmung menschlicher Tätigkeit weit entfernt haben. Oftmals dominieren monotone, maschinellorientierte Handlungen, die in der überwiegenden Zahl strikt vorgeschrieben sind, damit jeder geistig behinderte Mensch unter Berücksichtigung seiner „gestörten" bzw. herabgesetzten Einzelfunktionen zu einer Serienherstellung von Werkstücken gelangen kann. Die damit verknüpfte Gefahr liegt auf der Hand: „Monotonie stumpft auch geistig Behinderte ab" (Speck 1977, 142). Unter solchen Bedingungen macht es natürlich keinen Sinn, Arbeitsplätze für geistig schwer behinderte oder verhaltensauffällige Personen in den sog. Montagegruppen einzurichten, da einer Arbeit als „ökonomische Kategorie" wohl jegliche Valenz für eine allseitige Persönlichkeitsentwicklung abgesprochen werden kann. Diesem sog. harten Kern an geistig behinderten Menschen werden die WfB aber auch aus anderen Gründen kaum gerecht: Zum Beispiel sind die räumlichen Bedingungen in vielen WfB für den genannten Personenkreis äußerst ungeeignet. Erfahrungen zeigen, daß sich viele „schwierige" oder geistig schwer behinderte Menschen in großen, lauten, unpersönlichen, unüberschaubaren Werkhallen oder Räumen einer WfB völlig überfordert fühlen, Ängste aufbauen und diese mit zusätzlichen Verhaltensauffälligkeiten (z.B. Aggressionen) zu bewältigen versuchen. Häufig fehlen einfache individuell angepaßte Arbeitsbedingungen (z.B. Ohrschutz zur Lärmreduzierung) sowie Ruhe- oder Ausweichräume. Außerdem läßt in vielen WfB der gegenwärtige Personalschlüssel keine individualisierende Arbeitsweise mit sog. verhaltensauffälligen und/oder geistig schwer und mehrfachbehinderten Menschen zu. Viele dieser Behinderten benötigen nämlich eine „pädagogisch-therapeutische Assistenz", wenn eine Integration in einer Montage- oder anderen Arbeitsgruppe stattfinden soll. Auch die pädagogischen Mitarbeiter brauchen zur Realisierung dieser Integrationsprozesse zusätzliche Unterstützung durch begleitende Fachdienste (vgl. Kap. 4.3). Angesichts dieser kurz umrissenen Problematik ist eine Weiterentwicklung der WfB als „Ort zu leben“ (Speck) dringend erforderlich. Richtungsweisend für eine zukünftige Konzeption können Aspekte sein, die für sog. Tagesstätten charakteristisch sind.

• Tagesstätten

Wirft man einen Blick auf das benachbarte Ausland (z.B. Holland, Dänemark, Schweden, Österreich), so ist festzustellen, daß dort die große Mehrheit unserer Zielgruppe schon seit geraumer Zeit in Tageszentren (day center), Tagesstätten oder „kleinen“ Werkstätten (Theunissen 1987; Feurstein 1999) betreut wird, die eine breite Fülle an Aktivitäten wie „Hygge“ (Schmusen, Körperkontakt, Amüsieren, auf der Matte liegen), rhythmisch-musikalische Spiele, freies Spielen, Malen, Schwimmen, Ballspiele, Theaterspiel, Musizieren, Tanzen, Ausflüge oder Ferienfreizeiten, pädagogisch-therapeutische Arbeitsformen (z.B. Sprachtraining, Heilgymnastik bzw. Physiotherapie) oder vielfältige Beschäftigungsmöglichkeiten (z.B. Hand-, Holz-, Bast-, Leder- oder Keramikarbeiten, bildnerisches Gestalten) anbieten. Überdies findet in den Tagesstätten in der Regel ein lebenspraktisches Training statt, oftmals ist diesen Einrichtungen auch eine sog. Trainingswohnung angegliedert, in der Selbsthilfeverhalten im Bereich der Hausarbeiten etc. trainiert wird, um Einzelne für das Leben in einer Wohnung oder Wohngruppe gezielt vorbereiten zu können. Zumeist handelt es sich bei den Tagesstätten um kleine, überschaubare Einrichtungen mit 20 – 30 Behinderten, die in Kleingruppen zu sechs bis acht Personen individualisierte tagesstrukturierende Angebote erhalten.

Im Unterschied zum benachbarten Ausland gibt es bei uns in der Bundesrepublik anstelle eines flächendeckenden Tagesstättennetzes einzelne Projekte, die aufzeigen, daß solche Alternativen zur herkömmlichen WfB notwendig und sinnvoll sind (vgl. Stöber 1982; Becker 1983; 1988; Feith-Lehmann u.a. 1989). Bemerkenswert ist das von Becker (1993) veröffentlichte Beispiel der Tagesstättenarbeit des ASB in Bremen. Zum einen gibt es relativ feste Arbeitsgruppen (z.B. Holzwerkstatt, Seidenmalerei, Hauswirtschaft, Gartenarbeit, Tonwerkstatt, Papierherstellung), in denen die Betroffenen vormittags tätig sind. Die Auswahl bzw. Entscheidung für eine Arbeitsgruppe erfolgt nach der von Feith-Lehmann u.a. (1989) und Wallujo/Gromann-Richter (1989) beschriebenen *Sivus-Methode.* Ihr erklärtes Ziel ist es, soziale Kompetenzen, Planungs-, Arbeits- und Bewertungsfähigkeiten in Kooperation mit anderen Menschen zu entwickeln, um zu einer erhöhten Selbständigkeit, zu einem Selbstbewußtsein, Gemeinschaftsgefühl und Zusammenleben zu gelangen. An den Nachmittagen besteht die Möglichkeit, an verschiedenen Nebenangeboten (z.B. Fahrräder reparieren; Fotografieren und Bilder entwickeln; Tanz und Bewegung; Fußball; Musik, Singen und Rhythmik; Schwimmen; Basarverkauf; Kunstprojekte; Malen; Backen, Lederarbeiten) teilzunehmen. Auch hierzu sollen die geistig behinderten Menschen soweit wie möglich Eigenentscheidungen treffen. Denn: „Die eigene Anregung, Bedürfnisse und das Interesse, eigene Probleme zu lösen und ein bestimmtes Ziel zu erreichen, sind der Motor für das eigene Lernen" (Wallujo/Gromann-Richter 1989, 104). Überdies wird auch Einzelförderung angeboten. Selbstverständlich geht es im Rahmen der Tagesstättenarbeit aber nicht nur um Lernzuwachs oder Lerneffizienz, ebenso wichtig ist das „sinnerfüllte" Zusammensein, das einem „Sein-Lassen" entspricht. Im folgenden möchten wir kurz aus der Arbeit einer Tagesstätte berichten:

Barbara „ist sehr schwer körperbehindert, kann weder stehen noch sitzen, noch gezielt ihre Arme, Beine oder den Kopf bewegen. Sie liegt entweder in einem Spezialrollstuhl oder auf der Luftmatratze. Da sie, wenn auch nur unter großen Anstrengungen, sprechen kann, sind die Sprache und ihr Auffassungsvermögen das einzige, was sie in Kontakt mit anderen einsetzen kann. Barbara benötigt für alle Verrichtungen des täglichen Lebens Hilfe. Sie ... wird ... von ihren Eltern und der jüngeren Schwester im Hause versorgt. Obwohl den zuständigen Behörden ihre 'Nicht-Betreuung' bekannt war und die Familie des öfteren um Hilfe gebeten hatte, konnte eine Betreuung nicht angeboten werden, da es in Hamburg keine Einrichtungen für so schwer körperbehinderte Jugendliche und Erwachsene gab. Barbara blieb zu Hause, isoliert und ohne Kontakt zur Außenwelt, bis sie als eine der ersten in die Tagesförderstätte ILSE WILMS aufgenommen wurde. Hier verbringt sie den Tag zusammen in einer Gruppe mit sieben anderen Behinderten, die alle geistig-, körper- oder mehrfachbehindert sind. Betreut werden sie von zwei ausgebildeten Erziehern und einem Zivildienstleistenden ..." Nach dem regelmäßigen „Morgenkreis" findet ein auf die unterschiedlichen Fähigkeiten der Einzelnen hin abgestimmtes Programm statt: „Es wird z.B. gemeinsam gebacken, auf dem Markt eingekauft, gemalt oder gemeinsam 'geturnt'". ... Jeder macht eben „das, was er kann: Beim Backen sieht es dann so aus, daß Barbara z.B. die Aufgabe erhält, ein Rezept mitzubringen und zu erzählen, welche Zutaten notwendig sind. Ein anderer kann Eier aufschlagen oder das Rührgerät bedienen. Alle erleben, daß es ohne den anderen nicht geht, und so entsteht ein Gruppengefühl und ein großer Stolz, wenn der gemeinsam gebackene Kuchen aus dem Ofen geholt wird und andere ihn bewundern oder gar ein Stück abhaben wollen. Um 12 Uhr ist Mittagessen. Zur Vorbereitung hat wiederum jeder seine kleine Aufgabe zu erfüllen: Sets oder Bestecke austeilen, Lätzchen hinlegen. Barbara hat die Aufgabe, um 12 Uhr mit einem Gong über den Flur zu fahren, damit jeder weiß, daß es Mittag gibt. ..." Nach dem Mittagessen steht den Betroffenen Zeit zum Entspannen und Ausruhen zur Verfügung. „Kurz vor 14 Uhr ist die Mittagsruhe dann vorbei, und man verabschiedet die Behinderten der ersten Bustour, die um 14 Uhr nach Hause fahren. Danach heißt es dann 'Arbeiten' für die anderen. Jeder hat entsprechend seinen Fähigkeiten bestimmte Beschäftigungen, die die Erzieher in einem Therapieplan festgehalten haben, zu bewältigen: Handarbeiten, Werken, Malen, Sortieren von Gegenständen. ... Wenn das Wetter schön ist, werden auch Ausflüge unternommen, oder man geht einfach mal ins Café. Gegen 15.15 Uhr wird dann das gemeinsame Kaffeetrinken vorbereitet, das den Abschluß des Tages bildet, und um 16 Uhr kommt der Bus, um alle wieder nach Hause zu fahren" (Stöber 1982, 12ff.).

Dieses Beispiel führt uns sehr plastisch das pädagogische Bemühen vor Augen, den menschlichen Grundbedürfnissen nach Kommunikation, Anerkennung, Wertschätzung, Angenommen-Sein, Du-Bezug, Geselligkeit, Autonomie, Selbständigkeit, Verläßlichkeit, Sicherheit, Anregung, Realitätskontrolle und sinnerfülltem Tätigsein soweit wie möglich zu entsprechen. Damit können Tagesstätten in der Tat für Menschen mit (schwerer) geistiger Behinderung und Verhaltensauffälligkeiten ein „gestalteter Ort zum Leben" (Speck 1986, 4) sein.

Alternativen zur WfB gibt es häufig auch in großen Behinderteneinrichtungen, wo neben bzw. unabhängig von einer WfB spezielle Institutionen (Förderstätte; Therapiezentrum; heilpädagogische Beschäftigungs- und Arbeitsstätte) bestehen, die insbesondere für geistig schwer und mehrfachbehinderte Erwachsene, geistig behinderte Menschen mit Verhaltensauffälligkeiten/psychischen Störungen, ältere Menschen mit geistiger Behinderung und Erwachsene mit geistiger Behinderung, die vorübergehend in eine psychische Krise geraten sind, gedacht sind (vgl. Wohlfahrt 1988, 324; Fürth 1987; Lindenmaier 1988). Auch in diesen Einrichtungen wird das Produktivitäts- und Leistungsprinzip nicht überzogen und priorisiert, ihre zentrale Aufgabe ist es – so die Konzeption der „heilpädagogischen Förderung Hangweide in Stetten" –, „eine zuverlässige, befriedigende und tragfähige Beziehung zu den teilnehmenden behinderten Menschen aufzubauen, ihnen Lebensfreude und Sinnerfüllung in ihrem Tun erfahrbar zu machen, neue Fähigkeiten und Fertigkeiten sowie auch den Erwerb von Kenntnissen und Einsichten zu fördern, um insgesamt zu einer positiven Einstellung zum Leben, zu sich und der Umwelt und Mitwelt beizutragen."

Leider haben es viele WfB bis heute nicht verstanden, derartige Vorschläge und Konzepte aufzugreifen und auf handlungspraktischer Ebene umzusetzen. Gerade deshalb ist der Ruf nach Tagesstätten als Alternative zur WfB verständlich. Sie sollen als teilstationäre Einrichtungen der Eingliederungshilfe nach dem BSHG (§§ 39, 100) weder das „letzte" Glied in der Kette der Rehabilitationseinrichtungen noch eine Institution „unterhalb" der WfB sein, sondern vielmehr gleichberechtigt neben der WfB stehen. Ferner weist Seifert (1987, 156) darauf hin, daß die in

Tagesstätten tätigen behinderten Menschen im Vergleich zu Arbeitnehmern in der WfB nicht benachteiligt werden sollten, „zum Beispiel bei der Entlohnung, hinsichtlich der Sozialversicherungsleistung sowie bei individuellen Fördermaßnahmen." Grundsätzlich sollte für alle Tagesstätten das Prinzip der „Durchlässigkeit" garantiert werden.

Allerdings gibt es in der fachlichen Diskussion auch Stimmen, die Tagesstätten oder vergleichbare Einrichtungen als eigenständige Institutionen neben einer WfB strikt ablehnen. Befürchtet werden diesbezüglich Gefahren unnötiger Aussonderung, Diskriminierung oder Isolation von Menschen mit schwerer geistiger Behinderung. Diesem Argument können wir folgen. Es müssen sich aber einige Kritiker der Tagesstätten den Vorwurf gefallen lassen, daß sie bei aller Parteinahme für geistig schwer behinderte Menschen keine tragfähigen Konzepte vorschlagen, wie das überzogene Leistungsprinzip in WfB zugunsten einer „Stätte zu leben" (vgl. Speck 1986) für alle Menschen mit geistiger Behinderung überwunden werden kann. Deswegen hat Becker (1993, 347) wohl Zweifel, „daß Tagesstätten mehr Ausgliederung schaffen als es die WfB als reine Behinderteneinrichtung von sich aus bereits tut." Seiner Ansicht nach biete sogar das Modell, Tagesstätten neben WfB einzurichten, mehr Vorteile als die Bildung sog. Fördergruppen innerhalb – oder gar als „lästiges Anhängsel" – einer WfB. Einen wesentlichen Vorzug sieht er darin, daß „autonome Tagesstätten ... stärker auftreten (können, G. T.) als Abteilungen der WfB wie Fördergruppen." Zugleich bemerkt er jedoch auch die damit verknüpften Probleme: „Natürlich sind unterschiedliche Trägerinteressen von WfB und Tagesstätten denkbar, die zu Lasten der Betroffenen gehen können. So kann sich in der WfB die Tendenz entwickeln, vorschnell leistungsschwache behinderte Mitarbeiter in die Tagesstätte abzugeben. Deswegen sind selbstbewußte und starke Tagesstätten als gleichberechtigte Partner der WfB wichtig. Individuell müssen Betroffene, die WfB und die Tagesstätte gemeinsam entscheiden, welcher Platz am besten ist. Auch wenn es nicht primär um Trägerschaft, sondern um Inhalte geht, ist es dabei vielleicht besser, wenn Tagesstätte und WfB nicht in gleicher Trägerschaft oder zumindest nicht zu eng verzahnt sind" (347). Dahinter verbirgt sich die Idee eines regionalen Werkstattverbundsystems, in dem Tagesstätten mit mehreren (kleineren) WfB einen vernetzten Baustein bilden und auf der Basis einer Kooperationsvereinbarung eng zusammenarbeiten, so daß eine Durchlässigkeit (Öffnung nach allen Seiten hin) erreicht werden kann. Ein solcher Ansatz wirkt überzeugend. Er mag auch im Einzelfalle sinnvoll sein, dennoch stellt sich die Frage, ob zusätzliche Schwerstbehinderteneinrichtungen, nämlich Tagesstätten ausschließlich für geistig schwer behinderte und verhaltensauffällige Menschen, die Regel sein sollten. Um ihre gesellschaftliche Benachteiligung, Aussonderung und Isolation zu vermeiden, sollte auf jeden Fall auch darüber nachgedacht werden, wie die Idee einer Tagesstätte in die WfB hineingetragen und unter dem Dach der WfB so weit wie möglich realisiert werden kann. Wie ein solches Konzept in bezug auf sog. verhaltensauffällige geistig behinderte Mitarbeiter aussehen kann, soll im nächsten Abschnitt angedeutet werden (vgl. auch Jakobs/Theunissen 1998).

• Vorschläge für die Praxis

Folgt man unserer Position, so bedarf es der Entwicklung und Realisierung eines WfB-Konzeptes, welches insbesondere zur Förderung menschlicher Tätigkeit als sozialanthropologische Kategorie beitragen kann. Auf dem Hintergrund dieser Überlegung soll ein Organisationsmodell vorgestellt werden, in welchem zwischen Zentralfeldern und einem additiven Bereich unterschieden wird.

Zu den Zentralfeldern

Projektorientierte Vorhaben

Im Mittelpunkt unserer Überlegungen stehen sog. projektorientierte Vorhaben, die kommunikationszentriert (beziehungsstiftend), entwicklungsgemäß, lern- und neuropsychologisch ausgerichtet sein sollten und unter dieser Perspektive ein vielschichtiges, mehrperspektivisches Lern- und Erfahrungsfeld bieten. Wesentliche Bestimmungsmerkmale projektorientierter Vorhaben sind:

1. spezifische Phasen wie Bedürfnisermittlung/Themenfindung, Zielentscheidung, Planung, Durchführung und Reflexion;
2. eine Strukturierung und Systematisierung des Lern- und Handlungsfeldes sowie des Lernstoffes;
3. die Erfahrbarkeit des Gegenstandes/Inhaltes, der als „gemeinsam“ erfahren oder erkannt werden sowie zum eigenen Anliegen gemacht werden soll;
4. eine Bewältigung des Gegenstandes/Inhaltes, welche Tätigkeiten auf verschiedenen Niveaus (unter Berücksichtigung der aktuellen Handlungskompetenz in Orientierung auf die Zone der nächsten Entwicklung) ermöglichen;
5. Kooperation, indem auf dem Hintergrund eines begrenzten zeitlichen Zusammenseins der Gegenstand/das Thema „gemeinsam“ – in einem kooperativen Zusammenhang – bewältigt wird;
6. das antizipierte Produkt als Resultat kooperativer Tätigkeit;
7. Verknüpfung von prozeßorientiertem und produktorientiertem Lernen, wobei sich in aller Regel ein Gang von den subjektzentrierten Tätigkeiten hin zur Erarbeitung des Produktes abzeichnet, bei der zielorientiertes, planvolles und konstruktives Handeln im Vordergrund steht;
8. Selbsttätigkeit, indem auf dem Hintergrund des eigenen unmittelbaren Erlebens sowie der aktuellen Handlungskompetenz eigenständige Tätigkeiten unterstützt und gewährleistet werden.

Für die projektorientierten Vorhaben bieten sich eine breite Palette an Themen/ Inhalten an, die sowohl aus der Lebenswelt der Betroffenen stammen als auch utilitaristischen Wert haben können. Mögliche Themen/Inhalte sind: Theaterspiel, Selbstdarstellung, Visualisierung von Tages- oder Wochenplänen, Herrichtung von Mahlzeiten, Anlegen eines Biotops, Gartenarbeiten, Bau eines Vogelhäuschens und Tierpflege, Erkundung der Umwelt, Herstellung von Holzspielzeug, Zoobesuch, Handarbeiten, Stoffdrucke, Tonarbeiten, Herstellung von kunstgewerblichen Artikeln, Körperpflege/Hygiene, Herstellung von Bildzeichen/Pictogrammen, Sexualität/Partnerschaft etc. Welche unterschiedlichsten Aktivitäten sich innerhalb eines projektorientierten Vorhabens realisieren lassen, macht das Beispiel „Herstellung von Umweltschutzpapier und Briefkuverts“ deutlich:

1. Zerreißen und Zerkleinern von Zeitungsblättern; 2. Einweichen und mit Wasser aufkochen; 3. Zermahlen des eingeweichten Papiers mit einem Mixer; 4. Verdünnen und Vermischen dieser Breimasse mit Wasser; 5. Abschöpfen der Masse mit einem feinen Drahtgitter; 6. Abtrocknen der Siebunterseite mit einem Schwamm; 7. „Gautschen“ (Papier vom Sieb lösen) und zwischen Filz zum Trocknen legen; 8. Pressen und Auspressen der restlichen Feuchtigkeit mit Hilfe einer Presse oder Nudelrolle; 9. Glätten durch Bügeln; 10. Falten von Tüten, Briefkuverts etc.

Jeder Betroffene kann hier seinem Entwicklungsniveau entsprechend sinnvoll mitwirken; Erwachsene mit einer stark reduzierten kognitiven Lernbasis können z.B. Papier zerreißen oder rühren, andere, mit einer gewissen Handgeschicklichkeit, das Falten der Kuverts übernehmen. Alle arbeiten gemeinsam (kooperativ) an einem Gegenstand, dessen Entstehungsgeschichte, individuelle und gesellschaftliche Bedeutung nachvollzogen und eingesehen werden kann. Dadurch, daß das Produkt dem Einzelnen nicht mehr fremd gegenüber steht, macht das Arbeiten Sinn. Sinnvolles Tun erhöht bekanntlich die Motivation und leistet eher einen Beitrag zum Abbau von Verhaltensauffälligkeiten als stupide (geistlose) Beschäftigungen. Nach Möglichkeit sollte jeder soweit wie möglich an der Auswahl der jeweiligen (Projekt-)Themen sowie an der Planung und Durchführung der Maßnahmen beteiligt werden. Damit soll einerseits sichergestellt werden, daß die Bedürfnislage der Einzelnen, ihre Voraussetzungen, subjektive Befindlichkeit und ihr Sozialverhalten nicht verfehlt werden. Andererseits soll dem Problem der „erlernten Hilflosigkeit“ (Seligman) durch fehlende Möglichkeiten, Eigenentscheidungen zu treffen und eigene Lebensumstände zu kontrollieren, wirksam begegnet werden.

Ästhetische Praxis

Um der drohenden Entfremdung (schwerst-)behinderter Erwachsener am Arbeitsplatz zu begegnen und zugleich dem allgemeinen Wunsch des Menschen nach einer tiefen Lebenserfülltheit in Verbindung mit mitmenschlicher Begegnung zu entsprechen, ist es wichtig, daß in einer WfB auch Freiräume geschaffen werden, die primär der Muße, Erholung, Rekreation, ästhetischen Kulturbetätigung, menschlichen Begegnung, Kommunikation sowie der Lebensverwirklichung dienen. Unter ästhetischer Praxis fassen wir all jene Aktivitäten, die insbesondere die Erlebenssphäre, Prozesse sinnlicher Wahrnehmung sowie die Grundphänomene menschlichen Lebens betreffen und sich auf Bereiche des Spiels und Gestaltens, der Musik und Bewegung, der Kommunikation und Geselligkeit erstrecken (vgl. hierzu auch Kap. 5.3.1). Demzufolge ist die Palette möglicher Aktivitäten sehr breit. Sie reicht von beziehungsstiftenden Arbeitsformen (Spiele zum Kennenlernen, Selbstdokumentationsspiele etc.) über aktionsorientierte, kreative Gruppenaktivitäten (z.B. Wandmalen, Musik-Malen, Verkleidungs- oder Schminkaktionen), Regel- oder Rollenspiele, Sing- und Kreisspiele, Schattenspiele, Pantomime, Gemeinschaftsaktivitäten und geselliges Zusammensein (Feste feiern), Ausflüge, Erlebnisexkursionen, Schwimmen, Musizieren, sog. Snoezel-Angebote (Bällchenbad, Wasserbett mit Baldachin, Erfahrungsfeld der Sinne), „freie" Spielangebote bis hin zu bildnerischem Gestalten, Basteln oder Werken, körperorientierten Arbeitsformen (z.B. Basale Kommunikation), Rhythmik, Tanz, Bewegungsspielen, dem Einsatz von Orffschen Instrumenten oder sog. Konstruktionsspielen (Bauen) (vgl. Theunissen 1987; 1997a;b).

Zum additiven Bereich

Pädagogisch-therapeutische Einzelarbeit

Um spezielle Verhaltensauffälligkeiten oder auch Teilleistungsschwächen zu kompensieren, um vorhandene Fähigkeiten und eine allgemeine Persönlichkeitsentwicklung zu unterstützen, bedarf es im Einzelfalle neben den gruppenorientierten (projektbezogenen) Angeboten auch einer gezielten Einzelarbeit. Sie kann sich auf den lebenspraktischen Bereich beziehen (z.B. An- und Auskleiden, Essen, Eßverhalten, Körperpflege/hygiene, häusliche Tätigkeiten) wie aber auch auf Bereiche der Motorik, Wahrnehmung (z.B. taktil-kinästhetische, akustische, optische Sinnesschulung), Kommunikation (z.B. Basale Kommunikation, Unterstützte Kommunikation, körperorientiertes Arbeiten) oder des Sozialen Lernens (z.B. Anbahnung eines konstruktiven Sozialverhaltens in der Gruppe). Die Einzelarbeit sollte – wenn möglich – situationsbezogen realisiert werden und in „realen" Lebenssituationen stattfinden. Ebenso denkbar ist auch eine individualbasale Begleitung im Rahmen projektorientierter Maßnahmen.

Industrielle Arbeitsangebote
Um der Gefahr der Entfremdung des Menschen vom Menschen zu begegnen, sollte der Bereich der Industriearbeit (industriellen Fertigung) – soweit es sich hier um monotone Arbeiten handelt – auf ein erträgliches Maß reduziert werden. Wie die Einzelarbeit, so hat sie in unserem Konzept bloß additiven Charakter und soll die Zentralfelder sinnvoll ergänzen. Auf jeden Fall darf sie den Einzelnen nicht völlig vereinnahmen. Häufig sind zur industriellen Fertigung bestimmte Handgriffe und Fähigkeiten erforderlich, die zunächst in sog. Vorübungen erlernt werden müssen. Solche Vorübungen können während der Projektarbeit „nebenbei" oder aber im Rahmen der Einzelförderung durchgeführt werden.

Zur Organisation

Aufgrund der speziellen Bedürftigkeit vieler geistig schwer und verhaltensauffälliger mehrfachbehinderter Menschen kommt man wohl nicht umhin, eigenständige kleine und überschaubare Arbeitsgruppen (sog. Fördergruppen) in WfB einzurichten. Überdies gibt es noch keine Anzeichen dafür, daß in absehbarer Zeit die bestehenden Arbeits- bzw. Montagegruppen im Interesse aller geistig behinderten Mitarbeiter entscheidend verändert werden. Deswegen kann die Idee der Tagesstätte wohl am ehesten in den sog. Fördergruppen umgesetzt werden. Nach Böckmann (1988, 8) beinhalten solche Fördergruppen gegenüber der Integration schwerstbehinderter oder verhaltensauffälliger Menschen in „reguläre" Arbeitsgruppen einer WfB insbesondere den Vorteil einer „individuelleren Förderung, orientiert an den persönlichen Bedürfnissen und Fähigkeiten der Behinderten in einem ‚therapeutisch' günstigerem Milieu als es ‚normale' Arbeitsgruppen können, z.B. durch fachlich qualifiziertes Personal, einem höheren Personalschlüssel, atmosphärische Gestaltung der Räume, kleine Gruppen oder spezielle Förderangebote ... Die Behinderten werden weder durch zu schwierige Aufgaben oder Leistungsdruck überfordert, noch werden sie durch mangelnde Arbeitshilfen und Arbeitsaufbereitung unterfordert." Einen weiteren Vorteil spezieller Fördergruppen nennt Huber (1983, 1-24), indem er darauf aufmerksam macht, daß einzelne behinderte Personen oftmals unterschiedliche Arbeitszeiten benötigen. „Es gibt den Schwerbehinderten, der keine sechs aber zwei Stunden arbeiten kann. Es gibt den Schwerbehinderten, der eine relativ lange Anlaufzeit hat und daher seine Tätigkeit zu einer späteren Stunde wie die übrigen aufnehmen kann. Dabei geht es nicht nur um unterschiedliche Arbeitszeiten, sondern auch um einen rhythmisierten Wechsel zwischen Tätigkeit, Förderung und Ruhe. Gerade für Schwerbehinderte kann ein überlegter Wechsel zwischen geplanter Arbeit, gezielter Förderung und entsprechenden Ruhezeiten hilfreich sein". Neben diesen Vorzügen, die weitgehend Merkmalen einer

Tagesstätte entsprechen und auch für älterwerdende bzw. alte Menschen mit geistiger Behinderung von besonderer Bedeutung sind (Feurstein 1999, 257ff.), gibt es aber auch gewisse Nachteile, die nicht unerwähnt bleiben sollten. So kann eine Fördergruppe innerhalb der WfB ein Stück Ausgrenzung, Isolation oder Diskriminierung schwerstbehinderter Menschen bedeuten. Ferner kann das, was innerhalb einer solchen Fördergruppe geschieht, allzuleicht als bloße „Spielerei" abgetan und abgewertet werden. Bekanntlich werden geistig behinderte Menschen in Fördergruppen einer WfB nur sehr selten entlohnt, oder sie erhalten ein nur aus dem Pflegesatz finanziertes Arbeitsentgelt. „Die Forderung nach Zahlung eines – ggf. staatlich subventionierten – Entgeltes muß sich demgemäß auch auf schwerstbehinderte Personen erstrecken. Denn diese haben – bezogen auf ihre Entwicklungsmöglichkeiten und ihre persönliche Kompetenz – denselben Anspruch auf eine gesellschaftliche Honorierung ihrer Tätigkeit wie jeder andere behinderte Mensch. Eine Beschränkung dieser Forderung auf Werkstattbeschäftigte mit Ausgrenzung der Tagesstättenbesucher zementiert eine oft zufällige Aufsplittung des Personenkreises. Letztlich erhält damit die Beurteilung der Leistungsfähigkeit des behinderten Beschäftigten doch die bestimmende Wirkung" (Jacobs/Welter 1992, 574). Darüber hinaus müßte auf jeden Fall sichergestellt sein, daß alle Mitarbeiter der Fördergruppen hinsichtlich der Kranken- und Rentenversicherung den übrigen Beschäftigten in einer WfB gleichgestellt werden. Außerdem sollte auch eine Fördergruppe in einer WfB stets „durchlässig nach oben" sein, so daß Gruppenwechsel stattfinden können.

Zum Schluß unserer Ausführungen wollen wir noch kurz die Realisierungsmöglichkeiten des vorgestellten Konzeptes ansprechen. Um die Zentralfelder und additiven Bereiche sinnvoll miteinander zu verknüpfen, ist eine langfristig angelegte *Rahmenplanung* und *durchstrukturierte Tagesgestaltung* erforderlich. Rahmenplanung bedeutet, daß für einen längeren, zeitlich überschaubaren oder auch begrenzten Zeitraum (Wochenplan) spezifische Themen/Inhalte, die für die betreffenden Personen relevant sind, ausgewählt und didaktisch-methodisch aufbereitet werden. An der Auswahl der Inhalte sowie der Planung, Durchführung und evaluativen Reflexion von Aktivitäten sollten – wie schon erwähnt – die Betroffenen soweit wie möglich beteiligt werden (hierzu auch Gromann 1998). Freilich stoßen wir bei diesem Grundsatz in der Praxis mit schwerstbehinderten Erwachsenen auf Grenzen. Häufig können wir die Bedürfnisse oder Interessen nur erahnen, und oft wissen wir erst im Nachhinein, ob wir den betreffenden behinderten Menschen „erreicht" haben. Dies erfordert vom pädagogisch Tätigen ein hohes Maß an einfühlendem Verstehen, Geduld, Beobachtung und innigster (An-)Teilnahme, insbesondere auch die Bereitschaft, mit den behinderten Menschen gemeinsam zu handeln und zu erleben. An späterer Stelle (vgl. Kap. 5) werden wir noch ausführlich auf pädagogische Aspekte eingehen, die auch für die tagesstrukturierenden Angebote bedeutsam sind. Dies gilt zum Beispiel für allgemeine Leitprinzipien, die die Notwendigkeit einer beziehungszentrierten, partnerschaftlichen, subjektzentrierten, entwicklungsgemäßen, ganzheitlichen und emanzipatorischen Vorgehensweise unterstreichen. Die Orientierung an diesen Grundsätzen ist ebenso wichtig wie die Entwicklung *individualisierter Curricula*, in denen die o.g. Momente (flexibilisierte Arbeitszeit; Wechsel von Aktivität und Entspannung; dosierte Anforderungen) Eingang finden müssen.

Die tägliche Begleitung der behinderten Menschen sollte so konzipiert sein, daß neben geistvoller, ergebnisorientierter Arbeit genügend Raum bleiben kann für physisch-psychisches Wohlbefinden, Entspannung, positive Sozialerfahrung und geselliges Zusammensein. Erfahrungen in der Arbeit mit geistig schwer und verhaltensauffälligen mehrfachbehinderten Menschen zeigen auf, daß ein durchstrukturierter Tagesablauf mit immer wiederkehrenden Momenten eine wichtige Orientierungsgrundlage bietet und Isolation bzw. drohende isolierende Bedingungen am ehesten zu vermeiden verspricht.

Was die Raumfrage betrifft, so sollte einerseits der Gruppenraum im Sinne einer strukturierten Lernumgebung durch Raumteiler in verschiedene Aktivitätszonen (z.B. Industriearbeiten, kreative Handarbeiten, Lernen, Entspannen, Werken, Basteln, Malen, Freiarbeit/Spiel) eingeteilt werden. Ferner kann eine auf die Problemlage hin abgestimmte Gestaltung eines Einzelarbeitsplatzes sinnvoll sein (z.B. spezieller Stuhl oder Arbeitstisch). Andererseits sind Nebenräume notwendig, z.B. ein sog. reizarmer Raum für Einzelarbeit, ein Ruhe- und ein sog. Snoezel-Raum für Entspannung, Kommunikation und Basale Stimulation, Mehrzweckräume für Projektarbeit sowie ein Gymnastik- oder Sportraum für körperliche Betätigung, Theaterspiel o.ä. Außerdem sollten günstige und sichere Aufenthaltsmöglichkeiten im Freien bestehen.

Unzweifelhaft haben sich die vorausgegangenen Ausführungen in erster Linie auf Menschen mit schwerer geistiger Behinderung und Verhaltensauffälligkeiten bezogen. Für Personen, die als leicht geistig behindert oder lernbehindert und verhaltensauffällig beschrieben werden, sollten darüber hinaus unbedingt auch Alternativen zu einer WfB oder Tagesstätte in den Blick genommen werden. Das betrifft *integrative Maßnahmen durch Arbeitsassistenz* (hierzu Theunissen/Plaute 1995, 156ff.; Plaute/Theunissen 1999, 20) unter besonderer Berücksichtigung von *Teilzeitbeschäftigungsangeboten* z.B. durch Selbsthilfefirmen. Ein solches Konzept hat sich bei (enthospitalisierten) chronisch psychisch kranken Menschen sehr bewährt (Dörner 1998, 40) und es ist anzunehmen, daß es auch von „schwierigen" Persönlichkeiten mit leichter intellektueller Behinderung angenommen wird (auch Theunissen 2000d).

4.2.2 Freizeit-, Bildungs- und Kulturarbeit

Wenn es uns um ein sinnerfülltes und selbstbestimmtes Leben geistig behinderter Menschen mit Verhaltensauffälligkeiten zu tun ist, so genügt es nicht, nur das Phänomen der Arbeit als tagesstrukturierendes Angebot zu beleuchten; ebenso wichtig ist die Diskussion und Aufbereitung der Bereiche der Freizeit, Bildung und kulturellen Partizipation. Gerade (vor allem) dem Feld der Freizeit wird eine grundlegende (originäre) Bedeutung für menschliche Lebensverwirklichung, Lebenszufriedenheit und Lebensglück zugeschrieben, da Freizeit im Unterschied zur Arbeit keinem Zwang oder Leistungsdruck unterliegt, sondern auf Freiwilligkeit, Freiheit und Eigenentscheidungen beruht.

Fragt man nach der Definition von Freizeit, so stellen wir fest, daß es Tendenzen gibt, Freizeit als die von der beruflichen Arbeitszeit freie, übriggebliebene Zeit zu bestimmen (vgl. Opaschowski 1987, 77). Diese Abgrenzung ist uns allerdings zu ungenau. Einerseits verkennt sie den persönlichkeitsbildenden Wert von Arbeit (vgl. Kap. 4.2.1) wie auch das „Erlebnis des Freiseins" in der Berufsarbeit, indem sie die berufliche Tätigkeit nur negativ bestimmt. Andererseits geraten Abhängigkeits- oder Zwangsverhältnisse nicht in den Blick, die in der sog. freien Zeit sehr wohl bestehen können. Hinzu kommt, daß die Bestimmung von „Freizeit" bei Personen, die keiner Arbeit nachgehen können (Arbeitslosigkeit) oder dürfen (aufgrund schwerster geistiger Behinderung), ungeklärt erscheint. Daher ist es zweckmäßiger vom Oberbegriff der „Lebenszeit" (Opaschowski) auszugehen und fünf zentrale Zeitmodelle zu unterscheiden, die den Lebensalltag bestimmen:

1. (Berufliche) Arbeitszeit
2. Verpflichtungszeit
3. Bildungszeit
4. Freie Dispositionszeit
5. Ruhe- und Schlafzeit.

Im Lebensalltag kommt es häufig zur Vermischung dieser Zeittypen, was von individuellen Interessen und Bedürfnissen sowie von äußeren Faktoren (zeitliche Vorgaben, Anforderungen, Aufenthaltsort, Infrastruktur, Wochentag, Urlaub, Tätigkeit, gesellschaftliche und ökonomische Interessen) abhängt. Auf die (berufliche) Arbeitszeit sind wir bereits eben eingegangen. In diesem Kapitel wollen wir zunächst die „Verpflichtungszeit" ansprechen. Danach geht es uns um die Bereiche der Bildung und freien „Dispositionszeit" (Opaschowski).

• Zur Verpflichtungszeit

Unter der sog. Verpflichtungszeit versteht das DGF-Freizeit-Lexikon (1986) eine auf bestimmte Zwecke gerichtete Zeit, in der zum Beispiel Hausarbeiten, hauswirtschaftliche Tätigkeiten, häusliche Kindererziehung, Einkäufe oder Behördengänge zu verrichten sind. Diese Zeit hat häufig sozialverpflichtenden Charakter und ist für ein soziales (zwischenmenschliches) Zusammenleben unerläßlich. Für viele Menschen ist sie zumindest heute aber zur Last oder Plage geworden; so können wir einerseits einen durch beruflichen Streß bedingten ausgeprägten Wunsch nach Erholung, Muße oder Entspannung konstatieren, dem die Verpflichtungszeit eher abträglich ist. Andererseits haben Politik, Zeitgeist und Wandel gesellschaftlicher Normen zu einer negativen Bestimmung der Verpflichtungszeit geführt, indem zum Beispiel Hausarbeiten und häusliche Kindererziehung gegenüber beruflichen Tätigkeiten als Chance zur Selbstbestimmung völlig entwertet werden. Verkannt oder ausgeblendet wird hier die Tatsache, daß hauswirtschaftliche Tätigkeiten oder häusliche Kindererziehung auch Arbeit sind. Damit stellt sich zugleich die Frage nach dem anthropologischen Stellenwert von Arbeit im Rahmen der Verpflichtungszeit; oder anders gesagt: Aufgabe ist es zu erkunden und zu überprüfen, inwieweit häusliche obligatorische Tätigkeiten Chancen zur Persönlichkeitsentfaltung bzw. zu einem sinnerfüllten Leben implizieren.

Genau an dieser Stelle hat unseres Erachtens die Konzeption einer Wohngruppe anzuknüpfen, der es um eine sinnvolle Tagesstrukturierung zu tun ist. Beobachtungen zufolge kann davon ausgegangen werden, daß auch für viele geistig behinderte Menschen die Verpflichtungszeit „lästig" ist. Immer wieder berichten Mitarbeiter, wie schwierig es sei, die Einzelnen zum „Mithelfen" in der Gruppe zu motivieren. Häufig ginge dieser Weg nur über Sanktionen. Diese Alltagserfahrung ist unseres Erachtens aber nichts anderes als das Resultat eines konzeptionellen Fehlansatzes. Denn sie tritt vornehmlich dort auf, wo die anthropologische Bedeutung von Hausarbeit nicht erkannt worden ist und/oder wo sich die sog. Mithilfe nur auf wenige Handreichungen beschränkt, wodurch in erster Linie die Mitarbeiter entlastet werden sollen. In der Tat erscheint hier die Hausarbeit als zentrale Kategorie der Verpflichtungszeit im Lichte der Entfremdung, da ihr eigentlicher Wert für die Persönlichkeitsentwicklung des Einzelnen im Verborgenen bleibt. Denn die bloße Mithilfe ist alles andere als eine Garantie dafür, daß für die betreffenden geistig behinderten Bewohner einer Gruppe eine individuelle und kollektive Verfügung über ihre eigenen Lebensumstände stattfindet. Die Realität des Wohnens und damit die tagesstrukturierenden Angebote sind höchst widersprüchlich, wenn unter dem Diktat des Mithelfens die wohl wichtigsten (kreativen) Momente einer häuslichen Lebensverwirklichung (z.B. Kochen, Backen) ausgespart bleiben. Hausarbeiten machen anthropologisch gesehen nur dann Sinn, wenn sich der Einzelne darin wiederfinden kann, wenn er Eigenentscheidungen treffen und Handlungsautonomie verwirklichen kann, wenn er die sozialverpflichtende Tätigkeit für sich und andere als bedeutsam erfahren kann, wenn sie für ihn und andere „passend" ist und wenn er soziale Anerkennung durch die Gruppe erfährt.

Die Konsequenz, die sich aus all dem ergibt, ist die Entwicklung und Realisierung einer pädagogischen Konzeption, in der die sog. Verpflichtungszeit als subjektiv bedeutsames tagesstrukturierendes Angebot aufbereitet wird. Nur unter dieser Perspektive kann der Alltag für den Einzelnen sinnerfüllt sein, und nur dann können wir auch die präventive und positive Wirksamkeit in bezug auf einen Abbau von Verhaltensauffälligkeiten erwarten. Denn Menschen, die ihren Alltag begreifen, verstehen lernen, die nicht hilflos einer (gutgemeinten, aber unreflektierten) Versorgungspraxis ausgeliefert sind, entwickeln eher ein realistisches Selbstwertgefühl und Selbstvertrauen, Ich-Stärke und soziale Handlungskompetenz, als Personen, die sich an einer sinnerfüllten Alltagsgestaltung nicht beteiligen können (dürfen), denen also der Alltag fremd gegenübertritt.

• Zur Erwachsenenbildung

Die Notwendigkeit einer Erwachsenenbildung bei Menschen mit geistiger Behinderung ist heute unumstritten (vgl. Theunissen 1993; Theunissen/Plaute 1995, 162ff.; Hoffmann, Kulig u. Theunissen 2000). Sie zählt zu einem wichtigen tagesstrukturierenden Angebot, das in der Regel als Bestandteil einer Freizeitgestaltung ausgelegt wird. Dies entspricht ganz dem Normalisierungsprinzip, ist doch auch die organisierte Erwachsenenbildung für die nichtbehinderte Bevölkerung im Freizeitbereich verankert. Mit dieser engen Verschränkung wird aber Bildung nicht als „Arbeit" anerkannt, stattdessen gilt sie eher als bloße Freizeitbeschäftigung. Damit wird jedoch der Eigenwert von Erwachsenenbildung verkannt, ja entwertet. Bekanntlich finden die meisten Kurse einer Erwachsenenbildung am Abend bzw. zu Zeiten statt, in denen nach einer (harten) beruflichen Arbeit der Anspruch nach Entspannung, Erholung oder Muße besteht (vgl. Pöggeler 1993, 7ff.). Statt dessen muß der Einzelne viel Energie und erneute Anstrengung aufbringen, wenn es ihm um (Weiter-) Bildung oder systematisches Lernen in seiner „Freizeit" zu tun ist. Vermutlich ist dies der Grund dafür, daß heute „kaum mehr als 10% der Erwachsenen an regelmäßiger Erwachsenenbildung beteiligt" (ebd., 8) sind.

Erfahrungen zeigen, daß auch viele Menschen mit geistiger Behinderung erhebliche Schwierigkeiten haben, nach ihrer beruflichen oder Werkstattarbeit genügend Kraft für abendliche Bildungskurse oder Lernarbeit aufzubringen. Deswegen sollte im Alltag geistig behinderter Menschen ein zeitlicher Ausgleich zwischen (Werkstatt-)Arbeit, Verpflichtungszeit, Bildung und einer freien Zeit gefunden werden, so daß Bildungsangebote besser genutzt werden können. Denkbar wäre die Einführung von wöchentlichen, gesetzlich verankerten Bildungszeiten an Vormittagen oder eines einwöchigen „Bildungsurlaubs" einmal pro Jahr. Einige Werkstatt- oder Rehabilitationsträger haben bereits darauf reagiert, indem sie geistig behinderten Menschen die Teilnahme an Bildungskursen ermöglichen, die tagsüber angeboten werden. Solche Kurse finden häufig in den Werkstätten statt, es werden aber in zunehmendem Maße auch öffentliche Bildungseinrichtungen oder Begegnungsstätten freier Träger genutzt. Denn der Wechsel von Lebensräumen ist nicht nur integrationsfördernd, sondern er bietet auch mehr Anreize zum Lernen und zum Erleben. Überdies wird durch die Trennung der Bereiche der (beruflichen) Arbeit, Bildung und Freizeit das Charakteristische der einzelnen Felder stärker unterstrichen.

Werfen wir einen Blick auf die Situation geistig schwerst behinderter und verhaltensauffälliger Menschen, so stellen wir fest, daß für die große Mehrheit dieses Personenkreises die Bildungsarbeit im Erwachsenenalter alles andere als gesichert zu sein scheint. Dies hängt damit zusammen, daß nach wie vor (oder wieder) viele geistig schwerst behinderte und verhaltensauffällige Menschen als „schwierige" oder „hoffnungslose Pflegefälle" etikettiert in klinischen oder klinisch orientierten Großeinrichtungen wie auch Pflege- oder Altersheimen leben und dort häufig bloß stationär versorgt werden. Überdies wird gerade bei diesem Personenkreis der Sinn einer Erwachsenenbildung angezweifelt. Deswegen begegnen wir zum Beispiel in großen Behindertenanstalten oft einer organisierten Erwachsenenbildung nur für sog. werkstattfähige, leichtgradig geistig behinderte Menschen. Für geistig schwer behinderte und verhaltensauffällige Personen gilt dagegen das Primat der Förderung und Therapie, oftmals angeboten in eigens hierfür eingerichteten Therapiestätten, die als komplementäre Einrichtungen sowohl die Arbeits- wie auch die Bildungssysteme ersetzen. Derlei (Anstalts-)Konzepte befördern die Gefahr der Besonderung, Aussonderung und Isolation geistig schwerst behinderter und/oder verhaltensauffälliger Menschen und sind allein aus diesem Grunde zu verwerfen. Ferner setzen sie wissenschaftliche Erkenntnisse (z.B. den Nachweis der Bildungsfähigkeit im Erwachsenenalter) und fachliche Positionen (Bildung für alle; Prinzip der Normalisierung) leichtfertig aufs Spiel, wenn auf den Begriff der „Bildung" explizit verzichtet wird. Dahinter verbirgt sich einerseits eine mangelnde Distanz gegenüber dem traditionellen psychiatrisch-medizinischen Therapiemodell, das sich der Selbstbestimmung und Subjekthaftigkeit geistig schwerst behinderter und verhaltensauffälliger Menschen weitgehend verschließt. Andererseits existiert ein vages, unreflektiertes Verständnis von Bildung, das zwischen einem allgemeinen Bildungsideal und einer idealisierend-überhöhenden Bildungsidee nicht genügend differenziert. An anderer Stelle (vgl. Theunissen 1993; Theunissen/Plaute 1995) haben wir darzustellen versucht, daß Bildung im ursprünglichen Sinne ein Programm meint, dem es um die Entwicklung der Autonomie des Menschen als sozialverantwortungsbewußtes Gesellschaftswesen zu tun ist. Häufig lassen Angebote, die unter Begriffen wie „Förderung" oder „heilpädagogische Übungsbehandlung" organisiert werden, diese übergeordnete pädagogische Zielperspektive vermissen und begünstigen eher „ein unverbundenes Nebeneinander oder gar Gegeneinander von zahllosen Einzelaktivitäten" (Klafki 1985, 13). Dies kann im Einzelfalle bedeuten, daß es den (heil-)pädagogischen oder therapeutischen Maßnahmen um (mehr) Autonomie geistig behinderter Menschen gar nicht zu tun ist. Genau dies läßt sich durch den Begriff der Bildung vermeiden, insofern er in seiner ursprünglichen Bedeutung zur Anwendung kommt, d.h. in der Dialektik von individueller Selbstbestimmung und Humanisierung von Lebensbedingungen – kurzum – als Kategorie zur Gewinnung von mehr Menschlichkeit begriffen wird.

Insofern gibt es keinen überzeugenden Grund, auf den Bildungsbegriff bei geistig schwerst behinderten und verhaltensauffälligen Menschen zu verzichten. Im Gegenteil: Erwachsenenbildungsangebote sind dringend erforderlich, wenn man bedenkt, daß die früher oftmals praktizierte Ignoranz und Unterdrückung von Entscheidungs- und Handlungsautonomie durch familiale und/oder institutionelle Sozialisation als Auslöser für viele Verhaltensauffälligkeiten bei geistig behinderten Menschen haftbar zu machen sind.

Erwachsenenbildung bei Menschen mit geistiger Behinderung ist in erster Linie Zielgruppenarbeit. Damit stellt sich die Frage, ob Kurse eigens für verhaltensauffällige geistig behinderte Menschen überhaupt entwickelt werden sollten. Nach unseren Beobachtungen und Erfahrungen bedarf es nur in Ausnahmefällen einer solchen Ausdifferenzierung, da allein die breite Palette der Angebote für alle Menschen mit geistiger Behinderung gilt. Eine Akzentsetzung gibt es lediglich in der Arbeit mit geistig schwerst- und mehrfachbehinderten Menschen, wo basale Bildungsprozesse dominieren. In der Regel lassen sich geistig behinderte Personen mit Verhaltensproblemen durchaus in allgemeine Bildungskurse für Menschen mit geistiger Behinderung integrieren, wenn begleitende Unterstützung (z.B. in Form einer „sozialintegrierenden Assistenz") durch eine Vertrauens- oder Bezugsperson erfolgt (hierzu Theunissen 1999a, 138ff.; 2000a). Dies kann in der Anfangsphase der Bildungsarbeit personalintensiv und umfänglich sein, erfahrungsgemäß läßt sich aber auf Dauer (im Zuge einer erfolgreichen Integration des Betroffenen in die Gruppe) die Assistenz nach und nach zurücknehmen, so daß letztlich nur noch partielle Hilfen erforderlich sind. Zusammengefaßt können wir somit festhalten, daß Personen mit geistiger Behinderung und Verhaltensauffälligkeiten ebenso wie alle anderen geistig behinderten Menschen ein Recht auf Bildung im Erwachsenenalter haben, die nicht nur in Einrichtungen der Behindertenhilfe, sondern auch in

‚regulären' (öffentlichen) Bildungsstätten organisiert und offeriert werden sollte (vgl. Carroll 1998; Theunissen/König 1998; Hoffmann, Kulig u. Theunissen 2000).

• Zur Freizeit

Die vierte Zeitdimension, die wir in bezug auf tagesstrukturierende Angebote für geistig behinderte Menschen mit Verhaltensauffälligkeiten diskutieren wollen, ist die Freizeit, genauer gesagt, jene „freie Zeit", über die das Individuum individuell frei verfügen soll und in der es selbst gestalten und eigene Initiativen verwirklichen kann. Anthropologisch betrachtet ist diese „freie Zeit" wesentlich bestimmt durch Subjektivität, Spontaneität, Zufall, Erholung, Unterhaltung, Intimität, (schützende) Privatheit, Spiel, Geselligkeit, Hobby, ästhetische Kulturbetätigung, Lebensfreude und Freiheit. „Die Freiheit in der freien Zeit darf sich durchaus darin äußern, daß der Mensch das Gefühl hat, die Zeit verschwenden zu können, sie also im Überfluß zu besitzen" (Pöggeler 1993, 11). Freizeit ist unter dieser Perspektive stets an die subjektive Zielsetzung und Wahl nach eigenem Bedürfnis und Geschmack gebunden, damit kennzeichnet sie „einen Zeitraum, über dessen Verwendung man selbst frei verfügen kann und will" (ebd., 12). Diese Freiheit in der Freizeit ist allerdings keine absolute, da die anthropologischen Bestimmungen rein formaler Natur sind. Was aus ihnen wird, ob Intimität, Partnerschaft, Freiheit, Geselligkeit, Unterhaltung oder Lebensfreude wirklich gelebt werden kann, hängt von den gegebenen Verhältnissen und individuellen Möglichkeiten ab. Wir alle wissen, daß heute der sog. Freizeitmensch in sehr starkem Maße durch Freizeitindustrie und Kulturbetriebe manipuliert wird. Auch wenn er solchen Prozessen nahezu ständig ausgesetzt ist und häufig der Verführung durch Werbung oder Außeneinflüssen unterliegt, bleibt ihm die freie Entscheidung und Spontaneität im Kern erhalten, d.h. die Sehnsucht nach Glück, der Wunsch nach der Verwirklichung der Grundphänomene menschlichen Lebens (Liebe, Geselligkeit, zwischenmenschliche Beziehung, ästhetische Kulturbetätigung) wird nicht völlig verbannt. Dies gilt auch für Menschen mit geistiger Behinderung, denen eine sinnerfüllte, selbstbestimmte und selbstgestaltete Freizeit jahrzehntelang verwehrt wurde. Tradition und Bräuche im Anstaltswesen, mangelndes Zutrauen in die Ressourcen geistig behinderter Menschen, distanzierende und ausgrenzende Reaktionen der Umwelt, insbesondere aber auch eine repressive Kontrollpädagogik und klinisch organisierte Regelung (Versorgung) des gesamten Alltags, sind dafür haftbar zu machen, daß Freizeit als eine Zeitspanne, in der anthropologische Bestimmungen verwirklicht werden können, viele Jahre unbeachtet geblieben ist. Insofern dürfen wir uns nicht wundern, daß viele Menschen mit geistiger Behinderung mit ihrer Freizeit nichts anfangen können und daß ihnen anscheinend Spontaneität, Phantasie oder sinnerfüllte Autonomie weitgehend abhanden gekommen sind. Es ist bezeichnend, daß für viele (insbesondere institutionalisierte) geistig behinderte Menschen die freie Zeit durch Langeweile und Leere gekennzeichnet ist, in deren Konsequenz sich weitverbreitete depressive Tendenzen, apathisches Verhalten, Gleichgültigkeit wie aber auch Auswüchse eines selbstverletzenden oder fremdaggressiven Verhaltens einstellen. Verhaltensauffälligkeiten bei Menschen mit geistiger Behinderung müssen somit stets auch als Spiegel eines unerfüllten Alltags diskutiert werden, wobei die Verdinglichung und Fremdbestimmung der Betroffenen in ihrem Alltagsleben und damit auch der Ausprägungsgrad von Verhaltensproblemen in traditionellen Großanstalten mit restriktivem Charakter am schärfsten zum Ausdruck kommt. Befragungen zur Freizeitsituation und zum Freizeitverhalten geistig behinderter Menschen zeigen auf, daß Bewohner von traditionellen Großeinrichtungen im Unterschied zu behinderten Personen aus gemeindenahen Wohnstätten, Außenwohngruppen oder Familien ein weitaus schmaleres Spektrum an Freizeitaktivitäten und Selbstbestimmung realisieren, ein geringeres Maß an speziellen Kompetenzen und Kenntnissen zur autonomen Freizeitgestaltung aufweisen, in ihrer Freizeit stärker durch Brauchtum „geregelt" werden und deutlich weniger an externen bzw. öffentlichen kulturellen Veranstaltungen oder auch an einem Vereinsleben partizipieren (vgl. Huslisti/Huslisti 1994, 174, 183, 196; auch Wehmeyer/Bolding 1999, 355). Vermutlich hängt dies nicht nur mit einer mangelhaften Förderung von Freizeitkompetenzen zusammen, sondern auch mit einer unzureichenden Öffnung der Anstalten nach außen. Denn die Befragungen zeigen, daß vielen der Befragten Möglichkeiten einer Freizeitgestaltung außerhalb ihrer unmittelbaren Lebenswelt gar nicht bekannt sind.

Aus all dem ergeben sich Konsequenzen für eine Freizeitpädagogik, die darauf abzielen muß, geistig behinderte Menschen zu befähigen, Freizeit als freie, selbstgestaltete Zeit zur Daseinsverwirklichung zu erleben. Dies setzt einerseits das Wissen um die anthropologische Bestimmung der „freien Zeit" sowie um die speziellen Freizeitbedürfnisse von Menschen mit geistiger Behinderung voraus. Andererseits stellen sog. Freizeitkompetenzen eine wichtige Voraussetzung für die Gestaltung der „freien Zeit" dar. Angebote der Erwachsenenbildung können in diesem Zusammenhang weiterhelfen, Freizeitfertigkeiten zu vermitteln, so daß Fähigkeiten, Interessen oder Neigungen erweitert werden können. Erwachsenenbildung kann damit einer autonomen Freizeitgestaltung wesentlich zuarbeiten. Sofern Freizeitkompetenzen im Rahmen einer Freizeitgestaltung vermittelt werden, ist darauf zu achten, daß solche Entscheidungen stets vom Einzelnen getroffen und getragen werden. Denn der Sinn einer Freizeitpädagogik liegt nicht in der Vermittlung von Freizeitkompetenzen, sondern in der Absicherung eines Zeitraumes für individuelle und gemeinsame Daseinsverwirklichung und Selbstentfaltung. Damit dieser Raum nicht von Langeweile oder gesellschaftlicher Isolation bestimmt ist, bedarf es eines breiten Spektrums an Freizeitangeboten oder Anregungen. Dies wird auch häufig damit begründet, daß Menschen mit geistiger Behinderung von sich aus ihre Freizeit nicht allein gestalten könnten, weil ihnen „die eigenständigen, die individuellen Motivationen meistens fehlen" (Schneeberger 1975, 29). Nicht selten wird Menschen mit geistiger Behinderung eine erhöhte Anregungsbedürftigkeit, ein mangelndes Spontanverhalten oder eine fehlende Motivierbarkeit (vgl. auch Zielniok 1977, 7) nachgesagt, die jedoch nicht einzig und allein auf Hirnschädigungen bzw. eine intellektuelle Beeinträchtigung zurückgeführt werden können, sondern immer im Kontext und in der Wechselbeziehung mit sozialen Bedingungen gesehen werden müssen. Unzulässig ist es, wenn in diesem Zusammenhang geistig behinderten Menschen die grundsätzliche Fähigkeit zur Autonomie, d.h. eigene Entscheidungen zu treffen oder selbstbestimmt zu handeln, abgesprochen wird (vgl. Theunissen 1999a; Theunissen 2000c). Vielmehr muß sich die Freizeitpädagogik darüber im klaren sein, daß die Autonomieentwicklung geistig behinderter Menschen jahrzehntelang gehemmt, ja blockiert oder negiert wurde, weswegen die Wiedergewinnung oder Entwicklung von Selbstbestimmung ein wesentliches Ziel sein muß. Dem geistig behinderten Menschen das Bewußtsein zu vermitteln, daß Freizeit ein frei zu gestaltender Raum ist, den er nach eigenen Wünschen auszufüllen sowie selbst zu verantworten hat und ihn auch darin zu unterstützen, diese Zeitspanne für sich zu nutzen, ohne ihn in seiner Entscheidungsfreiheit einzuschränken, gilt somit als eine wesentliche freizeitpädagogische Aufgabe. Auch wenn Menschen mit geistiger Behinderung mehr Hilfestellungen oder Anregungen bei der Gestaltung ihrer Freizeit als nichtbehinderte Menschen benötigen, darf uns dies nicht davon abhalten, die Betroffenen bei der Planung, Organisation und Durchführung von Aktivitäten soweit wie möglich einzubeziehen. Es ist selbstverständlich, daß Freizeit als tagesstrukturierendes Angebot nicht nur pädagogisch organisiert sein kann, sondern daß für jeden Einzelnen auch eine sog. ungeplante Zeit sichergestellt sein muß, über die er ganz alleine verfügen kann. Auch einem geistig behinderten Menschen darf niemals vorgeschrieben werden, wie er seine Freizeit auszugestalten hat. Wohl aber ist es möglich, ihm Anregungen zu geben, die zu einer sinnerfüllten Freizeitgestaltung beitragen können. Eine Pädagogik, die dies ignoriert und keinen Raum für das Private und Spontane läßt, richtet sich gegen die Verwirklichung von Freizeit. Dies gilt auch für freizeitpädagogische Konzepte in der Behindertenarbeit, die den Förderaspekt als eine wesentliche Funktion von Freizeit herausstellen (vgl. Zielniok 1971). Auch die Arbeit mit geistig schwer behinderten und/oder verhaltensauffälligen Menschen rechtfertigt diese Akzentsetzung nicht, da sie die eigentliche Bedeutung von Freizeit verfehlt, die auf Freiwilligkeit und Freiheit beruht und nichts mit permanenten pädagogischen Anforderungen und Abhängigkeiten zu tun hat.

Womöglich benötigen einzelne Erwachsene mit geistiger Behinderung und Verhaltensauffälligkeiten noch stärker als andere geistig behinderte Menschen eine „freie Zeit", wo sie zu sich selbst und „ganz Mensch" (Schiller) sein können, wo sie im Gegensatz zur übrigen Zeit nicht unter ständiger Beobachtung und einem Leistungsdruck stehen oder einem reglementierenden und kontrollierenden Einfluß von Pädagogik und Förderung ausgesetzt sind. Dieser Verzicht auf Förderung in der Freizeit bedeutet keine pädagogische laisser-faire-Haltung oder Gleichgültigkeit gegenüber dem behinderten Menschen, sondern die Respektierung seines So-Seins sowie die Wertschätzung originärer menschlicher Bedürfnisse nach Entspannung, psychisch-physischem Wohlbefinden, Muße, Unterhaltung und Selbstverwirklichung im zweckfreien (ästhetischen) Tun. Hinzu kommen Grundbedürfnisse nach sozialer Kommunikation, Zuwendung und Mitmenschlichkeit, was letztlich bedeutet, daß der Pädagoge für den geistig behinderten Menschen als dialogischer Partner und Vertrauensperson präsent sein sollte. Vor allem Menschen mit schwerer geistiger Behinderung haben ein ausgeprägtes Bedürfnis nach sozialer Kommunikation, auch wenn dies häufig durch Verkehrung ins Gegenteil nicht unmittelbar zum Ausdruck gebracht wird (z.B. durch Kontaktabwehr; fremdaggressives Verhalten; kommunikative Distanz). Aus diesem Grunde brauchen sie die personale Begegnung, eine Bezugsperson, die „echte" Anteilnahme aufbringt, so daß sich der Betroffene als Person angenommen, geborgen, sicher und verstanden fühlen kann. Dies ist eine höchst anspruchsvolle pädagogische Aufgabe, die M. Buber als „Umfassungsakt" beschreibt, der über eine bloße Empathie hinausgeht. Eine tagesstrukturierende Freizeitarbeit mit geistig behinderten und verhaltensauffälligen Menschen bedeutet unter dieser Perspektive nichts anderes, als daß der Pädagoge (Bezugsassistent; Vertrauensperson) die Freizeitgestaltung des Einzelnen begleitet, indem er zum Beispiel mit dem Betroffenen spazierengeht, Ausflüge unternimmt, kulturelle Veranstaltungen besucht, Sport treibt, spielt u.a.m., so daß eine gemeinsam inniglich erlebte Du-Erfahrung stattfinden kann. Die pädagogische Kunst dieser Begleitung besteht im wesentlichen darin, eine „unterirdische Dialogik" (Buber) zu realisieren, die den behinderten Menschen dort abholt, wo er gerade steht und die keinen Druck oder Zwang erzeugt, aus dem der Betreffende nicht ausbrechen kann. Das Prinzip, für den Betroffenen in seiner Freizeit präsent zu sein, bezieht sich nicht nur auf den Begegnungsaspekt, sondern auch auf Anregungen und Unterstützung in bezug auf eine sinnerfüllte und bedürfnisorientierte Freizeitgestaltung. Dabei spielt auch die Orientierung am Normalisierungs- und Integrationsprinzip eine wesentliche Rolle, da geistig behinderte Menschen mit Verhaltensauffälligkeiten den gleichen Anspruch auf eine Teilnahme am kulturellen Leben haben wie alle anderen Personen mit geistiger Behinderung. Eine „besondere" Freizeitpädagogik für Menschen mit geistiger Behinderung und Verhaltensauffälligkeiten gibt es somit nicht. Wohl aber ist der Grad der Assistenz höher, wenn es um soziale Integration geht, z.B. um Gemeinschaftsveranstaltungen, Gruppenspiele, Eingliederung in Sportvereine oder Partizipation an kulturellen Freizeitangeboten. Freizeitpädagogik ist unter dieser Perspektive zugleich auch *Kulturarbeit.* Der Aufbau gemeindeintegrierter, zentral gelegener sog. Freizeitclubs (Café; Begegnungsstätte) für behinderte Menschen und ihre Freunde hat hierbei einen ebenso wichtigen Stellenwert wie die Sensibilisierung von Repräsentanten kultureller Einrichtungen oder von Verbänden (z.B. auch Sportvereine) für die Belange und Freizeitbedürfnisse geistig behinderter Menschen. Im Ansatz wird darauf schon reagiert (vgl. hierzu die bemerkenswerten Beispiele in Markowetz/Cloerkes 2000), indem immer mehr Träger der Behindertenhilfe wie aber auch gemeinnützige Vereine oder Kulturinitiativen dazu übergehen, integrative Freizeitangebote zu arrangieren, um „dem Behinderten die Teilnahme am Leben in der Gemeinschaft zu ermöglichen oder zu erleichtern" (§ 39 Abs. 3 BSHG). In vielen größeren Städten der Bundesrepublik existieren mittlerweile sog. Freizeitclubs, die mit Angeboten wie „Treffpunkte", Disco, Projekte, Freizeitgruppen, Ferienfreizeiten, Café- oder Teestuben für alle Interessenten offenstehen und viel (allgemeinen) Zuspruch erfahren. Bemerkenswert sind darüber hinaus integrative Freizeit- und Kulturprojekte, wie wir sie an anderer Stelle beschrieben haben (vgl. Theunissen 1999b; auch 1997b). Dennoch genügt es nicht, nur die nichtbehinderte Bevölkerung für Freizeitbedürfnisse und -Interessen geistig behinderter Menschen zu sensibilisieren, sondern ebenso wichtig ist es, innerhalb der Behindertenhilfe den Wert integrativer Freizeitaktivitäten noch stärker herauszustellen (vgl. Huslisti//Huslisti 1994, 108ff.; Theunissen, Niehoff u. a. 2000), so zum Beispiel ihre Bedeutung im Hinblick auf Verringerung der sozialen Distanz zwischen behinderten und nichtbehinderten Menschen (vgl. hierzu Markowetz/Cloerkes 2000). Die Annahme liegt nahe, daß der Lebensbereich Freizeit noch eher als die Erwachsenenbildung, der hohe Ansprüche anhaften, Kontakte ermöglicht, die eine positive Einstellungsänderung bei der nichtbehinderten Bevölkerung bewirken kann. Abschließend bleibt festzuhalten, daß dort, wo günstige (integrative) Rahmenbedingungen geschaffen werden, auch Menschen mit geistiger Behinderung und Verhaltensauffälligkeiten eine Freizeit verwirklichen können, die Lebenssinn und Lebensfreude bedeutet.

4.3 Zu den Fachdiensten für seelische Gesundheit

In dem vorausgegangenen Kapitel wurde schon angedeutet, daß sowohl für Wohneinrichtungen als auch für Arbeits- oder Beschäftigungsstätten begleitende Fachdienste für seelische Gesundheit erreichbar sein sollten. Dabei denken wir insbesondere an Behinderten-, Rehabilitations-, Heil- oder Sozialpädagogen, an Sozialarbeiter, an Psychiater und Neurologen wie auch an Psychologen und Psychotherapeuten, die hauptamtlich und/oder auf Honorarbasis den Bedarf an psychosozialer Hilfe in einer Ambulanz abdecken sollen. Diese soll Anlauf- oder Kontaktstelle sein für geistig behinderte Erwachsene, Eltern, Angehörige und Mitarbeiter aus integrativen und Behinderteneinrichtungen, die sich Unterstützung bei der Bewältigung psychischer Krisen oder psychosozialer Probleme wünschen. Folgende Aufgaben sollten von den Fachdiensten (entsprechend ihrer beruflichen Ausbildung und Qualifikation) wahrgenommen werden:

• Beratung

In Abgrenzung zur Therapie ist Beratung immer dann angezeigt, wenn schwierige (lebensverändernde) Entscheidungen anstehen, ein Bedürfnis nach Handlungsorientierung und -sicherheit besteht oder Antworten auf Lebens- und Sinnfragen gesucht werden. Sie kann sich sowohl an relevante Bezugspersonen (Eltern, Angehörige, Gruppenpersonal, Bekannte) als auch direkt an den jeweiligen Menschen mit geistiger Behinderung wenden. Ein Schwerpunkt ist zweifellos die Elternberatung. Hier geht es häufig um die Bearbeitung psychosozialer Probleme im Zusammenhang mit Loslösungs- oder Autonomieprozessen, um die Überwindung einer „familienzentrierten", infantilisierenden Überbehütung und Versorgung, um das Erkennen „krankmachender" und entwicklungsfördernder interpersoneller Grundmuster, um verbesserte Handlungsmöglichkeiten im Umgang mit schwierigen Verhaltensweisen sowie zum Durchstehen von Krisenzeiten, um die Bewältigung von Schuldgefühlen, Ängsten oder auch Kränkungen durch Umkreispersonen sowie um eine zukunftsorientierte Einstellung zum Erwachsensein des behinderten Angehörigen. Im Unterschied zu früher wird heute ein Beratungskonzept favorisiert, das als „systemische Konsultation" (Voß/Werning) die ratsuchende Person als kompetenten Interaktionspartner ernst nimmt und darin unterstützt, selbstverantwortlich zu eigenen Entscheidungen und Handlungsalternativen zu gelangen (vgl. auch Theunissen 1992, 168ff.; Lingg/Theunissen 2000).

Weitere Formen der Beratung erstrecken sich je nach Problemlage oder Beratungswunsch auf eine mittel- oder langfristige (wohn-)gruppenbegleitende Praxis- oder Fachberatung, die mit therapeutischen oder speziellen pädagogischen Angeboten verknüpft sein kann. Ebenso denkbar ist eine kurzfristige Krisenberatung oder eine (interdisziplinäre) Praxisberatung im Rahmen sog. Fallbesprechungen. Darüber hinaus kann Beratung auch in Form von Einzel- oder Teamsupervision durchgeführt werden. Eine Praxisberatung ist gerade in der Arbeit mit verhaltensauffälligen geistig behinderten Menschen sehr zu empfehlen.

Wesentliche Aufgaben der Beratung beziehen sich in der Regel auf Hilfen zum

Erkennen und zur (Auf-)Lösung von Problemsituationen, auf die Bewußtmachung eigener normativer Orientierungen und Vorstellungen, die den Umgang mit behinderten Menschen erschweren oder die eigene Konflikte in der Begegnung hervorrufen bzw. verstärken, auf die Erweiterung von Handlungskompetenz und auf das Erkennen von institutionalisierten, kulturellen und gesellschaftspolitischen Zusammenhängen, die die behindertenpädagogische Arbeit beeinträchtigen oder auch befördern können. Wichtig ist es, daß sich der Berater bei all diesen Prozessen nicht vereinnahmen läßt, etwa durch eine Verantwortungsübernahme. Dies würde ein schiefgewichtiges Bild der Konsultation befördern, neue Abhängigkeiten oder Zuständigkeitsverschiebungen erzeugen (ausführlich zur Praxisberatung siehe Lingg/Theunissen 2000).

• Spezielle pädagogische Hilfen und Psychotherapie
Nach unserer Ansicht sollte in der Arbeit mit sog. verhaltensauffälligen geistig behinderten Menschen zwischen speziellen pädagogischen Hilfen und psychotherapeutischen Maßnahmen unterschieden werden. Wohlwissend, daß es fließende Übergänge gibt, halten wir diese Differenzierung für wichtig, um dem (drohenden) Ausverkauf der Pädagogik durch eine Psychologisierung und Therapeutisierung originärer erzieherischer und bildungsspezifischer Anliegen und Interessen vorzubeugen (vgl. Theunissen 1993, 153ff.). Eine solche Gefahr im Sinne eines Vereinnahmungsversuchs und Omnipotenzstrebens kommt aus dem Lager der Psychiatrie und Psychologie, wenn zum Beispiel „als Psychotherapie alle psychologischen oder pädagogischen Maßnahmen verstanden werden“ (Meins 1993, 128) und darüber hinaus behauptet wird, „daß bei geistig Behinderten besonders häufig eine kombinierte Psychopharmako- und Psychotherapie indiziert“ (ebd., 132; vgl. auch Meins 1994, 50) sei. An anderer Stelle haben wir ausgeführt, daß auf der Basis eines „qualifizierten“ behindertenpädagogischen Konzepts im Zusammenwirken mit einer rehabilitativen medizinischen Begleitung selbst bei hospitalisierten geistig schwer und mehrfachbehinderten Erwachsenen auf Psychopharmaka (insbesondere Neuroleptika) weitgehend verzichtet werden kann (vgl. Theunissen 1999a). Insofern hat Bonfranchi (1995, 65, 67) Recht, wenn er eine neue „Übertherapeutisierung“ konstatiert und eindringlich vor einer „Verzettelung“ therapeutischer Angebote im Bereich der Geistigbehindertenarbeit warnt. Dabei ist es ihm freilich nicht um einen Verzicht auf Hilfen zu tun, sondern um eine sinnvolle (d.h. überschaubare und lebensweltorientierte) Angebotsstruktur, die unserer Positionsbestimmung sehr entgegenkommt. Unter speziellen pädagogischen Hilfen verstehen wir heil- oder rehabilitationspädagogische Angebote, die als eine allgemeine Aktivierung und Entwicklungsförderung des Individuums zum Abbau oder zur Beseitigung von psychosozialen Problemen (Verhaltensauffälligkeiten), Entwicklungs-

rückständen oder partiellen Lernschwächen, zur Kompensation von Defiziten sowie zum Aufbau, zur Erweiterung und Stabilisierung identitätskonstituierender Verhaltensweisen und sozialer Kompetenzen (Coping-Fähigkeiten) beitragen können. Hierzu gibt es pädagogisch-therapeutische Arbeitsformen, die zum Teil eigens für die Arbeit mit hospitalisierten, geistig schwer oder mehrfachbehinderten Menschen entwickelt worden sind. Überdies hat die lebensweltorientierte Arbeitsweise im Rahmen der speziellen Pädagogik einen zentralen Stellenwert. An späterer Stelle (Kap. 5.3) werden wir auf die Arbeitsformen und Möglichkeiten der speziellen Pädagogik näher eingehen.

Die Psychotherapie beginnt dagegen erst dort, wo die spezielle pädagogische Hilfe zur Lösung psychosozialer Probleme nicht ausreicht, wo es zum Beispiel um schwere psychische Krisen oder verkrustete, massive Verhaltensauffälligkeiten geht. Inzwischen gibt es hier neben der Verhaltenstherapie, die in der Arbeit mit geistig behinderten Menschen zum Teil heftig umstritten ist, auch andere psychotherapeutische Arbeitsformen, z.B. psychoanalytisch oder individualpsychologisch orientierte Ansätze, gestalt- oder körpertherapeutische Verfahren, gesprächspsychotherapeutische, systemische oder auch logotherapeutische Konzepte, die – je nach Schwere und Art der geistigen Behinderung und Verhaltensauffälligkeiten – mehr oder weniger erfolgsversprechend zu sein scheinen. In unserer Schrift „Psychische Störungen und geistige Behinderung“ (Lingg/Theunissen 2000) haben wir hierzu eine Auswertung und kritische Würdigung vorgelegt; demnach kann es keine „klassische“ Psychotherapie bei geistiger Behinderung geben. Modifikationen der „regulären“ Methoden, insbesondere eine flexible und kreative Anwendung der Verfahren sind unabdingbar. Auch eine Psychotherapie hat stets das soziale Bezugsfeld mit einzubeziehen. Damit erfahren die Hilfen nur dann Legitimität, wenn am „engen Paradigma der Psychotherapie“ (Keupp 1990, 117; auch Saleebey 1997) nicht dogmatisch festgehalten wird.

• Psychiatrisch-neurologische Untersuchung und Therapie

Bei schweren chronifizierten Verhaltensauffälligkeiten sollten auf jeden Fall psychiatrische und internistisch-neurologische Untersuchungen (Labor, EEG, bildgebende Verfahren) durchgeführt werden, um zu diagnostischen bzw. differentialdiagnostischen Aussagen zu gelangen. Häufig kann zunächst nur eine Verdachtsdiagnose gestellt werden, da gerade bei geistig behinderten Menschen „reine“ Krankheitsbilder bzw. psychopathologische Syndrome eher selten oder schwer auszumachen sind. Schwerpunkt der psychiatrischen Therapie ist die medikamentöse Behandlung, deren Möglichkeiten und Probleme von Dose (1999) in einem wegweisenden Beitrag aufbereitet worden sind. Hier sei nur erwähnt, daß die Psychopharmakotherapie die pädagogische und psychotherapeutische Arbeit stets unterstützen, ja mit den übrigen sozialen Maßnahmen Hand in Hand gehen muß (vgl. auch Sand 1994). Eine isolierte Behandlung wird kaum zum Vorteil des geistig behinderten Menschen gereichen. Insbesondere bedarf es der Reflexion von Nebenwirkungen, die das pädagogische oder soziotherapeutische Anliegen erheblich beeinträchtigen können (hierzu auch Lingg/Theunissen 2000).

• Krisenintervention
Zu Krisen kommt es, wenn Mitarbeiter in bestimmten Situationen, in denen Verhaltensauffälligkeiten auftreten, an Grenzen ihrer Handlungsmöglichkeiten stoßen. Ob eine Situation (ein Verhalten) als kritisch/krisenhaft wahrgenommen wird, hängt von individuellen, konzeptionellen und zeitlichen Faktoren ab (z.B. von der Schwere des Problems, der Häufigkeit des Auftretens, den individuellen Handlungsressourcen, dem Erleben und der Betroffenheit, den konzeptionellen Absprachen, der Verfügbarkeit zusätzlicher Hilfen oder intensiverer Betreuungsmöglichkeiten). Durch kontinuierliche Fachberatung lassen sich viele psychosoziale Krisen vermeiden. Trotzdem gibt es „aber auch bei bester Beratung" (Uchtenhagen 1992, 40) krisenhafte Lebenssituationen, in denen zum Beispiel eine akute Gefährdung der eigenen Person oder anderer Menschen eine sofortige pädagogische oder therapeutische Intervention notwendig macht. „Prophylaktisch ist es deshalb nützlich, eine Art ‚Verhaltensregeln für den Hausgebrauch' zu erarbeiten, ausgehend von konkreten Krisen und Konfliktsituationen" (ebd., 40; vgl. auch Kap. 5.2.7). Auf jeden Fall scheint es sinnvoll zu sein, bei akuten schweren Krisen stets erfahrene und vertraute Personen bzw. Fachdienste einzubeziehen. Ziel einer Krisenintervention ist vor allem die Wiederherstellung der Handlungsfähigkeit von Mitarbeitern durch kurzfristige Bewältigung (Auflösung) des Konflikts. Ort der Krisenintervention sollte in erster Linie die Lebenswelt sein, in der der Konflikt aufgetreten ist (z.B. Wohngruppe; Arbeitsstätte). Möglichkeiten einer pädagogischen Krisenintervention (vgl. auch Wüllenweber 1999) bestehen vor allem im Einzelgespräch, in einer kurzfristigen intensiven Begleitung (z.B. durch Spazierengehen, Joggen, Sportaktivitäten), durch Strategien wie Raumwechsel, Umlenken, beruhigende kommunikative Angebote (z.B. Hand halten, Musik, Wassermassage) u.a.m. Die Krisenintervention durch den (psychiatrischen) Fachdienst kann sich neben dem „therapeutischen Gespräch" auf eine situations- und problembezogene Medikalisierung (sog. Bedarfsarznei) beziehen; eine kurzfristige stationäre Unterbringung sollte der Ausnahmefall bleiben. Grundsätzlich empfiehlt es sich für Mitarbeiter, sich spezielle Handlungskompetenzen zur Bewältigung von Krisen anzueignen (z.B. durch Selbstverteidigungskurse, durch interdisziplinäre Fallbesprechung, durch prophylaktische Problemsicht). Bei jeder Krisenintervention kommt es darauf an, die Verhältnismäßigkeit der Mittel zu wahren. Denn oft be-

steht gerade in akuten kritischen Belastungssituationen die Gefahr der Überreaktion, zum Beispiel die Neigung, Konflikte mit extremen Mitteln oder Maßnahmen zu lösen. Grundsätzlich sollte auch bei Kriseninterventionen darauf geachtet werden, daß jeder betroffene geistig behinderte Mensch „soweit wie möglich verstehen kann, was mit ihm geschieht und was von ihm erwartet wird" (Uchtenhagen 1992).
Wie solche Fachdienste organisiert werden sollen, darüber wird seit kurzem intensiv diskutiert. Die Überlegungen reichen von der Anbindung an eine Psychiatrie-Ambulanz (vgl. Kittmann 1999) oder an bestehende Beratungsstellen für Kinder, Jugendliche und Eltern (ehemalige Erziehungsberatungsstellen), über die Gründung eines Vereins für psychosoziale Hilfen bis hin zur Schaffung eines sog. Zentrums für Beratung und Therapie, das als Baustein eines rehabilitativen Verbundsystems die psychosoziale Versorgung in einer Region mit ca. 300.000 Einwohnern sicherstellen soll, oder eines „Konsulententeams", bei dem ein (trägerübergreifendes, unabhängiges) multiprofessionelles Team mobile Beratung und Krisenintervention für (alle) Wohngruppen in einer bestimmten Region anbietet (hierzu Petry/Bradl 1999).

Wichtig ist bei all diesen Modellen die *interdisziplinäre Kooperation*. Die kollegiale und disziplinübergreifende Zusammenarbeit zwischen der pädagogischen, psychologischen und medizinischen Profession ist leider bis heute alles andere als selbstverständlich. Sie hat sich in all den genannten Systemen zu bewähren.

Im folgenden möchten wir nun kurz ein Beispiel vorstellen, an dem die Bedeutung und Tätigkeit einer Beratungsstelle sichtbar werden kann. Wir beziehen uns dabei auf den Jahresbericht der "Beratungsstelle für Menschen mit geistiger Behinderung und deren Angehörige" der Behinderteneinrichtung „Schloß Hoym" in Sachsen-Anhalt (Eim/Pirl 1999), die vor kurzem vom Sozialministerium als „Modelleinrichtung" anerkannt worden ist (vgl. auch Schnierer 1998; Theunissen/Hoffmann 1998).

4.3.1 Beispiel einer Beratungsstelle

Die Beratungsstelle für Menschen mit geistiger Behinderung und deren Angehörige besteht seit März 1998. Sie ist der Behinderteneinrichtung „Schloß Hoym" angegliedert und befindet sich auf dessen Gelände. Nach Aussage der Einrichtungsleitung (H. Jochimsen) besitzt sie insbesondere im Rahmen der Enthospitalisierung und der regionalen rehabilitativen Kette unterschiedlicher Hilfen für Menschen mit geistiger Behinderung (Verbundsystem) eine bedeutende Funktion. Die Beratungsstelle wird überwiegend durch Landesmittel finanziert. Sie „verfügt über ein Büro, das gleichzeitig als Beratungsraum genutzt werden kann, einen separaten Beratungsraum und einen Kriseninterventionsraum mit Wohn- und Schlafmöglichkeit... Im separaten Beratungsraum, der gegenüber des Büroraumes gelegen ist, befinden sich zwei Sitzgruppen für jeweils 6 Personen. Der Kriseninterventionsraum mit integriertem Bad (als Wohn-, Schlaf- und Aufenthaltsraum möglich) ist für die unterschiedlichen Nutzungsvarianten zweckmäßig eingerichtet" (Eim/Pirl 1999, 2). Die Leitung der Beratungsstelle obliegt z. Zt. einer Sozialpädagogin und einer Erzieherin, die die Beratungen durchführen. Darüber hinaus findet eine Zusammenarbeit mit regionalen Amtsärzten und niedergelassenen Neurologen statt, die sich auf allgemeine relevante Aspekte wie auch auf das konkrete ‚case management' bezieht.

Die Beratungsstelle ist regelmäßig an drei Wochentagen für jeweils 4 Stunden geöffnet. Darüber hinaus können selbstverständlich auch außerhalb dieser drei Tage je nach Bedarf Beratungen oder Kriseninterventionen stattfinden.

Zielgruppe und Zusammenarbeit (hierzu Anmerkung 8, 277)
Die Beratungsstelle ist für Menschen mit geistiger Behinderung, deren Angehörige, Freunde und andere Menschen, die Beratung, Hilfe, Unterstützung und Begleitung möchten, konzipiert. Zielgruppe sind in erster Linie ehemalige Bewohner der Einrichtung Schloß Hoym e. V., die die Einrichtung nach 1989 verlassen haben, um allein, mit dem Partner, mit Verwandten oder Bekannten zu leben. Die Beratungsstelle steht allen Einwohnern des Landkreises Aschersleben-Staßfurt offen. Einwohner anderer Landkreise können das Beratungsangebot ebenfalls nutzen.

Kontakte zu anderen Einrichtungen und Institutionen
Enge Kontakte bestehen zu der Lebenshilfe Harzvorland gGmbH, die in der Region Träger von zwei Wohnheimen und einer Werkstatt für Behinderte ist. Außerdem arbeitet die Beratungsstelle mit der Diakonie, der Volkssolidarität, der Ehrenamtlichenbörse und der Kastanienschule zusammen. Mit den regionalen Sozial- und Gesundheitsämtern, Krankenkassen, Betreuungsvereinen, Rentenversicherungsträgern und niedergelassenen Ärzten findet ebenfalls ein stetiger Austausch statt.

Öffentlichkeitsarbeit
In der Öffentlichkeitsarbeit ging es darum, die Beratungsstelle durch Pressegespräche, Zeitungsartikel, Faltblätter und Broschüren bekannt zu machen, Kontakte zu wichtigen Behörden und Ämtern zu knüpfen und sich dort vorzustellen. Diese Öffentlichkeitsarbeit beschränkte sich nicht allein auf die Stadt Hoym, sondern schloß das gesamte Einzugsgebiet der Beratungsstelle, den Landkreis Aschersleben-Staßfurt mit ein.

Unser Faltblatt, das auf unsere Beratungsangebote hinweist, liegt bei Behörden und anderen geeigneten Stellen aus und wird an viele potentielle Interessenten verschickt. Im Rahmen unserer Öffentlichkeitsarbeit haben wir u. a. einen Elternabend der Schule für Menschen mit geistiger Behinderung gestaltet und dabei die Tätigkeit der Beratungsstelle vorgestellt sowie auf differenzierte Wohnangebote außerhalb der Familie hingewiesen. In wöchentlichen Besuchen in der Werkstatt für Behinderte wurden die dort Tätigen auf die aktuellen Freizeitangebote der Beratungsstelle aufmerksam gemacht.

Beratungsangebote anhand von Fallbeispielen
Die Beratungsangebote beziehen sich auf die Bereiche Wohnen, Finanzen, Partnerschaft, Familie, Behörden und Gesundheit/Sucht...

1. Wohnen
Erwachsene Menschen mit geistiger Behinderung verfügen heute über zunehmend größere Fähigkeiten und Kompetenzen. Damit ist auch ihr Bedürfnis nach selbständigerem Wohnen gewachsen. Allerdings treten bei der Umsetzung der individuellen Vorstellungen nicht selten Probleme auf – an dieser Stelle setzt die Tätigkeit der Beratungsstelle an.

– *Herr S. L. befand sich in einem finanziellen Engpaß und beging in dieser Situation verschiedene kleinere Diebstähle. Als er diesbezüglich gerichtlich belangt wurde, trat er auf die Beratungsstelle zu. Nach mehreren Gesprächen mit Herrn S. L. und dem Verweis auf einen ortsansässigen Rechtsanwalt sowie die unterstützende Begleitung der Regelung seiner finanziellen Situation bei seiner Bank, konnte die Situation entschärft werden. Herr S. L. verfügt nunmehr über finanzielle Mittel, um die Belange des täglichen Lebens zu regeln und seine durch die Straftaten entstandenen Schulden ratenweise abzuzahlen.*
– *Herr K. S. lebte nach seinem Auszug aus dem Schloß Hoym e. V. im Jahre 1991 mit seiner Ehefrau in einer 2-Raum-Wohnung. Nach der durch Alkoholmißbrauch von Herrn S. bedingten Trennung von der Ehefrau befand sich Herr S. in einem stetigen Aufenthaltswechsel zwischen Psychiatrie und Mutter. Nachdem die Mutter im Oktober 1998 am Rande der Belastbarkeit angelangt war, wandte sie sich an die Beratungsstelle. Die Beratungsstelle unterbreitete Herrn S. das Angebot, für eine bestimmte Zeit im Gästezimmer (Kriseninterventionsraum) zu wohnen, um die Situation zu entspannen. Gleichzeitig wurde Herr S. bei der Suche nach geeignetem Wohnraum unterstützt. Nachdem dieser gefunden wurde, lebte Herr S. für zwei Monate in dieser Wohnung bis ihm wegen nachbarlicher Unstimmigkeiten gekündigt wurde. Nach mehreren Wohnungswechseln entschied sich Herr S. zu einer Entgiftung und einem*

anschließenden max. 3 Jahre andauernden Aufenthalt in einem Übergangswohnheim für trockene Alkoholiker.

2. Finanzen

Die Beratung in bezug auf finanzielle Angelegenheiten nimmt in der täglichen Arbeit einen hohen Stellenwert ein, da gerade in diesem Bereich bei der Zielgruppe ein Nachholbedarf besteht.

– *Herr L. S. suchte den Kontakt zur Beratungsstelle, da sein Konto gepfändet werden sollte. Die Beratungsstelle vermittelte ihn an einen Rechtsanwalt weiter, der ihn im Hinblick auf die rechtliche Situation aufklärte und ihn in seinen Belangen vertrat. Somit konnte Herr L. S. weiterhin über seine Rente verfügen, die Rechtmäßigkeit des Pfändungsbeschlusses wird gegenwärtig gerichtlich geprüft.*

3. Partnerschaft

Partnerschaft, Liebe und Sexualität waren oftmals für Menschen mit geistiger Behinderung Tabuthemen, mit denen sich in der Vergangenheit nicht offen auseinandergesetzt wurde. Demzufolge wurden diesbezügliche Probleme und Fragen von den Betroffenen nicht thematisiert. Die Gestaltung von partnerschaftlichen Beziehungen bedarf aus diesem Grund empathischer Begleitung und Unterstützung. Dies stellt sich als sehr problematisch dar, da grundlegende Fragen und Inhalte einer Partnerschaft den Betroffenen, bedingt durch die Tabuisierung in der Vergangenheit, zumeist nicht verdeutlicht wurden.

– *Herr L. S. bemüht sich bereits seit geraumer Zeit um die Zuneigung von Frau H. K. So werden von ihm fast alle anfallenden hauswirtschaftlichen Arbeiten in ihrer Wohnung getätigt. Ihre Kinder werden von ihm versorgt und er erledigt ihre Einkäufe. Frau H. K. verhält sich ihm gegenüber distanziert. Seine Versuche sich ihr anzunähern, werden von ihr ignoriert und sie nutzt ihn für die o. g. Erledigungen bewußt aus. Herr L. S. bat die Beratungsstelle um die Begleitung eines Gespräches zwischen ihm und Frau H. K. In diesem mußten den Betroffenen grundlegende Fragen wie „Was erwarte ich von einer Partnerschaft?", „Wofür habe ich einen Partner?" oder „Was muß ich für das Gelingen einer Partnerschaft tun?" verdeutlicht werden.*

4. Familie

Die Familie, die in der Regel die Aufgabe der ersten und prägendsten Sozialisationsinstanz erfüllt, kommt dieser Funktion bei vielen Betroffenen nicht ausreichend nach. Die Gründung einer eigenen Familie gestaltet sich aufgrund der Erfahrungsdefizite problematisch.

– *Frau H. K. ist alleinerziehende Mutter dreier Kinder und versucht ihre Belange selb-*

ständig zu regeln. Dies stellt sich als sehr schwierig heraus, da Frau H. K. Analphabet ist und eine sozialpädagogische Familienhilfe ablehnt. Frau H. K. fällt es sehr schwer, soziale Kontakte zuzulassen, so dass eine hohe Sensibilität von seiten der Beratungsstelle notwendig war und ist, um eine Annäherung herbeizuführen. So ignoriert sie schriftliche Kritiken der Schule ihrer Kinder und ist nicht bereit, sich damit auseinander zu setzen. Sie streicht alle Eintragungen der Schule im Hausaufgabenheft mit dickem Filzstift durch (eine Ohnmacht, die sie auf Grund ihres Analphabetismus ausdrückt) und es gelingt ihr nicht, selbständig einen Gesprächstermin mit den Lehrern zu vereinbaren, um über diese Probleme zu sprechen. Auf Grund der vielen Gespräche mit der Beratungsstelle konnte eine Annäherung an die Schule erreicht werden, indem Frau H. K. um ein Gespräch zwischen den Lehrern, ihr und der Beratungsstelle bat.

5. Behörden

Bedingt durch den politischen Umbruch und die für viele neu erworbene Selbständigkeit wurden und werden die Betroffenen mit zahlreichen bürokratischen Konstellationen konfrontiert. In diesem Bereich werden in der täglichen Beratungsarbeit sehr häufig Hilfen eingefordert.

– *Frau M. S. lebte mit ihren beiden erwachsenen Kindern in einer 2-Raum-Wohnung. Ihr Sohn A. S. hatte den Wunsch, gemeinsam mit seinem Freund, den er aus der WfB kennt, in eine Außengruppe des Schloß Hoym e. V. umzuziehen. Zu einem späteren Zeitpunkt möchten beide zusammen selbständig leben. Mit den durch den Umzug anfallenden Behördengängen war die Familie überfordert und trat an die Beratungsstelle heran.*

6. Gesundheit/Sucht

Immer häufiger wird die Beratungsstelle mit gesundheitlichen Problemen konfrontiert. Es handelt sich dabei zumeist um Problematiken neurologisch-psychiatrischer Natur oder um Süchte, die dann oftmals einschneidende Folgen für den Klienten haben (Aufenthalt in einer Klinik, intensivste neurologisch-psychiatrische Behandlung).

– *Herr D. B. arbeitet seit einigen Jahren in der Werkstatt für Behinderte. Hier fällt es ihm sehr schwer, soziale Kontakte zu knüpfen. Seine KollegInnen lehnen den Kontakt zu ihm zumeist ab, da Herr D. B. in jeglichen Streß- und Konfliktsiuationen mit aggressiven (verbal und tätlich) Verhaltensweisen reagiert. Herr D. B. nimmt seit einem halben Jahr regelmäßig an den wöchentlich stattfindenden offenen Freizeitveranstaltungen der Beratungsstelle teil. Hier fiel es ihm zunächst sehr schwer, sich in die Gemeinschaft zu integrieren und das bereits oben beschriebene Verhalten seinerseits war zunächst auch hier bestimmend. Herr D. B. wird während der Veranstaltun-*

gen intensiv vom Team der Beratungsstelle begleitet und nimmt diese unterstützenden Hilfen gerne in Anspruch. So ist es ihm durch das Zusammensein mit anderen Personen mit ähnlichen Interessen möglich, alternative Verhaltensweisen und Konflikte sowie Problemlösungsmuster kennenzulernen und direkt zu erfahren. So war es ihm möglich, einzelne soziale Kontakte zu knüpfen und seinen Aktionskreis zu erweitern.
- *Frau C. K. lebt zurückgezogen in einer ländlichen Gemeinde, in welcher sie offen abgelehnt wird. Nach dem Tod ihres Lebensgefährten traten bei ihr zunehmend psychische Probleme auf. Es fällt ihr zunehmend schwerer, ihren Haushalt selbständig zu führen und soziale Kontakte zu ihren Mitmenschen aufrechtzuerhalten. Nachdem sie zu Beginn dieses Jahres regelmäßig an den Freizeitveranstaltungen der Beratungsstelle teilnahm, hat sie auch diesen Kontakt fast vollständig abgebrochen. Auf Anraten ihres behandelnden Arztes für Neurologie finden kontinuierlich wöchentliche Besuche der Beratungsstelle bei Frau C. K. statt, um Gesprächs- und Hilfsangebote zu unterbreiten. Diese werden z. Zt. noch von ihr abgelehnt, aber zu Gesprächen mit den Nachbarn genutzt, um diesen Frau C. K.'s Situation zu verdeutlichen und um Verständnis zu werben.*

Ausblick

Neben der hier anskizzierten Beratungsarbeit werden von der Beratungsstelle der Behinderteneinrichtung „Schloß Hoym" seit Januar 1999 auch einmal wöchentlich offene Freizeitveranstaltungen angeboten, die zusammen mit betroffenen behinderten Menschen organisiert und durchgeführt werden. „Der feste Kern dieser Freizeitangebote setzt sich aus ehemaligen Bewohnern des Schloß Hoym e. V., WfB-Mitarbeitern und anderen Menschen mit geistiger Behinderung, die im Laufe der Zeit den Zugang zur Beratungsstelle gefunden haben, zusammen. Grundsätzliche Ziele dieser Veranstaltungsreihe sind der Auf- und Ausbau sozialer Kompetenz und Selbständigkeit, soziale Integration, Üben neuer Verhaltensweisen, Übernahme von Verantwortung für sich und andere, Erweiterung des Bekannten- und Aktionskreises und die Entwicklung neuer Ideen" (Eim/Pirl 1999, 9).
Zukünftig sollen diese Veranstaltungen noch intensiviert und auch auf Wochenenden ausgedehnt werden.

Zudem will sich die Beratungsstelle in Projekten engagieren. So fand im Jahre 1999 eine Müllsammelaktion im Ascherslebener Stadtpark statt, an der sich ca. 30 Menschen mit geistiger Behinderung beteiligt hatten. Derlei Aktionen sollen im nächsten Jahr fortgeführt werden. Außerdem soll in Zusammenarbeit mit dem Ascherslebener Kunst- und Kulturverein eine Ausstellung organisiert werden, in der KlientInnen ihre selbstgemalten Bilder, Fotos usw. präsentieren werden. Ferner ist in Zusammenarbeit mit dem örtlichen Fahrradhandel eine Fahrrad-Check-up-Aktion mit anschließender Reparatur geplant. „An dieser Aktion können Menschen mit geistiger Behinderung und andere Interessenten teilnehmen. Auch dieses Projekt ist im Sinne der Integration und der Begegnung behinderter und nichtbehinderter Menschen, da auch Mobilität einen Schritt in die Selbständigkeit und Autonomie darstellt" (ebd., 10).

Alles in allem hat sich die hier dargestellte Beratungsstelle zu einem festen und wichtigen Bestandteil der regionalen Behindertenhilfe im Zuge der Enthospitalisierung (hierzu Anmerkung 9, 277) etabliert. Insgesamt gesehen zeigt der Jahresbericht auf, dass eine bedarfsgerechte Begleitung und Beratung von Menschen mit geistiger Behinderung, die eine Hospitalisierung hinter sich haben und gemeindeintegriert wohnen möchten, dringend erforderlich ist. Zudem konzentriert sich die Beratungsarbeit aber nicht nur auf ehemals hospitalisierte Personen. Auch andere Menschen mit geistiger Behinderung und Verhaltensauffälligkeiten sowie Angehörige bzw. Eltern behinderter Menschen können von diesem Angebot profitieren. Fehlen entsprechende psychosoziale Hilfen, ist die Gefahr des Scheiterns gutgemeinter Reformen eklatant (hierzu Dalferth 1999). Immer mehr Verantwortliche in der Sozialpolitik, Verwaltung und auch Verbändewohlfahrt scheinen dies erkannt zu haben. Nichtsdestotrotz befinden wir uns in bezug auf die Schaffung regional organisierter Fachdienst-Systeme noch in den Anfängen. Daher ist es wichtig, entsprechende Dienstleistungssysteme bekannt zu machen, um möglichst viele Verantwortungsträger dazu anzuregen, vergleichbare oder ähnlich gelagerte Wege zu gehen.

4.4 Zum regionalen Verbundsystem

Es dürfte deutlich geworden sein, daß wir mit unseren bisherigen Überlegungen und Anregungen ein Konzept favorisieren, das regionale rehabilitative Hilfen für Menschen mit geistiger Behinderung und Verhaltensauffälligkeiten sicherstellen soll. Damit wird zugleich der weit verbreiteten Gepflogenheit, geistig schwer- und mehrfachbehinderte Menschen sowie Personen mit Verhaltensauffälligkeiten in (abseits gelegene) Großanstalten oder Pflegereservate abzuschieben, eine klare Absage erteilt. Insofern betrachten wir das traditionelle Anstaltswesen als einen Anachronismus, den es uneingeschränkt zu überwinden gilt. Die Priorisierung gemeindenaher und -integrierter Hilfen schließt dabei nicht aus, daß sich auch Anstalten bzw. Anstaltsträger dieser Aufgabe verpflichten, indem sie sich am Aufbau eines regionalen Verbundsystems durch Dezentralisierung und Deinstitutionalisierung, d.h. durch die Entwicklung eines bedarfsgerechten differenzierten Wohn- und Hilfsangebots vor Ort, beteiligen. Während in der Kinder- und Jugendhilfe dieser Schritt schon längst vollzogen wurde, tut sich die traditionelle

Behindertenhilfe mit zeitgemäßen Veränderungen noch schwer. Will sie hinter diesen inzwischen international verbreiteten Standards nicht weit hinterherhinken, muß sie auf Dauer ihre Skepsis und Reformresistenz aufgeben und sich zur regionalen Angebotsstruktur bekennen.

Im folgenden wollen wir nun die wichtigsten Bestandteile und Funktionsbereiche eines solchen regionalen Verbundsystems nennen:

• Differenzierte Wohnangebote
Je nach Grad der Hilfsbedürftigkeit und je nach Bedürfnislage der geistig behinderten Menschen sollten verschiedene Wohnalternativen angeboten werden, zum Beispiel Appartments für Singles, Wohnungen für Paare, eine größere Etagenwohnung oder ein Einfamilienhaus für kleinere Wohngruppen, die „betreutes Wohnen“ oder auch aufsuchende Hilfe benötigen, kleine Wohnhäuser oder Kleinstheime für Senioren, Reihen- oder Einfamilienhäuser für Wohngruppen mit geistig schwer und mehrfachbehinderten Menschen, die eine Tag- und Nachtbegleitung brauchen. In Wohngruppen mit intensiver pädagogischer Begleitung bietet es sich an, zwei Plätze für Krisenintervention freizuhalten, beispielsweise für behinderte Menschen, die aufgrund aggressiver Verhaltensweisen oder psychischer Krisen vorübergehend in anderen Wohnformen (z.B. Elternhaus; Wohngruppe mit stundenweiser pädagogischer Begleitung) nicht gehalten werden können. Intensivgruppen mit sog. schwierigen Bewohnern sollten auf jeden Fall durch die o.g. Fachdienste begleitet werden.

• Familienentlastende Hilfen und mobile Pflegedienste
Ein unentbehrlicher Bestandteil eines regionalen Verbundsystems sind familienentlastende und mobile Dienste, die Familien, Wohngruppen oder Wohnungen mit geistig behinderten Menschen aufsuchen und stundenweise ihre Hilfe bei der alltäglichen Pflege oder Selbstversorgung, aber auch Vorlesedienste oder Begleitung von Rollstuhlfahrern auf Stadtgängen und zu kulturellen Veranstaltungen anbieten, um Integration und Autonomieprozesse zu unterstützen. Für Angehörige bringen diese Hilfen, die sich in das neue System der Pflegeversicherung einbinden lassen, ein wichtiges Stück an psychischer und physischer Entlastung.

• Arbeits-, Freizeit- und Bildungsangebote
Neben dem Netz an differenzierten Wohnformen sind – wie schon oben ausgeführt – auch regionale Arbeits-, Freizeit- und Bildungsangebote sicherzustellen. Dabei sollte so weit wie möglich der Grundsatz der „Normalisierung“ verwirklicht werden: betriebliche Integration geistig behinderter Menschen; Öffnung der allgemei-

nen Bildungsstätten (VHS) für geistig behinderte Menschen (auch Altenclubs); Integration geistig behinderter Menschen in allgemeine Sportvereine, Teilnahme an allgemeinen kulturellen Veranstaltungen; Nutzung gesellschaftlicher Ressourcen.

• Frühförderung
Wie wichtig ein frühzeitiges Einsetzen rehabilitativer Hilfen und Förderung bei behinderten oder entwicklungsgefährdeten Kindern ist, bedarf keiner besonderen Ausführung. Unter Frühförderung werden sämtliche Maßnahmen in den Bereichen Frühdiagnostik, Frühberatung, Frühtherapie und Früherziehung gefaßt. Die öffentlichen Kostenträger haben in den letzten 20 Jahren gut daran getan, ein flächendeckendes Netz regionaler Frühförderstellen oder entsprechender Angebote (Hausfrühförderung) aufzubauen. Außerdem gibt es auf überregionaler Ebene sozialpädiatrische Zentren, die mit den wohnortnahen pädagogischen Frühförderstellen vernetzt sein und kooperieren sollen. Dieses breite Spektrum an medizinischen, pädagogischen und sozialen Leistungen muß auch weiterhin als Baustein eines rehabilitativen Verbundsystems erhalten bleiben.

• Vorschulische integrative Einrichtungen
Unter führenden Fachleuten besteht ein großer Konsens, daß vorschulische Einrichtungen heute nur noch integrativ organisiert sein sollten. Einige Bundesländer, Landkreise oder Kommunen haben dies bereits realisiert, andere tuen sich mit einer flächendeckenden Integration insbesondere für Kinder, die als intensivbehindert gelten, noch schwer. Daher muß die konsequente Umsetzung integrativer Vorschuleinrichtungen zum Teil noch eingefordert werden.

• Schulische Angebote
Baustein eines regionalen Systems ist auch die schulische Versorgung geistig behinderter Kinder und Jugendlicher. Überregionale (Sonder-)Schulzentren oder auch sog. heilpädagogische Förderzentren mit weitem Einzugsgebiet gelten gegenüber einem wohnortintegrierten, flexiblen und durchlässigen Schulsystem als überholt. Fachlich betrachtet sollten Formen schulischer Integration oder unterrichtlicher Kooperation angestrebt werden (vgl. Theunissen 1999 c; d). Das rigide Festhalten an Schulen für geistig Behinderte sollte vermieden werden.

• Spezielle (therapeutische) Fachdienste
Neben dem schon erwähnten Fachdienst für seelische Gesundheit (Praxisberatung) sollten in einer Region auch Angebote wie Physiotherapie, Sprachtherapie oder Ergotherapie für Einrichtungen mit geistig behinderten Menschen erreichbar sein. Dabei kann es sich um konsiliarische Dienste handeln.

• Öffentlichkeits- und Bezugsfeldarbeit
Aufgabe der Funktionsstelle „Öffentlichkeitsarbeit“, die zum Beispiel an einem Wohnheimträger angebunden sein kann, ist es, für die integrative Behindertenarbeit auf kommunaler Ebene zu „werben“, d.h. Repräsentanten der Kommunen, Kirchen, Wohlfahrtsverbände und Medien sowie die nichtbehinderte Bevölkerung für Wohn- und Lebensbedürfnisse geistig behinderter Menschen sensibel zu machen; schließlich ist es wichtig, frühzeitig Partner für integrative Bemühungen zu finden und Bereitschaft zu wecken, geistig behinderte Mitbürger als Nachbarn zu akzeptieren. In diesem Zusammenhang geht es auch um die Initiierung und um den Aufbau tragfähiger *„sozialer Netze“*, die ein Beziehungsgeflecht von Kontakten zu Nachbarn, Freunden, Bekannten, Arbeitskollegen, Laien, Professionellen, Kirchen, Vereinen oder Verbänden darstellen, welches (ehrenamtliche) Hilfen alltagspraktischer, gesundheitsrelevanter, materieller oder auch psychosozialer Art beinhalten kann. Gerade durch soziale Netzwerke sollen günstigere Voraussetzungen zur sozialen Integration geistig behinderter Menschen geschaffen werden. Ziel ist es, der Gefahr einer neuen Gettobildung und Reduktion sozialer Kontakte, die das Leben in einer gemeindenahen Wohngruppe bei fehlendem Außenkontakt mit sich bringen kann, vorzubeugen oder entgegenzuwirken (vgl. hierzu Dalferth 1999). Untersuchungen zufolge (vgl. Windisch u.a. 1991) kann davon ausgegangen werden, daß soziale Netze am ehesten wirksam werden können, wenn geistig behinderte Menschen in kleinen Gruppen unter möglichst normalisierten Wohnbedingungen leben. Größere Behindertengruppen lassen sich offenbar schwer in die Nachbarschaft integrieren. Allerdings ist auf dem Gebiete der Bezugsfeldarbeit noch viel zu tun, da zur Zeit eine große Anzahl geistig behinderter Menschen, die in gemeindeintegrierten Wohnformen lebt, anscheinend nur wenig Kontakt zu ihren Nachbarn hat.
Abschließend sei erwähnt, daß in Deutschland der Aufbau solcher Verbundsysteme erst in den Anfängen steckt. Dies liegt daran, daß manche Kommunen und Träger der Behindertenhilfe noch nicht von der Notwendigkeit regionaler differenzierter Hilfen und kleiner Wohnformen überzeugt sind, außerdem fürchten die großen Wohlfahrtsverbände um Autonomie- und Machtverlust, wenn z.B. einzelne Bausteine des regionalen Hilfsangebots von unterschiedlichen Dienstleistungsanbietern übernommen werden. Um eine Aussonderung, Ausgrenzung oder ein Abschieben geistig behinderter Menschen aus einer Region zu vermeiden und eine bedarfs- und bedürfnisorientierte Unterstützung sicherzustellen, kommt man jedoch nicht umhin, Versorgungsaufträge und eine *Versorgungsverpflichtung* für Träger der örtlichen Behindertenhilfe einzuführen. Dies ist auch Ansicht einer Expertenkommission, die Empfehlungen für die wohnortnahe rehabilitative Versorgung geistig behinderter Menschen in den neuen Bundesländern erarbeitet hat: „Wenn jetzt

wie in den alten Bundesländern freie Träger in dieses Aufgabenfeld einsteigen, so verstehen sie in der Regel ihre Freiheit meist auch als die Freiheit, sich die Aufgabe selber zu wählen, statt sich in eine regionale Versorgungsverpflichtung einbinden zu lassen. ... Für geistig behinderte Menschen muß ein eigenes Versorgungsnetz aufgebaut werden, für das dieselben Prinzipien gelten sollten wie in der Versorgung psychisch Kranker und Behinderter: wohnortnahe, differenzierte, abgestufte Hilfen im Rahmen regionaler Versorgungsverpflichtung – statt angebotsorientierte wohnortnahe Hilfen mit der Konsequenz der Konzentration von Schwerst- und Mehrfachbehinderten und Problempersonen in überregionalen Großeinrichtungen (psychiatrische Krankenhäuser, Heime, Anstalten)" (Bericht zur Lage der Psychiatrie in den Ländern der ehemaligen DDR 1991, 34, 40). Darüber hinaus bedarf es zum Aufbau von Verbundsystemen auch bereichsbezogener Regionalkonferenzen (z.B. Regionalkonferenz „Wohnen"), auf denen die Kostenträger und Leistungsanbieter (Behindertenvereine, Wohlfahrtsverbände) gemeinsam Konzepte (Angebote) entwickeln, beraten und abstimmen, um ein Neben- oder auch Gegeneinander in der Behindertenhilfe (Interessenkonflikte; Konkurrenzkämpfe) zu vermeiden.

5. Die pädagogische Konzeption – ein Qualitätsmodell

Das von uns favorisierte behindertenpädagogische Konzept umfaßt drei zentrale ineinandergreifende und miteinander verschränkte Bausteine: übergeordnete Leitprinzipien, die allgemeine pädagogische Alltagsbegleitung und die spezielle Pädagogik.

Diese drei Bereiche müssen stets im Kontext der institutionellen Rahmenbedingungen betrachtet werden. Denn ein pädagogisches Konzept kann nur unter Verhältnissen erfolgreich sein, die seine Verwirklichung zulassen. Mit anderen Worten: Haben wir es mit Rahmenbedingungen zu tun, die weit von den zuvor anskizzierten Voraussetzungen und Erkenntnissen entfernt sind, kann ein noch so gut gemeintes Konzept nur wenig bewirken. In diesem Falle bedarf es einer offensiven Pädagogik, die auf Politik und Wohlfahrtspflege im Interesse geistig behinderter Menschen Einfluß nehmen muß.

Behindertenpädagogik findet somit nicht in einem „Schonraum“ statt, vielmehr muß sie sich auch immer ihrer politischen Aufgabe bewußt sein.

5.1 Zum Menschenbild und zu den Leitprinzipien

Theoretischer Bezugspunkt unserer Konzeption sind allgemeine Leitprinzipien für die behindertenpädagogische Arbeit. Sie haben das alltägliche pädagogische Handeln zu durchdringen und stellen die oberste Richtlinie dar, nach der sich alle weiteren (nachgeordneten) Entscheidungen zu orientieren haben (vgl. Theunissen 1997a). Die hier aufgeführten Leitprinzipien fußen auf einem Menschenbild, von dem wir annehmen, daß es die Möglichkeiten der „Verwirklichung des vollen Menschseins“ (Portmann) nicht verfehlt. Damit ist die pädagogische Konzeption wertgeleitet, d.h. es gehen Vorstellungen, Überzeugungen, Einsichten und auch Erfahrungen ein, die andere Personen nicht unbedingt teilen müssen. Denn Menschenbilder können bekanntlich sehr unterschiedlich sein. Gerade dies aber führt im Umgang mit Menschen, die erzogen, gebildet, unterstützt oder therapiert werden sollen, häufig zu erheblichen Irritationen, Mißverständnissen und gegenläufigen Tendenzen in der Praxis. Allzu oft stellen wir nämlich fest, daß sich einzelne Menschenbilder, an denen man sich bewußt oder unbewußt orientiert, ausschließen oder widersprechen; außerdem können wir beobachten, daß es Menschenbilder gibt, die die eine oder andere Möglichkeit des Menschseins völlig vernachlässigen und verfehlen. Dieser Vorwurf trifft zum Beispiel das sog. *utilitaristische Menschenbild*, welches heute sehr weit verbreitet ist (kritisch auch Speck 1999a, 75; Haeberlin 1996). Wurzeln des Utilitarismus reichen zurück ins Zeitalter der Aufklärung. Nach Gouldner (1974, 81) bildete sich hier, in einer Zeit, als sich das Bürgertum gegen den Feudaladel zu behaupten versuchte, der „Mittelklassestandard der Nützlichkeit“ heraus, der im Unterschied zur Aristokratie jene Talente, Fähigkeiten oder Energien der Einzelnen am höchsten einschätzte, „die zu ihrer persönlichen Leistungsfähigkeit und Vervollkommnung beitrugen“. Dieses Denken ist bis heute voll wirksam: was zählt, sind Momente wie Leistung, Erfolg, Karriere, Wettbewerb, Rationalität und Machtstreben, nicht aber die menschliche Existenz an sich, die Einmaligkeit und Einzigartigkeit menschlichen Lebens. Gerade dadurch hat sich der Utilitarismus zu einer universellen Ideologie entwickelt, deren Durchsetzung ohne Existenz eines Marktes nicht denkbar ist. „Die utilitaristische Kultur hatte ihre Wurzeln in der Erfahrung mit und im Zugang zu den Märkten für Güter und Dienstleistungen. Wenn man einen Menschen oder eine Handlung vom Standpunkt der Nützlichkeit aus beurteilen will, dann schätzt man die ‚Folge‘ ab. ... In einer Marktwirtschaft muß die Nützlichkeit eines Produktes sorgfältig im vornhinein berechnet werden“ (ebd., 87). Gutgemeinte Absichten oder moralische Vorstellungen reichen nicht aus, um das Handeln zu rechtfertigen. Entscheidend ist der meßbare Erfolg (Verkaufbarkeit des Produkts), weswegen das Handeln an rationalen Maßstäben zu orientieren ist. Dieser Ausrichtung des Handelns begegnen wir auch im Umgang mit behinderten Menschen, die als „Arbeitskräfte minderer Güte“ aus der Sicht des Utilitarismus in der Regel nicht zu gebrauchen, d.h. ökonomisch nicht verwertbar sind (z.B. geistig schwerstbehinderte Menschen). Folglich hängt ihr „Schicksal“ weitgehend von dem ab, was die Gesellschaft bereit ist, an Fürsorge zu investieren (vgl. auch Speck 1999b). Vom utilitaristischen Standpunkt aus ist das gesellschaftliche Interesse an der Wohlfahrt begrenzt, d.h. es werden soziale Hilfen in erster Linie nur dann gewährt, wenn auch gewisse Erfolge zu erwarten sind. Eine solche Gegenleistung ist beim Menschen mit schwerer geistiger und körperlicher Behinderung volkswirtschaftlich gesehen kaum zu erwarten, weswegen wir es hier im utilitaristischen Jargon mit einem „unnützen“ oder „sinnlosen“ Leben zu tun haben. Zeitgenössische Philosophen wie Singer (1984; 1990) oder Tooley (1972; 1990) knüpfen an dieser Ideologie an, indem sie eine utilitaristisch präformierte rationale Ethik zu begründen versuchen. Sie gehen davon aus, daß der Mensch nur beim Vorhandensein spezifischer Merkmale wie Rationalität, Selbstbewußtsein, Zeitgefühl, Autonomie, auf Zukunft hingerichtete Wünsche und Kommunikationsfähigkeit als Person definiert werden kann. Embryonen, Feten und Säuglinge seien demzufolge keine Personen, weswegen es hier keine moralischen Einwände gegen Forschungsexperimente oder Tötung gebe. Eine solche einseitige Sicht vom Menschen läßt auch keinen Raum für geistig schwer oder schwerstbehinderte Menschen, denen unmißverständlich die obengenannten Eigenschaften abgesprochen werden (vgl. Kuhse/Singer 1985, 122; Singer 1990, 11f.). Dieses Personverständnis ist in den letzten Jahren mehrfach scharf zurückgewiesen worden. Wir stützen uns auf die *philosophisch-anthropologische Position* von Portmann (1970; 1973), der davon ausgeht, daß das sogenannte Geistige (Ratio) mit den physiologischem bzw. körperlichen Werden unzertrennbar verbunden ist, weswegen Selbstbewußtsein oder Vernunft als dynamische Phänomene zu betrachten seien. Ferner konstatiert Portmann beim Menschen eine „physiologische Frühgeburt", was ihn von allen Tieren darin unterscheidet, daß seine Entwicklung im wesentlichen von Lernprozessen abhängig und zugleich „auf den Anreiz der anderen angewiesen ist" (1970, 288). Die humane Entwicklung kann sich „nur im Sozialverhalten normal ausbilden: die Sozialwelt ist einer der formenden Faktoren der menschlichen Ganzheit" (1973, 122). An dieser Stelle stoßen wir auf ein Verständnis von Person, welches sich von den Vertretern der „rationalen Ethik" deutlich unterscheidet: Das Personale erstreckt sich hier (abgeleitet vom griechischen „prosopon") auf ein relationales, dialogisches und gesellschaftliches Sein. Menschliche Personalität stellt damit ein Sein in und durch menschliche Beziehungen dar, wobei jedem menschlichen Wesen ein Personstatus zukommt. Daß, was Person bedeutet, konstituiert sich in der menschlichen Kommunikation bzw. im menschlichen Bezug. Tritt dieser als eine Art intrauterine Kommunikation zum ersten Mal in Erscheinung, so stoßen wir bereits auf jenes Moment, welches als personales beschrieben werden kann. Für die werdende Mutter bedeutet dieses kommunikative Signal des Säuglings den Bezugspunkt für ein inniges Miterleben und Spüren, für Empathie, Freude und Lebenserfülltheit – also für eine Hinwendung zum Du. Es beginnt schon während der Schwangerschaft eine lebendige personale Beziehung, die nur in der Unmittelbarkeit erfahren werden kann. Nun behaupten Vertreter der „rationalen Ethik", daß sog. geistig schwerstbehinderte Menschen überhaupt nicht zur Kommunikation fähig seien. Eine solche Aussage kann aber nur dann gemacht werden, wenn Form und Inhalt verwechselt wird, d.h. die Dialogizität des Menschen in ihrer Bedeutung als formale Kategorie des Menschseins nicht erkannt und Kommunikation nur inhaltlich (sprachlich) begriffen wird. „Das Phänomen der Kommunikation hängt (aber, G. T.) nicht von dem ab, was übermittelt wird, sondern von dem, was im Empfänger geschieht" (Maturana/Varela 1987, 212). Zwei Beobachter desselben Individuums können das geäußerte Verhalten unterschiedlich bewerten. Was aber stattgefunden hat, ist ein Verhalten, das formal betrachtet kommunikativ ist. Dieser

Verwechslung von Form und Inhalt entspricht die fehlende Unterscheidung zwischen Person und Persönlichkeit. Persönlichkeit als Wertbegriff entsteht aus der formalen Tatsache menschlicher Existenz, aus dem Personsein, und ist nicht mit dem Personstatus identisch. Das Personsein muß immer wieder neu hervorgebracht werden, die Persönlichkeit muß sich jedoch entwickeln und ist somit ein Faktum von Erziehung und Bildung. Um nicht mißverstanden zu werden weist Portmann (1970, 157) darauf hin, daß die Anlagen beim Menschen „nicht schwächer" seien als bei höheren Säugern, „sondern anders eingegliedert: mächtige Antriebe zum Zusammenleben wie zur Wahrung der Individualsphäre sind auch bei uns vorhanden. Aber die Art der Zuwendung zu den Dingen der Umgebung ist trotz erblicher Anlagen zur Weltbeziehung weitgehend offen und der Entscheidung freigestellt." Dies bedeutet, daß der Mensch sich im Unterschied zum Tier die Welt wie aber auch die Kompetenzen zur Verfügung und Bewältigung seiner Lebensumstände aneignen muß; zugleich gewinnt er dadurch eine individuelle, einzigartige, unverwechselbare geistig-seelische Daseinsform, die Weltoffenheit oder Freiheit impliziert. Dieser von Portmann konstatierte Aneignungs- oder Lernprozeß, der Weltoffenheit beinhaltet wie aber auch sozial verantwortungsbewußtes Handeln (Weltverantwortung) verlangt, vollzieht sich angesichts des menschlichen Nervensystems auf einer für den Menschen typischen Art und Weise, weswegen wir schlußfolgern können, daß prinzipiell alle Menschen – so auch sog. geistig schwerstbehinderte Menschen – bildsam bzw. lern- und entwicklungsfähig sind. Folgt man dieser Argumentation, so definiert sich jeder Mensch in seinem einmaligen weltoffenen Dasein; demzufolge gibt es auch keine Andersartigkeit, keine „anders strukturierten" Menschen. Die Bedeutung einer Hirnschädigung oder eines Organdefekts ist lediglich die, daß die Möglichkeiten, Freiheit, Weltoffenheit und Weltverantwortung zu realisieren, individuell unterschiedlich sind – und dies gilt prinzipiell für jeden Menschen! Portmann geht davon aus, daß jede Geistesarbeit – „auch das geringste geistige Leben" (1973, 340) – sich in einer „schwer faßbaren polaren Spannung" (1970, 290) von Emotionalem/Affektivem und Rationalem/Verstandesmäßigem vollzieht. Für die heutige Zeit läßt sich nun ein deutliches Ungleichgewicht dieser Polarität konstatieren, nämlich eine Überdimensionierung der rationalen Komponente, der einer tiefgreifenden Verzerrung des Menschenbildes entspricht, die in der Literatur als Homo Faber (Frisch 1957) bekannt geworden ist. Wird ein solcher Menschentypus zum Ideal erkoren – und dies gilt für den Utilitarismus –, so können Vorstellungen oder Schlußfolgerungen entstehen, daß das Leben von Menschen mit schwerer geistiger und körperlicher Behinderung, bei denen solche Eigenschaften nicht oder nur kaum zu beobachten sind, nicht personhaft und somit sinnlos, nicht schützenswert seien. Ein weiterer wichtiger Gedanke, der mit dieser Polarität eng verknüpft ist, erstreckt sich auf eine Eigenart, die Portmann als *„Selbst-*

darstellung" (1970, 36, 48f.) beschreibt und vom Streben nach Selbsterhaltung oder Realitätsbewältigung, welches den Gesetzen des Funktionalen unterliegt, abzuheben versucht. Diese Eigenart gilt für alle lebendigen Systeme höherer Organisation und schafft einen Spielraum, in dem Kräfte zur Geltung kommen, die „über alle Not der Lebensfristung" (1970, 36, 241) hinausweisen bzw. nicht im Dienste der bloßen Lebenserhaltung stehen. Dementsprechend können wir in bezug auf den Menschen sagen, daß er nicht nur danach strebt, ein eigenes Leben zu führen und abzusichern, sondern auch ein erfülltes, glückliches Leben zu realisieren, d.h. sich selbst zu verwirklichen. Dieser Wunsch nach einem erfüllten Leben tritt aber nicht nur in Erscheinung, wenn wir bewußt auf Ziele hinarbeiten, denen es einzig und allein um Leistung zu tun ist, sondern er artikuliert sich auch im zweckfreien Spiel, im ästhetischen Erleben und in der ästhetischen Erfahrung, die wertvoll an sich sein kann (vgl. Theunissen 1997a). „Selbstdarstellung" beinhaltet demnach einen Eigenwert, der sich auf eine erfüllte Gegenwart, auf ein Glücklichsein erstreckt und somit nicht unbedingt auf zukunftsbezogene Wünsche gerichtet sein muß. Das Wissen um diese Möglichkeit hat zweifelsohne weitreichende Konsequenzen für die pädagogische Alltagsbegleitung, die der Selbstdarstellung und damit der ästhetischen Funktion als Form geistiger Tätigkeit zur Lebenssinnfindung gleichermaßen Beachtung schenken sollte wie dem zielgerichteten, planmäßigen Handeln zur Bewältigung und Kontrolle von Realität.

Die vorausgegangene Diskussion zeigt auf, wie wichtig es ist, sich mit unterschiedlichen Menschenbildern und den Implikationen für Pädagogik und Therapie auseinanderzusetzen. Selbstverständlich gibt es noch viele andere Menschenbilder, die ebenso problematisch wie die utilitaristische Ideologie sind und sich eindeutig gegen Menschen mit geistiger Behinderung richten. Zurückverfolgen lassen sich solche Bilder bis in die Zeit der Antike. Bereits Platon (427 – 347 v. Chr.) sprach unter anderem vom Menschen als den „Schlangenartigen" oder „Löwenartigen". Dieses deutet auf die frühen Ursprünge der animalistisch-vegetabilistischen Bilder hin, die (geistig) behinderte Menschen mit Pflanzen und Tieren gleichsetzen oder wie Tiere vorführen. Auch idealistische Bilder traten bereits in der Antike auf. Das Vollkommenheitsideal der frühhellenistischen Epoche (ca. 800 v. Chr.) gipfelte in den Höchstwerten von Jugendlichkeit und Schönheit. Der römische Spruch: Ein gesunder Geist lebt (nur) in einem gesunden Körper, hat seine Attraktivität für unser Menschenbild bis heute nicht verloren. Magische und religiöse Bilder setzen Menschen mit Behinderungen Teufeln und Dämonen gleich. Noch vor zwei Jahrhunderten war es Gepflogenheit, Behinderung als Strafe Gottes anzusehen. Infantilistische Bilder betrachten geistig behinderte Erwachsene als „ewige Kinder" und zeichnen ebenso wie die bereits genannten Bilder eine Vorstellung von geistig behinderten Menschen als „Mängel- oder Defizitwesen“ (vgl. zusammenfassend Goll 1993). Derlei Menschenbilder sind auch heute noch nicht völlig verbannt und führen dazu, sich von geistig behinderten Menschen zu distanzieren. Sie lassen dem Individuum wenig Entscheidungsmöglichkeiten und sprechen ihm häufig jegliche Verwirklichung des Menschseins ab.

Es wäre ein Mißverständnis anzunehmen, es ginge uns bei dieser Auseinandersetzung nun um ein „richtiges“ Menschenbild. Dies kann wohl und darf auch keiner für sich beanspruchen. Wichtig ist für uns allerdings die Frage, welches Bild geistig behinderten Menschen eher zum Schaden oder zum Nutzen gereichen kann. Dabei haben wir uns gegen die utilitaristische Ideologie gewandt und uns für Portmanns philosophisch-anthropologische Position ausgesprochen, die im übrigen auch mit *postmodernen Positionen* kompatibel sein kann (vgl. Theunissen 1999a).

Ein pädagogisches wie auch ein darauf abgestimmtes therapeutisches Konzept muß im Detail schlüssig, logisch und nachvollziehbar sein, d.h. die Aufgaben, Ziele und Methoden der behindertenpädagogischen, (psycho-)therapeutischen und psychiatrischen Arbeit dürfen sich nicht widersprechen. Dieses Gebot verlangt einen *Diskurs*, und zwar nicht nur eine Wertediskussion und Reflexion im Kreis der unmittelbar betroffenen Mitarbeiter, sondern auch eine Auseinandersetzung um Menschenbilder und Normen auf interdisziplinärer Ebene. Ziel muß die Herstellung einer *gemeinsam verantwortbaren normativen Bezugsbasis* sein, so daß einerseits ein Gegeneinander im pädagogischen Alltag und andererseits auch ein widersprüchliches, gegenläufiges Handeln von Pädagogik, Therapie oder Medizin vermieden werden kann. Ein gewisser Konsens (i.S.e. Annäherung und Übereinstimmung von Standtpunkten) über das allgemeine Grundanliegen ist unseres Erachtens der erste Schritt zu einer erfolgsversprechenden Arbeit. Dies nicht begriffen zu haben, ist der Fehler vieler pädagogisch und therapeutisch Tätiger. Im folgenden haben wir nun einige *Leitprinzipien* zusammengestellt, die den fühlbaren Hintergrund unseres Konzepts bilden. Da wir in anderen Arbeiten (vgl. Theunissen 1993; 1999a) schon ausführlich darauf eingegangen sind, erlauben wir uns eine Kurzfassung.

• Kommunikatives Verhältnis

Aus philosophisch-anthropologischer Sicht gilt die Du-Bezogenheit des Menschen, das Bedürfnis nach sozialer Kommunikation, als eine „fundamentale Tatsache menschlicher Existenz“ (Buber). Deswegen sollte es Ziel aller pädagogischen Angebote sein, mit dem behinderten Menschen in eine partnerschaftliche kommunikative Beziehung zu treten und diese zur Entfaltung zu bringen. Erziehung verstehen wir in diesem Zusammenhang als ein „Werden in der Begegnung“ (Simon). Hierzu zählt eine Vertrauensbasis, die wir als das Fundament des pädagogischen Konzepts betrachten. Sie kann über eine auf Sympathie beruhende „Bezugsassistenz“ (Mitarbeiter als Vertrauensperson) hergestellt werden; als „Methode“ läßt sie sich freilich nicht verordnen.

• Subjektzentrierung
Jeder geistig behinderte Mensch ist als Person in seiner Subjekthaftigkeit zu erschließen. Auch der als verhaltensauffällig etikettierte Mensch darf nicht zum bloßen Objekt pädagogischer oder therapeutischer Maßnahmen degradiert werden. Er muß daher mit seinen Bedürfnissen, Interessen und Wünschen wahrgenommen werden; und es gilt, die subjektive Befindlichkeit, vor allem seine psychosoziale Lage intensiv aufzunehmen, um sein Verhalten und Erleben besser zu verstehen. Die naive Registrierung von Verhaltensstörungen oder abweichendem Verhalten reicht keineswegs aus, der Subjekthaftigkeit des Individuums Rechnung zu tragen.

• Individualisierung
Es ist ein weit verbreiteter Irrtum anzunehmen, es gebe in der Heilpädagogik Förderkonzepte oder Behandlungsformen, die sich in bezug auf die Arbeit mit sog. verhaltensauffälligen geistig behinderten Menschen verallgemeinern ließen. Die Erfahrung zeigt, daß jedes Problemverhalten als Ausdruck einer gestörten Individuum-Umwelt-Beziehung einzigartig bzw. einmalig ist, weswegen nur ein individualisiertes Konzept zum Erfolg gereichen kann. Dies schließt nicht den Rückgriff auf bestimmte Erkenntnisse, Erfahrungen oder Arbeitsformen aus, doch darf es nicht zu einem unvermittelten Bezug oder Einsatz kommen, der sowohl die Person als auch das Problem zu verfehlen droht. Das macht eine Modifikation oder Umstrukturierung bekannter Verfahren notwendig, die der jeweiligen Situation und Problemlage anzupassen sind. Außerdem widerspricht es unserem Menschenbild, Konzepte oder Förderprogramme ohne Beteiligung der Adressaten zu entwerfen und anzuwenden, denen sich die Betroffenen unterzuordnen hätten. Gilt das Gebot der Individualisierung, so bedeutet dies *„von der Person, mit ihr und für sie“* ein Konzept zu entwickeln. Diese Arbeitsformel verweist auf den „subjektzentrierten“ Ausgangspunkt, außerdem setzt sie auf Kooperation. Zugleich ist es ihr um eine realoptimistische Einschätzung der Möglichkeiten zu tun, indem sie den „pädagogischen Auftrag“ nicht leugnet. Alle drei Aspekte sind miteinander zu verknüpfen und dialektisch auszubalancieren. Dies zu leisten ist eine pädagogische Kunst.

• Autonomie und Empowerment
Das Streben nach Selbstverwirklichung und Autonomie ist ein originäres menschliches Bedürfnis, das behinderten Menschen jahrzehntelang abgesprochen, ja verweigert wurde. Proteste Betroffener, Solidaritätsaktionen und Selbsthilfe-Initiativen

haben uns zwischenzeitlich sensibel gemacht für die Respektierung des Selbstbestimmungsrechts behinderter Menschen. Vor allem sind es Menschen mit einer Körperbehinderung oder Sinnesschädigung, die offensiv für ihre Belange und ein „autonomes Leben" eintreten. Menschen mit geistiger Behinderung partizipieren erst ansatzweise an dieser Entwicklung. Ihnen wird nach wie vor Selbstbestimmung kaum zugetraut. Anscheinend ist es für viele Institutionen und Erziehungsträger einfacher, geistig behinderte Menschen in einer erlernten Unselbständigkeit, Abhängigkeit und Hilflosigkeit zu belassen sowie auf eine unendliche Kindheit zu fixieren. Dies legitimiert dann die „Betreuung" in heilpädagogischen Revieren eines Sonderdaseins. Durch Empowerment (Selbst-Ermächtigung; Selbst-Bemächtigung) soll dieser Anachronismus überwunden werden (vgl. Theunissen 1998b, 1999a). Menschen mit geistiger Behinderung sollen befähigt und in die Lage versetzt werden, ihre Interessen selbst durchzusetzen, sich zu organisieren, ihre Lebensverhältnisse individuell und gemeinsam zu kontrollieren und eigenständigselbstverantwortlich zu bewältigen. Damit werden alle geistig behinderten Menschen zugleich als Bürger mit Rechten und in ihrer Menschenwürde ernst genommen (vgl. Polloway et. al 1996; Theunissen 1999a; 2000b).

• Assistenz und Kooperation

Diese Stärkung des Selbsthilfepotentials durch Empowerment bedeutet nicht die völlige Aufhebung pädagogischer Hilfen, sondern einen Perspektivwechsel in der Betreuung: Statt Behandeln, Bevormunden, Kontrollieren, Programmieren, Vorschreiben oder Befehlen geht es um Begleiten, Unterstützen, Gewährenlassen, Anregen, Ermutigen, Kooperieren, um ein gemeinsames Handeln und Erleben. In diesem Zusammenhang stoßen wir immer häufiger auf den Begriff der Assistenz (hierzu ausführlich Theunissen 1999a), der auf dem besten Wege ist, den der Betreuung abzulösen. Dieser Entwicklung haben wir uns angepaßt, indem in unserem Konzept nicht mehr von „pädagogischer Betreuung" (so noch Theunissen 1994), sondern von „Alltagsbegleitung" die Rede ist. Damit soll die bisherige „pädagogische Umklammerung" geistig behinderter Erwachsener endgültig zugunsten eines Unterstützungsprinzips überwunden werden, das Hilfe zur Selbsthilfe, vor allem auch die Entwicklung von Autonomie-, Solidaritäts- und Mitbestimmungsfähigkeit (vgl. Theunissen 2000d) sowie die Sicherung des Selbstbestimmungsrechts zum Ziele hat.

• Ganzheitlichkeit

Betrachtet man den Menschen in der Einheit von „Körper, Seele, Geist" als ein soziales, weltoffenes und weltverbundenes Wesen, so hat dies Konsequenzen für Pädagogik und Therapie: Sie haben dieser „Ganzheitlichkeit" Rechnung zu tragen, indem emotionale, physische und kognitive Aspekte wie auch soziale, mitmenschliche Beziehungen und lebensweltliche Systeme bei der Alltagsbegleitung und Konzeptentwicklung reflektiert und berücksichtigt werden müssen. So genügt es nicht, mit einem „schwierigen" Bewohner ein stringentes Verhaltenstraining durchzuführen, wenn dies seine physische und psychische Befindlichkeit (Verkrampfung, muskuläre Panzerung, Ängste) nicht zuläßt. Hier macht zunächst eher ein basales Kommunikationsangebot Sinn, um eine positive affektive Beteiligung und Offenheit für weitere Aktivitäten (z.B. übende Verfahren) zu erreichen. Der ganzheitlichen Orientierung aufs Subjekt hat der Bezug auf die Lebenswelt zu korrespondieren. Wenn zum Beispiel die Wohngruppe kein Ort der Geborgenheit, des Wohlbefindens und der Realitätskontrolle ist, geht die subjektzentrierte Arbeit ins Leere.

• Entwicklungsgemäßheit
Alle pädagogischen Prozesse haben sich am Verlauf und an den Gesetzmäßigkeiten der menschlichen Entwicklung zu orientieren. Dies betrifft unter anderem auch die Erkenntnis, daß es keine „endgültige Entwicklungsbeschränkung" (Lutz) gibt, sondern daß menschliche Entwicklung und menschliches Lernen in jedem Alter stattfinden können. Diese prinzipielle Lern- und Entwicklungsfähigkeit gilt uneingeschränkt für alle Menschen. Zahlreiche Untersuchungen belegen, daß die einst weit verbreitete These der Bildungsunfähigkeit von Menschen mit geistiger Behinderung unhaltbar ist (vgl. Theunissen 1993, 40ff.). Selbst geistig schwerst behinderte Menschen können im Erwachsenenalter lernen und sich in ihrer Persönlichkeit entwikkeln. Solche Prozesse sind nur möglich, wenn die pädagogische Arbeit an dem aktuellen Entwicklungs- und Handlungsniveau anknüpft und sich im Horizont der „Zone der nächsten Entwicklung" (Wygotski) bewegt. Außerdem darf sie weder unter- noch überfordern, d.h. ihre Angebote und überhaupt die Gestaltung des Lebensalltags müssen derart „passend" sein, daß sich der Einzelne mit seinen Möglichkeiten und Bedürfnissen darin wiederfinden kann.

• „Seinlassen" und Vertrauen in die Ressourcen
Die entwicklungsfördernde Arbeit darf nicht zu dem Trugschluß verführen, die Idee des lebenlangen Lernens im Sinne eines permanenten Lernzuwachses auszulegen und geistig behinderte Menschen womöglich mit heilpädagogischen Übungs- oder Trainingsprogrammen zu überschütten. Geistig behinderte Personen haben ebenso wie alle anderen Menschen ein Recht auf Eigenleben, Selbstdarstellung und Lebenserfülltheit, das es insbesondere auch im Erwachsenenalter zu respektieren gilt. Bei aller Zielgerichtetheit pädagogischen Handelns muß Raum bleiben für ein zweckfreies und selbstbestimmtes Leben, das nicht erzieherischen oder therapeutischen Ambitionen zum Opfer fallen darf. Deshalb bedarf es als Korrektiv gegen-

über gezielten Maßnahmen eines „Seinlassens“ im Sinne des Verzichts auf pädagogische Interventionen. Hierzu ist neben der Wertschätzung und Achtung der Person sowie der Akzeptanz des „So-Seins“ des behinderten Menschen ein Vertrauen in seine Ressourcen notwendig. Dieses Zutrauen stärkt das Selbstvertrauen und befördert Autonomie und soziale Handlungskompetenz.

• Lebensweltorientierung
Die vorausgegangenen Prinzipien signalisieren eine Lebensweltorientierung: Menschen mit geistiger Behinderung werden nicht als alleinige Adressaten einer Behindertenpädagogik begriffen, sondern Gegenstand sind die Betroffenen mit ihren Bedürfnissen in ihrer Lebenswelt. Dies bedeutet, daß stets das soziale Bezugsfeld als autonomiehemmender oder -fördernder Faktor mitreflektiert und berücksichtigt werden muß. Leitprinzipien wie Normalisierung, Integration und Selbstbestimmung hängen demzufolge auch immer vom Verhalten und Interesse der sozialen Umwelt ab, welche sich (mit-)verändern muß, wenn psychosoziale Auffälligkeiten abgebaut bzw. aufgelöst werden sollen. Folglich erreichen pädagogisch-therapeutische Maßnahmen ihre Bedeutung erst durch ihre Integrierung in lebensweltliche Zusammenhänge, wie sie der einzelne geistig behinderte Mensch als subjektiv bedeutsam erfährt (vgl. Speck 1988). Hierzu müssen Lern- und Handlungsfelder offeriert werden, die für den behinderten Menschen auf dem Hintergrund seiner biologischen Struktur und Disposition, seinen Entwicklungsmöglichkeiten und Bedürfnissen sowie seiner Biographie „passend“, sinnbildend und autonomiefördernd sind. Ohne Mitarbeit der lebensweltlichen Systeme ist ein solches Konzept zum Scheitern verurteilt. Dies gilt sowohl für primäre Lebenswelten wie Familie, Wohngruppe oder Schule als auch für lebensweltliche Bereiche wie Nachbarschaften, Freizeitstätten, Einkaufszentren, kulturelle Orte oder gesellschaftliche Normen, die jeweils unterschiedlich intensiv und reziprok auf die Entwicklung des geistig behinderten Menschen wirken und von ihm beeinflußt werden. Ist das Verhältnis dieser Lebensbereiche zueinander gespalten und stehen die einzelnen Systeme in krassem Widerspruch zu den Bedürfnissen und Entwicklungsmöglichkeiten des behinderten Menschen, kommt es zu Unverträglichkeiten, die die Person in ihrer Identität und Lebensverwirklichung beschädigen. Somit gehört es zu einem wichtigen (insbesondere auch präventiven) Anliegen der behindertenpädagogischen Arbeit, die Frage nach geeigneten Lebensräumen für Menschen mit geistiger Behinderung zu stellen und für entsprechende Situationen offensiv einzutreten.

5.2 Zur pädagogischen Alltagsbegleitung

5.2.1 Bereiche

Wenn wir einen Blick auf Konzepte einer pädagogischen Alltagsbegleitung werfen, die für Menschen mit (schwerer) geistiger Behinderung und Verhaltensauffälligkeiten bestimmt sind, so stellen wir fest, daß oftmals der „ganzheitliche" Blick fehlt. So genügt es zum Beispiel nicht, eine Alltagsbegleitung nur unter einem „verhaltenstherapeutischen Setting" zu konzipieren. Momente einer sinnerfüllten Lebensgestaltung, bei der es um Selbstbestimmung und Selbstverwirklichung der Grundphänomene menschlichen Lebens (Du-Bezug; Geselligkeit; ästhetische Kulturbetätigung) geht, kämen dann viel zu kurz. Ebenso unzureichend wäre es, ein „Pflegemodell" zu priorisieren (z.B. Meyer 1997). So wichtig eine Pflege insbesondere sog. intensivbehinderter Personen oder auch alter Menschen sein mag, Bildung, Freizeit und „Eingliederungshilfe" kann sie nicht ersetzen (vgl. Theunissen 1999a, 69ff.). Daher greifen z.B. Konzepte zu kurz, die aus der Umwandlung eines Wohnheims in ein Pflegeheim oder aus der Schaffung von Pflegegruppen bzw. Pflegeabteilungen in größeren Einrichtungen resultieren, wenn die Pflegeversicherung das Sagen bekommt. Andererseits gibt es nach wie vor Einrichtungen, in denen unabhängig dieses konservativen Roll-Backs auf dem Gebiet des Wohnens pflegerisch dimensionierte Betreuungskonzepte überwiegen. Dies hat verschiedene Gründe, zum einen ist häufig noch eine mangelnde Loslösung vom psychiatrischen Versorgungsmodell auszumachen, zum anderen spielen aber auch Unkenntnis, ein unreflektiertes fachliches Selbstverständnis in der Heilpädagogik oder auch ein mangelndes Vertrauen in die Ressourcen geistig behinderter Menschen eine Rolle. Mitunter fehlen allein das Verständnis und Interesse für eine stärkenorientierte, emanzipatorische, autonomiesichernde und integrative Behindertenarbeit. Dies gilt insbesondere für geistig schwerst- und mehrfachbehinderte Menschen wie aber auch für älterwerdende bzw. alte Personen mit geistiger Behinderung, deren Anspruch auf „Eingliederungshilfe" anscheinend immer häufiger in Frage gestellt wird. Diese durch Kostenträger und Verwaltungen beförderte Tendenz ist nicht nur ethisch höchst bedenklich, sondern sie sollte auch fachlich betrachtet scharf zurückgewiesen werden, da mittlerweile zahlreiche wissenschaftliche Arbeiten vorliegen, die den Nachweis erbringen, daß geistig schwerbehinderte Menschen auch im Erwachsenenalter und Alter lern- und entwicklungsfähig sind und daß selbst „schwierige" geistig behinderte Personen sich unter Lebensbedingungen, die ein häusliches Wohnen zulassen, in ihrem Verhalten und Erleben positiv verändern können (vgl. Wedekind u.a. 1994; Theunissen 1999a, 253ff.).

Überdies gehen wir davon aus, daß jeder Mensch mit geistiger Behinderung die gleichen Grundrechte wie jeder andere Bürger hat, und dazu zählt zum Beispiel das Recht auf gesellschaftliche Zugehörigkeit (Inclusion; citizenship). Damit besteht zugleich ein Anrecht auf eine angemessene „Integrationshilfe", die nicht durch ein Pflegekonzept verkürzt oder gar ausgeblendet werden darf. Unter Beachtung der speziellen Bedürftigkeit von geistig behinderten Menschen mit Verhaltensauffälligkeiten sowie mit Blick auf die oben anskizzierte normative Bezugsbasis schlagen wir fünf Bereiche vor, die im Rahmen einer pädagogischen Alltagsbegleitung berücksichtigt werden sollten. *Diese Bereiche betrachten wir als grundlegende Bestandteile einer „ganzheitlichen" pädagogischen Arbeit, in der unterschiedliche Hilfen und Interventionen, Formen einer Begleitung oder Unterstützung wie auch Beratung, Bildung oder Förderung, miteinander verschränkt zum Tragen kommen.* Dies gilt insbesondere für den Bereich der rehabilitativen Pflege, der für eine Subjektvergessenheit und für den Verstoß gegen das Recht auf Intimität besonders anfällig ist. Außerdem können gerade mit geistig schwer behinderten und verhaltensauffälligen Menschen existentiell wichtige Beziehungen häufig erst über basale pflegerische Prozesse aufgebaut und entfaltet werden (vgl. auch Theunissen 1994, 60; Bienstein/Fröhlich 1994a; b; Meyer 1997).

• Rehabilitative Pflege

Der Bereich der rehabilitativen Pflege umfaßt drei Schwerpunkte der Assistenz: Die sog. *Förder- oder aktivierende Pflege*; hier gilt ein dynamischer Pflegebegriff mit der Zielsetzung, die geistig behinderten Menschen soweit wie möglich zu verselbständigen (Selbstpflege); damit soll sich die Hilfe zur Pflege letztlich überflüssig machen. Die weitestmögliche Mitwirkung an der eigenen Pflege bzw. Versorgung verhindert darüber hinaus ein frühzeitiges Altern und ermöglicht ein würdevolles und sinnerfülltes Altern. Neben der aktivierenden Pflege gilt es auch eine (präventive) *Grundversorgung* (z.B. Sicherstellung ausreichender Flüssigkeitszufuhr, Dekubitusprophylaxe) sowie eine *Behandlungspflege* sicherzustellen, um dem gesundheitlichen Wohlbefinden der Betroffenen Rechnung zu tragen. Wichtig ist es, bei allen pflegerischen Hilfen stets das Prinzip der „Ganzheitlichkeit" zu beachten, wie es z.B. Wittneben (1993, 204) in ihrem „Modell der multidimensionalen Patientenorientierung" anskizziert hat. Insgesamt betrachtet geht es im Bereich der Pflege vor allem um Körperpflege/Hygiene/Intimpflege (z.B. Waschen, Duschen/Baden, Haare waschen, Nagel- oder Hautpflege, Zahnpflege, Kämmen, Rasieren, Monatshygiene/Sexualhygiene, Toilettenregelung, Windeln, Abführen, Anwenden von Pflegehilfsmitteln), Ernährungshilfe (z.B. Essen, Trinken, besondere Diät/Schonkost, Sondenernährung), (rehabilitations-)medizinische Maßnahmen (Medikamenteneinnahme, Begleitung bei Arztbesuchen, Krankenhausaufenthalten, ärztliche Verordnungen wie Wundversorgung, Epilepsie, akute Erkrankungen), Mobilitätshilfe (z.B. Aufstehen/Zu-Bett-Gehen, Handhabung orthopädischer Hilfsmittel wie Rollstuhl oder Gehhilfen);

• Hausarbeit und lebenspraktische Assistenz
Dieser Bereich erstreckt sich auf assistierende Hilfen zur Bewältigung alltäglicher Hausarbeiten, insbesondere auf eine hauswirtschaftliche Lebensführung und auf lebenspraktisches Tun. Auch hierbei geht es um eine größtmögliche Verselbständigung der geistig behinderten Menschen. Leider wird häufig der Bereich der Hausarbeit als pädagogisches Lernfeld völlig verkannt. Die Palette möglicher Aktivitäten im Hauswirtschafts- und lebenspraktischen Bereich ist breit: z.B. ein „Fertiggericht" oder Menü zubereiten, Kaffee kochen, Küchengeräte bedienen, Umgang mit Messer, Brot schneiden, Tisch decken oder abräumen, Geschirr spülen, Putzen, Wischen, Fegen; Nahrungsmittel, Kleidung, Haushaltsgegenstände oder Pflegemittel einkaufen, witterungsgemäße Kleidung auswählen, verschmutzte oder beschädigte Kleidung aussortieren, Taschengeld verwenden und einteilen, Umgang mit Geld, Führung eines Sparbuches, Telefonieren, An- und Auskleiden, Kleidungsverschlüsse bedienen, Gestaltung und Ordnung des Zimmers, Wechsel der Bettwäsche, Instandhaltung und Pflege persönlicher Gegenstände, Umgang mit fremdem Eigentum, Zimmerpflege u.a.m.);

• Lebensgestaltung und ästhetische Praxis
Während die ersten beiden Bereiche der Existenzsicherung und Lebensbewältigung dienen, geht es nun um assistierende Hilfen zur individuellen Lebensgestaltung, zur Verwirklichung eines sinnerfüllten Lebens. Dabei kommt diesem dritten Bereich eine doppelte Funktion zu: zum einen ist er als eigenständiges Sozialisationsfeld aufzubereiten, um originäre menschliche Bedürfnisse (z.B. Spiel als zweckfreies Tun) zu befriedigen. Zum anderen hat er die anderen Bereiche zu durchdringen und zu vervollkommnen, damit der Alltag als Ganzes sinnerfüllt erlebt werden kann. Schwerpunkte der Lebensgestaltung/ästhetischen Praxis erstrecken sich z. B. auf Unterstützung und Pflege von Interessen/Hobbys, auf eine individuelle und gemeinsame Freizeitgestaltung (Freizeitaktivitäten, Spiele, gesellige Feste, Ausflüge, ästhetische Aktivitäten wie Malen, Basteln, Werken oder Handarbeiten, Tanz, Theater, Musik, Halten von Haustieren, Züchten und Pflegen von Pflanzen, Urlaubsgestaltung, Musik-, Schwimm-, Sportgruppe, Vereine), auf Gestaltung des Individualbereiches und der Gemeinschaftswohnräume zu einer Stätte der Geborgenheit und des Wohlbefindens (Gestaltung des eigenen Zimmers mit Bildern, Pflanzen; Möblierung; Beleuchtung; Farbgebung; „Ästhetisierung" der Gemeinschaftsräume) sowie auf eine allgemeine Lebenshilfe und Bildung durch Einzel-

oder Gruppenarbeit (z.B. Verarbeitung des Älterwerdens; Erarbeitung von Wünschen/Interessen/Vorstellungen zur Lebensgestaltung, einer Zielplanung oder Gestaltung eines individuellen Lebensentwurfs; Entdeckung oder Erarbeitung neuer Interessen; biographisches Arbeiten [z.B. Visualisierung einer Lebensrückschau mit positiven Erinnerungen durch Bilder(geschichten), durch einen „Spurensicherungskasten" mit wichtigen Souveniers], Unterstützung/Hilfen beim Erlernen oder bei der Pflege von Kulturtechniken, z.B. zum Erkennen von Symbolen, Lesen von Signalwörten oder kleinen Texten; Beratung bei Empfängnisverhütung; Beratung bei sozialen, rechtlichen und finanziellen Fragen; Hilfen und Begleitung bei der Durchführung von Bewohnerversammlungen zur Mitsprache bzw. Mitarbeit beim Heimbeirat, Förderung von Self-Advocacy Gruppen; Hilfen zur Orientierung der eigenen Person, zur zeitlichen Orientierung im Alltag, bei der Jahresstrukturierung);

- Psychosoziale Lebenshilfe und körperliche Aktivierung

Dieser Bereich bezieht sich auf assistierende Hilfen (z.B. Beratung), die speziell für die Arbeit mit sog. verhaltensauffälligen geistig behinderten Menschen bestimmt sind und insbesondere zur Prävention und Kompensation psychischer Krisen, zum Abbau von Verhaltensproblemen, zur psychischen Stabilisierung und zu einem verbesserten Sozialverhalten beitragen sollen (z.B. Integration in die Gruppe; Einhaltung von gruppenbezogenen Regeln; Kooperationsprobleme; Durchsetzung eigener Interessen; Umgang mit der eigenen Behinderung; Selbstbild und realistische Selbsteinschätzung; Kontaktschwierigkeiten; Angstabbau, Verarbeitung persönlicher Probleme, Verarbeitung von Krankheit oder Tod eines nahen Angehörigen oder Freundes; Schwierigkeiten am Arbeitsplatz; Krisen- und Konfliktbewältigung in Alltagssituationen oder speziellen Lebenslagen; Beziehungsarbeit, Hilfen bei Partnerschaft, Sexualität; Begleitung beim Sterben, Vorbereitung auf den Tod [Hoffmann 1999] u.a.).

Neben dieser psychosozialen Lebenshilfe und Begleitung geht es in diesem Bereich auch explizit um eine *körperliche Aktivierung* (z.B. durch Sport, Joggen, Sportspiele, Garten- oder Landarbeit), da immer wieder die Erfahrung gemacht wird, daß sich derlei Angebote gerade in der Arbeit mit „schwierigen" geistig behinderten Menschen, deren verbale Kommunikationskompetenz eingeschränkt ist, besonders bewähren.

- Gesellschaftliche Integrationshilfe und kulturelle Partizipation

Hier geht es um Begleitung, Lernhilfen und Bildungsangebote zur Teilnahme am kulturellen Leben und zur gesellschaftlichen Integration. Außenaktivitäten (Erkunden des nahen und weiteren Lebensumfeldes, örtliche Orientierung, Verkehrserziehung, Benutzung öffentlicher Verkehrsmittel, Nutzung öffentlicher Ressourcen bzw. Dienstleistungsangebote wie Kaufhäuser, Café, Friseur, Kino, Schwimmbad, Sparkasse; Wahrnehmung kultureller Veranstaltungen, Bildungsangebote wie VHS, Integration in Vereine, Behördengang) haben dabei einen ebenso wichtigen Stellenwert wie die Öffentlichkeits- und Bezugsfeldarbeit (z.B. Umgang und Zusammenarbeit mit Behörden/Verwaltung, Besuch anderer Einrichtungen, Elterntreffen, Zusammenarbeit mit Geschäften, Cafés, Dienstleistungsbetrieben, Förderung der Nachbarschaftsbeziehungen, Veranstaltung gemeinsamer Unternehmungen mit Nichtbehinderten; Förderung eines [überregionalen] Self-Advocacy Netzwerkes).

5.2.2 Allgemeine pädagogische Ziele

Pädagogisches Alltagshandeln ist zielorientiertes Handeln, das die Entwicklung eines Menschen durch Gestaltung geeigneter Lern- und Erfahrungsfelder anzuregen versucht. Hierzu sollten alltägliche Abläufe genutzt und normale Lebensfelder in den Blick genommen werden. Pädagogische Ziele dürfen freilich nicht in heilpädagogischer Übungsmanier einem behinderten Menschen aufgestülpt werden; vielmehr müssen sie subjektzentriert erschlossen werden. Nun können wir an dieser Stelle keine individualisierten Zielangaben machen, wohl aber allgemeine Intentionen nennen, die grundlegende Bedeutung haben:

- Eine tragfähige Beziehung (Bezugsassistenz) aufbauen;
- An Fähigkeiten, Interessen und Bedürfnissen anknüpfen und diese unterstützen;
- Stärken und Kompetenzen wahrnehmen und unterstützen;
- Blockierte Entwicklungspotentiale öffnen und stärken;
- Selbstvertrauen und Selbstwertgefühl aufbauen;
- Den Alltag so gestalten, daß täglich genügend Angebote, Aufgaben oder Herausforderungen bestehen;
- Genügend soziale Kontakte innerhalb und außerhalb der primären Lebenswelt anbieten oder zulassen;
- Positive Signale erkennen und unterstützen;
- Eine offen-neutrale Grundhaltung einnehmen und Schuldzuschreibungen vermeiden;
- Konfliktfreie Zeiten pädagogisch nutzen;
- Sozial wertvolle Aufgaben und Rollen nutzen.

5.2.3 Angebote

Die Bedeutung „entwicklungsgemäßer" Angebote wird in der alltäglichen Arbeit häufig unterschätzt. Denn je „passender" Aktivitäten für den Einzelnen sind, desto größer ist die Chance, daß er weder unter- noch überfordert wird. Zugleich muß aber auch eine interessen- oder bedürfnisbezogene sowie altersgemäße Stoffauswahl statthaben. Die pädagogische Kunst besteht darin, diese beiden Aspekte miteinander zu verschränken, so zum Beispiel durch einen attraktiven Mediengebrauch (Video-Selbstdokumentationsprojekt; Fotografieren mit Polaroidkamera; Anlegen eines Fotoalbums und einer Fotowand), durch eine ästhetische Praxis (Werken, bildnerisches oder plastisches Gestalten, Handarbeiten) oder durch lebenspraktische Tätigkeiten (Hausarbeiten, Kochen, Backen u.a.). Darüber hinaus kann sich auch im Kontext einer allgemeinen pädagogischen Arbeit der Rückgriff auf problemorientierte (pädagogisch-therapeutische) Angebote (z.B. basale Körperarbeit zur psychisch-physischen Entspannung; Fußball oder Waldlauf zur körperlichen Aktivierung) als zweckmäßig erweisen. Grundsätzlich sind individuelle Belastbarkeiten zu berücksichtigen; dies erfordert womöglich eine spezielle Tagesstrukturierung (regelmäßige oder flexible zeitliche Planung/Durchführung von Aktivitäten; Wechsel von Aktivitäts- und Ruhephasen), eine dosierte Angebotsstruktur (vom Leichten zum Schweren) sowie eine Differenzierung/Zerlegung der Angebote in Sequenzen bzw. kleinste Handlungseinheiten, so daß Schritt für Schritt gelernt werden kann. Außerdem sollte bei der Auswahl „geeigneter" Angebote stets darauf geachtet werden, daß der betreffende geistig behinderte Mensch mitreden und mitentscheiden kann. Denn nur dann leistet die pädagogische Arbeit ihren Beitrag zum Abbau von Verhaltensauffälligkeiten und zur Entwicklung von mehr Autonomie.

5.2.4 Zeit

Der Faktor Zeit ist im Rahmen der pädagogischen Alltagsbegleitung in doppelter Hinsicht bedeutsam: Zum einen kommen immer wiederkehrende zeitliche Abläufe (Tagesablauf, Wochenrhythmus, regelmäßige tagesstrukturierende Maßnahmen, gewohnte Rituale zu bestimmten Zeiten) den Bedürfnissen vieler geistig behinderter Menschen nach Verläßlichkeit und Sicherheit entgegen. Zum anderen bedarf es aber auch einer Flexibilisierung zeitlicher Abläufe, um individuelle Voraussetzungen und Bedürfnisse sowie aktuelle Belastbarkeiten zu berücksichtigen (z.B. Wechsel von Aktivitäts- und Ruhephasen; kürzere/längere Pausen). Ein rigides Festhalten an zeitlichen Regeln ist häufig haftbar zu machen für Fremdbestimmung und zusätzliche Verhaltensprobleme. Andererseits kann ein individualisiertes zeitliches laisser-faire Diffusität im Alltag erzeugen und einem Zusammenleben in der Gemeinschaft abträglich sein. Beide Aspekte müssen so miteinander verschränkt werden, daß der Alltag in seiner Zeitdimension für den Einzelnen „passend" ist.

5.2.5 Soziale Kommunikation und Beziehungen

Die Gestaltung einer verläßlichen pädagogischen Beziehung (Bezugsassistenz) kann in der Alltagsbegleitung geistig behinderter Menschen mit Verhaltensauffälligkeiten nicht hoch genug eingeschätzt werden. Darüber hinaus sollten aber auch Kommunikationen im sozialen Umfeld sowie Beziehungen in der Gruppe reflektiert und positiv beeinflußt werden. Gerade diese sind außerordentlich störanfällig und oft Auslöser für Krisen, Konflikte oder Verhaltensprobleme. Zu den Aufgaben der pädagogischen Alltagsbegleitung gehört es, soziale Konflikte zu entschärfen, zwischen Interessen des Einzelnen, seiner Gruppe oder des sozialen Umfeldes (z.B. Nachbarschaft) zu vermitteln, soziale Kompetenzen zu unterstützen und ein Zusammenleben in der Gemeinschaft zu fördern (z.B. durch eine geschickte Gruppenzusammensetzung und Tischordnung; durch Gruppengespräche über Sympathien und Antipathien; Wahrnehmung und Stützung von Freundschaften; gemeinsame Gruppenerlebnisse). Wenngleich spezielle Stützprogramme hierzu hilfreich sind, genügt es mitunter schon, alltägliche Situationen für soziale Lernerfahrungen zu nutzen.

5.2.6 Lebensmilieu

Ein Lebensmilieu, das Mitgestaltung und Kontrolle, die Realisierung individueller Interessen sowie die Verwirklichung von Grundphänomen menschlichen Lebens kaum zuläßt, befördert psychisches Unwohlsein, Konflikte und Verhaltensauffälligkeiten. Ebenso ist eine funktionsorientierte, klinisch-pflegerisch dimensionierte Raumgestaltung einem subjektiven Wohlbefinden eher abträglich. Pädagogisch gesehen kommt es deshalb darauf an, ein Lebensmilieu zu schaffen, in dem sich der Einzelne sinnlich und sinnerfüllt wiederfinden kann. Für geistig schwer und mehrfachbehinderte Menschen bietet eine basal orientierte Raumgestaltung (Liegelandschaft; Snoezel-Angebote) ein wichtiges „ästhetisches Erfahrungsfeld", das sinnliches Erleben und Handeln zuläßt. Darüber hinaus kommt es auf die alltägliche Lebensgestaltung an. Subjektives Wohlbefinden wird nicht erst durch spezielle (pädagogische oder therapeutische) Maßnahmen erreicht, sondern der Alltag kann schon psychisch stabilisierend und förderlich sein, wenn er genügend Raum läßt für individuelle Lebensplanung und Lebensstilverwirklichung. Dies bedeutet, daß beispielsweise individuelle Gestaltungen der Bewohnerzimmer akzeptiert werden müssen, auch wenn diese nicht sozial üblicher Normen entsprechen sollten („Unordnung" im Zimmer).

5.2.7 Pädagogische Methoden

Alle Methoden, die in der pädagogischen Arbeit mit sog. verhaltensauffälligen geistig behinderten Menschen zur Anwendung kommen sollen, müssen grundsätzlich sowohl von den allgemeinen Leitprinzipien als auch von den individualisierten Zielsetzungen begründbar sein.
Jede Methode enthält darüber hinaus inhaltliche Vorentscheidungen (Orientierung an den Angeboten), außerdem sind institutionelle und organisatorische Rahmenbedingungen (Wohngruppe, Raumfrage, Zeit) zu reflektieren, bevor eine Methodenauswahl getroffen werden kann. Diesbezüglich sollten verschiedene Ebenen unterschieden werden:

• Lehrmethoden und Phasenmodelle
Diese erste Ebene der Methoden ist lernpsychologisch bedeutsam (vor allem zur Aneignung von Wissen, Kenntnissen oder zur Begriffsbildung) und hat für den direkten Umgang mit sog. verhaltensauffälligen geistig behinderten Menschen noch keine spezifische Bedeutung.

In der pädagogischen Arbeit mit geistig behinderten Menschen wird gerne auf das Konzept des „handelnden Lernens“ nach Galperin (1972) zurückgegriffen. Es unterscheidet fünf Phasen, eine Motivierungsphase, bei der es um Interessenfindung und Motivauswahl geht, eine Orientierungsphase zur Bestimmung des Handlungsziels, zur Einschätzung der Situation, zur Ermittlung der Merkmale des Lernstoffes sowie zur Auswahl und Bereitstellung von Materialien; ihr folgt die Durchführung, die eine Phase der materiellen Handlung (z.T. mit sprachlicher Begleitung) und eine Phase der materialisierten Handlung (z.B. Erarbeitung eines Modells) umfaßt; danach kommt die Phase der sprachlichen Darstellung der Handlung ohne Durchführung und schließlich die fünfte Phase des gedanklichen Arbeitens ohne Verbalisierung. Damit ist die Handlung Bestandteil des Denkprozesses geworden. Es können allerdings nicht alle Menschen mit geistiger Behinderung von diesem Prozeß geistiger Aneignung profitieren. Zum Beispiel bietet sich bei geistig schwerst behinderten Menschen, die erhebliche sprachliche Verständigungsprobleme haben, eher die Strukturierung des Lernprozesses nach Piagets Phasen der sensomotorischen Entwicklung an (ggfs. auch in Kombination mit Galperins Ansatz). Weitere methodische Gestaltungsmomente sind (grobmaschige) Phasenmodelle (wie etwa die Phase des Aufbaus, der Stabilisierung oder der Wiederholung, der Anwendung und des Transfer sowie der Differenzierung von Verhalten), das (Lern-)Prinzip der „kleinen Schritte“, das Prinzip „vom Leichten zum Schweren“ oder das der „gemäßigten Neuartigkeit“ (Ginsburg/Opper), welches besagt, daß erfolgreiches Lernen am ehesten stattfinden kann, wenn die Angebote, Inhalte und Materialien weder über- noch unterfordern sowie in die Zone der nächsthöheren Entwicklung führen.

• Verfahrensweisen
Eine zweite Ebene bilden die sog. Verfahrensweisen. Hierbei denken wir insbesondere an Techniken oder Arbeitsformen, die einer bestimmten, in der Regel festgelegten, methodischen Strukturierung oder Vorgehensweise bedürfen. Dies gilt z.B. für Musik-Malen, druckgrafische Verfahren, plastisches Gestalten, Basale Kommunikation, integrative Körpertherapie oder andere pädagogisch-therapeutische Verfahren. Derlei Methoden sind weniger in der pädagogischen Alltagsbegleitung als vielmehr in der speziellen Pädagogik dominant, wo gerne darauf zurückgegriffen wird (vgl. auch Kap. 5.3).

• Allgemeine pädagogische Verkehrsformen
Die dritte Ebene betrifft pädagogische Interaktionen, die auf der Basis eines beziehungszentrierten und subjektorientierten Konzepts, das auf Identitätsentwicklung und Persönlichkeitsentfaltung angelegt ist, unverzichtbar sind. Dabei denken wir an allgemeine „positive" Verkehrsformen, die in der Pädagogik bei geistig behinderten Menschen (unabhängig von Verhaltensauffälligkeiten) eigentlich selbstverständlich sein sollten. Sie stehen einem kommandohaften Befehlston, Anweisungen, Dressaten, reglementierenden und rigiden pädagogischen Instruktionen, die in der Vergangenheit den Umgang mit geistig behinderten Menschen oftmals maßgeblich bestimmt haben und für „heilpädagogische Übungsbehandlungen" typisch waren, diametral gegenüber. Wichtige allgemeine Verkehrsformen sind zum Beispiel:

- (Spontan-)Aktivitäten, Initiativen und „positive" Signale des behinderten Menschen aufgreifen, unterstützen und zum gewünschten Zielverhalten kooperativ-lenkend begleiten;
- von den Fähigkeiten und vom Entwicklungsniveau des behinderten Menschen ausgehen und entsprechende Situationen arrangieren, die lern- und entwicklungsfördernd sind;
- neue Verhaltensweisen anfänglich an vertrauten Materialien und Ereignissen fördern und allmählich neue Angebote in bekannte Situationen hinzufügen;
- Situationen derart gestalten, daß ein gewünschtes (individuell sinnvolles) Verhalten ohne korrigierende Einflußnahme wahrscheinlich wird;
- Absichten, Wünsche oder Vorhaben des behinderten Menschen erahnen, darauf positiv reagieren und das Signalverhalten unterstützen;

- Routinen über die Spontanaktivitäten des behinderten Menschen aufbauen, das Verhalten stabilisieren und allmählich durch neue Angebote differenzieren;
- über altersgemäße und attraktive Angebote zu neuem Verhalten oder Probehandlungen anregen, motivieren und ermutigen;
- kooperieren, gemeinsam handeln;
- ausprobieren lassen;
- zuhören, aussprechen lassen;
- trösten;
- psychisch-physische Entspannung, Ruhe, Geduld und empathische Gelassenheit ausstrahlen;
- non-verbale Signale (Körpersprache) positiv einsetzen;
- helfen, aber nur soviel wie nötig;
- führen und alleine entscheiden, ausführen oder handeln lassen;
- fragen oder vorschlagen, um Entscheidungsautonomie zu fördern (z.B. zwischen Alternativen wählen lassen).

- Verhaltensaufbauende und -stabilisierende Methoden

Manche Verhaltensprobleme lassen sich dadurch kompensieren, abbauen oder gar auflösen, indem positive Verhaltensäußerungen oder Handlungen in der sog. konfliktfreien Zeit gezielt unterstützt und aufgebaut werden. Anregungen und Techniken aus der *Verhaltensmodifikation* haben hier ihren Stellenwert. In der Praxis der Verhaltensmodifikation wird davon ausgegangen, daß sich die Auftretenswahrscheinlichkeit eines positiven Verhaltens dadurch erhöht, indem die entsprechenden Verhaltensweisen unmittelbar nach ihrem Auftreten verstärkt werden. Als *positive Verstärker* gelten:

- Soziale Zuwendung (Lob, Anerkennung, Ermutigung, Zustimmung ...)
- Nahrung (Süßigkeiten, Getränke ...)
- Token (Spielmünzen, Chips)
- Spielmaterialien oder Gegenstände (z.B. Bilder)
- Aktivitätsangebote (Sportliche Spiele, Gesellschaftsspiele, Backen ...)

Bredenkamp und Bredenkamp (1973) nennen darüber hinaus noch die *Selbstbekräftigung* als sog. interne Verstärkung, die zuvor nicht direkt beobachtbar, aber aus bestimmten Äußerungen oder Ausdrucksformen geschlossen (vermutet) werden kann, so z.B. wenn „das Individuum Befriedigung oder Freude verspürt, wenn es sich bestimmte Kenntnisse oder Fertigkeiten aneignet oder Einsichten in Probleme gewonnen hat" (ebd., 26).

Wenngleich die Wirksamkeit materieller und sozialer Verstärkung in vielen Untersuchungen an einer großen Zahl an geistig behinderten Kindern und Jugendlichen nachgewiesen worden ist, darf daraus nicht geschlossen werden, daß dieselben

Verstärker bei jedem geistig behinderten Menschen gleichermaßen wirksam sind. Ein geistig behindertes Kind, das keine Gummibärchen mag, kann wohl kaum durch Gummibärchen in seinem positiven Verhalten verstärkt werden. Wichtig ist somit stets die subjektzentrierte, bedürfnis- oder interessenorientierte Auswahl geeigneter Verstärker. Hinzu kommt die Frage nach dem Einsatz bestimmter Verstärker. Soziale Verstärker sollten prinzipiell Vorrang haben. Erst wenn keine erwünschte Wirksamkeit zu beobachten ist, sollten andere positive Verstärker ausprobiert werden. Als günstig wird eine Kombination von sozialen und materiellen Verstärkern eingeschätzt, um dadurch u.a. Rigidität, mechanisches Lernen, extrinsische Motivationsabhängigkeit oder Fixierungen auf bestimmte Nahrungsmittel zu vermeiden. Token-Systeme (hierzu Hippler & Scholz 1974) gelten als besonders effektiv. Im Rahmen eines bestimmten Zeitabschnitts erhalten Betroffene beim Auftreten ihres positiven Verhaltens unmittelbar Punkte, Wertmarken o.ä., die sie dann später gegen begehrte Dinge, Nahrung oder Aktivitäten eintauschen können. Nach Kohn (1991, 500) handelt es sich hierbei aber gleichermaßen wie bei anderen Programmen, die auf externe Verstärkung setzen, um eine „Bestechung". Dieser Vorwurf trifft vor allem Verstärkersysteme, die es versäumen, auch Selbstbekräftigungsäußerungen zu verstärken, um den Weg von der Fremdsteuerung und Fremdkontrolle zur Selbststeuerung und Selbstkontrolle zu ebnen. Hilfreich können hierbei sog. *Kontingenzverträge* sein, indem mit Betroffenen gemeinsam Verstärker festgelegt werden, die eine Belohnung erwünschten Verhaltens oder Tätigkeiten sein sollen (vgl. auch Kapitel über präventive Methoden). Denkbar ist auch der Rückgriff auf einfach angelegte Stimmungsbarometer oder Smilie-Skalen zur Selbsteinschätzung.

• Spezielle (symptomorientierte) Interventionsformen
Bei dieser fünften Ebene handelt es sich um gezielte pädagogische Interventionen oder Kunstgriffe, die sich am auffälligen Verhalten und der Problemsicht orientieren. Bekanntlich gibt es viele pädagogische Alltagssituationen, in denen sofort gehandelt werden muß, in denen eine Intervention, ein Eingriff in das unmittelbare Verhalten einer auffälligen Person notwendig sein kann. Insofern geht es hier um ein pädagogisches Situationsmanagement (kurzfristige Maßnahmen), das freilich nur dann Sinn macht, wenn es dem Rahmenkonzept (langfristigen Zielsetzungen) nicht widerspricht. Insofern liegt es uns fern, ein pädagogisches Konzept etwa durch pädagogische „Tricks" zu ersetzen. Ein pädagogisches Situationsmanagement reicht keineswegs aus, dauerhafte Veränderungen (Problemlösungen) zu bewirken. Symptomzentrierte Interaktionsformen sind damit nicht die eigentliche Antwort auf Probleme, sondern nur der pädagogische Versuch, Krisen- oder Konfliktsituationen kurzfristig zu managen. Einige der genannten Interventionen werden schon

seit geraumer Zeit im Umgang mit verhaltensauffälligen Kindern und Jugendlichen mit Erfolg angewandt (vgl. Redl/Wineman 1976). Deshalb dürfte die eine oder andere Technik bekannt sein. Wenn wir sie dennoch aufführen, so hängt dies vor allem damit zusammen, daß wir einerseits einen Überblick über verschiedene Möglichkeiten eines pädagogisch-situativen Eingreifens geben wollen. Gerade hierzu gibt es noch zu wenige Hinweise in der einschlägigen Literatur (vgl. auch die Vorschläge von McGee/Menolascino 1991, 165ff.). Andererseits wollen wir mit unseren kurzen Hinweisen zum Nachdenken und zur Selbstkritik beitragen, da viele der genannten Strategien unreflektiert und unkontrolliert im pädagogischen Alltag zum Einsatz kommen (vgl. auch Theunissen 2000b). Folgende Interventionsmethoden erscheinen uns besonders erwähnenswert:

Auffälliges Verhalten bewußt ignorieren

Diese Interventionsform läßt sich dort einsetzen, wo keine Folgeschäden für die Person zu erwarten sind. Autoaggressionen mit Verletzungsgefahr oder Fremdaggressionen mit schwerer Sachbeschädigung lassen sich in der Regel nicht einfach ignorieren. Andere Auffälligkeiten (z.B. ein gespielter Anfall oder ein hypochondrisches Verhalten) können dagegen eher ignoriert werden, wenn zugleich sichergestellt ist, daß die betreffende Person in der konfliktfreien Zeit genügend Zuwendung und Angebote erfährt.

Direkter Appell

Von dieser Strategie wird wohl am meisten im Umgang mit verhaltensauffälligen Kindern und Jugendlichen Gebrauch gemacht. Ihre Wirksamkeit ist in hohem Maße mitarbeiterabhängig, d.h. sie richtet sich ganz nach der Persönlichkeit, dem Durchsetzungsvermögen und Auftreten sowie dem Status des einzelnen Mitarbeiters. Eher wirkungslos bleiben Appelle von Mitarbeitern, die im sozialen Umfeld als „schwach" erlebt werden; bei anderen dagegen, mit einer starken Persönlichkeit und Ausstrahlungskraft, genügt nur ein kurzer Appell (z.B. mit wenig Worten in einer klaren Sprache), um einen drohenden Konflikt zu stoppen. Zu viele Appelle befördern eine einseitige Kommunikation und münden letztlich in ein unwirksames, kaltes Agieren.

Intervention durch Signale

Manchmal können schon einfache Signale wie ernster Blick, Finger heben, Kopfschütteln oder warnender Laut genügen, um den Betreffenden von seinem auffälligen Verhalten abzuhalten. Eine solche Mißbilligung seines Verhaltens durch Mimik oder Gestik ist in der Regel nur auf dem Hintergrund einer positiven Beziehung

(Bezugsassistenz) wirksam. Außerdem ist diese Technik nur dann angezeigt, wenn der Betreffende noch nicht einen hohen Erregungsgrad erreicht hat, in dem er zusehends die Kontrolle über sein Verhalten verliert.

Kontrolle durch unmittelbare Anwesenheit
Es gibt Konflikte, die immer wieder ähnliche Muster aufweisen und auf Dauer vorhergesehen werden können. Manchmal reicht es dann aus, wenn man sich rechtzeitig unmittelbar am Ort des Krisenherds aufhält, sich in direkter Nähe zur betreffenden Person befindet. Dies kann beruhigend wirken, Sicherheit bedeuten und muß nicht zwangsläufig als Bedrohung erlebt werden.

Beruhigung durch körperlichen Kontakt
Dort, wo die direkte Anwesenheit nicht ausreicht, kann man versuchen, durch körperlichen Kontakt (z.B. Arm um die Schulter legen, Hand halten, freundlich auf die Schulter klopfen) eine aufkommende Erregung, einen Wutanfall oder Aggressionsausbruch zu dämpfen oder kompensatorisch-präventiv einzugrenzen. Diese Intervention hat sich vor allem auch beim Abbau von sedierender Arznei bewährt (z.B. zur körperlichen Beruhigung während der Mahlzeiten).

Krisenmanagement durch Humor
Es gibt Situationen, in denen allein durch eine humorvolle Reaktion aufkommende Spannungen entschärft werden können. Wird z.B. ein Bewohner durch einen anderen plötzlich beschimpft, so kann man die Beschimpfung aufgreifen und auf sich selbst lenken, indem man humorvoll auf eigene Schwächen und Pannen aufmerksam macht. Eine solche humorvolle Geste muß echt sein und hat mit Ironie oder Sarkasmus nichts zu tun.

Einschränkung der räumlichen Bewegungsfreiheit und der Verfügbarkeit von Gegenständen
Mitarbeiter stehen in der Alltagspraxis häufig vor der Entscheidung, einschneidende (Sofort-)Maßnahmen zu ergreifen, um ein plötzlich auftretendes auffälliges Verhalten einzugrenzen. Hierzu zählen zum Beispiel die Abnahme oder der Verschluß von bestimmten Gegenständen (z.B. großes Messer, Medikamente, Schere, Feuerzeug), wenn die akute Gefahr ihrer Zweckentfremdung besteht. Darüber hinaus kann es Situationen geben, in denen Räume oder Schränke abgeschlossen werden müssen (Küche, Küchenschränke), um beispielsweise ein massives Verlangen nach Essen einzugrenzen. Solche Eingriffe sind nicht populär, und sie haben keinen Lerneffekt, wenn sie losgelöst oder gar im Widerspruch zu einem langfristig ange-

legten individualisierten Konzept zum Einsatz kommen. Überdies leisten sie keinen Beitrag zur Selbstbestimmung geistig behinderter Menschen, weswegen sie nur eine „Ausnahmesituation“ kennzeichnen sollten.

Körperliches Eingreifen und Festhalten

Diese Intervention darf nicht mit körperlicher Gewaltanwendung etwa im Sinne eines Schlagens, Verletzens oder einer Schmerzzufuhr verwechselt werden. Damit hat die von uns hier gemeinte Methode nichts zu tun. Es handelt sich lediglich um eine „Notwehrmaßnahme“, die der Selbstverteidigung, der Verhinderung von Selbst- oder Fremdgefährdung wie auch der Eingrenzung und Kontrolle eines eskalierenden aggressionsgeladenen Konflikts dienen kann. Wird zum Beispiel ein geistig behinderter Mensch bei einem extremen Aggressionsausbruch festgehalten, so darf dies nur eine vorübergehende Schutzmaßnahme sein, um die betreffende Person oder auch andere zu schützen. Dabei darf sich der Festhaltende keine feindselig gelagerte Gegenaggression erlauben, überhaupt sollte der Beigeschmack einer ablehnenden Haltung dem behinderten Menschen gegenüber vermieden werden. Die Respektierung und Wertschätzung seiner Person darf bei einem solchen drastischen Eingriff nicht aufs Spiel gesetzt werden. Die fest- oder zurückgehaltene Person muß spüren, daß es sich hier nur um eine augenblickhafte Situation handelt, die das Vertrauen bzw. eine grundsätzlich positive Beziehung nicht aufhebt. Besteht diese Sicherheit nicht, kann es zu unmittelbaren oder auch zeitlich versetzten Gegenreaktionen kommen, die das körperliche Eingreifen oder Festhalten dann zu einer aggressionsfördernden Intervention entgleisen lassen. Ferner gilt zu bedenken, daß diese Technik nur dann Sinn macht, wenn die pädagogische Fachkraft den behinderten Menschen physisch überlegen ist. Diese Überlegenheit darf sie nicht leichtfertig ausspielen. Außerdem sollte immer versucht werden, das physische Eingreifen mit der Technik des Umlenkens zu kombinieren, um den behinderten Menschen nicht einer Situation hilflos auszuliefern.

Umlenken

Kritische Alltagssituationen oder drohende Konflikte können im Einzelfalle auch durch ein Umlenken aufgelöst oder entschärft werden. Bei dieser Technik werden dem betreffenden behinderten Menschen Handlungsalternativen oder Vorschläge gemacht, die ihn zum Aufgeben seines aktuellen Verhaltens bewegen sollen. Kritische Momente sollen somit durch geeignetere und passendere Angebote oder Strukturen ersetzt werden. Der Erfolg dieser Intervention hängt in der Regel vom Grad des Erregungszustandes sowie von der Bereitschaft des Betreffenden ab, situative Hilfen anzunehmen.

Situative Herausnahme

Manche Konfliktsituationen lassen sich nur noch dadurch entschärfen, indem ein Akteur bzw. die auffällig agierende Person aus der Situation (Gruppe) herausgenommen wird. Auch diese Maßnahme gilt nur für den Notfall, um den Betreffenden daran zu hindern, sich selbst und andere körperlich zu gefährden oder extremen nervlichen Belastungen auszusetzen. Auch bei dieser Intervention darf sich der pädagogische Mitarbeiter keine personale Ablehnung oder Feindseligkeit wie auch Gegenaggression, Wut oder triumphale Überlegenheit leisten, um die Beziehung nicht aufs Spiel zu setzen. So wichtig die Wahrung der personalen Integrität ist, so wichtig ist auch die Reflexion möglicher Konsequenzen. So kann zum Beispiel durch die Herausnahme aus der Gruppe der Stigmatisierungseffekt (Abstempelung zum Sündenbock) verstärkt werden. Außerdem muß sichergestellt sein, daß der Betreffende nicht an anderer Stelle Schaden stiftet, indem er zum Beispiel außerhalb der Gruppe sich selbst überlassen bleibt und dort weiter agiert (Sachobjekte oder persönliches Eigentum Anderer als „Racheakt“ beschädigt). Ebenso wenig darf ein Ausschluß bzw. eine soziale Herausnahme als Belohnung erlebt werden, etwa wenn die Gruppenaktivität den Betreffenden vorher langweilte oder unangenehm war. Bedenklich ist unseres Erachtens die situative Herausnahme dann, wenn das Bewohnerzimmer (Intimbereich) zur Strafe herhalten muß. Diese Praxis ist leider weit verbreitet. Dies ist einer „normalen“ Wohnkultur, der Wertschätzung eines Privatbereiches, abträglich. Auf gar keinen Fall darf ein Bewohnerzimmer als „time out“-Raum zweckentfremdet werden. Diese drastische Maßnahme ist nur in geregelter Form und dies auch nur dann, wenn nichts anderes gefruchtet hat, zu verantworten (vgl. Lingg/Theunissen 2000). Hierzu zählen ein entsprechender Raum wie auch ein klar strukturiertes, transparentes und kontrolliertes Konzept, da kaum eine andere Methode so nah an Freiheitsberaubung grenzt wie das time-out. Grundsätzlich tragen die Ausschlußmethoden ebenso wie die übrigen (direktiven) Interventionen zum Situationsmanagement nicht zur Lösung psychosozialer Probleme oder zur Verbesserung eines sozialen Handlungsrepertoires bei, weswegen sie niemals das langfristige Konzept ersetzen können.

Symptomverschreibung

Bei dieser Methode geht es darum, bestimmte auffällige Verhaltensweisen ausdrücklich zu „erlauben“, um sie eher zum Verschwinden zu bringen. Dahinter verbirgt sich die Hoffnung, daß durch eine „Symptomverschreibung“ auffällige Verhaltensweisen eher an Reiz und Attraktivität verlieren. Diese Technik kann nur dann funktionieren, wenn man den betreffenden behinderten Menschen sehr gut kennt und seine Reaktionen bzw. die Folgen seines Handelns einschätzen kann.

Verstärkung eines inkompatiblen Verhaltens
Ferner besteht die Möglichkeit einem unerwünschten Verhalten erfolgreich entgegenzuwirken, indem Verhaltensweisen beim Auftreten der Auffälligkeit verstärkt und eingeübt werden, die mit den unerwünschten unvereinbar sind. Damit kann sich die Auftretenswahrscheinlichkeit des unerwünschten Verhaltens verringern. Die Interventionstechnik der Verstärkung eines inkompatiblen Verhaltens kann im Einzelfalle eine wirksame Alternative zum bloßen Ignorieren sein.

Wiedergutmachung
Bei dieser Interventionsform werden Personen, die Sachobjekte beschädigt oder in ihrer Wohngruppe Dinge durcheinander gebracht haben, dazu aufgefordert und angehalten, den ursprünglichen Zustand soweit wie möglich wiederherzustellen (z.B. den Boden von Scherben oder Blumenerde säubern; Stühle und Tische wieder aufstellen). Diese verhaltenstherapeutische Technik macht nur dann Sinn, wenn sie der unerwünschten Aktion unmittelbar folgt. Mitarbeiter mit einer starken Durchsetzungskraft haben eher Erfolg als andere Kollegen, die von den Behinderten als „schwach“ erlebt werden. Auch hier darf sich die Überlegenheit der Mitarbeiter nicht gegen die behinderten Menschen richten (etwa durch latente Feindseligkeit, Rache oder Wut). Zur Wiedergutmachung zählt auch die Entschuldigung bei angegriffenen oder physisch verletzten Personen, um Schuldgefühle zu verringern.

Grenzen setzen und verbieten
Diese Intervention gilt zum einen für Notsituationen, um Selbst- und Fremdgefährdung zu vermeiden. Zum anderen wird sie eingesetzt, um drohende Konflikte zu vermeiden, um eine eskalierende Auseinandersetzung zu stoppen oder um einfach soziale Anpassung zu erzielen. Deshalb sollten Verbote, die mit einer geforderten Norm korrespondieren, sorgfältig überprüft werden, um die subjektzentrierte Vorgehensweise nicht zu gefährden. Grenzsetzungen und Verbote müssen Ausnahme bleiben und dürfen den Alltag nicht bestimmen. Auf jeden Fall müssen sie in einem pädagogischen Klima eingebettet sein, das von Wärme, Akzeptanz und Toleranz geprägt ist. Grenzsetzungen oder Verbote lassen sich manchmal dadurch umgehen, indem mit den Betroffenen gemeinsam Verträge (Regelungen, Gebote, Konsequenzen) abgesprochen werden. Dadurch verliert die Alltagsbegleitung an bloßer Willkür oder Beliebigkeit.

Bestrafen
Eine Alltagsbegleitung, die im Umgang mit sog. verhaltensauffälligen Menschen auf Strafe setzt, ist auf Schärfste abzulehnen. Bestrafungen sind letztlich der Aus-

druck von Hilflosigkeit, Ohnmacht und Unvermögen, Probleme auf sinnvolle Weise zu lösen. Häufig besteht zwischen Bestrafung und Feindseligkeit, Haß, Rache oder Zorn ein verhängnisvoller Zusammenhang, der persönlichkeitszerstörende Auswirkungen haben kann. Deshalb kommt aus diesem Blickwinkel Bestrafung als pädagogische Interventionsform für uns nicht in Betracht. Darüber hinaus gibt es jedoch noch eine andere Form von Bestrafung, die sich aus bestimmten Gegebenheiten ergibt. Damit meinen wir negative Konsequenzen, die Verstöße gegen Regeln oder Absprachen nach sich ziehen. Solche Momente verkörpern ein Stück soziale Realität und lassen sich nicht durch eine „laisser-faire-Haltung" aufheben. Insofern bestehen hier Zusammenhänge zwischen verschiedenen Interventionsformen (z.B. Grenzsetzung, Verbot, Appell), die es unter normativen Gesichtspunkten sowie mit Blick auf Konsequenzen für die Person kritisch zu reflektieren gilt. Interventionen als reine Anpassungs- oder Unterwerfungsstrategien sind genauso zu verwerfen wie Bestrafungen als Angriff gegen die Person im Sinne einer physischen oder auch psychischen Verletzung. Bestrafungen setzen unseres Erachtens ein gewisses Maß an Einsicht voraus, d.h. es muß der Zweck der Strafe richtig erfaßt werden. Überdies muß zugestanden werden, daß sich die Bestrafung als Konsequenz aus dem eigenen Verhalten ergeben hat. Dieses muß von den Handelnden selbst als Fehlverhalten wahrgenommen werden. Ansonsten besteht die Gefahr, daß man sich zu Unrecht verurteilt (bestraft) fühlt. Schließlich ist es immer ein Ziel von Bestrafung, daß der Betreffende dadurch lernt, sich zukünftig anders zu verhalten. Alles in allem merken wir, welche hohen Ansprüche an das Bestrafen gestellt werden, wenn es als pädagogische Intervention überhaupt in Betracht gezogen werden sollte. Nur wenige geistig behinderte Menschen dürften hierzu die Voraussetzungen erfüllen.

Schutzmaßnahme durch Fixierung

Wer mit verhaltensauffälligen geistig behinderten Menschen arbeitet, weiß, daß es Situationen geben kann, in denen eine akute Selbstgefährdung besteht, welche weder durch Psychopharmaka (auch Bedarfsarznei) noch durch andere Interventionen (Festhalten, time-out) bewältigt werden kann (u.a. auch bei einer unzureichenden Personalbesetzung).

In dem Falle können unmittelbare Schutzmaßnahmen durch Fixierung notwendig werden, die der gerichtlichen Genehmigung bedürfen. Das gilt zum Beispiel für das Tragen einer Schutzjacke, eines Bauchgurts oder Boxerhandschuhen. Daß solche Maßnahmen tatsächlich nur zum Schutz bei akuter Gefährdung und darüber hinaus nur befristet erfolgen sollten, bedarf keiner besonderen Begründung. Schließlich bedeuten sie Freiheitsberaubung. Daher dürfen sie auch niemals handlungsbestimmend werden. Dennoch kommt es auch auf diesem Gebiete (wie beim time out oder beim 'therapeutischen' Festhalten) nach wie vor zum Mißbrauch, indem unkontrolliert und unreflektiert Zwangsmethoden eingesetzt werden. Das aber hat mit einer behindertenpädagogischen Intervention dann nichts mehr zu tun.

• Präventive Methoden

Auf der sechsten Ebene möchten wir das präventive Handeln nennen. Hierbei geht es um methodische Kunstgriffe, durch die Verhaltensauffälligkeiten vermieden bzw. eine präventive Wirksamkeit erzeugt werden sollen. Einige der o. g. Interventionsformen haben bereits präventiven Charakter, so zum Beispiel die „Kontrolle durch unmittelbare Anwesenheit", die „Einschränkung der räumlichen Bewegungsfreiheit und der Verfügbarkeit von Gegenständen", die „Herausnahme aus der Gruppe" oder auch die sog. Grenzsetzung. Weitere Strategien wären:

Kleine Hilfestellungen zur Überwindung von Augenblickskrisen

Es gibt Situationen, in denen man schon frühzeitig bemerkt, daß ein geistig behinderter Mensch in eine sog. Augenblickskrise zu geraten droht; dies können Situationen sein, in denen sich ein behinderter Mensch angesichts zu komplexer Aufgabenstellungen oder Anforderungen überfordert fühlt, immer verzweifelter wird und sich in einen Wut- oder Aggressionsausbruch hineinsteigert. Wird ihm dann kurz vor dem sich ankündigenden Ausbruch eine kleine Hilfestellung zur Bewältigung der Aufgaben gegeben, kann es sein, daß der Betreffende sich wieder fängt, beruhigt und weiterarbeitet. Diese Strategie ist selbstverständlich keine Lösung des zugrunde liegenden Konflikts, der im Falle unseres Beispiels mit einer „unpassenden" Anforderungsstruktur zusammenhängen kann.

Umgruppierung

Hierbei geht es um Maßnahmen, die sich auf die Veränderung einer (Wohn-) Gruppe beziehen. Dies kann ein Gruppenwechsel sein oder eine veränderte Zusammensetzung einer Gruppe bedeuten (Veränderung der Sitzordnung bei Tisch), wenn man annimmt, daß dadurch spezifische Konflikte präventiv vermieden werden können. Eine Umgruppierung ist häufig für den Betreffenden eine drastische Maßnahme, die keineswegs seinem Interesse entsprechen muß. Es widerspricht dem Grundsatz der Subjektzentrierung und Autonomie, wenn eine Umgruppierung über den Kopf des Betroffenen hinweg vollzogen wird. Insofern sollten die Betreffenden soweit wie möglich mitentscheiden können, und sie sollten auf jeden Fall bereit sein, die Gruppe zu wechseln.

Subjektzentriertes Umlenken
Es kann Situationen geben, in denen trotz eines adäquaten Angebots, das ursprünglich gut geplant war und sich an den vorhandenen Bedürfnissen der Einzelnen orientierte, Krisen entstehen, die durch ein rechtzeitiges subjektzentriertes Umlenken aufgefangen werden können. So kann zum Beispiel beim Gruppenmalen Frustration auftreten, wenn ein Becher Farbe umfällt... Eine ganze Gruppe droht dann unter Umständen aus dem Gleichgewicht zu geraten, wenn nicht rechtzeitig Alternativen durch veränderte Aufgabenstellung oder Aktivitäten angeboten werden, die ebenfalls dem Interesse der behinderten Menschen entsprechen müssen. Das ursprünglich geplante Anliegen wird somit bei dieser Technik durch eine geeignetere Struktur je nach Situation ersetzt. Eine flexible und offene Alltagsgestaltung läßt hierzu genügend Raum.

Präventive Absprachen
Auch diese Strategie ist hilfreich, um spezifischen Verhaltensproblemen frühzeitig begegnen zu können. Präventive Absprachen können sich zum Beispiel auf das Hinterlegen einer Telefon-Nummer für den sog. Notfall beziehen, außerdem geht es um Benennung einer Kontaktperson für Konflikte; überdies können auch tagesstrukturierende oder verhaltenssteuernde Absprachen wie Gruppenregeln getroffen sowie Maßnahmen abgestimmt werden, die bei Regelverstoß gelten sollen. Hinzu kommt eine Zusammenarbeit mit institutionellen oder gesellschaftlichen Bezugssystemen, hier geht es zum Beispiel um Absprachen mit Betreibern bzw. Angestellten eines Cafés oder Lebensmittelgeschäfts, so daß ein größeres Verständnis bzw. mehr Sensibilität für spezifische Probleme im Umgang mit sog. sozial auffälligen geistig behinderten Menschen erreicht werden kann.

Insgesamt betrachtet stellen wir fest, daß dem präventiven pädagogischen Handeln große Bedeutung zukommt. Dabei geht es aber nicht nur darum, Belastbarkeiten des behinderten Menschen zu erkennen um frühzeitig gegensteuern zu können (z.B. durch Entspannungsangebote, ruhige Musik, Vermeidung von Frustrationsquellen), sondern ebenso wichtig sind auch das Erkennen, Eingeständnis und die Bewältigung von Situationen, in denen sich Mitarbeiter psychisch wie auch physisch in starkem Maße belastet oder überfordert fühlen. Dies gilt auch für kritische Beziehungen zwischen einzelnen Mitarbeitern und Bewohnern. Hier kann gegebenfalls ein präventiver Dienstaustausch oder auch ein Personalwechsel in der Alltagsbegleitung weiterhelfen.

• Sozialformen
Die letzte Ebene der Methoden betrifft die Sozialformen, die wir unterscheiden in:

Einzelarbeit
Sowohl in der pädagogischen Alltagsbegleitung von sog. geistig schwerst- und mehrfachbehinderten Menschen als auch im Umgang sog. verhaltensauffälligen geistig behinderten Personen wird immer wieder die Einzelarbeit gefordert. In der Tat spielt sie eine wesentliche Rolle bei der Realisierung des Prinzips der Bezugsassistenz, und ihr Wert zur allgemeinen Persönlichkeitsentfaltung der behinderten Menschen ist unbestritten. Allerdings wird im Alltag immer wieder die Erfahrung gemacht, daß sich Einzelarbeit aus äußerlichen Gründen (fehlendes Personal, Zeitmangel) kaum mittel- oder langfristig umsetzen läßt. Dies wurde u.a. auch im Rahmen unserer Forschungsarbeit (Theunissen u.a. 2000) bestätigt. Insofern wird sie von vielen in der Alltagsbegleitung Tätigen als wünschenswert, aber unrealistisch eingeschätzt. Aus diesem Grunde haben wir eine Variante eingeführt:

Situative Einzelbegleitung
Hierunter verstehen wir eine kurzfristige Einzelzuwendung oder individualbasale Alltagsbegleitung, bei der ein Mitarbeiter mit einem (verhaltensauffälligen) geistig behinderten Menschen gemeinsam Tätigkeiten ausführt, die für den Betreffenden lebensbedeutsam und sinnstiftend sind. Die situative Einzelbegleitung hat partizipierenden und kooperativen Charakter, indem die Betroffenen durch gemeinsames Tun und Erleben, durch Übernahme einzelner Handlungen bis hin zur eigenständigen Bewältigung einer Tätigkeit so befähigt werden sollen, daß sie zu mehr Handlungskompetenz und zu einer Kontrolle über die eigenen und gemeinsamen Lebensumstände gelangen können. Rudimente aus der Theorie des Modell- oder Imitationslernens (Bandura) sowie das Lernprinzip „Schritt für Schritt" bilden den fühlbaren Hintergrund dieser Form der Begleitung. Im Unterschied zu einer mittel- oder langfristigen Einzelarbeit soll sie eher kurzfristigen Charakter haben und im wesentlichen situationsbezogen umgesetzt werden. Einen starren, unflexiblen Zeitplan (sog. Therapiestunde) gibt es somit nicht. Überdies ist sie in hohem Maße realitätsbezogen, indem sie ein Lernen in realen Lebenssituationen ermöglicht und befördert. Sie läßt sich auch im Rahmen einer Bezugsassistenz umsetzen und eröffnet den Blick für eine realoptimistische Einschätzung der Möglichkeiten, im Rahmen alltäglicher pädagogischer Situationen in einer Wohngruppe oder Arbeitsstätte personale Begegnungsprozesse anzubahnen. Bekanntlich wird gerade die wohngruppenbezogene Alltagsarbeit maßgeblich von organisatorischen oder hauswirtschaftlichen Arbeiten bestimmt, so daß häufig die Mitarbeiter nur wenig Zeit haben, sich auf intensive Begegnungen mit den Bewohnern einzulassen. Was aber bleibt, ist die Möglichkeit, „augenblickhafte Begegnungen" (Buber) mit den behinderten Menschen zu realisieren, die durch die situative Einzelbegleitung voll zum

Tragen kommen. Ein weiteres wichtiges Moment dieser Form der Begleitung ist das Ziel der Hilfe zur Selbsthilfe, was letztlich bedeutet, daß die situative Einzelbegleitung sich immer wieder wie auch fortschreitend überflüssig machen soll.

Gruppenarbeit

Die dritte Form der Alltagsbegleitung ist die Gruppenarbeit, der es um soziales Lernen, Miteinandersein, Zusammenleben und gemeinsames Erleben zu tun ist. Sie erstreckt sich auf gemeinsame Aktivitäten insbesondere im Kontext der Freizeitgestaltung. Geistig behinderte Menschen mit Verhaltensauffälligkeiten müssen häufig zur Gruppenarbeit behutsam hingeführt werden. Dies kann durch eine situative Einzelbegleitung im Rahmen einer Gruppenarbeit erreicht werden; denkbar ist auch ein Weg von der Einzelarbeit über eine *Partnerarbeit* bis hin zur Arbeit in Gruppen (vgl. Theunissen 2000d). Gruppenaktivitäten sind nicht nur einmalige oder kurzfristige Unternehmungen, sondern sie lassen sich auch langfristig im Rahmen von Projekten realisieren. Gruppenbezogene Projekte stellen ein vielschichtiges, mehrperspektivisches Lern- und Erfahrungsfeld dar, das den Bedürfnissen, Interessen wie auch der Problemlage Einzelner sehr entgegenkommen kann. Über die Vorzüge einer Projektarbeit haben wir an anderer Stelle ausführlich berichtet (vgl. Theunissen 1984; 1999a; Theunissen u.a. 2000).

5.2.8 Zum Problem der Fremdbestimmung

Unserer pädagogischen Konzeption ist zu entnehmen, daß es auch in der Arbeit mit sog. verhaltensauffälligen geistig behinderten Menschen um Selbstbestimmung geht. Mit anderen Worten: die speziellen Zielsetzungen und Methoden dürfen dem allgemeinen pädagogischen Grundanliegen, dem Ziel der Emanzipation oder Entwicklung von Autonomiefähigkeit, nicht widersprechen. Wer die jüngste Diskussion um Leitziele der Geistigbehindertenpädagogik verfolgt hat, weiß um die Brisanz dieses Themas (vgl. Lebenshilfe 1996; Hähner u.a. 1997; Theunissen 2000c). Nach wie vor scheint es nicht nur familiale oder gesellschaftliche „Hemmnisse der Selbstbestimmung“ von Menschen mit geistiger Behinderung zu geben, sondern auch auf professioneller Ebene wird häufig noch geistig behinderten Menschen Autonomie nicht zugetraut, ja sogar aberkannt. Dies hängt insbesondere mit der „Erblast“ im Behindertenwesen zusammen: einer konservierenden Heilpädagogik, die ganz im Schlepptau des sog. medizinisch-psychiatrischen Modells und/oder unter Obhut eines christlich-caritativen (Asylierungs-)Modells operierte. Sie hat die Auffassung befördert, Menschen mit geistiger Behinderung nur vom Nicht-Können her als

Defizit- oder Mängelwesen zu betrachten (vgl. hierzu v. Oy/Sagi 1995, 15ff.). Weil geistig behinderte Menschen wenig wissen und können, müssen andere für sie entscheiden, ihnen vorschreiben, was zu tun ist und wie sie sich zu verhalten haben. Menschen mit geistiger Behinderung werden damit zu einer lebenslangen Führungsbedürftigkeit, erzieherischen Abhängigkeit und kontrollierenden Pädagogik verdammt, die alle Lebensbereiche durchdringt, wenig Raum läßt für Privatleben und Intimität sowie den Lebensweg mit Stop- und Hinweisschildern verstellt. Auch wenn heute immer häufiger pädagogische Konzepte explizit Selbstbestimmung intendieren, so ist dies allein noch keine Garantie für eine autonomiefördernde, emanzipatorische Praxis. Nach wie vor ist eine „heimliche Betreuung und Überwachung“ auszumachen, die aus dem mangelnden Vertrauen in die Ressourcen geistig behinderter Menschen resultiert. Welche Folgen sich ergeben, wenn geistig behinderten Menschen alle Entscheidungen abgenommen und ihnen Chancen selbstbestimmten Handelns verwehrt werden, ist Seligmans Theorie der „erlernten Hilflosigkeit“ (1986) deutlich zu entnehmen: Menschen, die die Erfahrung der Unkontrollierbarkeit machen, erleben ihr Handeln als sinnlos und reagieren mit Apathie, Rückzug, Hilflosigkeit oder gar schweren Depressionen. Will man dagegen mehr Selbständigkeit, Unabhängigkeit und psychische Gesundheit fördern, so bedarf es einer pädagogischen Praxis, die auf ein Höchstmaß an Selbstentscheidung und Situationskontrolle ausgerichtet sein muß (hierzu Wehmeyer 1992; Theunissen 2000d).

So einleuchtend diese Argumentation ist, so schwierig ist allerdings ihre Umsetzung im pädagogischen Alltag. Und dies gilt erst recht im Umgang mit sog. verhaltensauffälligen geistig behinderten Menschen. Daher wurde von uns im Dezember 1999 eine wegweisende Fachtagung durchgeführt, deren Beiträge (u.a. von Speck Jantzen, Escalera, Seifert u. Hennicke) in der Schrift „Verhaltensauffälligkeiten – Ausdruck von Selbstbestimmung?“ (Theunissen 2000c) für die konkrete praktische Arbeit studiert werden können. Selbst erfahrene Praktiker, die sich ganz dem Selbstbestimmungsziel verschrieben haben, konstatieren hier „Grenzen der Theorie“, die sich dort ergeben, wo zum Beispiel Willensbekundungen oder autonome Handlungen sozial destruktive Wirkungen erzeugen, einem Leben in einer Wohngruppe abträglich sind oder wo Selbst- und/oder Fremdgefährungsprozesse vorliegen. Im Umgang mit sog. verhaltensauffälligen geistig behinderten Menschen kommt man wohl nicht umhin, auch gegen den Willen eines Betroffenen zu intervenieren, d.h. sein selbstbestimmtes Handeln einzugrenzen oder gar zu unterbinden. Ein solcher „pädagogischer Notfall“ hat aber nichts mit Fremdbestimmung zu tun, sondern er resultiert aus unserer sozialen Verantwortung und Verpflichtung, die wir gegenüber geistig behinderten Menschen haben. Er dient letztlich der Freisetzung von Selbstbestimmung. Insofern ist es wichtig zu überprüfen, welche pädagogischen Verkehrsformen wirklich im Interesse der behinderten Menschen stehen und ihrer Autonomie förderlich sind. Formen unnötiger Fremdbestimmung müssen auf jeden Fall vermieden werden (z.B. Bevormundung beim Eßverhalten, bei der Auswahl von Kleidungsstücken etc.); und es muß auch nicht bei jeder Verhaltensauffälligkeit interveniert werden, das ernsthafte Bemühen, den behinderten Menschen mit seinen Problemen und Bedürfnissen in seiner Lebenswelt zu verstehen und seine „positiven Botschaften" aufzuspüren und zu unterstützen, darf niemals zu kurz kommen. Ebenso sollte eine immer wieder beobachtbare soziale Abkapselung und Isolation von der Gruppe nicht in antipädagogischer Manier vorschnell als Willensbekundung und selbstbestimmtes Handeln ausgelegt, sondern auch als Signalverhalten für eine psychosoziale Problematik untersucht werden.

Alles in allem machen wir somit in der Arbeit mit sog. verhaltensauffälligen geistig behinderten Menschen eine „pädagogische Gratwanderung" zwischen einem Intervenieren und Gewähren-Lassen; und die dialektische Verknüpfung beider Momente ist letztlich das, was als pädagogische Unterstützung, Assistenz oder begleitende Hilfe bezeichnet werden kann (vgl. hierzu Theunissen 2000b).

5.2.9 Individueller Zukunftsplan (Jahresplanung)

Zum Schluß stellt sich freilich die Frage, wie denn am besten die vorausgegangenen Überlegungen auf handlungspraktischer Ebene umgesetzt werden können. Die Antwort der „traditionellen Heilpädagogik" ist hier eindeutig: ihr prominentes Instrument ist die *individuelle Förderplanung*, die von den helfenden Berufen (Betreuer, Erzieher...) für jeden einzelnen Bewohner einer Einrichtung vorgenommen werden sollte. Daran sollte sich dann jeder in der praktischen Alltagsarbeit Tätige orientieren. Um die Umsetzung der Förderziele sicherzustellen bedarf es der Absprache von Zuständigkeiten (Bezugsbetreuung), einer Verlaufsdokumentation, mehrerer Zwischenevaluationen (Teambesprechungen) und schließlich eines End- bzw. Jahresberichts, aus dem nicht selten ein Entwicklungs- oder Förderbericht für den zuständigen Kostenträger extrahiert wird.

Diese Gepflogenheit ist inzwischen ins Kreuzfeuer der Kritik und fachlichen Auseinandersetzung geraten (vgl. Hähner u. a. 1997). Spätestens seit der Diskussion um Empowerment und Selbstbestimmung wird dieses traditionelle Förderverständnis kritisch gesehen (Theunissen 1999a, 113ff.), und es wird angefragt, ob denn die Absicht, ‚etwas' aus einem geistig behinderten Menschen zu ‚machen', d. h. ihm Förderziele aufzuoktroyieren, überhaupt legitim sei. Hinterfragt wird dabei insbesondere die Rolle des Helfers (Mitarbeiter, Heilpädagogen), der in der traditionellen Behindertenhilfe (Heilpädagogik) als alleiniger Experte, Planer und Bestimmer auftritt. Demgegenüber geht der Empowermentansatz davon aus, daß Personen mit geistiger oder Lernbehinderung immer auch „Experten in eigener Angelegenheit" sind und daß der Status des Erwachsenseins anzuerkennen und zu würdigen sei. Vor diesem Hintergrund wird der ‚Förderanspruch' im traditionellen Sinne in Frage gestellt und unmißverständlich zurückgewiesen (ebd. 118f.; auch Niehoff 1997). Stattdessen werden Interessen, Vorstellungen, Bedürfnisse oder Ziele der Betroffenen in den Focus der alltäglichen Behindertenarbeit (incl. heilpädagogischen Förderung) gestellt. Dieser Paradigmenwechsel, der das Selbstbestimmungsrecht eines (erwachsenen) Menschen mit geistiger oder Lernbehinderung respektiert und ernst nimmt, hat dazu geführt, die traditionelle Förderplanung durch eine *individuelle Zukunftsplanung* zu ersetzen, an der der Betroffene maßgeblich beteiligt ist, indem *seine* Lebensziele und Zukunft den Ausgangspunkt der Alltagsarbeit (Begleitung, Assistenz; Heilpädagogik) bestimmen. Ein solcher Ansatz, der aus den USA stammt und im angloamerikanischen Sprachraum (incl. Niederlande u. Skandinavien) schon seit geraumer Zeit für die behindertenpädagogische Arbeit (special education) handlungsleitend ist (Theunissen 2000d), wird im deutschsprachigen Raum mittlerweile u. a. in Österreich (z. B. Lebenshilfe Wien, Lebenshilfe Vorarlberg, Projekt Alpha Nova in Graz) mit gutem Erfolg praktiziert. Zu bewähren scheint sich in dem Zusammenhang eine ‚Jahresplanung', deren Arbeitsbögen, Aufgaben und Schritte wir kurz nennen möchten:

1. Grunddatenblatt eines individuellen Zukunftsplans (IZP)
- Jahr
- Name
- Alter
- Wohnort/verhältnisse
- Beteiligte Gesprächspartner
- Persönliche(r) Assistent(In)
- Datum
- Erstellt durch

2. Protokollbogen für den Zukunftsplan
Zur Jahresplanung zukünftiger Lebensziele zählen:
- Gespräch mit dem Betroffenen über Zweck der Jahresplanung, über seine Interessen, Wünsche, Vorstellungen, Ziele...
- Festlegung der Gesprächsteilnehmer in Absprache mit dem Betroffenen: zuständige Mitarbeiter, gesetzl. Betreuer, Angehörige, Vertrauensperson...
- Einladung zum Gespräch ca. 4 Wochen vor dem Termin

- Moderation des Gesprächs durch den persönlichen Assistenten (Bezugsbetreuer)
- (Kurze) Protokollierung des Gesprächs durch den persönlichen Assistenten
- Schriftliche Fixierung von 2 – 4 Jahreszielen (Lebensplan, Vorhaben o. ä.); ggf. mit Begründung der Auswahl (Präferenz) bestimmter Ziele
- Unterzeichnung des Protokolls und der Ziel-Planung durch alle Gesprächspartner

3. Arbeitsblatt für das Jahresprogramm
Das Jahresprogramm bezieht sich auf:
- Konkretisierung der Jahresziele (z. B. nach dem sog. W-Fragen-Muster: wann, wie, wo, womit, wie lange, mit wem, warum) gemeinsam mit dem Betroffenen
- Stärken-Assessment (hierzu Saleebey 1997; Lingg & Theunissen 2000); Ressourcenerschließung (individuelle und soziale)
- Festlegung und Vereinbarung der Zielbereiche, des Zeitrahmens, der Arbeitsmittel, Methoden, Maßnahmen, des Orts...
- Beteiligte Bezugspersonen
- Übersichtliche (stichwortartige) Protokollierung des Programms durch den persönlichen Assistenten
- Unterzeichnung des Protokolls durch alle Beteiligten

4. Dokumentationsbogen für den Verlaufsbericht
Der Verlaufsbericht bezieht sich auf:
- Zielbezogene Dokumentation der Arbeit (geordnet nach Jahresziel 1, 2, 3, 4)
- Vierteljährliche Zwischenevaluation gemeinsam mit dem Betroffenen; ggf. unter Hinzuziehung weiterer relevanter Bezugspersonen
- Zielbezogene (kurze) Protokollierung der Zwischenevaluationen durch den persönlichen Assistenten
- Unterzeichnung der Protokolle durch alle Beteiligten

5. Protokollbogen für den Jahresrückblick
Der Jahresrückblick bezieht sich auf:
- Reflexions/Evaluationsgespräch gemeinsam mit dem Betroffenen und allen relevanten Personen (Gesprächspartner, die am Erstgespräch [Ziel-Plannung] beteiligt waren)
- Einladung der Teilnehmer ca. 4 Wochen vor dem Treffen
- Vorüberlegungen, Vorschläge in bezug auf das weitere Vorgehen (neuer Jahresplan)
- Kurze Protokollierung der Ergebnisse durch den persönlichen Assistenten
- Unterzeichnung des Protokolls durch alle Gesprächspartner

Dieser ‚subjektzentierte' Ansatz gilt uneingeschränkt für alle Betroffenen – unabhängig der Schwere einer intellektuellen Behinderung oder Verhaltensauffälligkeit, der Pflegebedürftigkeit oder des Alters. Insofern wäre es ein Mißverständnis anzunehmen, daß eine individuelle Zukunftsplanung nur für sog. intellektuell leichtbehinderte Personen in Betracht zu ziehen sei. Natürlich bedarf es der Modifikation des Programms bei Menschen, die nicht für sich selber sprechen können, die erhebliche Kommunikationsprobleme an den Tag legen, die als überfordert wahrgenommen werden oder sich überfordert fühlen. In dem Falle (hierzu Theunissen 1999a) ist von einem stärkeren Assistenzbedarf auszugehen, und es gehört zur Kunst des persönlichen Assistenten im Sinne des Betroffenen zu denken, die Gespräche zu gestalten, (stellvertretend) zu entscheiden und zu planen. Das verlangt ein hohes Maß an empathisch-verstehender Teilnahme am Leben des Betreffenden, an Sensibilität, ‚Dialogizität' (im Buberschen Sinne) und Verantwortung dem Anderen gegenüber. Die hierzu erforderlichen Aufgaben eines Assistenten haben wir an anderer Stelle ausführlich herausgearbeitet, begründet und durch Praxisbeispiele verifiziert (ebd., 127ff.).

5.3 Zur speziellen Pädagogik

Reicht die allgemeine pädagogische Alltagsbegleitung nicht aus, der spezifischen Situation, Bedürfnis- und Problemlage geistig behinderter Menschen mit Verhaltensauffälligkeiten gerecht zu werden, bedarf es einer weiteren pädagogischen Unterstützung, zum Beispiel in Form von Praxisberatung und begleitender Einzelhilfe durch einen pädagogischen Fachdienst (vgl. Kap. 4.3). In diesem Abschnitt geht es um das Programm dieser speziellen Pädagogik. Sie hat die allgemeine Praxis zu ergänzen und darf dabei den Leitprinzipien und impliziten Intentionen nicht widersprechen. Im Unterschied zur allgemeinen Alltagsbegleitung geht es bei der speziellen Pädagogik um:

- ein stärkeres Maß an Konzeptentwicklung, Reflexion und Evaluation;
- einen höheren Grad an Individualisierung und Differenzierung;
- ein stärkeres Maß an Intentionalität ohne dabei in eine „Verplanung" des behinderten Menschen zu verfallen;
- ein stärkeres Maß an Strukturierung und Organisation von Lernsituationen und -prozessen in der natürlichen Lebenswelt und
- ein stringenteres didaktisch-methodisches Vorgehen, das die Entwicklung individualisierter (einmaliger) Förderkonzepte unter Einbeziehung pädagogisch-therapeutischer Verfahren bedeuten kann.

Im folgenden haben wir zunächst die wichtigsten Arbeitsformen zusammengestellt, die in der speziellen Pädagogik eine prominente Rolle spielen.

5.3.1 Pädagogisch-therapeutische Konzepte – ein synoptischer Überblick

• Basale Kommunikation

Zielgruppe:
vor allem geistig schwerst- und mehrfachbehinderte Menschen; geistig behinderte Menschen mit autistischen Verhaltensweisen oder Verhaltensauffälligkeiten

Definition und Ziele:
„Basale Kommunikation hat die Herstellung einer kommunikativen Situation zum Ziel bei Personen, deren Kommunikationsmöglichkeiten extrem eingeschränkt sind" (Mall 1984, 16). In erster Linie geht es somit um Möglichkeiten der Kontaktaufnahme mit geistig schwer behinderten Menschen.

Theoretische Bezugspunkte/Überlegungen:
Mall geht davon aus, daß geistig schwerst- und mehrfachbehinderte Menschen erhebliche Probleme haben, sich aktiv auszudrücken oder ihre Gefühle mitzuteilen. Geistig behinderte Menschen mit autistischen Verhaltensweisen lehnen seiner Ansicht nach „jeden Kontakt in der uns üblichen Weise ab, sind in ihrem Interesse auf wenige, stereotype Tätigkeiten und Gegenstände eingeengt, reagieren häufig unverständlich auf bestimmte Sinneseindrücke und äußern ihre Gefühle oft lediglich in Extremen und durch schwieriges Verhalten, wie Wutausbrüche, Angriffe auf andere, Selbstverletzungen, Schreien" (2). Deswegen könne am ehesten nur über den Körper bzw. über die Körpersprache ein kommunikativer Zugang hergestellt werden. Mall stützt sich hierbei auf theoretische Einsichten aus dem Bereich der Körpertherapien, Bioenergetik, Psychoanalyse und neueren Säuglingsforschung.

Setting/Raum:
Entspannungs- oder Ruheraum, der verdunkelt werden kann und mit Matten ausgestattet ist.

Medien/Mittel:
Musikanlage; meditative Musik; Kommunikationsmittel sind Atemrhythmus, Berührung, Lautäußerung, Tonfall, Blickkontakt, Mimik und Gestik.

Sozialform:
Einzelarbeit

Vorgehensweise:
Es gibt keine zwingende Abfolge von Phasen, wohl aber Schwerpunktsetzungen im

Bereich der Kommunikationsmittel und methodischen Prinzipien (z.B. Widerspiegeln der Ausatmung, Töne, Geräusche, Bewegungen), auf die es zu achten gilt; die Basale Kommunikation versucht behutsam Kontakt anzubahnen, indem zum Beispiel der Pädagoge bequem hinter dem behinderten Menschen sitzt, leise mit ihm spricht oder nach ruhiger Musik mit ihm gemeinsam Bewegungen ausführt ...; dabei ist die basale Arbeit ganz auf den anderen ausgerichtet, das heißt der behinderte Mensch ist es, der Ansatzpunkte für die Formen der dialogischen Begegnung gibt; Basale Kommunikation darf niemals erzwungen werden: „Wenn ein Partner bei sehr niedriger Abwehrschwelle sich meiner Annäherung sofort entzieht, setze ich mich in die entfernteste Ecke des Raumes, vermeide peinlich jeden Blickkontakt, erspüre irgendwie seinen Rhythmus und lautiere ganz nebenbei in sein Ausatmen hinein, nur zwei- bis dreimal. Der Partner wird dies sicher als Kontaktversuch bemerken, vielleicht herschauen, vielleicht lächeln – oder weggehen" (9).

Rolle des Pädagogen:
sehr einfühlsam, non-direktiv, dialogisch-partnerschaftlich

Perspektiven in bezug auf Verhaltensauffälligkeiten:
Es wird über nicht empirisch (qualitativ) abgesicherte Erfolge berichtet, zum Beispiel in bezug auf Rückgang von Verhaltensauffälligkeiten, Aufbau neuer sozialer Kontakte, größeres Interesse an der Umwelt, physisch-psychische Entspannung, Verbesserung von Motorik oder Gleichgewicht.

Repräsentanten/Bezugsliteratur:
Mall (1984; 1985; 1990)

Querverbindungen:
Körperzentrierte Arbeitsformen; Körpertherapien; funktionelle Entspannungstherapie; Massage

Beurteilung aus der Sicht des Verfassers:
Die Basale Kommunikation hat sich in der Arbeit mit geistig schwerst- und mehrfachbehinderten sowie mit verhaltensauffälligen geistig behinderten Menschen sehr bewährt. Sie ist eine der wichtigsten Arbeitsformen im Rahmen der speziellen Pädagogik und uneingeschränkt zu empfehlen. Allerdings darf sie nicht als „Allheilmittel" verabsolutiert bzw. mißverstanden werden, da sie in erster Linie Voraussetzungen für neues Lernen oder Entfaltungsmöglichkeiten schafft. Ihr sind dort Grenzen gesetzt, wo es darauf ankommt, die angebahnte physisch-psychische Entspannung in Alltagshandeln zu überführen oder einzubetten. Mit anderen Worten:

es genügt nicht, mit einem sog. Verhaltensauffälligen geistig behinderten Menschen eine Beziehung anzubahnen, ihn zu entspannen und es dabei zu belassen.

• **Basale Stimulation**

Zielgruppe:

vor allem geistig schwerst- und mehrfachbehinderte Menschen; auch Personen mit (schwerer) Demenz oder einem apallischen Syndrom

Definition und Ziele:

„Basale Stimulation ist der pädagogisch-therapeutische Versuch, Menschen mit schwersten Behinderungsformen Angebote für ihre persönliche Entwicklung zu machen. Mit dem begrifflichen Bestandteil ‚basal' ist gemeint, daß es sich um elementare, grundlegende Angebote handelt, die in einfachster, vor allem aber voraussetzungsloser Form dargeboten werden" (Fröhlich 1992a, 20).

Theoretische Bezugspunkte/Überlegungen:

Fröhlich (1992b) geht davon aus, daß menschliche Kommunikation vor allem über den Körper stattfindet. Umwelterfahrung sei somit „körperliche Begegnung mit Dingen, als Erleben von Veränderung" (1985, 12). Dabei handle es sich um „ganzheitliche" Erfahrungen, um eine enge Verknüpfung von Bewegung, Wahrnehmung, Kognition, Erleben, Körpererfahrung und Sozialerfahrung. Dieser ganzheitliche Aspekt spielt in der Basalen Stimulation eine sehr wesentliche Rolle, weswegen sie nicht als eine rein funktionale oder gar als ein „Stimulus-Response-Modell" mißverstanden werden darf. Vor allem sind es neurophysiologische sowie pränatal-psychologische Erkenntnisse, die in die Basale Stimulation hineinwirken. Eine neurowissenschaftliche Grundlegung stammt von Pickenhain (1998).

Setting/Raum:

Es werden keine besonderen Ansprüche an einen speziellen Raum gestellt; wichtig ist eine ruhige Zone oder Atmosphäre, wenn innerhalb „regulärer" Gruppenräume Aktivitäten durchgeführt werden sollen.

Medien/Mittel:

Diese richten sich ganz nach den Bereichen der Förderung (somatischer, vibratorischer, vestibulärer, auditiver, visueller, Geruchs- und Geschmacksbereich); z.B. weiche Stoffe, Fell, Fön, Hängematte, Vibratoren, Physioball, Matte, Schaukel, Gymnastikrolle, Höhle, Geruchsdosen, Taschenlampe, Radio, Lautsprecher, Trommel, Mobiles, Rasseln, Naturmaterialien wie Sand, Wasser u.a.m.

Sozialform:
Einzel- und Partnerarbeit

Vorgehensweise:
Es gibt keine festgelegte Vorgehensweise im Rahmen der Basalen Stimulation. Sie hat sich ganz nach der Bedürftigkeit des behinderten Menschen zu richten, es können einzelne Schwerpunkte wie zum Beispiel vestibuläre Stimulation oder kommunikative Anregungen herausgegriffen werden, ebenso denkbar ist ein „ganzheitliches Vorgehen" indem zum Beispiel ein schwerstbehinderter Mensch mit Erde, Schlamm oder Wasser experimentiert und dabei senso-motorische Erfahrungen macht. Wesentlich ist die Verschränkung basaler Angebote und Stimulanzen bei alltäglichen pflegerischen Prozessen, um hierbei sensorische Anregungen wie auch eine emotionale Fundierung durch Haut- und Körperkontakt zu bewirken.

Rolle des Pädagogen:
einfühlsam, beobachtend, begleitend, dialogisch-partnerschaftlich

Perspektiven in bezug auf Verhaltensauffälligkeiten:
Hierzu werden keine genaueren Ausführungen gemacht, es darf aber angenommen werden, daß spezifische Verhaltensauffälligkeiten bei geistig schwerst- und mehrfachbehinderten Menschen durch Basale Stimulation präventiv vermieden oder kompensiert werden können.

Repräsentanten/Bezugsliteratur:
Fröhlich (1985; 1991; 1992a; b); Bienstein/Fröhlich (1994a; b)

Querverbindungen:
Sensorische Integration; Psychomotorik; basale ästhetische Erziehung

Beurteilung aus der Sicht des Verfassers:
Die Basale Stimulation stellt eines der wichtigsten Konzepte im Rahmen der Arbeit mit geistig schwerst- und mehrfachbehinderten Menschen dar. Neuerdings werden auch Personen mit apallischen Syndrom oder Demenz mit in das Konzept einbezogen. Während in der Anfangszeit die Basale Stimulation in der Gefahr stand, „zu einer routinemäßigen und technisierten Reizzufuhr bzw. einem stereotypen Funktionstraining" (Fischer 1983a, 283) zu gerinnen, wird heute der Ebene des kommunikativen Dialogs besondere Beachtung geschenkt. Außerdem wird von Fröhlich ein basales Lernen in Alltagssituationen angestrebt, so daß durch Basale Stimulation zugleich auch ein Beitrag zur Bewältigung von Lebenssituationen gelei-

stet werden kann. Damit kann sie letztlich für alle Menschen mit geistiger Behinderung bedeutsam sein.

• Snoezelen

Zielgruppe:

geistig schwerst- und mehrfachbehinderte Menschen; verhaltensauffällige geistig behinderte Personen; auch alte Menschen und psychisch kranke Personen

Definition und Ziele:

„Snoezelen ist ein Freizeitangebot für Schwerstbehinderte, bei dem sie ruhig werden und zu sich selbst finden können" (Hulsegge/Verheul 1993, 36). Der Begriff des Snoezelens wird umschrieben mit Dösen, Schlummern, Schnuppern, Schnüffeln, sich Wohlfühlen.

Theoretische Bezugspunkte/Überlegungen:

„Dem Snoezelen-Konzept fehlt eine grundlegende, zum Beispiel wahrnehmungspsychologisch begründete Theorie" (ebd., 13). Dies wird von den Vertretern dieses Konzeptes bewußt in Kauf genommen, um jegliche Einschränkung behinderter Menschen zu vermeiden und um ihren Bedürfnissen „wirklich gerecht werden zu können" (13). Hulsegge und Verheul gehen davon aus, daß geistig schwerst- und mehrfachbehinderte Menschen zur Auseinandersetzung mit ihrer Umwelt oft über das körperliche Erleben nicht hinaus kommen (vgl. 15). Zumeist seien sie sehr komplexen Alltagssituationen ausgesetzt, denen sie hilflos gegenüber stehen. Oft würden die Betroffenen in Wohngruppen „unter erheblicher Spannung und unter Streß" (10) stehen, so daß „ganz besondere Erfahrungen" zur Entspannung notwendig seien, um den Alltag bewältigen zu können. Anders als in Wohngruppen, wo „bestimmte Anforderungen" gestellt würden, benötigten insbesondere geistig schwerst- und mehrfachbehinderte Personen Räume, in denen sie ganz selbst sein dürfen und zu sich selber finden könnten.

Setting/Raum:

Es wird zwischen einem sog. Maxi-Snoezelen und einem sog. Mini-Snoezelen unterschieden. Zum einen geht es um eine eigens für das Snoezelen eingerichtete Abteilung innerhalb einer Behindertenanstalt, zum anderen geht es um einzelne wohngruppenintegrierte Räume, die für das Snoezelen eingerichtet werden sollen. Das Spektrum möglicher Angebote in speziell eingerichteten Räumen ist breit: z.B. gibt es Räume mit Wasserbett und Baldachin, einen Bällchenbadraum, Räume mit Tastobjekten, Lichtfußboden, Echohall und Mikrophon, Vibrationsboden, Riechobjekten, Angeboten zur Klang- oder Geräuscherfahrung, einen abgedunkelten Raum mit gedämpftem Licht und ruhiger Hintergrundmusik, Liegelandschaft u.a.m.

Medien/Mittel:
Zwischenzeitlich gibt es eine Fülle vermarkteter Snoezel-Mittel wie Lichtorgel, Flüssigkeitsprojektoren, Spiegelkugel, Fieberglasleuchten, Blubbersäulen, Leuchtfäden, Seifenblasenapparat, Spiegelwand, Duftschläuche, Windmaschine, Wasserorgel u.a.m.; Musikanlage; Synthesizer, Kopfhörer etc.

Sozialform:
Einzel- und Partnerarbeit

Vorgehensweise:
Das Snoezelen ist in keiner Weise festgelegt, da der behinderte Mensch jeweils von sich aus auswählen, entscheiden soll, welche Angebote er gerne nutzen möchte. Auch die Verweildauer in den jeweiligen Snoezelen-Räumen richtet sich ganz nach den Bedürfnissen und Interessen der behinderten Menschen.

Rolle des Pädagogen:
einfühlsam, assistierend, unterstützend und partnerschaftlich

Perspektiven in bezug auf Verhaltensauffälligkeiten:
Hulsegge und Verheul gehen davon aus, daß auch Verhaltensauffälligkeiten oder Hospitalisierungsschäden durch das Snoezelen kompensiert bzw. abgebaut werden können; ferner wird dem Snoezelen als Freizeitangebot eine präventive Bedeutung zugeschrieben.

Repräsentaten/Bezugsliteratur:
Kauschus-Nazario (1989); Hulsegge/Verheul (1993)

Querverbindungen:
Basale Stimulation; Ästhetische Erziehung; Erlebnispädagogik; Sensorische Integration

Beurteilung aus der Sicht des Verfassers:
Es steht außer Frage, daß das Snoezelen zum basalen Lernen und psychisch-physischen Wohlbefinden geistig schwerst- und mehrfachbehinderter Menschen beitragen kann. Über die Effektivität in bezug auf den Abbau von Verhaltensauffälligkeiten gibt es keine wissenschaftlich gesicherten Erkenntnisse. Dies hängt

unter anderem auch damit zusammen, daß Snoezelen von der ursprünglichen Bedeutung her kein Therapieangebot meint. Probleme ergeben sich dort, wo das Snoezelen zum Dogma erkoren und als „Therapiepaket" vermarktet und auch angewandt wird. Hier hat sich gezeigt, daß vor allem das Maxi-Snoezelen in der Gefahr steht, zur Stabilisierung einer Anstalt beizutragen und damit integrative Prozesse zu unterlaufen. Dies hängt unter anderem mit den hohen Kosten zusammen, die das Maxi-Snoezelen verursacht, weswegen Einrichtungen, die diesbezüglich viel investieren, das Snoezelen gerne als „Aushängeschild" ihrer Institution anpreisen. Höchst widersprüchlich ist es, wenn Anstalten einerseits eine Snoezelen-Abteilung einrichten und andererseits an der klinisch organisierten Regelung des Alltags im Wohngruppenbereich festhalten. In der Tat bleibt dann der Alltag für viele behinderte Menschen undurchschaubar, ja bedrohlich, was letztlich Verhaltensauffälligkeiten befördern kann. Derlei Probleme lassen sich aber kaum durch das Snoezelen als freiwilliges Freizeitangebot bewältigen, da nicht das Snoezelen, sondern die primäre Lebenswelt (Wohngruppe) den wichtigsten Einfluß auf menschliche Entwicklung und Wohlbefinden nimmt. Insofern dürfen keine hohen (therapeutischen) Erwartungen an das Maxi-Snoezelen gestellt werden. Demgegenüber kann aber das sog. Mini-Snoezelen eine Bereicherung in der alltäglichen Praxis mit verhaltensauffälligen geistig behinderten Menschen darstellen, wenn es auf sinnvolle Weise im Gruppenalltag integriert ist und auch unter pädagogisch-therapeutischen Gesichtspunkten Anwendung findet. So könnten zum Beispiel (Alltags-)Situationen genutzt werden, in denen einzelne Bewohner durch kritisches Problemlösungsverhalten (Aggressionen; sozialer Rückzug) besonders auffallen. Möglicherweise kann das Snoezelen im Wohngruppenalltag eine präventive Wirksamkeit erzeugen und zu einer Atmosphäre des Wohlbefindens beitragen. Die Integration spezifischer Snoezelangebote in den Alltagsbereich wäre damit ein wichtiges Ziel, um „Entfremdungserscheinungen" zuvorzukommen (Hulsegge/ Verheul 1993, 46). Zugleich würde dadurch die Abgeschlossenheit der künstlichen Traumwelt des Snoezelens vermieden und eine Verschränkung des Konzepts mit natürlichen Lernfeldern erreicht.

- **Festhaltetherapie**

Zielgruppe:

Menschen mit geistiger Behinderung, Autismus, Verhaltensauffälligkeiten oder psychischen Störungen

Definition und Ziele:

Die Festhaltetherapie versteht sich als eine „Lebensform" (Prekop), die eine „fundamentale Hilfe für die meisten seelischen Störungen" darstellt, „die durch den Verlust der Bindung und der Geborgenheit sowie durch eine chronisch affektive Ambivalenz herauf beschwört wurden" (Prekop 1992, 142).

Theoretische Bezugspunkte/Überlegungen:
Die Festhaltetherapie geht davon aus, daß Menschen „zum biologischen Typus der Traglinge (Hassenstein)" gehören (ebd., 139). Von daher gebe es Grundbedürfnisse nach Bindung, Geborgenheit, Urvertrauen und „Nestwärme", überdies sei das „symbiotische Mitschwingen" als Urerfahrung menschlicher Liebe für die Entwicklung eines Leib- oder Körperbewußtseins, sensorischer Wahrnehmungen, motorischer und auch kognitiver Prozesse von elementarer Bedeutung. Auf dem Hintergrund pränataler Forschung, verhaltensbiologischer Erkenntnisse und auch entwicklungspsychologischer Aspekte versucht Prekop das Festhalten als einen „Urzustand", als eine natürliche Lebensweise zu begründen. Da bei vielen geistig behinderten, vor allem aber autistischen Personen schon im Mutterleib (aber erst recht im frühen Säuglingsalter) derlei Erfahrungen ausblieben, bedürfe es der Festhaltetherapie zum Nachholen bzw. zum Aufbau der Grundbedürfnisse und Urerfahrungen.

Setting/Raum:
Es wird ein Ruhe- oder Therapieraum empfohlen, an den keine besonderen Ansprüche gestellt werden.

Medien/Mittel:
Matte, Decken, gegebenenfalls Festhaltegürtel

Sozialform:
Einzelarbeit

Vorgehensweise:
Die Festhaltetherapie setzt ein, wenn sich der betreffende behinderte Mensch in einem starken Erregungszustand oder in einer schweren Krise befindet (akute Angst, Auto- oder Fremdaggressionen, panikartige Katastrophenreaktionen, extreme Zwanghaftigkeit, Essensverweigerung etc.). Durchgeführt werden sollte sie nach Möglichkeit durch die unmittelbaren Bezugspersonen (Mutter, Vater, Gruppenmitarbeiter), ebenso denkbar ist aber auch das Halten durch Therapeuten. Das Festhalten sollte immer in einer günstigen Lage stattfinden, bei Kindern im Sitzen und bei erwachsenen behinderten Menschen eher im Liegen. Es gibt keine zeitliche Begrenzung, die Dauer des Festhaltens richtet sich nach der Kraft des see-

lischen Widerstands. Der Betreffende wird beim Festhalten aufgefordert, „sich auszuschreien, auszuschimpfen und auszuweinen. ... Die heilende Wirkung des Festhaltens besteht im Aktualisieren des Widerstandes, indem die unechten Ersatzwege verhindert werden. Das Ausleben des Widerstandes ermöglicht sukzessiv das Ausleben der Liebe. ... Bis zur Entspannung des Betroffenen führt zunächst ein anstrengender Weg über die Überbrückung seiner Entzugserscheinungen und über die Äußerung seiner aversiven Gefühle. ... Merkt man, daß die Anspannung beim Gehaltenen nachläßt, ist er zum freudigen Erleben der Zärtlichkeit zu verlocken" (ebd., 148ff.). Zusammengefaßt geht es also darum, den behinderten Menschen aus dem Zustand seiner Krise herauszuholen sowie sein Verhalten in ein psychisch-physisches Entspanntsein und eine kommunikative Zuwendung zu überführen.

Rolle des Pädagogen:
dominant, therapeutisch-beherrschend, beobachtend

Perspektiven in bezug auf Verhaltensauffälligkeiten:
Repräsentanten der Festhaltetherapie berichten über große Erfolge im Umgang mit geistig behinderten autistischen und verhaltensauffälligen Kindern und Jugendlichen. Bei „schwierigen" geistig behinderten Menschen im Erwachsenenalter wird vorsichtiger argumentiert.

Repräsentanten/Bezugsliteratur:
Prekop (1989a, b; 1992); Tinbergen (1984); Mall (1983); Rohmann/Elbing (1990)

Querverbindungen:
Modifizierte Festhaltetherapie (Rohmann); Verhaltenstherapeutisches Wutreduzierungsverfahren

Beurteilung aus der Sicht des Verfassers:
Die von Prekop propagierte Festhaltetherapie ist als Methode im Umgang mit (verhaltensauffälligen) geistig behinderten Menschen sehr umstritten. Die Gründe hierfür sind vielschichtig: so wird zum Beispiel die theoretische Bezugsliteratur einseitig ausgelegt und stellenweise fehlinterpretiert (z.B. Portmanns Theorie der „physiologischen Frühgeburt"). Ferner werden von Prekop Behauptungen aufgestellt, die sich in keiner Weise wissenschaftlich belegen lassen (z.B. die Festhaltetherapie stelle „die fundamentale Hilfe für die meisten seelischen Störungen dar" (Prekop 1992, 142). Aussagen wie „der Behinderte (ist, G. T.) sein ganzes Leben lang von Schutz abhängig" (ebd., 143) tragen kaum zu einer autonomiefördernden Pädago-

gik bei und verraten die konservierende, konservative Grundhaltung der Autorin. Längst widerlegt und damit unhaltbar ist auch folgende Aussage: „Wegen seines Intelligenzmangels inklusive seiner ungenügenden Fähigkeit, Gefühle zu verbalisieren, ist der Geistigbehinderte nicht in der Lage, eine therapeutische Einsicht auszubilden und an tiefenpsychologisch orientierten Psychotherapien teilzunehmen. Auch die Gesprächstherapie ist ihm unzugänglich" (ebd., 146). Hier tritt ein unreflektiertes statisches Denken zutage, das den geistig behinderten Menschen einzig und allein vom Nicht-Können oder seinen „Mängeln" her betrachtet. Vor allem die Arbeiten von Gaedt und Mitarbeitern (1987a; 1993; 1994b) sowie die Schriften von Badelt (1994) belegen, daß Menschen mit einer (leichten) geistigen Behinderung sehr wohl einer tiefenpsychologischen Psychotherapie wie auch der Gesprächspsychotherapie zugänglich sein können (vgl. hierzu zusammenfassend Lingg/Theunissen 2000). An anderer Stelle (ebd.) haben wir bereits auf das Problem der Etikettierung und Stigmatisierung hingewiesen, wo Prekop Mystifikationen in Umlauf setzt wie: das (behinderte) Kind „ginge den Weg des Bösen" (1989b, 113) oder sei „vom Teufel besessen". Neben diesen theoretischen Unzulänglichkeiten muß die Methode selbst kritisch hinterfragt werden. Ihre Widersprüchlichkeit besteht darin, daß ein „echter" Dialog, eine emotional fundierte zwischenmenschliche Beziehung über ein brutales Vorgehen erreicht werden soll. Dies steht dem Gedanken von Buber (1962) oder auch Spitz (1976) diametral gegenüber. Vor allem Mall (1990) zeigt uns, wie über eine alternative basale kommunikationszentrierte Arbeitsweise authentische Dialoge und Beziehungen hergestellt werden können.

Alles in allem sollte von daher die Festhaltetherapie als eine gewaltsame Methode keinen Eingang in der Arbeit mit (verhaltensauffälligen) geistig behinderten Menschen finden. Andererseits wissen wir aus der Alltagspraxis, daß es Situationen gibt, wo anscheinend alle anderen pädagogischen und/oder therapeutischen Maßnahmen versagen. Gerade in solchen Situationen wird die Festhaltetherapie als der „letzte" Versuch legitimiert. Dieser Argumentation können wir folgen, wenn anstelle des erzwungenen Festhaltens nach Prekop die modifizierte Festhaltetherapie nach Rohmann Anwendung findet, die als eine „weiche" Form von Anfang an versucht, über spezifische Kommunikationsmittel wie Laute, Mimik, Sprache und auch Musik „einen Dialog bzw. Austausch zwischen Therapeut und gehaltenem Kind aufzubauen" (Rohmann/Elbing 1990, 170f.) und so schnell wie möglich aus der Haltesituation in eine non-direktive Interaktionssituation herauszufinden.

• **Psychomotorik/Motopädagogik**
Zielgruppe:
Behinderte, von Behinderung bedrohte und entwicklungsauffällige Kinder und Jugendliche; auch geistig behinderte Menschen mit Verhaltensauffälligkeiten

Definition und Ziele:
„Psychomotorik ist ein ganzheitlicher Ansatz, der versucht, der engen Verbindung und dem gegenseitigen Bedingtsein von Motorik, Wahrnehmung und Sozial-Emotionalität gerecht zu werden" (Köckenberger 1992, 121). Parallelbezeichnungen sind Motopädagogik oder motopädagogische Entwicklungsförderung.

Theoretische Bezugspunkte/Überlegungen:
Ausgehend von den Erkenntnissen Piagets über die sensomotorische Entwicklung des Menschen wird ein „ganzheitliches Entwicklungsmodell" zugrunde gelegt, in dem die Bereiche der Wahrnehmung, Bewegung, Körpererfahrung, Gefühle, Kognition und Kommunikation in ihrer wechselseitigen Beziehung als Schrittmacher für menschliches Lernen und selbstbestimmtes Handeln beschrieben werden. Hirnschädigungen wie auch Außeneinflüsse (Über/Unterforderung der einen oder anderen Dimension) können zu Funktionsstörungen bzw. zur Beeinträchtigung einzelner Bereiche sowie der Wechselbeziehung führen, so daß Auffälligkeiten in der sensomotorischen und psychosozialen Entwicklung als Kompensations- bzw. Problemlösungsversuche in Erscheinung treten. Ein in diesem Zusammenhang häufig zu beobachtendes Problem sei der Verlust an Motivation und konstruktiver Eigeninitiative aufgrund von Enttäuschungen, Frustrationen oder Mißerfolg. Dieses mangelnde Selbstbewußtsein und Selbstwertgefühl sowie das fehlende Vertrauen in die eigenen Ressourcen soll durch ein lustbetontes, kreatives Handeln (Bewegen und Wahrnehmen) als Vehikel zur allseitigen Persönlichkeitsentwicklung überwunden werden.

Setting/Raum:
Eine psychomotorische Entwicklungsförderung kann am ehesten in Gymnastikräumen oder Turnhallen durchgeführt werden. Verschiedene Sportgeräte sollen zu Bewegungsparcours zusammengestellt werden, wobei Wert gelegt wird auf eine alternative Benutzung bzw. Umgestaltung der Geräte, um den Handlungs- und Erfahrungsraum im Hinblick auf kreatives Handeln zu erweitern. Überdies können auch ästhetische Materialien zur freien Verfügung angeboten werden.

Medien/Mittel:
übliche Turngeräte, die zu Schaukeln, Rutschen, Kletterberge, Höhlen oder Tunnel zusammengebaut werden; herkömmliche Gymnastikmaterialien wie Bälle, Reifen, Seile, Sandsäckchen etc.; spezielle Psychomotorik-Materialien wie Rollbretter, Pedalos, Schwungtücher, Fallschirm, Airtramp, Kugelbadbälle, Schaumstoffelemente, Holzklötze; ästhetische Materialien und Abfallmaterialien wie: Toiletten-

papier, Spülmittelflaschen, Autoreifen, Bettbezüge, Teppichbodenfliesen, Watte, Bierdeckel, Schachteln, Kartons, Wolle, Luftballons, Schminke, Verkleidungsmaterialien; Kinderbücher u.a.m.

Sozialform:
Einzel-, Partner- und Gruppenarbeit

Vorgehensweise:
Diese ist nicht festgelegt, einerseits gibt es vorstrukturierte Räume mit Kletter- oder Bewegungsparcours, die zu individuellen und kreativen Handlungen herausfordern sollen. Andererseits gibt es das freie Materialangebot, das ebenfalls dem leistungsorientierten Hallenturnen diametral gegenüber steht. Grundsätzlich dienen die Materialangebote auch diagnostischen Zwecken, um zu geeigneten (entwicklungs- und problemorientierten) Aktivitäten und stimulierenden Lern- und Erfahrungsfeldern zu gelangen. Im Mittelpunkt der psychomotorischen Entwicklungsförderung stehen zumeist Spielaktionen, die in projektartige Unternehmungen übergehen können (z.B. Zirkusprojekt; Theaterprojekt).

Perspektiven in bezug auf Verhaltensauffälligkeiten:
In der Psychomotorik wird ein geeignetes Mittel gesehen, Verhaltensauffälligkeiten abzubauen und neue Verhaltensweisen sowohl in sozialer als auch in sensomotorischer und kognitiver Hinsicht aufzubauen.

Rolle des Pädagogen:
Beobachter, Begleiter, Helfer, Animateur

Repräsentanten/Bezugsliteratur:
Kiphard (1984); Eggert (1994); Köckenberger (1992); Brandt (1980); Schilling (1981)

Querverbindung:
Ästhetische Erziehung/pädagogische Kunsttherapie; heilpädagogische Rhythmik; Erlebnispädagogik; Bewegungserziehung (n. Frostig)

Beurteilung aus der Sicht des Verfassers:
Die Psychomotorik hat sich in den letzten Jahren von einem eher routinemäßigen Übungsprogramm oder psychomotorischen Funktionstraining zu einem subjektzentrierten Angebot weiterentwickelt (vgl. Köckenberger 1992), das für die Arbeit mit sog. verhaltensauffälligen geistig behinderten Menschen empfehlenswert zu

sein scheint. Im Unterschied zur heilpädagogischen Rhythmik gibt es keinen spekulativen, irrationalen Überbau, sondern es werden wissenschaftliche Erkenntnisse zugrunde gelegt und für ein Förderangebot aufbereitet. Dadurch ist die Psychomotorik wissenschaftlich tragfähig und leichter zugänglich. Überzeugend ist ihr Grundanliegen, behinderte, entwicklungs- oder verhaltensauffällige Menschen ohne Leistungsdruck, Dressur oder Drill zu einem selbsttätigen, selbstbestimmten und kreativen Handeln anzuregen. Hervorzuheben ist auch die Attraktivität der Angebote bzw. benutzten Mittel, denen nicht wie etwa in der Eurythmie (anthroposophischen Heilpädagogik) oder orthodoxen heilpädagogischen Rhythmik der „Dunst des Antiquiertseins" anhaftet.

• **Heilpädagogische Rhythmik**
Zielgruppe:
geistig behinderte Menschen, verhaltensauffällige Kinder und Jugendliche

Definition und Ziele:
Heilpädagogische Rhythmik (häufig auch rhythmisch-musikalische Erziehung genannt) wird als eine „ganzheitliche" Arbeitsform beschrieben, die mit Körperbewegung, Rhythmus, Musik und Sprache die „schöpferischen Kräfte, die den Menschen innewohnen" (Klein 1991, 141), zur Entfaltung bringen will und ihn „in seiner Ganzheit zu erfassen, ihn zu beeinflussen, ihn zu erziehen" versucht (Scheiblauer 1991, 234). Ein wesentliches Ziel heilpädagogischer Rhythmik ist die Entwicklung der motorischen Dimension, indem sie dem natürlichen Bedürfnis nach Bewegung entgegenkommen und auch körperliche Funktionen sowie motorische Kompetenzen entfalten soll; ferner werden durch die enge Wechselbeziehung von Bewegen und Wahrnehmen sensorische Bereiche angesprochen, ausgeformt und weiterentwickelt; auch die affektive Dimension findet Beachtung, indem die heilpädagogische Rhythmik zu einem verbesserten Selbstwertgefühl, zu mehr Selbstvertrauen, zu Selbstsicherheit, zu einen psychischen Wohlbefinden sowie auch zu einer realistischen Selbsteinschätzung beitragen soll; darüber hinaus geht es um die Verbesserung des Sozialverhaltens, z.B. um Rücksichtnahme, soziale Anpassung, Hilfsbereitschaft, Kooperation und Entwicklung eines Gemeinschaftssinns. Ebenso wichtig wie die zuvor genannten Dimensionen ist auch die kognitive Entwicklung (z.B. Begriffsbildung, Wissensaneignung, Verbesserung der Konzentration und Entwicklung eines Aufgabenbewußtseins), die durch rhythmisch-musikalische Erziehung befördert werden soll.

Theoretische Bezugspunkte/Überlegungen:
M. Scheiblauer gilt als Begründerin der heilpädagogischen Rhythmik. Ihr war es

um die Entwicklung einer Arbeitsform zu tun, die Erkenntnisse aus der Musikerziehung und „rhythmischen Gymnastik" mit heilpädagogischen Grundsätzen sinnvoll miteinander zu verknüpfen versucht. Dabei wurde die menschliche Bewegung zu einem Schlüsselbegriff: „Bewegung ist ... aller Erziehung Anfang. Sie ist aber in erster Linie aller Entwicklung Anfang, aller Bildung Anfang" (Scheiblauer zit. n. Klein 1991, 142). Die Vielfalt menschlicher Bewegungsmöglichkeiten gilt damit als ein grundlegendes Moment für sämtliche Lern- und Entwicklungsprozesse. Weitere Elemente, die Lernen und Entwicklung befördern sollen, „sind Zeit, Klang – in der Bewegung der Raum – und Dynamik, zu welchen noch die Form kommt, die die drei Erstgenannten in sich schließt. Die Zeit beeinflußt die Motorik, der Klang die Seele, die Dynamik die gestaltenden Kräfte, die Form das Ordnende, Geistige" (Scheiblauer 1991, 234).

Setting/Raum:
Gymnastik- oder Rhythmikraum; gegebenenfalls auch Turnhalle

Medien/Mittel:
Klavier; Orffsche Instrumente; (Scheiblauer) Rhythmikmaterialien; Gymnastikmaterialien wie Reifen, Gymnastikseil, Fäden, Schnüre, Bänder, Bälle, Holzstäbe, Holzklötze, Holzkugel, Sandsäckchen, Zauberschnur, farbige quadratische Tücher, Rasselbüchsen, Fröbelstäbchen u.a.

Sozialform:
Partner- und Gruppenarbeit

Vorgehensweise:
Ausgangspunkt der heilpädagogischen Rhythmik ist zunächst das „aufmerksame Wahrnehmen" der Verhaltens- und Ausdrucksweisen der behinderten Menschen. Dies soll im Rahmen freier Grundübungen geschehen: zum Beispiel gehen die behinderten Menschen „frei im Raum herum nach den verschiedensten Richtungen und in selbstgewähltem Tempo. Nur ein einziger Befehl ist gegeben: Nicht anstoßen! Diese scheinbar primitive Aufgabe gibt uns Einblick in die verschiedenen charakterlichen Eigenschaften der Kinder (behinderten Menschen, G. T.). Wir sehen solche, die rücksichtslos drauflosstürmend absichtlich anstoßen, solche, die ängstlich kaum von der Stelle sich wagen und dadurch immer mehr angestoßen werden ... Also ist die Rhythmik auch ein diagnostisches Mittel, sofern es der Pädagoge versteht, aus Bewegung und Reaktion zu lesen, die richtigen Schlüsse zu ziehen" (Scheiblauer 1991, 234f.). Derartige Übungen lassen sich dann allmählich im Niveau steigern und in spezielle Konzentrations-, sensomotorische, soziale, Phantasie-

oder Improvisations-, Begriffsbildungs- und Ordnungsübungen ausdifferenzieren. Hierzu gibt es in der einschlägigen Literatur zahlreiche Übungsbeispiele, die sich im Schwierigkeitsgrad steigern lassen und an die jeweilige Bedürfnis- oder Problemlage der behinderten Menschen angepaßt werden sollen. Diese Übungen dürfen nicht als engmaschige Rezepte für die Praxis mißverstanden werden, vielmehr haben sie „offenen Charakter", indem sie die Struktur abbilden, unter der die behinderten Menschen die Möglichkeit haben, „eigene Ideen und Vorschläge einzubringen und so den Verlauf der Übungen mitzugestalten" (Sommer 1987, 2). Insofern gibt es in der heilpädagogischen Rhythmik bestimmte Ordnungsstrukturen und verhaltensstrukturierende Vorgaben, die derart variabel gehalten werden, daß Freude und Selbstvertrauen, Spontaneität und Phantasie entstehen und entwickelt werden können. Wichtige Ordnungsmuster sind zum Beispiel das Prinzip der Wiederholung wie aber auch ein ritualisierter, gemeinsamer Beginn und Abschluß der jeweiligen Übungsstunde.

Rolle des Pädagogen:
aufmerksamer Beobachter; Übungsleiter und Führer; einfühlsamer Begleiter

Perspektiven in bezug auf Verhaltensauffälligkeiten:
Scheiblauer (1991) ist davon überzeugt, daß die heilpädagogische Rhythmik wesentlich dazu beitragen kann, verhaltensauffällige Personen (wieder) „zu innerer Ordnung zu bringen" (234).

Ihrer Ansicht nach haben vor allem die Ordnungsübungen, bei denen es um spezifische Lernziele wie Unterbrechen-, Umschalten- und Durchhalten-Können geht, für die heilpädagogische Arbeit mit gehemmten, hochgradig passiven, ängstlichen wie auch „ungehemmten", konzentrationsschwachen oder „undisziplinierten" Kindern und Jugendlichen mit oder ohne Behinderung „einen großen Wert".

Repräsentanten/Bezugsliteratur:
Klein (1991); Scheiblauer (1991); Neikes/Danuser-Zogg (1993); Sommer (1987); Krimm-Fischer (1986); Brunner-Danuser (1984); Thaler-Battistini (1989)

Querverbindung:
Psychomotorik, Eurythmie (anthroposophische Heilpädagogik), Ästhetische Erziehung, Bewegungserziehung (n. Frostig)

Beurteilung aus der Sicht des Verfassers:
Die heilpädagogische Rhythmik zählt zu den wohl ältesten Verfahren, die für die pädagogische Arbeit mit geistig behinderten und auch verhaltensauffälligen Perso-

nen entwickelt worden sind. In erster Linie ist die rhythmisch-musikalische Erziehung für Kinder und Jugendliche konzipiert, sie hat sich aber auch in der Arbeit mit geistig behinderten Erwachsenen etabliert. Eine intensive Beschäftigung mit der einschlägigen Literatur erhärtet den Eindruck, daß sich unter dem Begriff der heilpädagogischen Rhythmik heute zwei Tendenzen verbergen, die anscheinend unvereinbar gegenüberstehen: einerseits können wir nämlich eine orthodoxe behandlungsorientierte Richtung ausmachen (vgl. Krimm-Fischer 1986), zum anderen gibt es eine Richtung, die Elemente aus der Psychomotorik und ästhetischen Praxis aufgreift bzw. die Nähe zu neueren Entwicklungen und Konzepten sucht (vgl. Sommer 1987). Während die erste Richtung in der augenfälligen Gefahr steht, den behinderten Menschen in seiner Subjekthaftigkeit zu verfehlen und als bloßes Behandlungsobjekt zu betrachten, rückt in der zweiten Position die Subjektzentrierung deutlich in den Mittelpunkt, weswegen hier auch von einem „teilnehmerorientierten Ansatz" gesprochen wird. Wer die Schriften von Scheiblauer studiert hat, wird vermuten, daß es ihr angesichts ihrer humanen Grundhaltung, die von der Würde und Achtung vor der Person geprägt ist, wohl eher um diese zweite Richtung zu tun war (vgl. Neikes/ Danuser-Zogg 1993). Von hier aus ergeben sich unseres Erachtens auch Möglichkeiten, mit verhaltensauffälligen geistig behinderten Menschen zu arbeiten. Grenzen beinhaltet die heilpädagogische Rhythmik dort, wo gewisse soziale und kognitive Kompetenzen zur Mitwirkung in Gruppen vorausgesetzt werden, die bei geistig behinderten Menschen mit Verhaltensauffälligkeiten zum Teil erst durch „Vorübungen" in Kleinstgruppen bzw. Partnerarbeit angebahnt werden müssen. Gerade deshalb bedarf es des offenen Charakters und der Variabilität der Übungsprogramme. Ebenso ist in der Arbeit mit geistig schwerst- und mehrfachbehinderten Menschen eine Modifikation von allgemeinen heilpädagogischen Rhythmikübungen notwendig, wenn eine „ganzheitliche" und subjektzentrierte Entwicklungsförderung Ziel sein soll. Alles in allem stellen wir somit fest, daß die heilpädagogische Rhythmik sowohl Chancen als auch Probleme beinhaltet, die es in der Arbeit mit (schwerst) geistig behinderten und verhaltensauffälligen Menschen sorgfältig zu reflektieren gilt.

• **Pränatalraum-Musiktherapie**

Zielgruppe:

geistig schwerst- und mehrfachbehinderte Menschen; geistigbehinderte Personen mit Verhaltensauffälligkeiten

Definition und Ziele:

Die Pränatalraum-Musiktherapie versteht sich als ein multisensorieller Förderansatz, der „über die vestibulär-cochleare Stimulation eine bioenergetische Aktivierung des Gesamtorganismus bewirkt, gleichzeitig durch biodynamische Techniken (Massage, Atmung) die funktionale Aufmerksamkeit in Richtung aktiver Informationsaufnahme und Interaktion anregt und fördert" (Schnell 1992, 45). Im Unterschied zur Psychotherapie geht es bei der musiktherapeutischen Arbeit im Pränatalraum nicht primär um eine therapeutische Konfliktverarbeitung, sondern wesentliche Ziele sind die „Wiederherstellung, Erhaltung und Verbesserung seelischer und körperlicher Gesundheit" (Vogel 1988, 5).

Theoretische Bezugspunkte/Überlegungen:
Die Musiktherapie im Pränatalraum knüpft einerseits an allgemeine musiktherapeutische Verfahren an, die eine „Heilung durch Musik" (Vogel 1988, 2) behaupten. Andererseits bilden Erkenntnisse und Untersuchungen aus der pränatalen Psychologie die theoretische Bezugsbasis des Konzepts. Danach kann davon ausgegangen werden, daß bereits Ungeborene in der Lage sind, Reize wahrzunehmen, zu verarbeiten und zu speichern. Wesentliche Bedeutung kommt hier dem „fetalen Horchen" (Tomatis 1990) zu. Etwa ab der 27. Schwangerschaftswoche sei das Hörorgan funktionsfähig. Von nun an könne der Fetus die Herztöne der Mutter wie auch andere Geräusche aus dem Körper der Mutter hören. Vor allem der „'Urrhythmus' des mütterlichen Herzschlages" vermittle dem Fetus ein Gefühl von Sicherheit und Vertrautheit (Vogel 1988, 15f.). Ein ebenso wichtiger Anknüpfungspunkt für die musiktherapeutische Arbeit ist auch die enge Verbindung des Hörorgans mit dem Gleichgewichtsorgan. „Unser Körpergefühl sitzt sozusagen im Ohr, deswegen entspannt sich z.B. unser Muskeltonus bei bestimmten Musikstücken. Ein akustischer Reiz wirkt über das Gleichgewichtssystem im Mittelohr auf den ganzen Körper. Das Vestibularsystem bildet die Basis der organischen Strukturen, alles fängt sozusagen im Ohr an" (Schnell 1992, 35f.). Im Regelfall wird diese vorgeburtliche Phase als angenehm erlebt. Zu Störungen kommt es, wenn zu viele inadäquate Reize auf den Fetus eindringen, Streß erzeugen und nicht mehr verarbeitet werden können. Ebenso denkbar ist auch eine sensorische Deprivation oder eine Fixierung auf unterentwickelten Strukturen. Durch die musiktherapeutische Arbeit im Pränatalraum (z.B. durch Schaukeln auf dem Wasserbett) sollen diese blockierten oder unterentwickelten psychosomatischen Schichten wieder aktiviert werden, „um die Harmonisierung dieses Systems im Gesamtkörperverhalten wieder herzustellen" (Schnell 1992, 36).

Setting/Raum:
Der Pränatalraum besteht aus einem wohltemperierten Wasserbett, über dem sich

eine Stoffkuppel befindet, die von einem rötlich gedämpften Licht beleuchtet werden soll. Im Wasserbett ist ein Sound-System eingebaut, durch das akustische und vibratorische Schallschwingungen durch das Wasser gefiltert auf die Oberfläche des Wasserbettes übertragen werden.

Medien/Mittel:
Musikanlage mit Mikrofon und Kopfhörer, Sortiment unterschiedlicher Musik, verschiedene Musikinstrumente wie Xylophon, Trommeln, Glocken, Gong, Orffsche Instrumente und Synthesizer

Sozialform:
Einzelarbeit

Vorgehensweise:
Vogel (1991) gliedert den therapeutischen Prozeß in mehrere aufeinander aufbauende Phasen: Ausgangspunkt ist eine vier- bis sechswöchige Beobachtungsphase, um sowohl musikalische Interessen des behinderten Menschen herauszufinden als auch die Schritte für die musiktherapeutische Arbeit zu bestimmen und festzulegen. Danach folgt eine Einstiegsphase, bei der der behinderte Mensch behutsam an das Wasserbett herangeführt werden soll. Liegt er entspannt auf dem Wasserbett, sollen durch sanftes Wiegen und Schaukeln Bewegungsreize erzeugt werden. Dadurch werden Erfahrungen der Tiefensensibilität vermittelt. Zugleich werden auch Gefühle von Wohlbefinden und Geborgenheit erfahrbar. In der nachfolgenden Phase geht es um intermodale Verknüpfungen von Gehör, Vibration und Wärmeempfindung. Danach wird mit akustisch-vibratorischen Effekten und tiefen Frequenzen gearbeitet, um Entspannungsreaktionen zu erzeugen. Erweitert wird das Programm durch bio-feed-back-Phasen und akustische Rückmeldungen von Atem- oder Herzgeräuschen, was mit einem Mikrofon, Kopfhörer und auch Stethoskop geschieht. Über gemeinsames Atmen sollen allmählich Kommunikationsformen aufgebaut und ein Beziehungsdialog eingeleitet werden. Der therapeutische Prozeß führt damit langsam von innen nach außen, zum Beispiel durch sanfte Hautmassage nach Leboyer (1984). Musik, Massagebewegungen und Atemrhythmus werden hierbei aufeinander abgestimmt. Dies mündet in ein sog. Musikalisches Streicheln, bei dem zum Beispiel der Körper mit Musikinstrumenten berührt bzw. stimuliert wird (mit Stimmgabel, Leier, Schellenrassel). Der Einsatz von Musikinstrumenten wird allmählich ausgeweitet, um die Orientierung nach außen und Interaktionen zu verstärken. Dies alles endet letztlich damit, daß der Betroffene schließlich wieder in „seine Welt" entlassen wird (Schnell 1992, 38).

Rolle des Pädagogen:
einfühlsam, dialogisch, therapeutisch-führend

Perspektiven in bezug auf Verhaltensauffälligkeiten:
„Neben der Lockerung des gesamten Körpers zählen zu den typischen Verhaltensweisen im Pränatalraum das Nachlassen von Autoaggressionen und Stereotypien" (Vogel 1988, 22; vgl. auch Schnell 1992, 34).

Repräsentanten/Bezugsliteratur:
Vogel (1988; 1991); Schnell (1992); vgl. auch Goll (1993); Musiktherapeutische Umschau (3/1994)
Querverbindungen:
Musiktherapie; Snoezelen; Basale Stimulation; Sensorische Integration

Beurteilung aus der Sicht des Verfassers:
Die Pränatalraum-Musiktherapie zielt darauf ab, geistig schwer behinderte Menschen oder auch Personen mit Verhaltensauffälligkeiten in die vorgeburtliche Phase zurückzuversetzen, damit wohltuende Pränatalerfahrungen nachgeholt werden können. Dieses Konzept ist höchst spekulativ und hypostasiert den von Störmer (1989, 157) konstatierten „neuen Kult der Innerlichkeit und der Gefühle". Die Erfahrung, daß sich viele geistig behinderte Menschen auf einem Wasserbett entspannen und wohlfühlen, wollen wir damit keineswegs in Abrede stellen, doch ist dies längst noch nicht ein Beweis für ein neues Lebendigwerden pränataler Erfahrungen. Sowohl die Basale Stimulation als auch das Snoezelen zeigen auf, daß die Arbeit mit Wasserbett und Musik auch auf einfache Weise begründet werden kann. Ein weiteres Problem der Musiktherapie im Pränatalraum ergibt sich dort, wo von der heilenden Wirkung der Musik die Rede ist. Hier dringt ganz deutlich das „Gesundmachen" durch, ein Verständnis von Therapie, welches dem heilpädagogischen Arbeiten eher abträglich ist. Denn in der Heil- oder Behindertenpädagogik kommt es gerade darauf an, das enge Paradigma der medizinischen Therapie zu überwinden und ein lebensweltorientiertes Konzept zu fokussieren. Erfahrungen zeigen auf, daß die Musiktherapie im Pränatalraum dem Zusammenhang von Individuum und Lebenswelt in keiner Weise gerecht wird. Was nutzt es einem behinderten Menschen, wenn er im Pränatalraum Geborgenheit findet, die ihm sein Lebensalltag nicht bietet. Der Widerspruch zwischen Therapie und Alltag ist eklatant, weswegen auch die Pränatalraum-Musiktherapie nur dann ein probates Mittel einer speziellen Pädagogik sein kann, wenn eine Integration des Verfahrens im Lebensalltag der behinderten Menschen stattfindet. Dies aber scheint derzeit kaum der Fall zu sein. So wird „für einen aufmerksamen Beobachter deutlich, daß die behandelten

Kinder, Jugendlichen und Erwachsenen nach dem therapeutischen Setting wieder ohne Beschäftigung und ohne Möglichkeit einer geregelten Tätigkeit nachzugehen in der Wohngruppe ‚herumsaßen'. Daraus kann geschlossen werden, daß dieser Ansatz eine Erweiterung der Realitätskontrolle nicht einschließt" (ebd., 168).

Anders ist dagegen der von Goll (1993) entworfene Ansatz einer *„heilpädagogischen Musiktherapie"* einzuschätzen. Hier werden auf der Basis eines „offenen Curriculums" über (einfache) musikalische Mittel dialogische Begegnungs- und basale Lernprozesse angeregt und mit Alltagsgeschehnisse verknüpft. Auf eine spekulative Bezugstheorie wird dabei zu Recht verzichtet.

- **Psychomotorische Therapie (nach Aucouturier)**

Zielgruppe:
geistigbehinderte Menschen mit autistischen Verhaltensweisen oder Verhaltensauffälligkeiten

Definition und Ziele:
Die psychomotorische Therapie will durch die „Wiederaneignung des Körpers" Körperbewußtsein, Kommunikation und sensomotorisches Erleben (wieder-)herstellen, entwickeln und fördern.

Theoretische Bezugspunkte/Überlegungen:
Verhaltensauffälligkeiten wie auch autistische Verhaltensweisen sind nach Aucouturier und Lapierre (1982) Ausdruck einer schweren gestörten zwischenmenschlichen Beziehung. Außerdem wird insbesondere bei Menschen mit geistiger Behinderung ein Mangel an kommunikativen Ausdrucksmöglichkeiten konstatiert. Ursache dafür seien häufig sensorielle hirnorganische Funktionsstörungen, die häufig schon in der vorgeburtlichen Phase ihren Ursprung haben. Da nach der Geburt die ersten Lebenserfahrungen über den Körper gemacht werden, setzt die psychomotorische Therapie genau an dieser Stelle an, indem ein „archaischer kommunikativer Dialog" zwischen Therapeut und behinderten Menschen initiiert und aktualisiert werden soll (vgl. ebd., 30). Dabei soll der Betroffene zugleich zu basalem sensomotorischem Handeln angeregt werden, so daß sowohl kommunikative als auch dingliche Beziehungen zur Welt aufgebaut und entfaltet werden können.

Setting/Raum:
Man benötigt einen mit Matten ausgestalteten Raum für körperorientiertes, kommunikationszentriertes Arbeiten.

Medien/Mittel:
Schaumstoffelemente, Spiegel, Mittel zur Massage (Creme, Öle), (Spiel-)Mittel aus dem Interessenbereich des jeweiligen Betroffenen, Klanginstrumente

Sozialform:
Einzelarbeit

Vorgehensweise:
In der psychomotorischen Therapie gibt es kein festes Übungsprogramm. Sie richtet sich ganz nach der Situation des jeweiligen behinderten Menschen. Sie ist „nicht im voraus programmierbar. Sie wird jeden Augenblick erlebt, sie ist ein ständiges Werden" (ebd., 71). Insofern lassen sich nur einige Schwerpunkte nennen, die immer wieder aufgegriffen werden: Anbahnung von Körperkontakt und Austausch von Lauten, „mothering" („bemutterndes Einhüllen"), Imitation von Körperbewegungen, Selbst- und Fremdwahrnehmung im Spiegelbild, Massagen, vestibuläre Stimulation, gemeinsame Bewegungsaktivitäten (vgl. ebd., 31ff.).

Rolle des Pädagogen:
beobachtend, einfühlsam, dialogisch, therapeutisch-führend

Perspektiven in bezug auf Verhaltensauffälligkeiten:
Nach Aucouturier und Lapierre (1982) können schwere Verhaltensauffälligkeiten wie auch autistische Verhaltensweisen durch die psychomotorische Therapie erfolgreich abgebaut werden.

Repräsentanten/Bezugsliteratur:
Aucouturier/Lapierre (1982); Esser (1990; 1992)

Querverbindungen:
Sensorische Integration; Integrative Körpertherapie (nach Besems/v. Vugt)

Beurteilung aus der Sicht des Verfassers:
Die psychomotorische Therapie nach Aucouturier/Lapierre ist ein subjektzentrierter Förderansatz, der auf theoretischen Überlegungen fußt, die auf Irrationalismen weitgehend verzichten. Einerseits wird der behinderte Mensch in der Therapie als Akteur seiner Entwicklung begriffen, andererseits bleibt der Ansatz nicht bei einer bloßen Widerspiegelung des Verhaltens oder einem reinen „Gewährenlassen" stehen, sondern er setzt zugleich neue Impulse der Entwick-

lungsförderung, indem der behinderte Mensch zu einem alternativen entwicklungsgemäßen Handeln aufgefordert, ja herausgefordert wird. Die therapeutische Kunst besteht darin, sich ganz auf den behinderten Menschen einzulassen und ihn zugleich zu neuem Verhalten anzuregen. Dies stellt hohe Ansprüche an den Pädagogen, da er nicht auf eine bestimmte Methodik zurückgreifen, sondern allenfalls Elemente aus anderen Verfahren (z.B. Massage, Sensorische Integration, Basale Stimulation, integrative Körpertherapie) aufgreifen und in einem integrierten Zusammenhang verwerten kann. Entsprechende methodische Kenntnisse sind daher ebenso unabdingbar wie eine praxisbegleitende Supervision, um ein Abdriften der psychomotorischen Therapie in ein beliebiges oder konzeptionsloses Agieren zu vermeiden. Auch bei diesem Verfahren darf der Lebensweltbezug nicht aus dem Blick geraten.

• **Erlebnispädagogik**
Zielgruppe:
geistig behinderte Menschen; geistig behinderte Personen mit Verhaltensauffälligkeiten/psychischen Störungen

Definition und Ziele:
Erlebnispädagogik „im engeren Sinne" zielt auf die Schaffung von sog. Grenzsituationen, in denen die Teilnehmer „Erlebnisse mit sich, mit anderen Mitmenschen und der Natur machen können, die in der gegebenen Alltagssituation nicht möglich sind" (Nickolai 1993, 93). Die heilpädagogische Bedeutung erlebnispädagogischer Unternehmungen liegt vor allem darin, daß Betroffene auf dem Hintergrund eines handlungsbezogenen und problemlösenden Lernens sich selbst entdekken, eine realistische Selbst- und Fremdeinschätzung des Handelns entwickeln, Ängste überwinden und Emotionen kontrollieren lernen sowie ermutigt werden, selbstbewußter auf zukünftige (Leistungs-)Anforderungen zu reagieren. Darüber hinaus kommt es zur Entwicklung, Erprobung und Entfaltung sozialer Kompetenzen: gegenseitige Unterstützung, Anerkennung, Kooperation. Schließlich dient die Erlebnispädagogik der Aneignung psychomotorischer und sozialer Fertigkeiten. Dieses Ziel kommt auch in einer Erlebnispädagogik „im weiteren Sinne" zum Ausdruck, der es in erster Linie um die erlebnisbezogene Bereicherung des pädagogischen Alltags durch eine „polyästhetische Erziehung" zu tun ist. Aspekte wie Natur, Erlebnis, Bewußtsein, Gemeinschaft, Bewegung sowie die Beziehung zwischen Mensch und natürlicher Umwelt sollen in diesem Konzept harmonisch miteinander verknüpft werden.

Theoretische Bezugspunkte/Überlegungen:
Die Erlebnispädagogik hat ihren Ursprung in der Reformpädagogik der Jahrhundertwende. Als Antwort auf die damals weitverbreitete Drillpädagogik gründete K. Hahn (1954) sog. Kurzschulen, die Jugendliche in mehrwöchigen Kursen für Einsätze im Rettungs-, Bergwacht- oder Seenotdienst ausbilden sollten. Dadurch wollte er spezifischen „Verfallserscheinungen" in der alltäglichen Lebensführung vieler Jugendlicher entgegenwirken. Vertreter der Erlebnispädagogik nehmen an, daß durch herausfordernde natursportliche und soziale Aktivitäten Persönlichkeitseigenschaften gefestigt und entwickelt werden können, die den Betroffenen bei der Bewältigung von Lebenssituationen helfen können. Zum einen versteht sich die Erlebnispädagogik als ein kritisches Korrektiv gegenüber einer medial gesteuerten Sozialisation. Zum anderen will sie zugleich präventiv wirksam sein, indem sie Anreize schafft, die identitätsstabilisierenden Charakter haben.

Setting/Raum:
Die Erlebnispädagogik besteht im wesentlichen aus Unternehmungen wie Hochgebirgswanderungen, alpine Klettertouren, Kajakwanderungen, Floßfahrten, Wildwassertouren, Meeresfahrten in alten Segelschiffen, Überlebenstraining in der Wildnis, Hüttenbau, Zeltlager, Abenteuerwochenende, Bergwandern, Übernachtungen im Freien, Nachtwanderungen, Naturbeobachtungen, Gestaltung sog. Erlebnisräume.

Medien/Mittel:
Ski-, Zelt-, Kletter-, Wanderausrüstung; Boote; Feldstecher, Seile etc.; Natur- und ästhetische Materialien

Sozialform:
in erster Linie Gruppenarbeit

Vorgehensweise:
Die Arbeit mit geistig behinderten Menschen richtet sich ganz nach ihrer Situation, der subjektiven Befindlichkeit und den individuellen Voraussetzungen, die mit der jeweiligen Unternehmung abgestimmt sein müssen. Insofern gibt es keine feste Vorgehensweise, sondern attraktive Angebote, die subjektzentriert aufbereitet werden. Erlebnispädagogische Unternehmungen sind ganz nach dem Prinzip vom Leichten zum Schweren aufgebaut: „Eine langsame Steigerung der Schwierigkeit führt von Spaziergängen auf angelegten Wegen hin zu Wanderungen in unwegsamen Geländen durch den Wald, über Geröll, steile Grashänge und durch ausgetrocknete Bach-

betten. Während anfangs bereits kleine Unebenheiten von den Teilnehmern als nur schwer überwindbare Hindernisse empfunden werden, lassen sich durch bewußt langsame Steigerung im Verlauf des Kurses sichtbare Erfolge erzielen. Vielfältige Bewegungserfahrungen werden durch Geschicklichkeitsübungen gesammelt" (Harder 1990, 15).

Rolle des Pädagogen:
Begleiter, Helfer, dialogischer Partner, Gruppenleiter

Perspektiven in bezug auf Verhaltensauffälligkeiten:
Einschlägigen Berichten zufolge kann davon ausgegangen werden, daß die Erlebnispädagogik zur Prävention wie auch zum Abbau von Verhaltensauffälligkeiten (Ängste, mangelndes Selbstwertgefühl, kritisches Sozialverhalten) einen wichtigen Beitrag leisten kann.

Repräsentaten/Bezugsliteratur:
Cotton (1981); Hahn (1954); Harder (1990); Nickolai, Quensel u. Rieder (1991); Theunissen/Plaute (1995); Theunissen/Stuckert (1996); Theunissen (1997c)

Querverbindungen:
Ästhetische Praxis/Erziehung; Snoezelen; Psychomotorik

Beurteilung aus der Sicht des Verfassers:
Da die Erlebnispädagogik für Menschen mit geistiger Behinderung und Verhaltensauffälligkeiten von großem pädagogischen und auch therapeutischen Nutzwert sein kann, sollte sie grundsätzlich einen festen Platz im Spektrum der speziellen Pädagogik erhalten und das notwendige Maß an Aufmerksamkeit erfahren. Freilich ist vor allzu großer Euphorie und dem unreflektierten Einsatz erlebnispädagogischer Aktivitäten zu warnen. Dies gilt vor allem für die Erlebnispädagogik „im engeren Sinne", der viel Exklusives anhaftet und die nur dann ein sinnvolles Angebot darstellt, wenn sie den Alltagsbezug herzustellen vermag. Mit anderen Worten: Erlebnispädagogik „im engeren Sinne" muß sichergehen, daß sich ihre Wirkung auch im alltäglichen Leben der geistig behinderten Menschen bewähren kann. Gerade deshalb bedarf es einer sorgfältigen Vorbereitung wie auch einer gewissenhaften Nachbereitung der Projekte. Spektakuläre Unternehmungen sind noch kein Garant für eine gelingende heil- oder rehabilitationspädagogische Arbeit. Unseres Erachtens sollten vor allem die Chancen der Erlebnispädagogik „im weiteren Sinne" genutzt werden. Zum Beispiel können Zirkusprojekte oder auch das schwarze Theater zu einem „Grenzerlebnis" werden, wenn sowohl die Akteure als auch die

Zuschauer von einer Faszination angesteckt werden, die Performance und Atmosphäre erzeugen. Zur psychischen Stabilisierung und zum emotionalen Wohlbefinden bedarf es nicht unbedingt nur gesteigerter Anforderungen oder Höchstleistungen, sondern häufig genügt schon ein ästhetisches Leben oder die ästhetische Erfahrung, die an sich wertvoll sein kann. Ein attraktives Angebot ist die Gestaltung und Aneignung sogenannter *Erlebnisräume*. Neben den Erlebnismöglichkeiten in der freien Natur können vielfältige und sinnvolle Erfahrungen durch einen bewußt gestalteten Fußparcour aus unterschiedlichen Naturmaterialien, durch Tastwände oder durch Höhlen-, Kletter- und Liegelandschaften mit basalen Aktivitätszonen gewonnen werden. Im Unterschied zum Snoezelen werden hier den geistig behinderten Menschen keine Erlebnisfelder „präsentiert", sondern von Grund auf (naturnah) erarbeitet, gemeinsam geplant, kooperativ gestaltet und sozial-emotional verwirklicht. Die hohe Wirksamkeit eines solchen Konzepts in bezug auf den Abbau von Verhaltensproblemen von geistig behinderten Menschen steht hier außer Frage.

• **Problemlösende Alltagsgeschehnisse (nach Affolter)**

Zielgruppe:
wahrnehmungsgestörte, entwicklungsauffällige Kinder und Jugendliche; geistig behinderte Menschen

Definition und Ziele:
Das Konzept der „problemlösenden Alltagsgeschehnisse" (PLAG) zielt darauf ab, durch Alltagshandeln Wahrnehmungsstörungen und Verhaltensauffälligkeiten abzubauen und neue Erfahrungen, Lern- und Entwicklungsprozesse anzuregen.

Theoretische Bezugspunkte/Überlegungen:
Ausgangspunkt des Ansatzes ist die Entwicklung der menschlichen Wahrnehmung, der zur Aneignung von Welt größte Bedeutung zugemessen wird. Der wichtigste Sinnesbereich ist nach Affolter (1991) der taktil-kinästhetische, das Spüren, welches die Grundlage der Wahrnehmung bildet. Jede Kontaktaufnahme mit der Umwelt geschieht durch Berühren und Spüren: „Wir sprechen von ‚Kontakt', ‚takt' verweist aufs Spüren, ‚kon' heißt ‚mit' – mit-spüren! Wenn ich dich spüre und du mich, dann spüren wir miteinander, dann stehen wir in ‚Kon-Takt'" (Affolter 1991, 19). In Orientierung an Piaget (1975) beschreibt Affolter die Entwicklung und den Prozeß des Spürens in der Wechselwirkung von Assimilation und Akkomodation. Zunächst geht es um die Aufnahme von Umweltreizen und deren Integration in bekannte Schemata. Dieser Assimilationsprozeß vollzieht sich nach Affolter auf dem Hintergrund von „Widerständen", die in ihrer Unterschiedlichkeit (Veränder-

ung) einverleibt werden. Durch Widerstandsveränderungen (Spüren einer Unterlage, der Seitenlage, Spürinformationen im Arm der Mutter) wird der Säugling mehr und mehr mit der Welt vertraut. „Stets aufs Neue benötigen wir solche Widerstandsveränderungen, um uns der eigenen und zugleich der Existenz der Welt zu vergewissern" (ebd., 19). Diese „gespürte Wahrnehmung" umfaßt im engeren Sinne die sog. körpernahen Sinne (Tast- und Hautsinn; Gleichgewichtssinn; Tiefensensibilität, Stellungs- und Spannungssinn), im weiteren Sinne schließt sie die sog. körperfernen Sinne (Sehen, Hören, Riechen, Schmecken) mit ein. Hinzu kommt das Umfassen und Loslassen von Dingen (vgl. ebd., 52ff.). Dieser Prozeß ist zugleich wegbereitend für die Akkomodation als Form der aktiven Anpassung an die jeweiligen Umweltbedingungen. Hierbei experimentiert nun das Kind mit vertrauten Handlungsschemata, um „Probleme von Alltagsgeschehnissen" zu lösen (z.B. Hebel eines Spielzeugbaggers nach hinten drücken, damit sich die Schaufel öffnet und senkt). Auf dieser Entwicklungsstufe findet eine „seriale Integration" statt, indem einzelne Sinne nicht nur miteinander koordiniert und assoziiert werden (intermodale Stufe), sondern auch zu kausalen Wirkungsketten in Zeit und Raum integriert werden. Diese Stufen der Wahrnehmungsentwicklung, die mit dem Aufbau der einzelnen Sinnesorgane ihren Ausgangspunkt nimmt (sog. modalspezifische Leistungen), stellen für die Diagnostizierung von Wahrnehmungsstörungen eine wichtige Orientierungshilfe dar: „Um zu entscheiden, ob ein Kind auf der serialen Stufe primär geschädigt ist, müssen die Leistungen der vorausgehenden intermodalen und modalitätsspezifischen Stufen intakt sein. Ist ein Kind auf der intermodalen Stufe primär beeinträchtigt, dann wirkt sich diese Störung hindernd aus auf intermodale seriale Leistungen, jedoch nicht auf Leistungen modalitätsspezifischer Art" (Affolter 1975, 226). Folglich sollte vor jeder Fördermaßnahme oder Therapie der genaue Entwicklungsstand der verschiedenen Wahrnehmungsstufen festgelegt werden, um dort ansetzen zu können, wo sich der Betreffende gerade befindet.

Auf dem Hintergrund langjähriger Beobachtungen und Studien ist Affolter zu der Auffassung gekommen, daß Wahrnehmungsstörungen stets durch zu wenig Spürinformationen verursacht werden. Dadurch käme es zu „falschen Erfahrungen" bei der Auseinandersetzung mit der Umwelt. Es entstünden Auffälligkeiten insbesondere in den Bereichen der Bewegung, Sprache und des Sozialverhaltens. Zum Beispiel gäbe es im feinmotorischen Bereich die Tendenz „aller wahrnehmungsgestörten Kinder, Dinge nur mit einer Hand zu greifen" (Affolter 1991, 132). Häufig würden statt fünf Finger nur zwei gebraucht, weswegen es nicht zum „Umfassen" der Dinge käme. Solche Schwierigkeiten würden zugleich auch Auffälligkeiten im Sozialverhalten befördern, da das Alltagshandeln dieser Kinder mit Mißerfolgen, Frustration, Versagungsängsten, mangelndem Selbstwertgefühl oder fehlendem Vertrauen in die eigenen Leistungen verknüpft sei. In den Augen ihrer Bezugspersonen würden die Betroffenen als gereizt, aggressiv oder erziehungsschwierig erlebt und eingeschätzt.

Setting/Raum:
natürlicher Lebensraum (z.B. Wohnküche; freie Natur)

Medien/Mittel:
Es gibt im PLAG-Konzept keine besonderen Materialien; es werden vornehmlich Alltagsgegenstände benutzt.

Sozialform:
vorwiegend Einzelarbeit

Vorgehensweise:
Nach einer sorgfältigen Verhaltensbeobachtung und Entwicklungsdiagnose werden pädagogisch-therapeutische Maßnahmen festgelegt, die hauptsächlich darauf abzielen, dem Betreffenden angemessene Spürinformationen zu vermitteln. Hierzu werden Alltagssituationen genutzt. Zum Beispiel können Spürinformationen über das Führen verschiedener Körperteile erfolgen. Bei Arbeiten am Tisch können über Hände, Arme, Rücken, Tischkante wie auch Tischplatte neue Informationen angeboten werden. Vor allem sollen über „problemlösende Geschehnisse" Widerstandsinformationen verdeutlicht werden, so zum Beispiel die „Veränderung der Widerstandsverhältnisse beim Berühren, beim Umfassen, beim Bewegen, beim Loslassen – zwischen Unterlage und Gegenständen und meinem eigenen Körper" (ebd., 285). Bei all diesen Prozessen legt Affolter stets großen Wert auf das „richtige Führen". Wichtige Grundsätze zum Führen sind: Tempo und Zeitintervalle (z.B. Einlegen von Pausen zwischen verschiedenen Handlungen), Wiederholungen, Verzicht auf begleitende Sprache, um die taktile Spürinformation besser zu verdeutlichen, Einbeziehung des ganzen Körpers bei der Vermittlung von Widerstandsinformationen, Führung beider Hände, um das Zusammenspiel von rechts und links zu verdeutlichen.

Rolle des Pädagogen:
therapeutisch-dominant

Perspektiven in bezug auf Verhaltensauffälligkeiten:
Das PLAG-Konzept soll zum Abbau von Verhaltensauffälligkeiten beitragen.

Repräsentanten/Bezugsliteratur:
Affolter (1975; 1991); Affolter/Bischofberger (1991)

Querverbindungen:
Sensorische Integration; Basale Stimulation

Beurteilung aus der Sicht des Verfassers:
Das PLAG-Konzept nach Affolter unterscheidet sich von den meisten anderen Ansätzen einer speziellen Pädagogik oder Therapie durch eine eindeutige Alltagsorientierung. Indem Alltagsgeschehnisse zur Förderung von Handlungskompetenz aufgegriffen werden, wird zugleich all jenen übenden Verfahren zur Wahrnehmungsförderung eine Absage erteilt, die unter einem therapeutischen Setting unter besonderen Bedingungen außerhalb der natürlichen Lebenswelt durchgeführt werden. Dies ist ohne Frage ein Vorzug des Konzepts, dem es um ein „natürliches Lernen" in realen Lebenssituationen zu tun ist. Gerade für Menschen mit geistiger Behinderung können „problemlösende Alltagsgeschehnisse" zur Bewältigung von Lebenssituationen nicht hoch genug eingeschätzt werden. Erwähnenswert ist in diesem Zusammenhang auch Fröhlichs (1992a, 30; 1992b, 190f.) Ansicht, daß der Ansatz von Affolter eine „Anschlußförderung" oder Weiterentwicklung der Basalen Stimulation darstellt. Trotzdem sollten einige Probleme nicht unerwähnt bleiben, die dem PLAG-Konzept anhaften. Dies gilt allein für die Diagnose „Wahrnehmungsstörung", die allzu leichtfertig bei Kindern mit auffälligem Sozialverhalten gestellt wird. Fokussiert wird eine individuumzentrierte Diagnostik, bei der soziale Aspekte (familiale Beziehungsstörungen; Umweltbedingungen) weitgehend ausgeblendet werden. Psychosoziale Faktoren kommen für Affolter als Ursache von Verhaltensauffälligkeiten nicht primär in Betracht. Diese Blickverengung und theoretische Unzulänglichkeit hat zugleich Konsequenzen für die Praxis, die einzig und allein eine individuumzentrierte Behandlung vorsieht und damit ein schiefgewichtiges Bild pädagogischen Handelns erzeugt, indem die Umwelt (Bezugspersonen) nicht als ein zu veränderndes System in die Arbeit mit einbezogen wird. Befördert wird damit eine Entkontextualisierung der Praxis, obwohl gerade der Alltag als wichtigster Lernort erkannt worden ist. Neben der Vernachlässigung der Arbeit mit den Bezugspersonen ist die Ausblendung der subjektiven Befindlichkeit, des sog. emotionalen Faktors, im PLAG-Konzept evident. Bezeichnend hierzu ist die Entwertung des Spiels für Alltagsgeschehnisse. Diese Schwäche läßt sich sehr wohl kompensieren, wenn das PLAG-Konzept auf dem Hintergrund einer sozioemotional fundierten, kommunikativen, subjektzentrierten und flexiblen Vorgehensweise zum Einsatz kommt. Damit könnte zugleich auch die Rolle des Pädago-

gen/ Therapeuten zu einem dialogischen (Kommunikations-)Partner weiterentwikkelt werden.

• Sensorische Integration
Zielgruppe:
entwicklungsverzögerte Kinder und Jugendliche, Heranwachsende mit Wahrnehmungsstörungen, geistig behinderte Menschen mit autistischen Verhaltensweisen oder Verhaltensauffälligkeiten

Definition und Ziele:
„Sensorische Integration ist der Prozeß des Ordnens und Verarbeitens sinnlicher Eindrücke (sensorischen Inputs), so daß das Gehirn eine brauchbare Körperreaktion und ebenso sinnvolle Wahrnehmungen, Gefühlsreaktionen und Gedanken erzeugen kann. Die Sensorische Integration sortiert, ordnet und vereint alle sinnlichen Eindrücke des Individuums zu einer vollständigen und umfassenden Hirnfunktion" (Ayres 1984, 37). Ziel der Entwicklungsförderung oder Therapie ist damit die Verbesserung der „Hirnkapazität" durch einen Rückgriff auf phylogenetisch frühe Wahrnehmungs- und Bewegungsmuster, so daß Entwicklungsstörungen kompensiert und neue Verhaltensweisen aufgebaut werden können.

Theoretische Bezugspunkte/Überlegungen:
Die Sensorische Integration ist ein therapeutisches Konzept, das Kenntnisse in der sensomotorischen Entwicklung, Neurologie und Neurophysiologie voraussetzt. Nach Ayres (1984) gibt die Verarbeitung von Reizen im Zentralnervensystem Hinweise auf Fähigkeiten, Wahrnehmungsstörungen und Möglichkeiten einer sensorischen Integrationsbehandlung. Dem Hirnstamm als dem ältesten Teil des Gehirns kommt nach Ansicht von Ayres die wichtigste Bedeutung in der Sensorischen Integration zu, da alle Reize an das Gehirn zunächst über die Nervenbahnen des Hirnstamms (Formatio reticularis) laufen. „Die meisten Kinder mit gestörtem Lernen zeigen irgendeine Dysfunktion, die mit dem Hirnstamm in Verbindung gebracht werden kann" (1979, 34). Dies gelte auch für hyperaktives Verhalten oder für einen auffälligen Muskeltonus. Für Ayres bedeutet eine Störung in der Verarbeitung des Hirnstamms stets eine deutliche Beeinträchtigung anderer, insbesondere der höheren Hirnareale. Diese Auffassung ist zugleich grundlegend für die Therapie, die an der niedrigeren Funktionsebene anzuknüpfen habe. Insofern seien jene Wahrnehmungsbereiche besonders relevant, die im Hirnstamm verarbeitet werden. Dies gilt vor allem für die taktile, vestibuläre und kinästhetische Wahrnehmung. Grandic (1992, 181) nimmt an, daß Menschen mit geistiger Behinderung vor al-

lem in diesen Bereichen beeinträchtigt seien. Dies bedeutet mit den Worten Ayres „nichts anderes, als daß das Gehirn nicht in seiner natürlichen, wirkungsvollen Weise funktioniert" (Ayres 1984, 71). Demzufolge sind Wahrnehmungsstörungen Störungen in der Sensorischen Integration: „Sensorisch bedeutet in diesem Zusammenhang, daß die ungenügende Leistung des Gehirns besonders die Sinnesorgane betrifft" (ebd., 71). Derartige Störungen sind nach Ansicht von Ayres zugleich auch Ursache für Verhaltensauffälligkeiten.

Setting/Raum:
Für die Sensorische Integration wird ein speziell eingerichteter, möglichst großer Therapieraum vorgeschlagen.

Medien/Mittel:
Um verschiedenartige Reize zu vermitteln, werden Materialien eingesetzt wie: Geräte zum Schaukeln (Schaukelbrett, Hängematte), Rollbrett, Vibrator, Massagemittel (Öl, Creme), Geräte zum Klettern oder Kriechen, Funktionsspielzeug zum Experimentieren, Bällchenbad ...

Sozialform:
vorwiegend Einzelarbeit

Vorgehensweise:
Ausgangspunkt der Sensorischen Integration ist zunächst die Diagnose von sensorischen Integrationsstörungen durch Verhaltensbeobachtungen oder spezielle Tests (z.B. Southern California Sensory Integration Test). Nach Ansicht von Ayres ist es häufig schwierig, bei Menschen mit geringfügigen Auffälligkeiten eine sensorische Integrationsstörung eindeutig zu diagnostizieren. Da neurologische Untersuchungen hier auch nur selten weiterhelfen könnten, sollten die Beobachtungen über einen längeren Zeitraum nicht nur in Testsituationen, sondern auch in freien, spielerischen Situationen erfolgen. Die Entwicklungsförderung oder Therapie richtet sich ganz nach dieser Ausgangslage. Die Hauptschwerpunkte sind Angebote im Bereich der taktilen, vestibulären und kinästhetischen Stimulation. Hierzu gibt es kein engmaschiges Übungsprogramm, sondern ein Rahmenkonzept mit immer wiederkehrenden Elementen und Prinzipien (z.B. ein zehnminütiges Schaukelangebot, das drei Wochen lang täglich durchgeführt wird). Grandic (1992, 189) hält es für denkbar, spezielle kurzfristige Förderangebote aus dem Bereich der Sensorischen Integration auch in der alltäglichen Arbeit in der Schule oder in der Wohngruppe einzusetzen.

Rolle des Pädagogen:
beobachtend, partnerschaftlich, therapeutisch-führend

Perspektiven in bezug auf Verhaltensauffälligkeiten:
Vertreter der Sensorischen Integration gehen davon aus, daß Verhaltensauffälligkeiten wie auch selbstverletzende Verhaltensweisen bei geistig behinderten Menschen erfolgreich abgebaut werden können (vgl. Grandic 1992, 186).

Repräsentanten/Bezugsliteratur:
Ayres (1979; 1984); Grandic (1992); Dzikowski/Vogel (1988); Doering/Doering (1990); Flehmig (1985); Augustin (1989)

Querverbindungen:
Basale Stimulation; Ästhetische Erziehung; PLAG-Konzept (Affolter), Psychomotorik

Beurteilung aus der Sicht des Verfassers:
Die Sensorische Integration ist ein inzwischen weitverbreitetes therapeutisches Konzept, das einen wichtigen Beitrag zur basalen Lernförderung leistet. Ebenso bemerkenswert sind Erfolge in bezug auf Abbau selbststimulierenden Verhaltens, autistischer sowie autoaggressiver Verhaltensweisen. Es muß aber zugleich auch vor einer Überschätzung des Verfahrens ausdrücklich gewarnt werden. Die Sensorische Integration stellt eine Art Basistherapie dar, der weitere Aktivitäten/Angebote folgen müssen, wenn eine Stabilisierung neu erworbener Verhaltensweisen sowie eine allgemeine Persönlichkeitsentwicklung Ziel sein soll. Dies ist auch den Ausführungen von Grandic (1992) zu entnehmen, der die Sensorische Integration für die Arbeit mit geistig behinderten Menschen ausgewertet hat.

Insgesamt betrachtet kommt die Sensorische Integration der Basalen Stimulation sehr nahe, wenn auch erheblich Unterschiede in der Theorie bestehen. Gerade Ayres Theorie ist in letzter Zeit scharf kritisiert worden. So wird heute nicht mehr davon ausgegangen, daß höhere Hirnfunktionen ohne adäquate niedrigere Funktionen nicht optimal funktionieren können. Stattdessen wird eine kompensatorische Fähigkeit höherer Hirnareale behauptet (vgl. Doering/Doering 1990, 11). Außerdem sollte nach Pflüger (1991, 188) anerkannt werden, daß „einfache Vorgänge wie Greifen und Ausschütten von Sand aus einem Becher bereits eine große Anzahl von kognitiven Leistungen beinhaltet und nicht nur aus einfachen moto-sensorischen Vorgängen besteht". Sowohl Augustin (1986, 347) als auch Ayres verkennen die Komplexität der Verarbeitungsprozesse im Gehirn, indem sie ein Lernen auf Hirnstammebene losgelöst von anderen Bereichen des Zentralnervensystems (insbesondere der Neocortex) betrachten. Nach Kaufmann-Hayoz (1988), die zahlreiche Forschungsergebnisse zusammengetragen hat, kann die Vorstellung, „daß die taktil-kinästhetische Wahrnehmung entwicklungsgemäß als primär zu betrachten ist und daß die Entwicklung der übrigen Sinnessysteme, insbesondere die Entwicklung des visuellen und auditiven Systems auf ihr aufbaut und ihre Intaktheit voraussetzt" (Breitenbach 1996, 418), nicht länger aufrechterhalten werden. Es hat den Anschein, daß „eine primitive Einheit der Sinne (besteht, G.T.), welche dem aktiven, multimodalen Erkunden der Welt vorangeht und nicht eine Folge davon ist" (Kaufmann-Hayoz 1988, 20). Wenig überzeugend ist Ayres auch an jener Stelle, wo es um die Beurteilung von Verhaltensauffälligkeiten geht. Diese werden in erster Linie funktionellen Störungen des Gehirns zugeschrieben, weswegen eine individuumzentrierte Vorgehensweise gegenüber soziotherapeutischen Maßnahmen unmißverständlich priorisiert wird. „Bevor Sie viel Zeit und Geld verschwenden, um die zwischenmenschlichen Beziehungen durch Psychotherapie zu ändern, ist es besser, einen Versuch zu unternehmen, und dafür zu sorgen, daß das Gehirn ihres Kindes besser arbeitet. Wenn nach einem solchen Behandlungsversuch immer noch Probleme bestehen, kann die Psychotherapie gegebenenfalls weiterhelfen" (Ayres 1984, 224). Der Vernachlässigung des sozialen Faktors sind wir auch schon im PLAG-Konzept begegnet. Beide Ansätze sind an dieser Stelle in ihrer Reichweite begrenzt. Im Unterschied zu Affolter legt Ayres allerdings mehr Wert auf die emotionale Befindlichkeit und aktuelle Situation des betreffenden behinderten Menschen, so daß alles in allem die Sensorische Integration als ein subjektzentriertes Förderkonzept gekennzeichnet werden kann.

- **Wahrnehmungsförderung und Bewegungserziehung (nach Frostig)**

Zielgruppe:
Kinder mit Lernstörungen, Entwicklungsverzögerungen, Lern- und Erziehungsschwierigkeiten; hyperaktive und hypoaktive Kinder

Definition und Ziele:
Der Wahrnehmungsförderung und Bewegungserziehung nach Frostig liegen allgemeine Zielsetzungen zugrunde: „Steigerung der Lebensfreude, Förderung des Selbstbewußtseins, Besserung emotionaler Störungen, Förderung kognitiver Fähigkeiten, Förderung der Sprachkompetenz, Besserung der Aufmerksamkeit, Förderung der Bewegungsqualitäten, Förderung der Bewegungskreativität, Förderung des sozialen Bewußtseins" (Kiphard 1986, 12).

Theoretische Bezugspunkte/Überlegungen:
Das sog. Frostig-Programm stützt sich ebenso wie das PLAG-Konzept auf die Er-

kenntnisse Piagets (1975), insbesondere auf die Zusammenhänge zwischen der sensomotorischen und kognitiven Entwicklung. Frostig mißt dabei der visuellen Wahrnehmung, d.h. der Fähigkeit, „optische Reize aufzufassen, zu unterscheiden, mit früheren Erfahrungen zu verbinden und zu interpretieren" (Kerkhoff/Kerkhoff 1990, 10), besondere Bedeutung zu. „Die Fähigkeit, sich etwas bildlich vorzustellen, ist deshalb so entscheidend, weil sie grundlegend für die geistige Tätigkeit und Abstraktion ist und damit für das Verständnis dessen, was nicht gegenwärtig ist" (Frostig 1975, 95). Störungen in der Wahrnehmung, die sich häufig schon in der sensomotorischen Entwicklung anzeigen, sind demnach haftbar zu machen für Lernstörungen, Anpassungsstörungen und Entwicklungsverzögerungen, die ihrerseits Verhaltensauffälligkeiten hervorrufen können (vgl. auch FEW 1982, 44). Frostig unterscheidet fünf visuelle Wahrnehmungsleistungen, in denen spezifische Lernstörungen sichtbar werden können: *visuo-motorische Koordination* (Kinder mit entsprechenden Störungen gelten als ungeschickt, z.B. beim Ausschneiden, Zeichnen, Kleben oder auch Schreiben); *Figur-Grund-Wahrnehmung* (Kinder mit entsprechenden Störungen gelten als „unkonzentriert" oder „unaufmerksam"; Schwierigkeiten ergeben sich beim Erfassen relevanter Details, bei der Unter-scheidung von Wesentlichem bzw. Unwesentlichem); *Wahrnehmungskonstanz* (entsprechende Störungen beziehen sich auf das Wiedererkennen geometrischer Figuren, wodurch das Lesenlernen erheblich erschwert ist); *Wahrnehmung der Raumlage* (als eine typische Störung gilt hier die Legasthenie); *Wahrnehmung der räumlichen Beziehung* (Kinder mit entsprechenden Störungen haben Schwierigkeiten, die Lage von zwei oder mehreren Dingen in bezug zu sich selbst und zu einander wahrzunehmen). Da die (visuelle) Wahrnehmung nicht von motorischen Aktivitäten getrennt werden kann, bestehen nach Frostig (1975, 135) enge Zusammenhänge zwischen Wahrnehmungsproblemen und motorischen Störungen, zum Beispiel Koordinationsprobleme, ein mißerfolgsbehaftetes Bewegungserleben oder ein unzureichendes Körperbewußtsein, welches für eine ausgeglichene emotionale Entwicklung unabdingbar ist (vgl. Frostig/Müller 1981; Reinartz 1990). Im Hinblick auf das Körperbewußtsein werden drei Bereiche unterschieden, in denen spezifische Störungen sichtbar werden können: *Körperimago* (Störungen in diesem Bereich können kinästhetischer oder taktiler Art sein, die gesamten Empfindungen des eigenen Körpers betreffen); *Körperschema* (Störungen kommen in falschen Bewegungsmustern zum Ausdruck, z.B. bei Kraftdosierung, Koordination, Gleichgewicht, bei der Unterscheidung zwischen der rechten und linken Körperseite); *Körperbegriff* (Störungen zeigen sich hier in der faktischen Kenntnis des Körpers, z.B. bei der richtigen Benennung und Angabe von Körperteilen) (vgl. Frostig 1975, 44f.).

Setting/Raum:
Es werden keine besonderen Ansprüche an einen Raum gestellt, günstig ist die Benutzung einer Turnhalle oder eines Gymnastikraumes, ebenso denkbar sind Klassenräume oder auch Spielanlagen/Spielplätze.

Medien/Mittel:
Sportgeräte wie Klettergerüst, Schwebebalken, Balancier-Brett, Trampolin, Schaukeln, Rutschen, Reck, Barren etc.; Bälle, Bohnensäckchen, Stäbe, Stangen, Stöcke, Reifen, Holzklötze, Seile, Matten; Musikinstrumente wie Trommeln, Tambourin, Rumbakugeln, Glocken; audiovisuelle Mittel: Tonbandgerät, CD-Player

Sozialform:
Einzel-, Partner- und Gruppenarbeit

Vorgehensweise:
Angesichts der Zusammenhänge zwischen Wahrnehmungsproblemen und motorischen Störungen sollte die Wahrnehmungsförderung mit der Bewegungserziehung eng verschränkt sein (vgl. Reinartz 1990). Grundlegend für die pädagogisch-therapeutische Arbeit sind neurologische Untersuchungen, spezielle Entwicklungstests (z.B. FEW) und Verhaltensbeobachtungen, um Formen von und Zusammenhänge zwischen visuellen Wahrnehmungsstörungen, motorischen Entwicklungsbeeinträchtigungen, bestimmten Lernstörungen und Verhaltensauffälligkeiten zu diagnostizieren. Sowohl für die Wahrnehmungsförderung als auch für die Bewegungserziehung gibt es eine Fülle an Übungsvorschlägen. Das Programm zur visuellen Wahrnehmungsförderung orientiert sich an den fünf Wahrnehmungsbereichen. Es besteht aus einer Übungsfolge mit Arbeitsblättern, die Aufgaben wie das Nachziehen oder Umfahren von Spuren, Schneiden, Kleben, Malen, Perlen auffädeln, mit Bausteinen bauen, Punkte-Striche-Muster nachbauen, Formen spannen etc. vorsehen. Das Programm zur Bewegungserziehung beinhaltet Aktivitäten zur Körperwahrnehmung (auch Matschen, Spiele im Sand und Wasser, Malen, Kneten etc.), wie insbesondere auch Übungen zur Koordination (Muscheln sammeln, Gehen wie ein Troll, Seiltänzergang, Kriechen mit verbundenen Augen etc.), zur Geschicklichkeit (z.B. Springen über Bohnensäckchen, Bodenrolle vorwärts, Saltos etc.), zur Kraft (Wippen und Kniebeugen, Schulterstand, Beine seitwärts heben etc.), zur Flexibilität (beim Gehen die Fußgelenke umfassen, Elefantengang, Beinschwingen, Ballettänzer etc.), zum Gleichgewicht (auf Zehenspitzen stehen, Vorwärtsbalance, Wasserträger, Schwebebalken etc.), zur Geschwindigkeit (Laufspiele, Wettläufe), zur Entspannung, Atemübungen sowie kreative Bewegungsspiele.

Rolle des Pädagogen:
beobachtend, therapeutisch-führend

Perspektiven in bezug auf Verhaltensauffälligkeiten:
Nach Frostig (1975, 154) können neben Kindern mit Lern- und Erziehungsschwierigkeiten insbesondere auch Heranwachsende mit hyperaktivem und hypoaktivem Verhalten von den genannten Angeboten profitieren.

Repräsentanten/Bezugsliteratur:
Frostig (1975); Reinartz/Reinartz/Reiser (1990); Frostig/Müller (1981); Merkens (1983; 1984)

Querverbindungen:
Psychomotorik; heilpädagogische Rhythmik; Sensorische Integration

Beurteilung aus der Sicht des Verfassers:
Das Frostig-Programm ist in erster Linie für Kinder mit Lernbeeinträchtigungen und Teilleistungsstörungen gedacht. Es kann aber durchaus auch in der Arbeit mit geistig behinderten Menschen hilfreich sein. Allerdings bedarf es hierzu spezifischer Modifikationen des „regulären" Programms (vgl. Merkens 1983; 1984). Dies bezieht sich insbesondere auf die visuelle Wahrnehmungsförderung, die sich nicht auf das zweidimensionale Arbeiten am Tisch beschränken darf (vgl. Schmitz 1992, 16), sondern auch großflächig angelegt sein sollte. Überhaupt wird heute die Verwendung der Arbeitsblätter kritisch gesehen, „wenn diese Übungen nicht mit einer entsprechenden Bewegungserziehung verbunden werden" (Reinartz 1990, 50). Insofern sollte das Frostig-Programm nicht als ein isoliertes Funktionstraining mißverstanden werden. Gerade die visuelle Wahrnehmungsförderung hat häufig zu einer solchen einseitigen Praxis verleitet, was keineswegs im Sinne Frostigs war (vgl. Seidel 1986; Kiphard 1986). Im Gegenteil: Ihr war es schon immer um ein ganzheitliches und kreatives Lernen zu tun, was vor allem im Programm der Bewegungserziehung zum Ausdruck kommt. Die Affinität zur Psychomotorik ist dabei nicht zu übersehen. Überdies berücksichtigt sie auch Zusammenhänge zwischen Wahrnehmungsstörungen, motorischen Auffälligkeiten und psychosozialen Aspekten. Die Hauptkritik richtet sich letztlich gegen den Einsatz des Frostig Entwicklungstests, dessen Wissenschaftlichkeit in Frage gestellt wird. „Die weitaus vernichtendste Kritik des Frostig-Tests betrifft die unzulänglichen Stichproben, mit denen die Teststandardisierung erfolgte" (Hallahan/Cruickshank 1979, 86). Bemerkenswert ist, daß heute selbst im Frostig Center (Pansadena, USA) kaum mehr auf den Entwicklungstest zurückgegriffen wird. Ein weiteres Problem, welches die Wahr-

nehmungsförderung betrifft, ergibt sich dort, wo das Programm nicht genügend in konkrete Handlungen eingebettet und somit nur unzureichend in die Lebenswelt übertragen wird (vgl. Fischer 1983b, 27).

• **Selbstsicherheitstraining**
Zielgruppe:
Menschen mit mangelndem Selbstvertrauen, Ängsten, apathischem, depressivem oder selbstunsicherem Verhalten

Definition und Ziele:
Unter einem Selbstsicherheitstraining fassen wir Programme, die im weiteren Sinne „als Einübung in Selbstvertrauen und soziale Kompetenz" umschrieben werden können (Ullrich de Muynck/Ullrich 1976a, 19). Im engeren Sinne geht es um die Vermittlung von Fertigkeiten, mit denen Betroffene soziale Situationen selbstsicher bewältigen können. Wesentliche Ziele erstrecken sich dabei auf:
"1. den Abbau handlungsblockierender Ängste und Hemmungen
2. das Neulernen sozialer Fertigkeiten und Strategien und
3. die Änderung der Einstellung zu sich selbst" (ebd., 17).

Theoretische Bezugspunkte/Überlegungen:
Ausgangspunkt des Selbstsicherheitstrainings ist die Kritik am klassischen „medizinischen Modell", das Auffälligkeiten wie selbstunsicheres Verhalten, depressive Reaktionen, Störungen des Selbstwertgefühls oder schwere soziale Ängste „lediglich als Hinweis auf eine zugrunde liegende Krankheit betrachtet" (ebd., 70). Soziale Aspekte, genauer gesagt Bedingungen, die das auffällige Verhalten beeinflussen, verstärken, aufrechterhalten oder steuern, bleiben dabei weitgehend unberücksichtigt. Genau an dieser Stelle setzt das Selbstsicherheitstraining an, das sich an lerntheoretischen Kenntnissen orientiert. Demzufolge werden Verhaltensauffälligkeiten (z.B. Ängste, mangelndes Selbstvertrauen) vielfach durch soziale Verstärkung, vor allem durch die Erwartung von negativen Konsequenzen, aufrechterhalten. Fehlende positive Rückmeldungen begünstigen in der Regel ein Vermeidungsverhalten, indem Betroffene sozialen (unangenehmen) Situationen ausweichen. Fehlende Kompetenzen eines selbstsicheren Verhaltens verstärken diesen Prozeß.

Setting/Raum:
Es wird einerseits ein (geräumiger) Raum zur Einübung selbstsicheren Verhaltens benötigt; andererseits soll das Selbstsicherheitstraining in realen Lebenssituationen stattfinden (Lernorte wären: Straße, Verkehrsmittel, Behörden, Fahrstuhl, Lokal, Geschäfte etc.).

Medien/Mittel:
Videoanlage; Kassettenrecorder

Sozialform:
Einzel-, Partner-, Gruppenarbeit

Vorgehensweise:
Ausgangspunkt eines Selbstsicherheitstrainings ist die genaue Situations- und Verhaltensanalyse auf lerntheoretischer Basis. Dabei geht es vor allem um die Registrierung angstauslösender Situationen, um die Beschreibung des Verhaltens, der gefürchteten oder erlebten unangenehmen Reaktionen sowie der Erwartungshaltungen auf angstauslösende Situationen. Durch Befragung und Verhaltensbeobachtung in kritischen Situationen soll herausgefunden werden, welche Verhaltensweisen einem selbstsicheren Verhalten im Wege stehen und welche Strategien zur Erreichung eines sozial kompetenten Handelns angewandt werden können. Programme zur Einübung von Selbstsicherheit basieren in der Regel auf einer Sammlung von Beschreibungen problematischer Situationen, die nach Schwierigkeiten hierarchisiert zunächst in Lernsituationen als systematisches Rollenspiel mit Rollenaustausch auf dem Hintergrund einer Videoanalyse aufbereitet werden, bevor neue Verhaltensweisen in realen Lebenssituationen erprobt werden. Theoretischer Bezugspunkt ist hierbei das Lernen am Modell (vgl. Bandura 1979). Folgende Ausschnitte aus dem Trainingsprogramm von Ullrich de Muynck/Ullrich (1976b, 38ff.) sollen das Vorgehen verdeutlichen:
„Sie erkundigen sich bei einem Passanten nach einer Straße, von der Sie annehmen, daß sie sich in unmittelbarer Nähe befindet.
Die Person ist freundlich und gibt Ihnen genaue Auskunft.
Beginnen Sie Ihr Gespräch etwa mit: ‚Guten Tag, ich suche die ... Straße', ‚Guten Tag, wissen Sie, wie ich am besten zur ... Straße komme?', ‚Ach bitte, können Sie mir sagen, wo die ... Straße ist?'
Ziel:
Sie sollen bei diesen Übungen lernen, daß bereits einfache zwischenmenschliche Handlungen, wie Auskünfte einholen oder Auskünfte geben, besser auf einer gleichberechtigten, partnerschaftlichen Ebene ablaufen.
Sie werden sehen, daß Sie auch ohne Entschuldigungen die gewünschten Auskünfte erhalten.
Beachten Sie:
Sprechen Sie laut und deutlich, verwenden Sie einen freundlichen Tonfall. Vermei-

den Sie auf jeden Fall überflüssige Entschuldigungen wie ,Entschuldigen Sie bitte' ... oder ,Ich bin fremd hier.' ... Sie fragen jemanden auf der Straße nach einem komplizierten Weg. ... Die gefragte Person gibt Ihnen nur ungenau die Richtung an und will dann weitergehen. Sie erscheint Ihnen diesmal etwas ungehalten.
Sie fragen nachdrücklich noch einmal und erhalten eine kurze, aber präzise Auskunft, die Ihnen zunächst weiterhilft.
Ziel:
Sie werden sehen, daß Sie auch weniger gesprächsbereite Personen nicht mit Ihrem Anliegen belästigen. Eine kurze Auskunft können Sie dennoch erhalten.
Beachten Sie:
Sie lassen sich nicht durch die schlechte Laune von anderen beeinflussen, Sie bleiben freundlich und bestimmt".

Rolle des Pädagogen:
Beobachter, Berater, Assistent bei der Konzeptentwicklung

Perspektiven in bezug auf Verhaltensauffälligkeiten:
Programme zur Einübung selbstsicheren Verhaltens gelten als wirksam und effektiv im Hinblick auf die Gewinnung von mehr Selbstvertrauen und sozialer Kompetenz zur Bewältigung sozialer Situationen.

Repräsentanten/Bezugsliteratur:
Ullrich de Muynck/Ullrich (1976a; b; c); Ullrich de Muynck/Forster (1974); Sommer (1976); Pfingsten/Hinsch (1991); Ullrich de Muynck u.a. (1980)

Querverbindungen:
Kognitive Verhaltenstherapie; Programme zum Sozialen Lernen

Beurteilung aus der Sicht des Verfassers:
Im Unterschied zu den basalpädagogischen Arbeitsformen sind die Programme zur Einübung selbstsicheren Verhaltens nicht aus der Arbeit mit geistig behinderten Menschen hervorgegangen. Sie stammen aus der klinischen Rehabilitation und finden insbesondere im Umfeld von Psychotherapie und Psychiatrie Anwendung. Insofern können die vorliegenden und genannten Programme von Ullrich de Muynck/Ullrich (1976) nicht vorbehaltlos auf die Arbeit mit verhaltensauffälligen geistig behinderten Menschen übertragen werden. Wenn wir sie dennoch an dieser Stelle anführen, hängt dies damit zusammen, daß wir das damit verknüpfte Grundanliegen für wichtig erachten. Viele Menschen mit geistiger Behinderung leiden an einer „erlernten Hilflosigkeit", zeigen selbstunsicheres Verhalten, mangelndes

Selbstvertrauen, erhöhte soziale Ängstlichkeit oder Hemmungen, die die Bewältigung sozialer Lebenssituationen erheblich beeinträchtigen. Hier kann der Aufbau bisher nicht gelernter adäquater Verhaltensweisen in sozialen Interaktionen sowie eine damit verknüpfte Veränderung der Einstellung zu sich selbst im Hinblick auf Realitätskontrolle und Realitätsbewältigung, insbesondere auch im Hinblick auf die Bewältigung unbekannter Situationen, wesentlich weiterhelfen. Eine wissenschaftliche Dokumentation von Trainingsprogrammen zum Einüben selbstsicheren Verhaltens bei Menschen mit geistiger Behinderung steht allerdings für den deutschen Sprachraum noch aus. Ohne Zweifel können die in der klinischen Rehabilitation und Therapie erprobten Trainingsprogramme nur in modifizierter Form (z.B. im Hinblick auf soziale Situationen und Sprachinstruktion) eingesetzt werden. Ferner sind den Verfahren dort Grenzen gesetzt, wo wir es nicht nur mit einer mangelnden Verbalisierungsfähigkeit, sondern auch mit einer schweren intellektuellen Beeinträchtigung zu tun haben. Insofern können in erster Linie nur sog. leichtgradig geistig behinderte Menschen mit selbstunsicherem Verhalten davon profitieren. Für sie kann das Selbstsicherheitstraining, in dem vor allem Lösungsstrategien und kognitive Fertigkeiten zur Bewältigung sozialer (schwieriger) Situationen angestrebt werden, eine wirksame *Hilfe zur Selbsthilfe* sein.

• **Soziales Lernen**

Zielgruppe:

Kinder, Jugendliche und Erwachsene mit Verhaltensauffälligkeiten; geistig behinderte Menschen

Definition und Ziele:

Der Begriff des Sozialen Lernens steht für Arbeitsformen, die zum Aufbau, zur Stabilisierung und Differenzierung sozialer Verhaltensweisen sowie zur Bewältigung kommunikativer Situationen beitragen sollen. Unter Sozialverhalten werden dabei insbesondere Wahrnehmungs-, Denk- und Handlungsweisen gefaßt, die für ein positives Zusammenleben mit anderen Menschen notwendig sind, zum Beispiel:

- Fähigkeit, sich selbst wahrzunehmen und realistisch einzuschätzen;
- Fähigkeit, sich in andere hineinzuversetzen und Absichten, Bedürfnisse und Gefühle anderer zu erkennen;
- Fähigkeit, Handlungen im kooperativen Zusammenhang auszuführen;
- Fähigkeit, Konflikte durchzustehen und divergierende Rollenerwartungen zu tolerieren, ohne seine eigene Identität zu gefährden;
- Fähigkeit, anderen zu helfen ohne dabei Abhängigkeiten und Hilflosigkeit aufrechtzuerhalten oder zu erzeugen;

- Fähigkeit, individuelle und kollektive Lebensumstände zu erkennen und sich gegenüber Rollen und Normen reflektierend und distanzierend zu verhalten;
- Fähigkeit, eigene Wünsche oder Interessen zu erkennen, zu formulieren und gegenüber anderen wirksam zu vertreten, ohne dabei die Wünsche und Bedürfnisse anderer zu ignorieren;
- Fähigkeit, individuelle und gemeinsame Bedürfnisse zu erkennen und gemeinsam mit anderen Betroffenen wirksam (sozial verträglich) zu vertreten.

Theoretische Bezugspunkte/Überlegungen:
Arbeitsformen zum Sozialen Lernen basieren wesentlich auf Erkenntnissen des Symbolischen Interaktionismus und der Kritischen Rollentheorie. Danach kann ein humanes, sozial verträgliches Zusammenleben nur von Individuen geleistet werden, die zu einem erfolgreichen Rollenhandeln (Ich-Identität) befähigt wurden. Gemeint ist damit die Kompetenz, personale Ich-Ansprüche (Bedürfnisse, Interessen) mit sozialen Erwartungen (zugeschriebene Rolle aufgrund individueller Merkmale) auszubalancieren. Entsprechende Fähigkeiten sollen durch Programme zum Sozialen Lernen erworben werden. Damit soll schon in der Vorschule (Kindergarten) begonnen werden. In diesem Zusammenhang wird in Anlehnung an Piaget (1974) davon ausgegangen, daß kognitive Fähigkeiten und Erfahrungen stets Bestandteil von Sozialverhalten sind. Deshalb geht es bei den Programmen des Sozialen Lernens nicht nur um die Einübung sozial kompetenter Verhaltensweisen, sondern auch um den Erwerb von Kenntnissen und Fähigkeiten, „die man als ‚Soziales Verstehen' beschreiben kann" (Croissier u.a. 1979, 14). „Das Erkennen, Unterscheiden, Benennen und Bewerten sozialer Merkmale und Situationen gehört unserer Meinung nach zu solchen Kenntnissen und Fähigkeiten, die Vorschulkinder zur Bewältigung sozialer Situationen brauchen" (ebd., 14). Entwicklungspsychologisch betrachtet dominiert bis zum Alter von etwa vier Jahren ein sog. Egozentrismus (Piaget), in dem Kinder Ereignisse in ihrer Umwelt ganz aus ihrem eigenen Standpunkt aus beurteilen. Im Alter von etwa fünf bis sieben Jahre beginnen sie allmählich sich von der unmittelbaren (egozentristischen) Anschauung zu lösen, indem sie verschiedene Sichtweisen berücksichtigen und nicht nur von ihrem Standpunkt aus soziale Situationen beurteilen. Das Kind lernt nun, daß ein und dieselbe Person (z.B. Mutter) verschiedene Rollen einnehmen kann (z.B. Mutter für das Kind, Frau für den Vater, Lehrerin von Schülern, Sprecherin einer Bürgerinitiative). Derlei Erfahrungen konstituieren die Fähigkeit zur „Dezentrierung" (Piaget), die den „Egozentrismus" ablöst, und befördern die Fähigkeit zur Empathie (Einfühlungsvermögen) und Rollenübernahme. Diese Momente werden in den Programmen zum Sozialen Lernen aufgegriffen und unter kognitiven wie auch emotionalen Zielsetzungen aufbereitet. Denn die Fähigkeit zur Rollenübernahme ist stets an gefühls-

betonte Fähigkeiten gebunden (Empathie), weswegen es im Sozialen Lernen immer auch um die Entwicklung und Förderung „sozialer Sensibilität" geht.

Setting/Raum:
Arbeitsformen zum Sozialen Lernen sind nicht an bestimmte Räumlichkeiten gebunden. Ein wichtiger Ort des Lernens ist der natürliche Lebensraum.

Medien/Mittel:
audiovisuelle Mittel; ästhetische Materialien; Spielprogramme (Karteien) zum Sozialen Lernen

Sozialform:
Partner- und vorwiegend Gruppenarbeit

Vorgehensweise:
Am Anfang der Entwicklung eines Programms zum Sozialen Lernen steht die Bestimmung von Lernzielen, die sich nach der individuellen Bedürftigkeit und Interessenlage der betroffenen Personen zu richten hat. Hierzu bieten sich Verhaltensbeobachtungen in freien Spielaktionen an. Außerdem können Explorationsgespräche mit Bezugspersonen und Entwicklungsberichte in die Erstellung einer individuellen Ausgangslage im Hinblick auf soziales, emotionales, kognitives, psychomotorisches und interessenbezogenes Verhalten eingehen. Auf dem Hintergrund dieser Informationen sind Spieleinheiten zu entwickeln, die zum Erwerb neuer sozialer Verhaltens- und Erlebensweisen beitragen sollen. Die Palette solcher Spieleinheiten reicht von „Elementarspielen zum Sozialen Lernen" über „kooperative Spiele" bis hin zu freien Spielaktionen, Interaktions- und Rollenspielen sowie projektartigen Maßnahmen. Was den curricularen Aufbau eines Programms zum Sozialen Lernen betrifft, so empfiehlt sich eine Verbindung von freien Spielaktivitäten mit „geschlossenen" Einheiten (vgl. Croissier u.a. 1979, 17; Theunissen 1984, 134; 1992, 138ff.). Der Ablauf eines Programms zum Sozialen Lernen kann durch folgende Elemente bestimmt sein:

- Freie Spielaktion (Interaktionsspiele; Sketche)
- Beobachtung und Beschreibung bestimmter Verhaltensweisen (Selbst- und Fremdwahrnehmung)
- Rollenspiel (Alltagssituationen)
- Videoanalyse; Beobachtung und Beschreibung der Handlungsabläufe und Verhaltensweisen
- Rollentausch und Rollenspiel
- Videoanalyse; Meinung, Kritik, Gefühle äußern

- Problemzentrierte Rollenspiele (Spielen von Konfliktsituationen)
- Videoanalyse; Auswertung und Reflexion
- Rollentausch und problemzentrierte Rollenspiele im Hinblick auf alternative Verhaltensweisen
- Videoanalyse; Auswertung und Reflexion
- Entwicklung eines Projektes (z.B. Theaterprojekt; Videoprojekt)
- Realisierung der typischen Projektphasen

Dieses Beispiel basiert gleichermaßen wie das Selbstsicherheitstraining auf den Prinzipien des Modellernens, des Rollenspiels mit Rollentausch und der operanten Kontrolle durch direkte differentielle Verstärkung durch den Pädagogen. Der Gang der Aktivitäten vollzieht sich hierbei von subjektzentrierten Arbeitsformen, bei denen hedonistisches Handeln im Vordergrund steht, über themenzentrierte (konfliktzentrierte) Spielangebote, die der Selbst- und Fremdwahrnehmung sowie der Verhaltensänderung dienen, bis hin zu sachzentrierten Arbeitsformen, bei denen die neu erworbenen sozialen Kompetenzen, individuelle Interessen sowie vorhandene Fähigkeiten in psychomotorischer Hinsicht eingebracht werden können. Die themen- und sachbezogenen Angebote dienen zugleich der Einübung von Kooperation. Neben einem solchen langfristigen Programm sind selbstverständlich auch mittel- oder kurzfristige Maßnahmen denkbar, die sich auf eng umschriebene Spieleinheiten (z.B. kooperative Spiele; Spiele zur Selbst- und Fremdwahrnehmung; Spiele zur Erfassung von Gefühlen) beziehen können.

Rolle des Pädagogen:
Beobachter, Animateur, Gruppen- und Projektleiter, Berater

Perspektiven in bezug auf Verhaltensauffälligkeiten:
Programme zum Sozialen Lernen sind nicht explizit auf den Abbau von Verhaltensauffälligkeiten angelegt, sondern es wird eher von einer indirekten therapeutischen Wirksamkeit (Aufbau von Sozialverhalten) ausgegangen.

Repräsentanten/Bezugsliteratur:
Croissier u.a. (1979); Orlick (1982); Becker/Conolly-Smith (1975); Daublebsky (1973); Hielscher (1973); Shaftel/Shaftel (1973); Theunissen (1983; 1984; 1987; 2000d)

Querverbindungen:
Selbstsicherheitstraining; Ästhetische Erziehung; Psychomotorik

Beurteilung aus der Sicht des Verfassers:
Programme des Sozialen Lernens stammen weitgehend aus der „regulären" Vorschulerziehung, Schulsozialarbeit oder Sozialpädagogik. Eigenen Beobachtungen und Erfahrungen zufolge leisten sie einen wirksamen und wesentlichen Beitrag zum Abbau von Verhaltensauffälligkeiten. Dies gilt nicht nur für selbstunsicheres Verhalten, sondern ebenso für Fremdaggressionen, kritisches (gruppendestruktives) Sozialverhalten, mangelndes Sozialinteresse oder unzureichendes Gemeinschaftsgefühl. Insofern ist das Spektrum der pädagogisch-therapeutischen Möglichkeiten breiter als im Bereich des Selbstsicherheitstrainings. Die Affinität zu diesem Ansatz ist allerdings nicht zu verkennen. Auch Spieleinheiten zum Sozialen Lernen, die überwiegend im Bereich der Sozialpädagogik entwickelt worden sind, lassen sich nur in modifizierter Form bei sog. verhaltensauffälligen geistig behinderten Menschen einsetzen. Ohne Umstrukturierung und Individualisierung der Verfahren im Hinblick auf Verhaltens- und Erlebensweisen und Situationen, die für geistig behinderte Menschen bedeutsam sind, kann kein erfolgreiches soziales Lernen erwartet werden. Auch Programme zum Sozialen Lernen sind in erster Linie nur in der Arbeit mit Menschen möglich, die keine schwere intellektuelle Beeinträchtigung aufweisen. Wie beim Selbstsicherheitstraining ist die Reichweite des Konzepts begrenzt. Dies sollte uns aber nicht davon abhalten, stärker als bisher auf Programme des Sozialen Lernens in der Arbeit mit geistig behinderten Menschen zurückzugreifen. Denn die präventive und aktuelle pädagogisch-therapeutische Wirksamkeit der Lernkonzepte ist unbestritten.

- **Gentle Teaching**

Zielgruppe:
Menschen mit geistiger Behinderung und Verhaltensauffälligkeiten

Definition und Ziele:
Das Gentle Teaching versteht sich als eine präventive und problemlösende Methode. Es ist darauf ausgerichtet, soziale Kommunikation bei Menschen mit geistiger Behinderung und Verhaltensauffälligkeiten wiederherzustellen, „indem man ihnen durch eine tiefmenschliche Anerkennung als den Mittelpunkt aller Interaktionen ein Sicherheitsgefühl vermittelt" (v. Loon 1993, 25; vgl. McGee et al. 1987; McGee/Menolascino 1991).

Theoretische Bezugspunkte/Überlegungen:
Das Gentle Teaching knüpft an M. Bubers Philosophie (1962) an und versucht Verhaltensauffälligkeiten bei Menschen mit geistiger Behinderung entwicklungs-

dynamisch zu erklären (vgl. Dosen 1990). Dabei wird davon ausgegangen, daß viele psychische Störungen in der frühen Kindheit entstanden sind und sich als Beziehungsproblem oder Interaktionsstörung manifestiert haben. Insofern ist es dem Gentle Teaching um die Veränderung von Interaktionssystemen und um die Schaffung von neuen Beziehungen zu tun, die als Vehikel zur Persönlichkeitsentfaltung gelten. Bezugspunkt der Beziehungsarbeit ist die für die humanistische Psychologie C. Rogers' (1974) charakteristische therapeutische Grundhaltung, die „vom Wert der Gegenwart eines Menschen" (v. Loon) ausgeht, von gegenseitigem Respekt, bedingungsloser Akzeptanz, Empathie, Authentizität, Wärme, Freundschaft, Kongruenz, Freiheit, Solidarität und Partizipation getragen ist (vgl. McGee/ Menolascino 1991, 139ff.).

Setting/Raum:
Ort des Gentle Teaching ist der „natürliche" Lebensraum.

Medien/Mittel:
Es werden keine speziellen Materialien benötigt.

Sozialform:
Einzelarbeit

Vorgehensweise:
Ausgangspunkt des Gentle Teaching ist eine entwicklungsdynamische und milieuorientierte Aufbereitung der Verhaltensproblematik. Danach richten sich alle weiteren pädagogisch-therapeutischen Prozesse, die stets in der vertrauten Lebenswelt des behinderten Menschen stattfinden sollten. Der Gang der Beziehungsarbeit vollzieht sich in mehreren aufeinander aufbauenden Phasen: Zunächst geht es um eine bedingungslose Toleranz und Akzeptanz des behinderten Menschen sowie um Herstellung einer positiven Beziehung. Dabei soll der behinderte Mensch spüren, daß jemand (Pädagoge/Therapeut) ganz für ihn da ist und ihn als Person bedingungslos wertschätzt („valuing domination" McGee/Menolascino 1991, 48ff.). Hat sich eine positive Beziehung entwickelt, so soll der Betroffene über „Supportive Techniques" (ebd., 149), z.B. über gemeinsames, partnerschaftliches Tun, facilitatorische Assistenz (hierzu Theunissen 1999a, 131f.), Arrangement entwicklungsfördernder Situationen, Wahlmöglichkeiten u.a.m., behutsam an Anforderungen (Aufgaben) herangeführt werden, so daß langfristig eine Anpassung an gesellschaftliche Bedingungen, gesellschaftliche Integration und ein gemeindeintegriertes Leben (community living) statthaben können.

Rolle des Pädagogen:
einfühlsam, dienend, dialogisch

Perspektiven in bezug auf Verhaltensauffälligkeiten:
Das Gentle Teaching gilt aus der Sicht seiner Repräsentanten als erfolgreiche Methode zum Abbau von Verhaltensauffälligkeiten bei Menschen mit geistiger Behinderung.

Repräsentanten/Bezugsliteratur:
McGee et al. (1987); McGee/Menolascino (1991); v. Loon (1993)

Querverbindungen:
Gesprächspsychotherapie; psychomotorische Therapie (n. Aucouturier)

Beurteilung aus der Sicht des Verfassers:
Das Gentle Teaching zeichnet sich durch eine Lebensweltorientierung aus. Ferner sind eine bedingungslose positive Betrachtungsweise und eine konsequente non-direktive Haltung grundlegend für die Methode. Damit werden zugleich hohe Anforderungen wie Ausdauer, Geduld, Einfühlungsvermögen, Sensibilität und Frustrationstoleranz an die Person des Pädagogen/Therapeuten gestellt, muß er doch gegebenenfalls Kränkungen ertragen, auf sich nehmen und durchstehen sowie sich über einen längeren Zeitraum ganz auf den behinderten Menschen einstellen. Entscheidend ist, daß dieser non-direktive Anspruch durchgehalten wird, denn jede Unterbrechung des Konzepts oder jedes inkonsequente pädagogisch-therapeutische Handeln führt zu einer intermittierenden Verstärkung des auffälligen Verhaltens. Schwierigkeiten ergeben sich dort, wo das Gentle Teaching den Rahmen der pädagogischen Alltagsbegleitung sprengt, indem dem Betroffenden „Sonderrechte" eingeräumt werden (z.B. Frühstück im Bett, beliebiges Zu-Bett-Gehen), die auch von allen anderen (Mitarbeitern und Mitbewohnern einer Gruppe) akzeptiert werden müssen. Insofern ist der Ansatz der bedingungslosen Akzeptanz auf die wohlwollende Mitarbeit der Bezugswelt angewiesen, und er kann nicht einzig und allein einem Fachdienst überantwortet werden. Zudem ist das Gentle Teaching personalintensiv. Grenzen ergeben sich auch dort, wo die Strategie der bedingungslosen Toleranz unverstanden bleibt, in eine Verfestigung von Verhaltensauffälligkeiten mündet, so daß der Betroffene letztlich nicht seinen Weg aus der Isolation findet. Angesichts derlei Probleme ist das Gentle Teaching nur auf dem Hintergrund von Supervision vertretbar. Wenngleich Repräsentanten des Gentle Teaching den Ansatz als ausgesprochen fruchtbar (erfolgreich) einschätzen (vgl. Mudford 1995, 347), sollte seine Wirkung nicht überschätzt werden. Dies geht aus einer Analyse von Mudford

(1995) hervor, die einige Ergebnisse in Zweifel sieht und davor warnt, das Gentle Teaching als eine effektive Methode bei schweren Fremd- und Autoaggressionen unkritisch zu rezipieren (ebd., 351, 353).

- **Therapeutisch-ästhetische Erziehung (pädagogische Kunsttherapie)**

Zielgruppe:
Kinder und Jugendliche mit Verhaltensauffälligkeiten; Menschen mit geistiger Behinderung und psychosozialen Problemen

Definition und Ziele:
Ziel therapeutisch-ästhetischer Erziehung ist das pädagogische Bemühen, mit einem als verhaltensauffällig geltenden geistig behinderten Menschen in eine partnerschaftliche Beziehung zu treten und ihn auf dem Hintergrund dieses kommunikativen Verhältnisses mittels ästhetischer Materialien und Prozesse zur Selbstverwirklichung in sozialer Bezogenheit zu befähigen. Der Begriff der therapeutisch-ästhetischen Erziehung wird mit Bezeichnungen wie „pädagogische Kunsttherapie" (Richter) oder auch „heilpädagogische Kunsttherapie" (Menzen) synonym benutzt.

Theoretische Bezugspunkte/Überlegungen:
Konzepte der therapeutisch-ästhetischen Erziehung oder pädagogischen Kunsttherapie bauen auf einer Tradition und Entwicklung auf, die sich auf Bereiche der Kunstphilosophie, Kunstwissenschaft und Kunstpädagogik, Kunstunterricht und Fachdidaktik sowie Sonderpädagogik/Rehabilitation erstreckt. Sie sind nicht unabhängig dieser Einflüsse zu denken. Dies hat Konsequenzen für den Begriff des „Ästhetischen", der sich nicht nur auf den Aspekt des „Schönen", sondern auf die „Vollkommenheit der sinnlichen Wahrnehmung" bezieht. Damit wird ein „ganzheitliches" Phänomen beschrieben, das in doppelter Hinsicht bedeutsam ist: Nicht der Leib-Seele-Geist-Einheit des Menschen ausschließlich, sondern der Relation zwischen der Individualsphäre und der sozialen, mitmenschlichen, natürlichen und kulturellen Umwelt gilt das pädagogisch-therapeutische Interesse. Die therapeutisch-ästhetische Erziehung ist damit systemökologisch orientiert, indem sie passende Relationen, d.h. eine schöne Subjekt-Objekt-Beziehung herzustellen versucht. Der Begriff des Schönen steht hier als Symbol des mit sich selbst identisch gewordenen Subjekts. Durch diesen Theoriebezug ergeben sich zugleich Unterschiede zu jenen Kunsttherapien, die als tiefenhermeneutische, deutungsorientierte Verfahren insbesondere im klinischen Bereich anzutreffen sind. Diese Verfahren stehen zumeist ganz im Dienste einer Psychotherapie. Die therapeutisch-ästhetische Erziehung versteht sich dagegen als eine „Therapie im weiteren Sinne", indem sie sich keiner speziellen tiefenpsychologischen Behandlungsmethode verschreibt, sondern

pädagogische Aspekte priorisiert. Insofern spielen basalpädagogische, entwicklungsgemäße Lernprozesse durch bildnerisches oder kreatives Gestalten zur Kompensation psychosozialer Probleme oder als Katharsis im Hinblick auf eine Befreiung von Bedrückendem eine wichtige Rolle.

Setting/Raum:
Die therapeutisch-ästhetische Erziehung kann sowohl in speziellen Räumen (Malatelier; Werkraum; Matschraum; Bewegungs- oder Mehrzweckraum; Aula; Turnhalle) als auch in „natürlichen" oder alltäglichen Lebensräumen (Klassenzimmer; Gruppenraum; Spielplatz; Grünbereiche; Wald) stattfinden.

Medien/Mittel:
audiovisuelle Medien; ästhetische Materialien und Abfallprodukte wie: Sand, Wasser, Kleister, Pappmache, Moltofill, Ton, Knete, Wachsmalstifte, Pappe, Stöcke, Steine, Perlen, Kugeln, Knöpfe, Kartoffeln, Kordel, Fäden, Lederreste, Stoffe, Styropor, Türmatten, Schaumstoffelemente, Papierbögen, Toilettenpapier, Kork, Makulaturpapierrollen, Kreide, Luftballons, Bälle, Luftschlangen, Strohhalme, Pinsel, Deckfarben, Fingerfarben, Klebstoff, Scheren, Kreppband, Kartons, Taschenlampen, Dia-Projektor, Leinwand, Spiegel, Schminke, Gardinen, Tücher, Kostüme, Masken, Gipsbinden, Styroporkugeln, Käseschachteln, Filzstifte, Klötze, Äste, Blätter, Moos, Erde, Farbpulver, Pustefix, Wolle, Bettbezüge, Bierdeckel, Watte etc.

Sozialform:
Einzel-, Partner- und Gruppenarbeit

Vorgehensweise:
Die therapeutisch-ästhetische Erziehung (pädagogische Kunsttherapie) ist ein Oberbegriff für unterschiedlichste Arbeitsformen aus dem ästhetischen Bereich, zum Beispiel Musik-Malen, Fingermalen, dialogisches Malen, Gruppenmalen, spontanes Malen, plastisches Gestalten, therapeutisches Werken, Spielaktionen, Interaktions- und Rollenspiele, projektartige Unternehmungen wie Video- oder Theaterprojekt, Filmdrehen etc. Insofern haben wir es mit einer breiten Palette an Angeboten zu tun, die sich in ihrer Methodik/Vorgehensweise zum Teil erheblich unterscheiden. Ähnlich wie beim Ansatz des Sozialen Lernens lassen sich auch die Arbeitsformen aus dem ästhetischen Bereich als kurz- oder mittelfristige (Lern-) Einheiten wie aber auch unter langfristiger Perspektive auf dem Hintergrund einer Verknüpfung unterschiedlicher Einheiten realisieren. Auch in diesem Falle haben wir es mit einem mehrperspektivischen Phasenmodell zu tun: Am Anfang der thera-

peutisch-ästhetischen Erziehung steht eine *Orientierungsphase* zum Kennenlernen und Aufbau einer zwischenmenschlichen Beziehung, in der beziehungsstiftende und unstrukturierte Aktivitäten dominieren, zum Beispiel freies Malen oder Spielen, aktionistische Arbeitsweisen, Spiele zum Kennenlernen, Gestaltungen zur Selbstdokumentation; dann folgt eine *Aufbauphase*, in der subjektzentrierte Arbeitsformen angeboten werden, die der pädagogisch-diagnostischen Ausgangslage entsprechend basale Lern- und Entwicklungsstörungen, Verhaltensauffälligkeiten etc. berücksichtigen, danach eine *Stabilisierungsphase*, in der die wiederentdeckten oder neuerworbenen Kompetenzen oder speziellen Ich-Leistungen gesichert werden sollen. Jetzt überwiegen auf Interaktionsprobleme bezogene Verfahren wie zum Beispiel Rollenspiel, Gruppen-Malen, Aktivitäten mit Symbol- und Sozialcharakter sowie projektartige Maßnahmen. Damit soll in dieser Phase die ich-bezogene Arbeitsweise von tendentiell gruppen- und sachbezogenen Aktivitäten abgelöst werden. Den Schluß bildet eine *Differenzierungsphase*, die „im Dienste der Übertragung von erlernten Fähigkeiten/Einsichten auf soziale und sozio-kulturelle Problemstellungen" (Richter 1984, 136) steht. Hier dominiert die themen- und sachzentrierte Projektarbeit, die als mehrperspektivisches Lern- und Erfahrungsfeld dazu geeignet ist, ein gemeinsames Lernen und Tun von sog. schwerst- und leichtbehinderten Menschen zu arrangieren und zu befördern. Die Vorzüge dieses Verknüpfungsmodells liegen darin, daß eine bloße beliebige Aneinanderreihung von kunsttherapeutischen Arbeitsformen vermieden wird. (Eine ausführliche Beschreibung des Ansatzes bieten die Arbeiten von Theunissen 1997a; b)

Rolle des Pädagogen:
Beobachter, Animateur, Assistent, Berater

Perspektiven in bezug auf Verhaltensauffälligkeiten:
Angebote aus dem ästhetischen Bereich gelten in der Arbeit mit verhaltensauffälligen Personen als therapeutisch wirksam und effektiv.

Repräsentanten/Bezugsliteratur:
Richter (1977; 1982; 1984); Theunissen (1980; 1984; 1994; 1997a; b; 1999b); Menzen (1994); Egger (1991); Domma (1993); Bröcher (1998; 1999a;b)

Querverbindungen:
Psychomotorik; Soziales Lernen; heilpädagogische Rhythmik; Basale Stimulation; Sensorische Integration

Beurteilung aus der Sicht des Verfassers:
Unseren einschlägigen Arbeiten ist zu entnehmen, daß die therapeutisch-ästhetische Erziehung (pädagogische Kunsttherapie) einen wesentlichen Beitrag zum Abbau von Verhaltensauffälligkeiten bei geistig behinderten Menschen leisten kann. Insofern handelt es sich hier um einen empfehlenswerten Ansatz, auf den im Rahmen einer speziellen Pädagogik nicht verzichtet werden sollte. Vorzüge des Konzeptes liegen vor allem in der Subjektzentrierung, Alltagsorientierung und Offenheit der ästhetischen Sache. Diese Momente kommen vor allem den Lernbedürfnissen, der psychosozialen Problemlage sowie den Voraussetzungen von Menschen mit geistiger Behinderung sehr entgegen. Nicht zu übersehen sind Überlappungen oder enge Zusammenhänge zwischen „allgemeinen" Arbeitsformen aus dem ästhetischen Bereich sowie der Basalen Stimulation, Psychomotorik und Sensorischen Integration. Auch das Snoezelen kann Bestandteil einer therapeutisch-ästhetischen Erziehung sein, die als „basales Prinzip" etwas „ganz Elementares und Allgemeines" will, nämlich „den Menschen von klein auf die Gestaltbarkeit der Welt erfahren zu lassen, ihn anzuhalten, mit der Mächtigkeit der ästhetischen Wirkungen zu experimentieren und die unendlichen Variationen nicht nur der Ausdrucksmöglichkeiten, sondern gerade auch der Aufnahme- und der Genußmöglichkeiten zu erkennen" (v. Hentig 1970, 93). Wertvoll sind damit basal-pädagogische Prozesse, basale ästhetische Erfahrungen und ästhetisches Erleben an sich, wie auch die Zweckfreiheit ästhetischen Tuns, denen im Hinblick auf psychosoziale Probleme kompensatorische, identitätsstiftende und ich-stabilisierende Qualitäten zugeschrieben werden.

• Validation
Zielgruppe:
verwirrte, desorientierte ältere Personen; Menschen mit einer Demenz

Definitionen und Ziele:
Die Validation ist eine non-direktive, empathisch-verstehende Methode, die dazu beitragen soll, daß desorientierte alte Menschen ein würdevolles Leben verwirklichen können. Insbesondere bietet die Validation Unterstützung in der Bewältigung der individuellen Vergangenheit und der aktuellen Gefühle betroffener Menschen. Dabei geht es nicht um eine Verhaltensänderung dementer Personen, sondern um die Vermittlung von Gefühlen, angenommen, wertgeschätzt und verstanden zu werden. Wichtige „Validationsziele sind:
- Wiederherstellen des Selbstwertgefühls
- Reduktion von Streß
- Rechtfertigung des gelebten Lebens
- Lösung der unausgetragenen Konflikte aus der Vergangenheit

• Reduktion chemischer und physikalischer Zwangsmittel
• Verbesserung der verbalen und nonverbalen Kommunikation
• Verhindern eines Rückzugs in das Vegetieren
• Verbesserung des Gehvermögens und des körperlichen Wohlbefindens" (Feil 1992, 11).

Theoretische Bezugspunkte/Überlegungen:
Die Methode der Validation wurde von Feil (1992) quasi kontrapunktisch zu „realitätsorientierten Interventionen" entwickelt. Sie ist aus langjähriger Arbeit mit desorientierten älteren Menschen hervorgegangen. Ausgehend von Beobachtungen und Erfahrungen, daß eine an der konkreten Situation (Realität) orientierte Betreuung dementer oder verwirrter alter Menschen häufig Frustrationen, Ablehnung und zusätzliche Verhaltensauffälligkeiten hervorruft, ist die Autorin von der Unzulänglichkeit und Unzweckmäßigkeit eines solchen Umgangs überzeugt. Die Autorin nimmt an, daß eine bloße Realitätsorientierung viele der betroffenen Menschen auf Grund ihrer kognitiven und sprachlichen Beeinträchtigungen überfordern würde. Zudem würden sich Betroffene eher durch Poesie, Klänge, Körperbewegungen oder freie Assoziationen als durch eine realitätsorientierte Logik auszudrücken versuchen (vgl. ebd., 29). Ferner hat Feil beobachtet, daß sich desorientierte alte Menschen mit ihren Erlebens-, Verhaltens- und Ausdrucksweisen immer wieder auf ihre Vergangenheit beziehen. Das liege nicht an den kognitiven Beeinträchtigungen, sondern vielmehr gebe es emotionale Gründe für dieses Verhalten, die mit ungelösten Fragen oder unbewältigten Lebensaufgaben, Erlebnissen oder Konflikten zusammenhängen. Bezugspunkt dieser Annahme ist die Theorie der Entwicklungsstadien und Lebensaufgaben nach Erikson (1966). Sie geht davon aus, daß in jedem Lebensabschnitt bestimmte Entwicklungsaufgaben bestehen, die von jedem Menschen gelöst werden müssen. „Ob wir sie nun in einem bestimmten Alter erfüllen oder nicht, hängt davon ab, wie gut wir die frühere Aufgabe in einem früheren Lebensabschnitt gelöst haben. Von der Geburt bis zum Lebensende mühen wir uns ab, unsere Aufgaben zu erfüllen" (Feil 1992, 13). Damit besteht nach Feil eine wesentliche Entwicklungsaufgabe im hohen Alter darin, solche unbewältigten Ereignisse oder Erlebnisse der Vergangenheit zu verarbeiten. Insofern lassen sich Ausdrucksformen, Erlebens- oder Verhaltensweisen dementer oder desorientierter alter Menschen als Versuche einer Vergangenheitsbewältigung auffassen. Genau an dieser Stelle setzt nun die Methode der Validation an, der es um die Aufarbeitung unbewältigter Vergangenheitserfahrungen zu tun ist. Dabei kann es jedoch „niemals ein vollständiges Verarbeiten geben" (21), da es für eine Einsicht, zu einem klaren Erkennen der ungelösten Vergangenheitskonflikte zu spät sei. Wohl aber können die Gefühle bzw. der betreffende Mensch in seinem Verarbeitungsprozeß

bestätigt werden, so daß er sich psychisch darauf vorbereiten kann, „in einem ‚aufgeräumten Haus' zu sterben" (21).

Setting/Raum:
Ort der Validation ist die primäre Lebenswelt.

Medien/Mittel:
Es werden keine speziellen Materialien oder Medien benötigt.

Sozialform:
Alltagsbegleitung, Einzel- und Gruppenarbeit

Vorgehensweise:
Im Rahmen der Validation lassen sich zwei Vorgehensweisen unterscheiden: Zum einen kann die Validation als eine auf Empathie, Wertschätzung, Achtung und Wärme aufbauende *psychotherapeutisch-tiefenpsychologisch geprägte Technik* aufgefaßt werden, die die Bearbeitung ungelöster Probleme zum Ziel hat. Im Mittelpunkt dieses Ansatzes steht eine Symboldeutung, nach der die Gefühle des Angenommen- und Verstandenwerdens vermittelt werden sollen. Feil nennt hierzu einen Katalog mit typischen persönlichen Symbolen dementer oder desorientierter alter Menschen und mit den möglichen Bedeutungen (z. B. eine Hand – ein Baby; ein Tuch – wichtige Papiere, Backteig, Kinder – Kleider; Stange des Rollstuhls – eine Straße; Flüssigkeit – männliche Kraft; ein mächtiger Sessel – Penis, Mann, Ehemann, Sex; Griff – Penis; tiefe Stimme – männliche Person; Messer, Gabel – Wut; Löffel oder gebogener Gegenstand – Frau, weibliches Geschlecht; Socken, Schuh – Kind, ein Kind anziehen, Sexualorgan; ein anzuziehendes Kleidungsstück – Geschlechtsakt, Freiheit, Herausforderung; die Pflegeabteilung – Nachbarschaft; [ebd., 51f.]).

Zum anderen kann die Validation auch als eine *deutungsfreie Kommunikations- und Interaktionsmethode* verstanden werden, die grundsätzlich die Sichtweise der Betroffenen als valide (gültig) betrachtet und dabei auf jegliche Form einer Überprüfung des Verhaltens oder der Lebensäußerungen nach Maßstäben der Normalität oder Realität verzichtet. Die Äußerungen einer verwirrten alten Person werden somit nicht etwa als sinnlos abgetan oder auch korrigiert, stattdessen versucht der validierende Helfer nachzuerleben und nachzuempfinden, welche Vergangenheitskonflikte, Bedürfnisse und Gefühle sie ausdrücken bzw. mitteilen möchte. Auch in dem Falle gelten die Grundprinzipien des Einfühlungsvermögens, der Wertschätzung des anderen sowie der uneingeschränkten Anerkennung seiner Lebensäußerungen oder Gefühle. Dabei wird jedoch kein psychotherapeutischer Ansatz mit dem Ziel erhoben, ungelöste Vergangenheitsprobleme symbolisch bearbeiten zu wollen. Stattdessen versucht der validierende Helfer durch bestimmte Formen der verbalen Begegnung (z. B. Verbalisierung der Erlebnisinhalte oder Ausdrucksformen, Wiederholung von individuell bedeutsamen „Schlüsselworten") dem Betroffenen zu zeigen, daß seine Äußerungen und Gefühle ernst genommen, angenommen und verstanden werden. Je nach Schweregrad der Demenz genügt es nicht, nur auf verbaler Ebene zu validieren. Ebenso hilfreich können auch nonverbale Techniken des „Berührens" sein (ebd., 77ff.). Durch eine besondere Art der körperlichen Berührung (z. B. bestimmte ruhige auf- und abstreichende Berührungen am Rücken, an der Schulter) wie aber auch durch eine Widerspiegelung von Verhaltensweisen (ebd., 79) sollen Gefühlsinhalte aus dem Altgedächtnis stimuliert werden, die üblicherweise mit solchen Berührungen verbunden sind, so z.B. das Gefühl des „Getröstetwerdens" bei einem behutsamen, leichten und regelmäßigen Streichen über den Rücken.

Am besten ist es, wenn die Validation auf der Basis einer Bezugsassistenz im Rahmen der *Alltagsbegleitung* oder als *Einzelhilfe* durchgeführt wird. Hierzu sollen nach Feil (62ff.) drei Schritte beachtet werden. Der erste Schritt bezieht sich auf das Sammeln von Informationen, z. B. durch einen mündlichen Bericht, durch Beobachtungen der körperlichen Charakteristika sowie auch durch das Befragen von Angehörigen. Hinzu kommt die Aufbereitung der Lebensgeschichte mit „'Damals- und Dort'-Fragen" (64) sowie mit „'Hier- und Jetzt'-Fragen" (63). Durch das Sammeln von Informationen soll insbesondere das Stadium der Desorientierung in Erfahrung gebracht werden. Dieses gilt es im zweiten Schritt zu bestimmen; und der dritte Schritt bezieht sich dann auf einen darauf abgestimmten „Arbeitsplan" für „individuelle Validation" (68), bei dem die betreffende Person regelmäßig in ihrem Lebensalltag besucht, begleitet und validiert werden soll. Neben der „individuellen Validation" kann die Methode aber auch als ein *gruppenbezogenes Angebot* aufbereitet werden. Bei einer Gruppen-Validation sollte allerdings auf eine sorgfältige Auswahl der Teilnehmer geachtet werden. So sei eine Einbindung von desorientierten Personen, die nicht sitzenbleiben könnten oder sich ständig laut artikulieren würden, ausgesprochen schwierig (vgl. 89). Ein Prinzip für Validationsgruppen ist es, jedem Teilnehmer eine ihm vertraute soziale Rolle zuzuweisen, die für ihn einmal möglicherweise lebensbedeutsam war. Solche Rollen haben eine gruppenstrukturierende Funktion und vermitteln zugleich das Gefühl, „in der Gruppe nützlich zu sein und gebraucht zu werden" (90). Zudem stiften sie Sicherheit und tragen zur Wiederherstellung der Würde und eines positiven Selbstwertgefühls bei.

Rolle des Pädagogen:
einfühlsam, verstehend, dialogisch, wertschätzend, non-direktiv interagierend

Perspektiven in bezug auf Verhaltensauffälligkeiten:
Erklärtes Ziel der Validation ist nicht der direkte Abbau von Verhaltensauffälligkeiten, sondern die Methode kann in präventiver und therapeutischer Hinsicht zu einem psychischen Wohlbefinden desorientierter oder dementer alter Menschen beitragen.

Repräsentanten/Bezugsliteratur
Feil (1992); Scharb (1996); Heck (1998)

Querverbindungen:
Klientenzentrierte Gesprächspsychotherapie; Basale Kommunikation; Logotherapie

Beurteilung aus der Sicht des Verfassers:
Die Validation stellt eine wichtige Methode in der Arbeit mit dementen und desorientierten alten Menschen dar. Forschungsergebnisse lassen den Schluß zu, daß dieses non-direktive, empathisch-verstehende Verfahren in zweifacher Hinsicht bedeutsam ist: Zum einen werden günstige emotionale Wirkungen nachgewiesen, etwa eine ausgeglichene Stimmungslage, psychisches Wohlbefinden und vermehrte positive Interaktionen. Zum anderen lassen sich auch bei Mitarbeitern positive Tendenzen beobachten, so z. B. ein verbessertes Verständnis den Betroffenen gegenüber sowie ein größeres Maß an Vertrauen zwischen Mitarbeitern und den betreffenden Personen (vgl. Feil 1992, 40ff.). Kritisch muß allerdings die Symboldeutung gesehen werden. Sie darf auf keinen Umständen zu dem Trugschluß verleiten, daß es ein festgelegtes Symbolverständnis gäbe, nach dem sich die therapeutische Arbeit richten könnte. Wenngleich Feil von „möglichen Bedeutungen" (51) typischer, persönlicher Symbole desorientierter Menschen spricht, verleitet ihr Symbolkatalog allzuleicht zu einer Blickverengung, die den betreffenden Menschen verfehlen kann. Um dies zu vermeiden, sollte mit Symboldeutungen, die sowieso nur lebensgeschichtlich entschlüsselt werden können, so behutsam wie möglich umgegangen werden. Möglicherweise sprengt dieser Rückgriff auf Symbole aber auch den Rahmen der Möglichkeiten, den pädagogisch orientierte Helfer nutzen sollten. Außerdem zählt eine psychotherapeutisch orientierte Konfliktbearbeitung ja nicht zu einem originären Bestandteil einer Alltagsbegleitung oder pädagogisch-therapeutischen Einzelarbeit. Insofern sollten sich pädagogische Berufe auf die Validation als ein deutungsfreies Kommunikations- und Interaktionsangebot konzentrieren. Auch hierzu sind selbstverständlich spezifische Kenntnisse des Verfahrens notwendig, die am besten im Rahmen einer speziellen Fort- oder Ausbildung in der Validationstechnik angeeignet werden können (vgl. Scharb 1996, 478).

Trotz unseres Einwandes betrachten wir insgesamt gesehen die Validation als ein interessantes, ja faszinierendes Verfahren, von dem wir annehmen, daß es auch in der Arbeit mit geistig behinderten Menschen fruchtbar sein kann. Wenngleich bislang noch keine einschlägigen (empirisch verifizierten) Erfahrungen vorliegen, drängt sich nach unseren Beobachtungen auf gerontopsychiatrischen Stationen, die nach der Methode der Validation arbeiten (z. B. das LKH Rankweil/Österreich), der Eindruck auf, daß sowohl ältere Menschen mit geistiger Behinderung und Demenz als auch ältere geistig schwerst- und mehrfachbehinderte Personen von dieser Methode profitieren können. Zentrale Momente der Validation sind nämlich die Wertschätzung des Anderen, der Respekt vor seinen Äußerungen und Verhaltensweisen, das Ernstnehmen der Betroffenen-Perspektive, die positive Konnotation von Verhaltensauffälligkeiten wie auch der Blick für Stärken sowie die Unterstützung von vorhandenen Kompetenzen. Genau diesen Aspekten hat sich auch die moderne Behindertenarbeit, insbesondere das von uns favorisierte Empowerment-Konzept (Theunissen 1999a) verschrieben. Damit ließe sich die Validation durchaus als ein methodisches Instrument des Empowerment-Ansatzes in der Arbeit mit älterwerdenden und alten Menschen nutzen, die als dement oder als geistig schwerst- und mehrfachbehindert eingeschätzt werden. Wünschenswert ist dabei zweifellos eine Anwendung des Verfahrens als ‚alltägliche Methode'. Dies setzt jedoch ideale Rahmenbedingungen voraus (genügend Personal und Zeit), die selten gegeben sind. Insofern kann nicht erwartet werden, daß die Validation stets von allen Mitarbeitern praktiziert wird, wohl aber läßt sie sich als ein spezielles Unterstützungsangebot im Rahmen der Alltagsbegleitung anwenden.

In jüngster Zeit ist die Validation von Heck (1998) noch weiterentwickelt worden. Während Feil davon ausgeht, daß die von dementen alten Menschen benutzten Körperbewegungen, die der Wiederbelebung von Vergangenheit dienen, Symptome von Desorientierung sind, betrachtet Heck diese Bewegungen als „eine durchaus praktische Strategie zum Herstellen eines *ressourcenreichen Zustandes*" (1998, 2). Daher ist es ihm weniger um die Deutung dieser Bewegungen als vielmehr um ihre gezielte Unterstützung zu tun, um verwirrten alten Menschen zu helfen, „einen Moment von Freude, von Glück zu erleben und eine Zeitlang zu halten" (ebd., 2). Ferner verzichtet Heck auf die von Feil vorgenommene Einteilung der Desorientierung in vier Stadien, um ein ‚Schubladen-Denken' zu vermeiden. Zugleich hält er eine entsprechende diagnostische Beurteilung aus systemischer Sicht für entbehrlich. Im Sinne von der von uns genannten deutungsfreien Kommunikations- und Interaktionsmethode will auch Heck mit seinem alltagsbezogenen Ansatz „nicht in den Menschen hineinschauen, Schwerpunkt ist die Kommunikation, das System in dem diese Kommunikation stattfindet, beziehungsweise ein Teil davon" (ebd., 3).

• **Unterstützte Kommunikation**

Zielgruppe:

Geistig-, mehrfach- oder körperbehinderte Kinder, Jugendliche und Erwachsene, die Probleme haben, sich sprachlich zu verständigen, die nicht sprechen oder kaum verständlich kommunizieren können; behinderte Menschen mit schweren Kommunikationsstörungen

Definition und Ziele:

Ziel der Unterstützten Kommunikation ist es, die individuellen Ausdrucks- und Verständigungsmöglichkeiten zu verbessern, zu erweitern, zu ersetzen (alternative) oder auch zu ergänzen (augmentative). Dieses Ziel gilt nicht nur für Menschen mit geistiger Behinderung, sondern auch für andere behinderte „Menschen mit schweren Kommunikationsstörungen" (Bundschuh 1998). Der Begriff ‚Unterstützte Kommunikation' (Kristen 1994a; b) steht für die angloamerikanische Parallelbezeichnung ‚augmentative and alternative communication' (AAC) und bezieht sich auf Konzepte, die körpereigene Kommunikationsformen, nicht-elektronische Kommunikationshilfen oder EDV-gestützte (elektronische) Kommunikationshilfen didaktisch-methodisch nutzen, um Menschen, die in ihrer Fähigkeit, sich verbal oder non-verbal zu verständigen, eingeschränkt oder gestört sind, zu einer Kommunikation über Gebärden bzw. visumotorische Zeichen (dynamische Symbole), Sprachzeichen oder Bildsymbole (statische Symbole) zu befähigen.

Theoretische Bezugspunkte/Überlegungen:

„Man kann nicht nicht kommunizieren" – so lautet das zentrale Axiom in der Kommunikationstheorie von P. Watzlawick u. a. (1990, 51). Demnach können wir *Kommunikation* als eine fundamentale Tatsache menschlicher Existenz betrachten. Menschliche Kommunikation vollzieht sich auf verbaler und nichtverbaler Ebene, sie hat Mitteilungscharakter, dient dem Informationsaustausch, der Wissensvermittlung sowie der Herstellung und Gestaltung von Beziehungen (Interaktionen); zugleich repräsentiert sie aber auch Identität, dokumentiert einen Ausdruck des ‚inneren Zustandes' einer Person, drückt ihre Gefühle, Haltungen sowie die Art und Weise des ‚In-der-Welt-Seins' aus. Ihre Bedeutung kann somit nicht hoch genug eingeschätzt werden.

Aktuelle Untersuchungen lassen den Schluß zu, daß viele Menschen (ca. 40%), die als geistig behindert bezeichnet werden, zum Teil erhebliche Schwierigkeiten haben, sich sprachlich zu verständigen (vgl. Bundschuh, Herbst u. Kannewischer 1999, 519f.; Theunissen/Ziemen 2000). Unstrittig ist, „daß geistige Behinderung meist mit einer Beeinträchtigung kommunikativer Fähigkeiten einhergeht" (Adam 1996, 3), was letztlich bedeutet, daß viele Betroffene in ihren Möglichkeiten eingeschränkt sind, sich zu unterhalten, an Gesprächen zu beteiligen, Wünsche, Bedürfnisse oder Interessen mitzuteilen sowie ihren Gefühlen oder ihrer Befindlichkeit angemessen (verständlich) Ausdruck zu verleihen. Häufig ist soziale Isolation die Folge – und dies nicht zuletzt aufgrund der Schwierigkeit, die Betreffenden zu verstehen, ihre Bedürfnisse, Stimmungen, Befindlichkeiten oder auch Wirklichkeitskonstruktionen adäquat zu entziffern und subjekthaft zu erschließen. Nicht selten werden individuelle Wünsche, Bedürfnisse oder Befindlichkeiten verkannt, wodurch Dialoge, Kommunikationen oder Interaktionen entgleisen können. Solche Verständigungsschwierigkeiten können ein fruchtbarer Boden für Verhaltensauffälligkeiten sein (ebd., 139). Auf jeden Fall befördern sie emotionale Belastungen, Frustrationen, Hilflosigkeit und Streß, den es zu bewältigen gilt. Bevorzugte Bewältigungsstrategien sind assertive (z.B. fremdaggressive), evasive und defensive Techniken auf ‚einfachem' Niveau (vgl. auch Wüllenweber 2000). Allein aus diesem Grunde ergibt sich die Notwendigkeit einer gezielten Kommunikationsförderung zur Verbesserung der Handlungskompetenz (coping). Möglichkeiten und Methoden der Unterstützten Kommunikation haben hier ihren Platz. Sie lassen sich in drei zentrale Bereiche einteilen:

1. Körpereigene Kommunikationsformen

Körpereigene Kommunikationsformen sind z. B. Mimik, Gestik, Körpersprache, Gebärden, Gebärdensprache (hierzu: Anmerkung 10, 277), Fingeralphabet u. a. m. Sie gelten als „dynamische Symbole", die nur vorübergehend existieren und von Betroffenen selbst produziert bzw. angewandt werden. Dazu bedarf es spezifischer Voraussetzungen (z. B. körperliche Fähigkeiten; Objektkonstanz; Blickkontakt; Nachahmungsfähigkeit; Symbolverständnis; Symbolhandlungen), was letztlich bedeutet, daß ein Handzeichensystem (Bernhard-Opitz u. a. 1992) nicht in jedem Fall als Kommunikationshilfe geeignet ist.

2. Externe, nichtelektronische Kommunikationshilfen

Hierunter werden Kommunikationsmöglichkeiten über Bilder, Fotos, graphische Symbole, Strichzeichnungen und Piktogramme gefaßt. Es handelt sich dabei um „statische Symbole", die nicht vom Benutzer über Gebärden bzw. eine Körpersprache hergestellt werden, sondern „lediglich wiedererkannt und ausgewählt werden" müssen (Kristen 1994b, 60). Ebenso wie die Gebärdensprache gelten auch sie als eine mögliche Alternative zur verbalen Kommunikation (Lautsprache). Während eine Kommunikation mit Realobjekten oder Fotos für eine sehr große Anzahl an Menschen mit geistiger Behinderung leicht zugänglich ist, setzen Piktogramme oder auch graphische Symbole ein ‚elaborierteres' Symbolverständnis voraus.

Zum einen besteht die Möglichkeit durch ein selbsterarbeitetes Bildkartensystem (persönliche Sammlung [Kommunikationsbücher] mit individuell bedeutsamen Fotos, Begriffsabbildungen...) Kommunikation zu fördern (hierzu Theunissen 1999a, 239), zum anderen können ‚vermarktete' Bild- und Symboltafeln genutzt werden. Diesbezüglich gibt es inzwischen weit über 40 verschiedene Symbolsammlungen (vgl. auch Franzkowiak 1994, 25), so z. B. die sog. Löb-Sammlung (hierzu Anmerkung 11, 278), die weithin aus der Arbeit mit geistig schwerbehinderten Schülerinnen und Schülern hervorgegangen ist (Löb 1983; 1985). Einen Bekanntheitsgrad haben darüber hinaus hierzulande insbesondere die Touch'n-Talk-Sammlung (hierzu Anmerkung 12, 278) sowie die Aladin's Bildersammlung (hierzu Anmerkung 13, 278) und das sog. BLISS-System (hierzu Anmerkung 14, 278), das allerdings zum Teil hohe Wahrnehmungs- und Abstraktionsleistungen abverlangt, die in der Arbeit mit geistig behinderten Menschen nicht in jedem Fall erwartet werden können. Insofern ist das BLISS-System für viele der Betroffenen schwerer zugänglich als die anderen Bildsysteme. Wenngleich Bildsysteme stets mitgeführt werden müssen, was im Einzelfall hinderlich oder aufwendig sein kann, besteht ein Vorteil gegenüber der Gebärdensprache darin, daß Bezugspersonen nicht wie bei der Anwendung von Handzeichensystemen ein spezielles methodisches ‚Know-how' benötigen. Dadurch sind Betroffene von der Sach- und Handlungskompetenz ihrer Bezugspersonen (Umwelt) weniger abhängig.

3. Elektronische Kommunikationshilfen

Hierunter werden Computer mit Kommunikationsgeräten wie auch spezielle Kommunikationsgeräte (Talker) gefaßt, die der Mitteilung und Verständigung dienen sollen. Mittlerweile ist das Angebot an elektronischen Kommunikationsmitteln, z. B. an transportablen Kommunikationsgeräten, speziellen Tastaturen, Joystickvarianten und Bedienungssystemen sowie speziellen Textverarbeitungs- und Kommunikationsprogrammen (mit und ohne Sprachausgabe) für PC und Notebooks nahezu unüberschaubar geworden (hierzu Weid-Goldschmidt 1997). Nicht jede elektronische Kommunikationshilfe ist für Menschen mit geistiger Behinderung geeignet. „Die Auswahl des geeigneten Gerätes gehört mit zu den größten Schwierigkeiten in der Anbahnung und Verbesserung der Kommunikation nichtsprechender Menschen. Eine genaue Kenntnis des Betroffenen und eine ebenso genaue Kenntnis der gegenwärtig auf dem Markt befindlichen Kommunikationshilfen sind Voraussetzung für eine langfristig erfolgversprechende Kommunikationsförderung" (Ziemen u. a. 1998, 26).

Setting/Raum:

Je nach Ziel der Förderung und Einsatz der Methoden ergeben sich unterschiedliche Möglichkeiten: Eine Anbahnung von Kommunikation (z. B. Gebärdensprache; vertraut werden mit einer speziellen elektronischen Kommunikationshilfe) kann zunächst in einem ‚therapeutischen Setting' stattfinden (Bernhard-Opitz u. a.

1992, 31), ansonsten gilt die reale Lebenswelt als Ort der Kommunikation und begleitenden Hilfe.

Medien/Mittel:
Den methodischen Möglichkeiten entsprechend können körpereigene Mittel, externe nicht-elektronische und elektronische Materialien und Medien eingesetzt werden.

Sozialform:
in der Regel Einzelarbeit

Vorgehensweise:
Da es sich bei der Unterstützten Kommunikation nicht um ein spezielles Verfahren, sondern um einen Ansatz handelt, dem unterschiedliche Methoden und Systeme zugrunde liegen können, bietet sich es sich an, die allgemeine Vorgehensweise zu skizzieren:

1. Diagnostischer Prozeß

Ausgangspunkt der Unterstützten Kommunikation ist der diagnostische Prozeß. Hier geht es zunächst einmal um die Beobachtung und Erfassung des kommunikativen Verhaltens der betroffenen Person. Entscheidend ist dabei eine „ganzheitliche" Aufbereitung des kommunikativen Verhaltens unter besonderer Berücksichtigung situativer, zwischenmenschlicher und interaktionaler Aspekte. Zudem bedarf es der Einbeziehung der Lebensgeschichte (Rehistorisierung), um das aktuelle Verhalten zu verstehen. Zum Beispiel können kommunikative Verstehenskrisen, entgleiste Dialoge o. ä. in der frühen Kindheit Frustrationen und spätere mangelnde Kommunikation, sprachliche Isolierungstendenzen u. a. m. befördert haben. Desweiteren bedarf es der Erfassung des aktuellen Entwicklungsniveaus im Hinblick auf potentielle Fähigkeiten und Lernmöglichkeiten in bezug auf Unterstützte Kommunikation.

2. Zielbestimmung

Der diagnostischen Erschließung des kommunikativen Verhaltens unter besonderer Berücksichtigung der aktuellen und potentiellen Fähigkeiten folgt möglichst unter Einbeziehung des Betroffenen die Bestimmung von Zielen. Nicht selten bedarf es dabei in der Arbeit mit geistig behinderten Menschen einer „ganzheitlichen" Sicht, indem emotionale und soziale Gesichtspunkte (kommunikative Erlebnisse ermöglichen, Freude wecken in bezug auf Kommunikation, Anstiften zu einem Kommunikationsbedürfnis und -erlebnis) gleichermaßen wie konkrete Ziele zur Verbesserung der Kommunikation in Alltagssituationen beachtet werden müssen (Ziemen u. a. 1998, 60). Angebote zur „Motivation zur Kommunikation" wie „Erlebnistage" (ebd.) sind häufig ein wichtiger Ausgangspunkt der praktischen Arbeit. Um zu einer realistischen Zielplanung und -umsetzung zu gelangen, ist es grundsätzlich wichtig, von vornherein das Umfeld (relevante Bezugspersonen) miteinzubeziehen. Denn was nutzt es, wenn ein betroffener behinderter Mensch in einer heilpädagogischen Förderstunde eine spezielle Kommunikationsform erlernt, die er in seiner Lebenswelt aber nicht anwenden kann, weil seine Umkreispersonen die Technik nicht kennen oder aus unterschiedlichen Gründen (Überlastung, Desinteresse) nicht mitspielen. Je nach Kommunikationshilfe sind die Anforderungen an Umkreispersonen nicht gering zu schätzen. Daher sollte die Zusammenarbeit mit Bezugspersonen in die Zielplanung miteinbezogen werden. „Unterstützt das Lebensumfeld des Betroffenen die Kommunikationsbemühungen nicht, wird der Weg aus der sprachlichen Isolation möglicherweise auch im Nahbereich so sehr erschwert, daß dem Betroffenen der Sinn der Kommunikationshilfe nicht deutlich wird und eine kommunikative Verbesserung nicht einsetzt" (ebd., 46).

3. Auswahl der Methoden und Hilfsmittel

Eng verschränkt mit der Zielsetzung ist die geeignete Auswahl der Kommunikationshilfe. Unter Beachtung der individuellen Voraussetzungen, Fähigkeiten und Lernmöglichkeiten sowie des Unterstützungsmanagements und der Kollaborationsbereitschaft der Bezugspersonen gilt es die Vor- und Nachteile der unterschiedlichen Kommunikationshilfen zu reflektieren, um zu einer optimalen Wahl zu gelangen. So ist z. B. das Erlernen von einfachen Hand-, Finger- oder Kopfbewegungen zur Bekundung von individuellen Entscheidungen (Ja/Nein-Gesten) mit weniger kognitiven Anforderungen verbunden als die Aneignung eines Handzeichensystems (Bernhard-Opitz u. a. 1988). Bild- oder Zeichensysteme setzen neben einem Objekt-, Symbol- und Zeichenverständnis visuelle Diskriminationsleistungen voraus (Adam 1996). Elektronische Kommunikationshilfen tragen zu einer aktiven Gesprächsgestaltung und größeren Unabhängigkeit nichtsprechender Personen von ihren Kommunikationspartnern bei (Ziemen u. a. 1998, 28), andererseits ist ihre Anwendung häufig aufwendig und zudem setzen die meisten Kommunikationsprogramme Lese- und Schreibfähigkeiten sowie eine relativ hohe Abstraktionsfähigkeit des Anwenders voraus, was ihre Einsatzmöglichkeiten in der Arbeit mit geistig behinderten Menschen erschwert und begrenzt. Zudem gehört „die Akzeptanz des anzuschaffenden Gerätes bei allen Bezugspersonen des Anwenders bzw. der Anwenderin... mit zu den tragenden Voraussetzungen von Kommunikationsförderung mit elektronischen Hilfsmitteln" (ebd., 46). Alles in allem sind somit bei der Auswahl geeigneter Methoden und Systeme sehr spezifische Vor- und Nachteile zu beachten.

4. Durchführung
Eine gezielte Kommunikationsförderung sollte „ganzheitlich" konzipiert und durchgeführt werden. Ohne „Lust zur Kommunikation" ist ein noch so gut geplantes, gezieltes Förderangebot zum Scheitern verurteilt. Daher macht es Sinn, mit subjektzentrierten Aktivitäten (Erlebnisangebote) zu beginnen. Ist eine ausreichende Motivation zur Kommunikation geschaffen, kann ein sachzentriertes Arbeiten fokussiert werden (systematisches Erlernen von Gebärden; Herstellung von Bildkarten und Gebrauchserprobung im Umfeld; Vertrautwerden mit einem PC, Kommunikationsgerät und Kommunikationsprogramm). In dieser Arbeitsphase sollte sichergestellt sein, daß die Einarbeitung mit einem Gerät und Kommunikationsprogramm wie das Einüben von Handzeichen kontinuierlich in einem „therapeutischen Setting" stattfinden kann. Zugleich muß aber auch sichergestellt sein, daß die neuerworbenen Kommunikationsmöglichkeiten in der realen Lebenswelt genutzt werden können. Die Arbeit im realen Lebensraum zählt damit zu einem ebenso wichtigen Bestandteil einer Unterstützten Kommunikation wie die Förderung in separaten Therapiestunden und -räumen.

5. Programmüberprüfung
Um ein sinnerfülltes Lernen bzw. subjektzentrierte Hilfen sicherstellen zu können, bedarf es der Kontrolle und Reflexion der Fördermaßnahme. Auch diese Programmüberprüfung, die mit einer Korrektur einhergehen kann, ist eine gemeinsame Aufgabe aller beteiligten Akteure.

6. Entpflichtung
Das Ziel jeder Kommunikationsförderung ist die Verbesserung von Kommunikationsmöglichkeiten durch eine möglichst selbständige, autonome Anwendung von Kommunikationshilfen. Wenngleich dies im Einzelfalle ein mehrjähriges Training erfordert, sollte die Förderung auf eine sukzessive Rücknahme von assistierenden Hilfen (charakteristisch für die Methode der ‚*Gestützten Kommunikation*' [hierzu Anmerkung 15, 278]) bis hin zur Entpflichtung hinauslaufen. Die Performance neuer Kommunikationsmöglichkeiten in der realen Lebenswelt wäre hierfür ein Kriterium.

Rolle des Pädagogen:
beobachtend, beratend, dialogisch, therapeutisch, führend

Perspektiven in bezug auf Verhaltensauffälligkeiten:
Wenngleich keine empirischen Untersuchungen vorliegen, darf vor dem Hintergrund bisheriger Erfahrungen auf dem Gebiete der Unterstützten Kommunikation davon ausgegangen werden, daß Verhaltensauffälligkeiten (z. B. selbstschädigendes Verhalten), die in unmittelbarem Zusammenhang mit verringerter kommuni-

kativer Kompetenz stehen, erfolgreich abgebaut bzw. kompensiert werden können (Kane/Hettinger 1987; Adam 1996, 187). „Auch schwer geistig Behinderte und extrem Verhaltensauffällige haben z. T. differenzierte Kommunikation gelernt. Oft ging die verbesserte Fähigkeit sich auszudrücken einher mit einem Rückgang an Verhaltensauffälligkeiten" (Bernhard-Opitz, Blesch u. Holz 1992, 8, auch 32).

Repräsentanten/Bezugsliteratur:
Adam (1996); Kristen (1994b); Braun (1994); Bernhard-Opitz/Blesch/Holz (1992); Ziemen u. a. (1998)

Querverbindungen:
Basale Kommunikation; Gebärdensprache für gehörlose Menschen

Beurteilung aus der Sicht des Verfassers:
Bis vor wenigen Jahren war der Ansatz der Unterstützten Kommunikation als ein heilpädagogisches Förderangebot weithin unbekannt. Erst seit kurzem, befördert durch die wegweisende Schrift von Adam (1996), ist seine Bedeutung für die Arbeit mit geistig behinderten Menschen erkannt worden. Wenngleich die Zahl derer, die von dem Nutzen der Unterstützten Kommunikation überzeugt sind, stetig wächst, ist die Anwendung dieses Ansatzes in der Praxis (Schule, Wohngruppe, Werkstatt für Behinderte) noch vergleichsweise wenig verbreitet (Fröhlich/Kölsch 1998; Bundschuh u. a. 1999; Theunissen/Ziemen 2000). Um dies zu ändern ist eine verstärkte Fort- und Weiterbildung auf dem Gebiete der Unterstützten Kommunikation vonnöten. Denn es gilt zu bedenken, daß ihr Erfolg in besonderen Maße abhängig ist von der Empathie, Beobachtungs- und Begeisterungsfähigkeit, dialogischen Kompetenz wie auch Sachkenntnis und Medienkompetenz der professionellen Helfer (vgl. Bernhard-Opitz u. a. 1992, 7). Zudem bedarf es einer Aufgeschlossenheit und Unterstützung des sozialen Umfeldes. Wie wichtig eine spezielle Medienkompetenz ist, läßt sich am Beispiel der Kommunikationsgeschwindigkeit bei einigen Kommunikationsgeräten mit Sprachausgabe verdeutlichen: „In Anbetracht der Tatsache, daß natürliche Sprecher/Sprecherinnen in einer Geschwindigkeit von 126-172 Wörter pro Minute kommunizieren ..., bedeuten die langen Wartezeiten im Gespräch mit Computerbenutzern/-benutzerinnen selbst für erfahrene Kommunikationspartner/-innen häufig eine harte Geduldsprobe. In einer Kommunikation mit ungeübten Partnern/Partnerinnen kann die lange Vorbereitungsdauer eines Gesprächsbeitrages zu erheblichen Verstehenskrisen, wenn nicht sogar zum Abbruch der Interaktion führen" (Braun 1991, 9). Elektronische Kommunikationsgeräte mit Sprachausgabe verlangen darüber hinaus nicht nur Geduld, sondern auch die Bereitschaft, sich auf eine „künstliche Stimme" einzulassen:

„Ein atypisches Element wiegt zudem in den AAC-Modi selbst: Die natürliche Sprecherin muß sich auf neue, für sie fremde und vielleicht angsteinflößende Medien einlassen. Eine elektronische Kommunikationshilfe z. B. stellt einen so unüblichen Kommunikationsmodus dar, daß manche potentielle Gesprächspartnerinnen einer kommunikativen Begegnung möglicherweise ausweichen" (ebd. 1994, 73). Natürlich beschränkt sich die Arbeit mit elektronischen Kommunikationshilfen nicht nur auf möglichst selbständige Anwendungsmöglichkeiten, sondern sie setzt ebenso wie die anderen Kommunikationshilfen ein partnerschaftlich-dialogisches Verhältnis voraus. Es hat den Anschein, daß mitunter durch die Faszination der Technik dieses grundlegende Moment einer Beziehung, der Begegnungsaspekt, zu kurz kommt. Denn nur auf dieser Grundlage kann eine gezielte Kommunikationsförderung von geistig behinderten Menschen, denen Verhaltensauffälligkeiten in Anbetracht spezieller Kommunikationsprobleme nachgesagt werden, überhaupt fruchtbar werden. Ein solcher Dialog, der eine empathisch-verstehende Zuwendung implizieren muß, ist darüber hinaus auch aus einem anderen Grunde wichtig, nämlich dann, wenn im Rahmen einer Kommunikationsförderung mit graphischen Mitteln, Fotos oder Bildern von bildlichen Darstellungen auf die Bedeutung des Dargestellten geschlossen werden muß. Um zu vermeiden, daß zum Beispiel ein Foto der Werkstatt für Behinderte für den einen Gesprächspartner das Arbeiten, für den anderen jedoch nur die Stätte des Geschehens symbolisiert, müssen Bedeutungen dargestellter Dinge geklärt werden. Daher sollte es immer auch Ziel Unterstützter Kommunikation sein, „die Bedeutung einzelner Fotos mit dem Betroffenen selbst und möglichst in konkreten lebensweltlichen Zusammenhängen zu erarbeiten. Durch den zeitlichen, örtlichen und situativen Kontext wird das einzelne zu erarbeitende Symbol für die Kommunikation bedeutsam" (Ziemen u. a. 1998, 16). Das alles befördert *Empowerment* (Kontrollbewußtsein, Verfügung und Kontrolle über die eigenen Lebensumstände, Selbstbestimmung, Selbstverwirklichung, Selbstvertrauen, Lebenszufriedenheit, ein positives Selbstwertgefühl u. dgl.) und letztlich auch psychische Gesundheit.

• **Neuropsychologisch orientierte Lernförderung und Therapie**

Zielgruppe:

in erster Linie Menschen mit neuropsychologisch umschreibbaren Hirnschädigungen oder Hirnverletzungen; darüber hinaus Personen mit frühkindlicher Hirnschädigung (insb. geistig behinderte Menschen)

Definition und Ziele:

Unter einer neuropsychologisch orientierten Lernförderung und Therapie fassen wir Ansätze, die Erkenntnisse der klinischen Neuropsychologie und modernen

Neurowissenschaft aufgreifen und für die konkrete praktische Arbeit aufzubereiten versuchen (vgl. Jantzen 1990; Pickenhain 1998; Wais 1990, 118ff.; Sturm 1989a, 362; 1989b). Das gilt im Prinzip auch für Konzepte wie *Basale Stimulation* (Fröhlich), *Sensorische Integration* (Ayres) oder den *PLAG-Ansatz* (Affolter), die wir aufgrund ihres originären Charakters und ihrer prominenten Rolle in der Arbeit mit geistig (schwerst) behinderten Menschen als ‚eigenständige' bzw. spezielle Verfahren dargestellt haben. An dieser Stelle ist es uns dagegen in erster Linie um Ansätze zu tun, die sich an neurologisch begründbaren Lern- und Lehrformen orientieren und darüber hinausgehend als eng umschriebene Methoden darauf zielen, „kortikal nie entwickelte, verkümmerte Funktionen kompensatorisch neu zu organisieren" (Menzen 1994b, 393; 1994a, 54) bzw. „alte gestörte Funktionen ersetzend zu behandeln" (ebd. 1990, 8). Hierzu ist es unumgänglich „in der Art einer ‚heuristischen Diagnostik' die neuropsychologisch umschreibbare Schädigung dieses uns anvertrauten Menschen über eine längere Dauer zu beobachten, um nicht nur die Störung, sondern weitergehend: die verbleibend aufbaubaren Kompetenzen einzuschätzen" (ebd., 8). Dieser Prozeß sollte bei Menschen mit einer „Doppeldiagnose" auf jeden Fall Bestandteil einer *rehistorisierenden Diagnostik* (Jantzen 2000) sein, bei der neben einer *Syndromanalyse*, die uns „den Kern der Retardation" (ebd.), das dynamische Verhältnis von Defekt und primären Folgen zu erklären vermag und die uns deutlich macht, „welche spezifische Auswirkung ein Syndrom auf das Verhältnis zu den Menschen und zur Welt hat" (ebd., 5), auch *entwicklungspsychologische und psychopathologische Aspekte, Theorien sozialer und gesellschaftlicher Verhältnisse* sowie *„die Theorie des inneren sinnhaften und systemhaften Zusammenhangs psychischer Prozesse"* (5 f; kursiv, G. T.) als Möglichkeiten der Erschließung des Verhaltens und Erlebens einer behinderten und auffälligen Person mit in Betracht gezogen werden, um zu jenem Erklärungswissen zu gelangen, das es uns erlaubt, bisher unverstandene Verhaltens- und Erlebensweisen eines betroffenen Menschen „als sinnvoll und systemhaft zu identifizieren" (ebd.) sowie Stärken und Kompetenzen wahrzunehmen (vgl. hierzu die faszinierenden Beispiele von O. Sacks 1987, 235ff.; auch 1997).

Theoretische Bezugspunkte/Überlegungen:
Ziel der Neuropsychologie ist es, „Zusammenhänge zwischen den Funktionen des Zentralnervensystems, vor allem des Gehirns und den psychischen Prozessen aufzuklären" (Orgass 1998a, 1), wobei in klinischer Hinsicht „die entweder durch angeborene *Mißbildungen* oder aber erworbene *Schädigungen* des Gehirns verursachten Verhaltensabweichungen oder –änderungen analysiert" werden (Sturm/Hartje 1998a, 8). Im Blickpunkt stehen dabei Funktionsausfälle oder –störungen nach reversiblen und irreversiblen Hirnverletzungen oder Hirnschädigungen, „wobei die

Frage nach der Lokalisierbarkeit bestimmter psychischer Funktionen" (ebd., 17) besondere Aufmerksamkeit erfährt. Um von vornherein Mißverständnissen vorzubeugen sei in dem Zusammenhang gesagt, daß sich die moderne Neuropsychologie gegen ein starres Lokalisieren isolierter Fähigkeiten wendet, den Begriff der „Lokalisation" im Prinzip nur für sehr wenige Fälle reserviert und dem russischen Neuropsychologen Luria (1973) folgend die Theorie der „funktionellen Systeme" grundlegt (vgl. Poeck 1998a; Jantzen 1990). Sie besagt, daß verschiedene Teile des Gehirns (hierzu Anmerkung 16, 278) miteinander verbunden sind, um unterschiedliche Funktionen zu erfüllen. Luria (1973) gliedert das ZNS in drei funktionale Haupteinheiten (hierzu auch Jantzen 1990, 72ff.), 1. in Teile, die den Tonus, die Wachheit und Aktivierung (arousal) regulieren (Hirnstamm; Thalamus, retikuläre Formation), 2. Teile, die für die Aufnahme, Analyse und das Speichern von Informationen zuständig sind (Sehrinde, Hörzentrum, sensorische Cortex), 3. Teile, die die Planung, Programmierung und Ausführung von Aktivitäten regulieren (Frontalhirn, Kleinhirn, motorische Cortex). Diese drei Funktionseinheiten arbeiten in den verschiedenen Gehirnarealen auf unterschiedlichen Funktionsebenen zusammen und sind an jedem Verhalten beteiligt. Vor dem Hintergrund dieses Modells konnte Luria zeigen, „daß unterschiedliche Hirnschädigungen zu qualitativ verschiedenen Beeinträchtigungen bei der gleichen Aufgabe führen können" (Hartje/Sturm 1989a, 313f.) (hierzu Anmerkung 17, 279). Interessant war (und ist) in dem Zusammenhang die Frage nach der Lokalisierbarkeit bestimmter Störungen. Diese läßt sich mittlerweile wie folgt beantworten: „Wenn wir eine Uhr ablesen, so setzt sich dieser Vorgang zusammen aus mindestens folgenden elementaren Verarbeitungsprozessen... 1. Die räumliche Stellung der Zeiger zueinander und zu den Ziffern muß richtig analysiert werden. 2. Die Ziffern müssen in ihrem Zahlenwert verstanden werden. 3. Es muß eine Zeitvorstellung vorhanden sein. 4. Es muß in die räumliche Analyse der Zeigerstellung das ‚Wissen' eingebracht werden, daß die Zeiger von links nach rechts laufen – eben im Uhrzeigersinn. 5. Die Uhr muß als Uhr erkannt werden. – *Diese verschiedenen Verarbeitungsprozesse sind das, was man lokalisieren kann.* – Bestimmte Hirnrindenabschnitte sind darauf spezialisiert, räumliche Informationen zu analysieren; andere Hirnrindenabschnitte haben die Aufgabe, Symbole, Ziffern und Buchstaben zu verstehen; wieder andere machen nichts anderes, als Gegenstände zu erkennen; und schließlich sind es wieder andere Hirnrindenabschnitte, die die Richtungsdynamik ‚von links nach rechts' in die räumliche Analyse einbringen. – Schon ein so schlichter Vorgang wie das Ablesen einer Uhr erfordert somit das Zusammenspiel mindestens der genannten räumlich durchaus getrennten Hirnabschnitte. Insofern kann man das Uhrablesen gar nicht lokalisieren, sondern eben nur die Verarbeitungsprozesse, aus denen es sich zusammensetzt.

Wenn nun bei Schädigung eines Hirnabschnitts, der, sagen wir, die Ziffernanalyse leistet, das Uhrablesen gestört ist, so dürfen wir folglich nicht schließen, in diesem Abschnitt ‚sitze' das Uhrablesen. Vielmehr ist durch diese Schädigung *eine* Komponente des komplizierten Vorganges gestört; erst als Folge davon mißlingt auch der Gesamtvorgang. ... Je nach Lokalisation der Schädigung ist also die Art des Mißlingens, d. h. die Art des Symptoms verschieden. D. h. jede Normalfunktion ist meist von meist sehr vielen verschiedenen Stellen her störbar. Umgekehrt ist nahezu jeder Hirnrindenabschnitt an mehreren Funktionen beteiligt. Eine Schädigung *eines* solchen Hirnabschnitts muß folglich zu *mehreren* Symptomen führen, d. h. es sind dann meist mehrere Funktionen gestört.

Wenn z. B. das Ziffernverständnis gestört ist, so wird als Folge davon natürlich nicht nur das Uhrablesen mißlingen; vielmehr ist ein solcher Patient dann auch beeinträchtigt in solchen Funktionen wie dem Rechnen; er würde auch Zahlenangaben auf Kochrezepten falsch verstehen und folglich Ungenießbares kochen ..." (Wais 1990, 16f.).

Dieses Beispiel des Uhrablesens zeigt auf, daß an kognitiven Prozessen (Denken) immer viele verschiedene Teile des Gehirns beteiligt sind, und es eröffnet uns zugleich auch einen wichtigen Zugang zur Frage der funktionellen *Spezialisierung der Großhirnhemisphären,* die zum Verständnis und zu den Behandlungsmöglichkeiten bestimmter Funktionsstörungen von besonderer Bedeutung ist (vgl. Hartje 1989a; Jantzen 1990, 120ff.; auch Sacks 1987, 181ff.). Neuropsychologische Untersuchungen lassen den Schluß zu, daß den Hemisphären, die die jeweils gegenüberliegende Körperhälfte regulieren, bestimmte Leistungen zugeordnet werden können:

Zur linken Hemisphäre:

- Sprache: Ausgeprägte funktionelle Spezialisierung für Sprachleistungen (z. B. Benennen, Erkennen von Wörtern);
- Denken: Spezialisierung auf einen sequenzanalytischen Informationsverarbeitungsprozeß (z. B. besseres Speichern von Zahlenreihen; Addieren; Erfassen von Grammatik; Analyse von Sätzen); Spezialisierung in Bezug auf Planung und Produktion von Handlungsfolgen;
- Gedächtnis: Spezialisierung in Bezug auf ein sog. verbales Gedächtnis;
- Wahrnehmung/Denken: Spezialisierung in Bezug auf ein genaues Erfassen von Details (z. B. eine auf Einzelheiten gerichtete Aufmerksamkeit; sequenzielle Erfassung von Einzelheiten; sequenzielle Analyse von Wörter, Sätzen);
  Spezialisierung in Bezug auf eine Rekonstruktion von Details als analytische Komponente, wo z. B. ein Zusammenhang als Reihenfolge (Bilderserie) besteht oder Details auf Bildern erkannt werden müssen;
  Spezialisierung in Bezug auf eine sprachlich-begriffliche Verarbeitung von Mimik

oder Gestik (z. B. die Bedeutung von Gesten erkennen; Erfassen symbolischer Mitteilungen durch Mimik oder Gestik);
- Musik: Spezialisierung in Bezug auf eine analytische Verarbeitung musikalischer Stimuli (Reihenfolge einzelne Töne; Rhythmus);
- Hände: Spezialisierung der rechten Hand in Bezug auf manuelle Geschicklichkeit; „besondere kinästhetische Fähigkeit der rechten Hand" (Jantzen 1990, 120);

Zur rechten Hemisphäre:
- Sprache: Spezialisierung in Bezug auf ein auditives Sprachverständnis (expressives Sprachpotential);
- Gedächtnis: Spezialisierung in Bezug auf ein sog. Formengedächtnis; „Repräsentanz des Körperschemas" (ebd.);
- Wahrnehmung/Denken: Ausgeprägte Spezialisierung in Bezug auf eine Rekonstruktion von Gesamtzusammenhängen einer Sache (als integrative Leistung); insbesondere Erschließung räumlicher Zusammenhänge; Verschaffung eines Gesamteindrucks und Integration von Einzelheiten in ein Ganzes (z. B. Erfassung eines atmosphärischen Gesamteindrucks); pars-pro-toto-Fähigkeit (Rekonstruktion von Ganzheiten aus verschiedenen Details);
  Spezialisierung in Bezug auf die Fähigkeit, „figural komplexe, gestalthafte und schwer verbalisierbare visuelle Informationen" (Hartje 1989a, 45) zu verarbeiten (z. B. Erkennen und Unterscheiden von Gesichtern);
- Musik: Spezialisierung in Bezug auf Erkennen und Produzieren von Melodien (Gesamteindruck);
- Emotionen: Spezialisierung in Bezug auf eine Identifikation eines affektiven Stimmausdrucks, Identifikation von emotionalen Stimmlauten (weinen, lachen); Verarbeitung von Wörtern mit emotionalen Gehalt (Angst);
- Hände: „größere taktile Empfindlichkeit der linken Hand" (Jantzen 1990, 120);

Diese Beispiele demonstrieren die funktionale Asymmetrie der Hemisphären, die es in dieser Ausprägung allerdings nur bei Rechtshändern gibt (ebd., 121). Zugleich zeigen sie aber auch auf, daß eindeutige Zuordnungen von bestimmten Fähigkeiten zu einer Hemisphäre kaum möglich sind, da nicht selten beide Hemisphären eng zusammen arbeiten. Das wird z. B. an der Sprache sichtbar. Ebenso ist zum Beispiel „das Malen eines Bildes als Handlung ein sequentieller Vorgang, wenngleich die Konzeption des Bildes natürlich hauptsächlich eine rechtshirnige Angelegenheit ist" (Wais 1990, 38). Dennoch ist insgesamt gesehen das Wissen um die Dominanz bestimmter hemisphärischer Leistungen wichtig und grundlegend, um Hirnfunktionsausfälle oder Hirnfunktionsstörungen neuropsychologisch beschreiben zu können. Im Folgenden haben wir nun einige neuropsychologische Syndrome und Symptome zusammengestellt, denen wir auch in der Arbeit mit Menschen, die als geistig behindert und verhaltensauffällig gelten, Beachtung schenken sollten – wohl wissend, daß wir es bei dieser Personengruppe zumeist mit diffusen Hirnschädigungen zu tun haben, die im Prinzip keine speziellen Zuordnungen zulassen (auch Hartje/Sturm 1989a).

Neuropsychologische Syndrome und Symptome nach linkshemisphärischen Läsionen

• Ideomotorische Apraxie

Diese Störung besagt, daß an sich intakte Bewegungselemente nicht richtig ausgewählt und nicht in eine richtige Reihenfolge gebracht werden: Wird z. B. jemand aufgefordert zu winken, kann es sein, daß er nur die Hand ausstreckt, eine Faust macht o. ä. Die ideomotorische Apraxie kann als Gesichts- oder Gliedmaßenapraxie auftreten, wird häufig bei Menschen mit aphasischen Syndromen, Schlaganfallpatienten und Personen mit Hirntumoren beobachtet (Poeck 1989b; Wais 1990, 56).

• Ideatorische Apraxie

Sie wird „als eine Unfähigkeit beschrieben, komplexe Handlungsfolgen auszuführen" (Poeck 1989b, 202). Ein Betroffener kann z. B. in Alltagssituationen bestimmte Handlungen, die einen korrekten Gebrauch von Gegenständen erforderlich machen, nicht in einer richtigen, logischen Reihenfolge organisieren und ausführen (Sequenzierungsstörung). Die einzelnen Handlungselemente sind jedoch intakt. Möchte jemand z. B. mit einer Kaffeemaschine Kaffee kochen, schüttet er das Kaffeepulver in die Tasse, das Wasser in die Kaffeedose ... (hierzu Wais 1990, 57).

• Konstruktive Apraxie

Diese Störung zeigt sich nach linkshirnischen Läsionen als eine deutliche Differenzierungsschwäche. Soll z. B. ein Fahrrad abgezeichnet werden, so werden einfache, geometrisch-schemenhafte Gebilde produziert, ohne Details zu berücksichtigen. „Die Zeichnungen linkshirngeschädigter Menschen wirken in ihrem Schematismus überaus ängstlich, geradezu pedantisch und zwanghaft repitiv" (Menzen 1994a, 56). Ähnliches gilt für Planzeichnungen, für das Bauen nach Vorlagen, für das Anfertigen von Werkstücken u.ä., die zumeist sehr vergröbert (re-)konstruiert werden (Hartje/Sturm 1989b, 261f.; Wais 1990, 59).

• Ankleideapraxie

Diese Störung tritt bei rechtsseitigen Läsionen häufiger auf als bei linksseitigen (Poeck 1989c, 277). Bei linksseitigen Läsionen äußert sie sich als Sequenzierungsstörung, indem ein Betroffener zum Beispiel erst den Pullover anzieht, dann die Schuhe, dann die Hose, dann das Unterhemd ...

• Aphasien

Aphasien gelten als zentrale Sprachstörungen. Es werden zahlreiche aphasische Syndrome unterschieden, die auf die für linkshemisphärische Hirnschädigungen typische detail- und sequenzanalytische Grundstörung hinweisen. Häufig gehen aphasische Syndrome, die wir hier aus Platzgründen nicht im einzelnen darstellen können (hierzu Huber/Poeck/Weniger 1989; Jantzen 1990, 128ff., 138), mit anderen Störungen (Apraxien) einher.

Neuropsychologische Syndrome und Symptome nach rechtshemisphärischen Läsionen

• Konstruktive Apraxie

Ein typisches Merkmal der konstruktiven Apraxie bei rechtsseitigen Läsionen ist die „zusammenhanglose, fragmentarische Gestalt" (Menzen 1990, 10). Greifen wir hierzu wieder das Beispiel des Abzeichnens eines Fahrrads nach Vorlage auf: Ein Betroffener „hat alle Einzelheiten aufs Blatt gezeichnet, aus denen sich ein Fahrrad zusammensetzt (und sogar noch einige mehr, von denen nicht zu erkennen ist, inwiefern sie zum Fahrrad gehören könnten); aber es gelingt ihm nicht, den Gesamtzusammenhang zu rekonstruieren. Die Gestalt des Fahrrads als Ganzes ist ihm verloren gegangen. Die Produktion hat etwas fragmentarisches, auseinanderfallendes. Auch die Art, wie der (Betroffene, G. T.) zeichnet, ist typisch – flott, lächelnd, als sei es ihm das Leichteste ..., oft auch noch die Unterlage mit der Zeichnung bedeckend – um schließlich triumphierend dem Untersucher die mißlungene Produktion vorzuhalten" (Wais 1990, 22; 59f.; Hartje/Sturm 1989b, 265). Bei rechtshirngeschädigten Personen erscheint die konstruktive Apraxie als eine Raumanalysestörung, die auch Schwierigkeiten beinhaltet, räumliche Richtungen richtig zu erfassen.

• Ankleideapraxie

Betroffene Menschen mit einer Rechtshirnschädigung haben „beim Ankleiden die größten Schwierigkeiten, sich topographisch an ihren Kleidungsstücken zurecht zu finden und eine räumliche Beziehung zwischen Teilen ihres Körpers und den dazu passenden Teilen der Kleidungsstücke herzustellen. Sie drehen eine Jacke oder ein Hemd ratlos hin und her, wissen die äußere nicht von der inneren Seite und vor allem den rechten Ärmel nicht vom linken zu unterscheiden... In schweren Fällen versuchen sie, mit den Beinen in die Hemdsärmel zu steigen oder sich die Hosen über den Kopf zu ziehen" (Poeck 1989c, 276). Diese hier beschriebene Ankleideapraxie, die als eine räumliche Orientierungsstörung erscheint, kann auch in anderen Situationen als Störung des Körperselbstbildes auftreten. Zum Beispiel kann ein Betroffener Schwierigkeiten bekommen, wenn er seinen eigenen Körper räumlich analysieren muß. „Er wird dann plötzlich unsicher, in welche Richtung sich der Unterarm vom Oberarm abbiegt. Wo komme ich heraus, wenn ich mit der Hand in diese Öffnung am Pullover fahre? Wie muß ich das Unterhemd halten, damit das Etikett nach dem Anziehen hinten ist? usw." (Wais 1990, 67).

• Neglect
Der Begriff ‚Neglect‘ steht für eine halbseitige Aufmerksamkeitseinschränkung, z.B. für die Vernachlässigung einer Raumhälfte oder Körperseite, dies zumeist links, da dieses Syndrom zumeist nach rechtshemisphärischen Schädigungen beobachtet wird (Sacks 1987, 111ff.; Hartje/Sturm 1989b, 256; Sturm 1989c, 316ff.). Menschen mit einem linksseitigen Neglect-Syndrom fallen z. B. dadurch auf, daß sie beim Betreten eines Raumes am linken Türrahmen anstoßen, daß sie linksseitig gegen Stühle oder Tische stoßen, daß sie beim Zeichnen einer Tanne die linke Baumhälfte völlig vernachlässigen, daß sie selten spontan nach links blicken, daß sie nicht von links angesprochen werden können... (hierzu auch Wais 1990, 78f.). Neuropsychologischen Untersuchungen zufolge kann das Neglect-Syndrom als Störung des Körperselbstbildes und/oder als selektive Aufmerksamkeitsstörung betrachtet werden, die bei Schädigungen des Thalamus, der Basalganglien und des Parietalbereichs beobachtet wird. Offensichtlich spielt „die rechte Hemisphäre für die Aufrechterhaltung der Aufmerksamkeit und für die Kontrolle des Aktivierungsniveaus bei Reaktionen auf Stimuli in beiden Raumhälften eine besondere Rolle" (Sturm 1989c, 317). Desweiteren ist bemerkenswert, daß Menschen mit einem Neglect-Syndrom diese Störung anscheinend häufig affektiv verleugnen.
• Aufmerksamkeitsstörungen
Neuropsychologische Untersuchungen legen den Schluß nahe, daß Störungen der Vigilanz, Aufmerksamkeit oder Konzentration in erster Linie bei Schädigungen der rechten Hemisphäre auftreten (Sturm 1989c, 318). Diese Feststellung korrespondiert mit den Ausführungen zum Neglect-Syndrom (selektive Aufmerksamkeitsstörung).
• Prosopagnosie
Unter einer Prosopagnosie als Spezialfall einer ‚Agnosie im weiteren Sinne‘ werden Störungen im Erkennen vertrauter Gesichter gefaßt (auch Sacks 1987, 39). Diese Störungen, die weithin bei rechtshirngeschädigten Personen beobachtet werden (Orgass 1989b, 224), treten im Zusammenhang mit der raumrekonstruktiven Grundstörung auf. Betroffene erkennen z. B. vertraute Personen nicht an ihrem Gesicht, sie können zwar Einzelheiten eines Gesichtes beschreiben, kommen aber nicht zu einem Gesamteindruck, durch den sie die betroffene Person erkennen. Menschen „mit einer Prosopagnosie sind kommunikativ stark eingeschränkt. Denn die fehlende oder gestörte Gesichtserkennung geht auch einher mit einer Unfähigkeit oder mindestens Schwierigkeit, emotionale Gesichtsausdrücke zu interpretieren... Für die Erkennung des emotionalen Gesichtsausdrucks sind sie (dann auf andere Sinneskanäle, G. T.), auf die Analyse der Sprachmelodie und Gestik angewiesen" (Wais 1990, 77).

• „Sozialagnosie"

Der Begriff „Sozialagnosie" (Wais) steht für die Schwierigkeit von Menschen mit Rechtshirnschädigungen, den Gesamtzusammenhang sozialer Situationen zu erfassen. Auch hierbei haben wir es mit einer gestörten Raumrichtungsanalyse zu tun, indem Betroffene z. B. Richtungen von Handlungen und Interaktionen unzureichend erfassen. Legt man einem betreffenden Menschen ein Bild mit einer sozialen Situation vor, so erfaßt er zwar alle Einzelheiten, kann jede einzelne Person beschreiben, nicht aber einen interaktionellen Zusammenhang herstellen. Das Erkennen und Interpretieren sozialer Situationen wie auch von Stimmungen, Haltungen oder Gesichtsausdrücken ist somit erschwert bzw. gestört. Derlei Probleme können Ängste, soziale Rückzugstendenzen oder auch eine Depression befördern.

• Sozioemotionale Auffälligkeiten

Darüber hinaus werden sozioemotionale Auffälligkeiten in Verbindung mit einer rechtshemisphärischen Funktionsstörung (right hemisphere dysfunction) diskutiert (Rourke 1987; 1988; Rourke et al. 1989). Dies gelte vor allem für Personen (Schüler) mit „nonverbal learning disabilities". Typisch für eine rechtshirnige Funktionsstörung seien – so Rourke u. a. – psychomotorische Koordinationsprobleme, taktile Wahrnehmungsprobleme, Schwierigkeiten auf dem Gebiete visuell-räumlicher Organisationsfähigkeiten, Probleme bei der Wahrnehmung und Beurteilung sozialer Situationen, Defizite auf dem Gebiete „sozialer Interaktionen" und Bewältigungsstrategien (coping), Schwierigkeiten auf dem Gebiete der nonverbalen Problemlösung sowie mangelnde Fähigkeiten, sich sozial bzw. an Umgebungen anzupassen. Bei Menschen, die davon betroffen seien, bestünde ein erhöhtes Risiko für eine „sozioemotionale Pathologie" (schwere Ängste, Depression, sozialer Rückzug) bis hin zur Suizidalität (vgl. ebd. 1989).

Damit keine Mißverständnisse auftreten, sei noch einmal gesagt, daß die oben aufgeführten Störungen *häufig* nach links- bzw. rechtsseitigen Hirnschädigungen auftreten. Das bedeutet, daß sie nicht grundsätzlich nach einer links- bzw. rechtshirnigen Schädigung auftreten müssen. Zudem gibt es zur Genüge Funktionsstörungen, an denen beide Hemisphären beteiligt sind, so z. B. bei Störungen der Konstruktion von Gegenwart und Zukunft (Jantzen 1990, 122f.). Ebenso ist eine hirnlokalisatorische Zuordnung *affektiver Störungen* „in den meisten Fällen nicht möglich" (Poeck 1989d, 324). So werden z. B. Auffälligkeiten wie Antriebsmangel, Teilnahmslosigkeit, Gleichgültigkeit der Empfindungen vor allem bei bilateralen Stirnhirnläsionen beobachtet. Alles in allem verbieten sich somit starre Annahmen (Jantzen 1990, 122f.). Das gilt z. B. auch für das Gedächtnissystem, welches in verschiedenen Teilen des Gehirns lokalisiert und nicht in einer Hemisphäre lateralisiert zu sein scheint. „Schwere, weitgehend irreversible Gedächtnisstörungen sind fast nur nach bilateralen Schädigungen verschiedener Strukturen des limbischen und des dienzephalen Systems zu beobachten" (Hartje/Sturm 1989c, 227). Vor diesem Hintergrund müssen neben der Hemisphärenspezialisierung auch andere (bilaterale) Strukturen und Funktionssysteme des Gehirns beachtet werden, so z. B. das Zwischenhirn, die Basalganglien und das limbische System, das für die klinische Neuropsychologie und Psychiatrie im Hinblick auf Verhaltensauffälligkeiten, affektive Störungen oder psychische Erkrankungen von besonderem Interesse zu sein scheint. Das limbische System gilt als Vermittlungssystem und Regulator für (elementare) Bedürfnisse und Emotionen und „es sichert im wesentlichen die Herausbildung der emotional-motivationalen Gerichtetheit, also die Herausbildung der ‚Modelle des Künftigen' nach dem Maß emotionaler Erfülltheit" (Jantzen 1990, 104f.). Es wird angenommen, daß Störungen des limbischen Systems affektive Störungen bis hin zur Schizophrenie begünstigen können, wenngleich der Nachweis spezifischer Defekte im limbischen System ausgesprochen schwierig zu sein scheint (vgl. Andreasen 1990, 140ff.). Solche Zusammenhänge werden insbesondere vor dem Hintergrund von Untersuchungen des chemischen Haushalts des Gehirns sowie der Effekte von Psychopharmaka (Neuroleptika) vermutet. So haben z. B. die Basalganglien als Regulations- und Vermittlungssystem für Bewegungen und sensorische Informationen mit dem limbischen System den Neurotransmitter ‚Dopamin' gemeinsam, der im Überschuß als eine mögliche Ursache von Schizophrenie diskutiert wird (biologische Psychiatrie). Sacks (1987, 135) zur Folge scheinen u.a. auch Menschen, die am sog. Touretteschen Syndrom leiden (starke affektive, motorisch-zwanghafte Erregung), über einen Überschuß an Dopamin zu verfügen. Darüber hinaus betreffen Hirnareale, deren Schädigung *aggressives Verhalten* freisetzt, insbesondere das limbische System. Aber auch der gesamte Stirnlappen (vgl. Sacks 1997, 90, 395f.) gilt als ein wichtiger Regulator für emotional-motivationale Prozesse, für Willenskräfte wie auch für das Urteilsvermögen. Schädigungen des unteren Teils des Frontallappens können zu deutlichen Persönlichkeitsveränderungen führen wie z. B. zu Beeinträchtigungen des Sozialverhaltens, zum Nachlassen von Spontaneität oder zu einem auffälligen Sexualverhalten; und „eine Schädigung des Teils des Frontallappens direkt hinter der Stirn führt in der Regel dazu, daß ein Mensch unflexibel und wenig kreativ wird; er neigt dazu, an einer bestimmten Art der Problemlösung festzuhalten und seine Fehler immer und immer wieder zu wiederholen" (Andreasen 1990, 162). Schließlich sei noch die Bedeutung des Balkens (Corpus callosum) erwähnt, der für die Kommunikation beider Gehirnhälften zuständig ist. Es wird angenommen, daß eine Schädigung des Balkens in Form einer abnormen Vergrößerung mit einer erhöhten elektrischen Aktivität (Kommunikation) zwischen beiden Hemisphären korrespondiert, was bei betreffenden Personen zu einem erhöhten Maß an Empfindlichkeit, Reizbarkeit (Vulnerabilität), Mißtrauen oder Verfolgungswahn (Schizophrenie) führen kann (ebd., 225) (hierzu Anmerkung 18, 279).

Setting/Raum:
Je nach Art der Funktionsstörung bzw. Hirnschädigung kann es günstig sein, die neuropsychologisch orientierte Hilfe in einem „therapeutischen Setting" anzubieten, ansonsten sollte grundsätzlich die reale Lebenswelt (Alltag) Ort der Lernförderung oder Therapie sein.

Medien/Mittel:
Die neuropsychologisch orientierte Arbeit verlangt keine speziellen Medien oder Mittel; Alltagsdinge und ästhetische Materialien sind in der Regel gut geeignet.

Sozialform:
Einzelarbeit

Vorgehensweise:
Der neuropsychologisch orientierten Lernförderung oder Therapie – so wie wir sie für vertretbar halten – geht zunächst eine sorgfältige *verstehende Diagnostik* (Jantzen) voraus, die spezielle Kenntnisse in Neuropsychologie bzw. Neurologie verlangt und daher nur von eigens hierzu ausgebildeten oder geschulten Fachleuten durchgeführt werden sollte. Für die helfenden Berufe (Heilpädagogen, Heilerziehungspfleger, Sozialarbeiter usw.) ist daher eine Kooperation mit Neurologen oder sachkundigen klinischen Psychologen unabdingbar. Ein wesentliches Ziel der neuropsychologischen Diagnostik ist es, mögliche Zusammenhänge zwischen Schädigungen bestimmter Hirnbereiche und Funktionsstörungen zu erfassen, wobei neben der üblichen diagnostischen Vorgehensweise (Test, Explorationsgespräch, Anamnese, Lebensgeschichte) genaue Bobachtungen (vor allem *wie* eine Aufgabe mißlingt) eine wichtige Rolle spielen. Darüber hinaus werden immer häufiger „bildgebende" Verfahren (Computertomographie; Kernresonanzspektroskopie; Positronen-Emissions-Tomographie) genutzt, um strukturelle Veränderungen im Gehirn zu erkennen, die für die *Syndromanalyse* aufschlußreich sein können. Diese spielt zum *Verständnis* von Verhaltens- und Erlebensweisen sowie des Selbst- und Weltbildes eines Betroffenen eine zentrale Rolle (vgl. Jantzen 1994; 1998; 1999; 2000). Welche Bedeutung die Syndromanalyse haben kann, macht Jantzen (1990, 107) am Beispiel der Schädigung der Amygdala (Mandel) deutlich, die ein Teil des limbischen Systems ist: „*Zerstörungen der Amygdala* haben dramatische Folgen. Sie sind in der Literatur als *Klüver-Bucy-Syndrom* beschrieben, das bei Affen folgende Verhaltensauffälligkeiten beinhaltet: Psychische Blindheit (Eßbares kann von

Nichteßbarem nicht unterschieden werden); ausgeprägtes orales Verhalten (alle Gegenstände werden in den Mund genommen); Hypersexualität; starke Angstminderung, Rückfall innerhalb der Sozialordnung. Die Ursache der Störungen wird als ‚Unfähigkeit der Verknüpfung sensorischer Reize mit eigenen affektiven Zuständen'... bzw. Störung des intermodalen Wiedererkennens... beschrieben. Pribram (1981, S. 112) beschreibt bei einer Patientin, die nach einer bilateralen Amygdalatonomie (ein bei bestimmten Formen von Epilepsie stattfindender Eingriff, bei dem beidseitig Teile des Temporallappens sowie die Mandelkerne entfernt wurden) einhundert Pfund zugenommen hatte, folgendes Verhalten: Befragt um die Essenszeit, ob sie Hunger hat, antwortet sie ‚Nein'. Ebenso will sie kein Steak, keine Schokolade usw., die ihr mündlich in Aussicht gestellt werden. Aber als wenige Minuten später die Türen des Eßraumes sich öffnen und sie die anderen Patienten essen sieht, hastet sie zum Tisch und beginnt, mit beiden Händen Essen in sich hineinzuschaufeln." Durch derlei Analysen lassen sich im Einzelfalle bislang unverstandene Verhaltens- und Erlebensweisen von Menschen mit geistiger Behinderung entschlüsseln und spezifische Auffälligkeiten oder Handlungen erscheinen somit in einem neuen Licht, wie dies z. B. auch O. Sacks (1987; 1989; 1997) in zahlreichen Geschichten demonstriert. Die Syndromanalyse „vermag jedoch nicht aus sich heraus die Genesis intellektuellen Zurückbleibens im Sinne sekundärer Folgen (z.B. im Kontext von Interaktionen: Unterentwicklung der höheren psychischen Funktionen, G.T.) und die Herausbildung von ‚Primitivreaktionen' im Sinne tertiärer Folgen (z.B. Stereotypien, Auffälligkeiten vor dem Hintergrund traumatischer Einflüsse bzw. eines traumatisierten Erlebens, G.T.) zu erklären" (Jantzen 2000, 5). Daher sollten entwicklungspsychologische Aspekte sowie soziologisch-sozialwissenschaftliche Erklärungsansätze auf jeden Fall mit berücksichtigt werden. Natürlich versteht sich die hier anskizzierte Syndromanalyse als ein sozialer Akt, indem das reziproke Zusammenspiel zwischen Biologischem, Psychischem und Sozialem im Blickfeld bleibt. Für Jantzen (2000, 6) sind die Syndromanalyse gleichermaßen wie die Entwicklungspsychologie und Entwicklungspsychopathologie sowie die Theorien sozialer Verhältnisse „eine nicht redundante, jedoch keineswegs hinreichende und nicht immer notwendige Bedingung der Rehistorisierung" bzw. der „verstehenden Diagnostik", an der eine neuropsychologisch orientierte Lernförderung oder Therapie anzuknüpfen hat – will sie einen *subjektzentrierten* Beitrag (vgl. Sacks 1987; 1997) leisten (personale Wertschätzung; Beachtung des Welt- und Selbstbildes des Betroffenen) und keine Verdinglichung und Entwertung betreiben. Dadurch unterscheidet sich der hier vorgestellte Ansatz von Konzepten im Umfeld der orthodoxen oder biologischen Psychiatrie (auch Jantzen 2000, 7).

Was die konkreten Förder- oder Therapiemöglichkeiten betrifft, so werden zwei allgemeine Aspekte grundgelegt:

Zum einen wird davon ausgegangen, daß jeder Mensch in den ersten Lebensmonaten durch das Zusammenspiel von Biologischem und Sozialem (im Rahmen von Interaktionen mit der Umwelt) ein *Grundmuster* ausbildet, das Einfluß auf seine weiteren Wahrnehmungs- und Denkprozesse nimmt, für die Entwicklung seines Lernstils und späteren Verhaltens von zentraler Bedeutung ist (vgl. Vester 1978, 31ff.). Diese Prägung sollte allerdings nicht – wie es bei Vester anklingt – als eine unveränderbare Festlegung mißverstanden werden. Konkret bedeutet sie, „daß der eine gesehene Dinge besser behält, also ein gutes visuelles Gedächtnis hat, der andere eher durch Zuhören lernt und der dritte vielleicht erst durch Tun, durch Anfassen" (ebd., 38f.). Außerdem beeinflußt sie den zwischenmenschlichen Bereich (Entwicklung von Sympathien). Pädagogischerseits kommt es darauf an, entsprechende Grundmuster und „Lerntypen" (Vester) bzw. Lernwege zu erschließen: Je besser die Angebote, Informationen, Situationen und Arbeitsweisen zu einem individuellen Grundmuster passen (also subjektiv bedeutsam sind), desto günstiger können die Lernbedingungen und erfolgreicher die Lernprozesse eingeschätzt werden (person-environment-fit).

Zum anderen weiß man, daß Hirnschädigungen oder Defekte nicht dadurch ausheilen, indem sich zerstörte Gewebe bzw. abgestorbene Hirnzellen regenerieren. Es können aber bei einer Hirnschädigung Informationen durch andere (intakte) Verbindungen gesendet werden und es kann eine allmähliche Übernahme von bestimmten Funktionen durch andere im Umkreis der Läsion liegende Hirnareale erfolgen (Sturm 1989a, 362f.), wenngleich bei einem Ausfall eines Hirngebiets auch andere damit in enger Verbindung stehende Bereiche mitbeeinträchtigt sein können. Dennoch bestehen *Kompensationsmöglichkeiten*, was für eine neuropsychologisch orientierte pädagogische Praxis bedeutet, Menschen mit Hirnschädigungen so zu fördern, daß sie ihre intakten Hirnareale optimal zu nutzen lernen und somit Ausfälle ausgleichen können. Insofern besitzt das Gehirn „eine erstaunliche adaptive Kapazität" (Andreasen 1990, 127) und Fähigkeit, die als „Plastizität" (Neuhäuser 1996) bezeichnet wird und zur Neubildung neuronaler Netzwerke und selbstregulatorischer funktioneller Systeme führen kann, welche die Prozesse der Realitätsbewältigung und Daseinsgestaltung (Lernen) steuern und zugleich durch sie eine Umgestaltung erfahren (vgl. Rahmann/Rahmann 1988; Aoki/Sievitz 1989; Pickenhain 1998, 54; Sacks 1997, 14, 70).

Die Beachtung dieser allgemeinen neurowissenschaftlichen Einsichten verlangt eine pädagogische Grundhaltung, die von einem positiven Denken, einem Verständnis und einer Wertschätzung dem Anderen gegenüber getragen sein sollte. Ferner ist ihr eine vertrauensvolle, auf gegenseitige Sympathie hin angelegte, emotional fundierte Beziehungsgestaltung aufgegeben und sie hat eine *basale Pädagogik* zu fundieren (Jantzen 1990), wie sie z. B. im Konzept der Basalen Stimulation

(Fröhlich), Motopädagogik (Köckenberger), Ästhetischen Erziehung (Theunissen) oder „heilpädagogischen Musiktherapie“ (Goll) angedacht ist; zudem hat sie pädagogische Vorhaben und Situationen so zu gestalten, daß:

- nicht unter Zeitdruck gearbeitet wird;
- der Lernende sein Tempo selbst bestimmen kann;
- an lebensgeschichtlichen Erfahrungen oder vertrauten Sachverhalten angeknüpft wird;
- Neugierde geweckt werden kann;
- Lernen Spaß macht;
- der Lernstoff als subjektiv bedeutsam (persönlich einsichtig) erfahren werden kann;
- keine Über- oder Unterforderung statthat;
- der Lernstoff mit vertrauten Begleitumständen ‚verpackt' wird;
- die Lernzeit der Aufmerksamkeitsspanne angepaßt wird;
- auf Vermeidung von Ermüdung und Langeweile geachtet wird;
- Anforderungen so gestellt werden, daß sie erfolgreich bewältigt werden können, bevor eine Ermüdung eintritt;
- Lernanforderungen nicht auf einer Frustrationsebene gestellt werden;
- die Aufgabenstellung klar und präzise ist;
- ablenkende Reize ausgeschaltet werden;
- neue Informationen ‚ganzheitlich' über verschiedene Sinne (multisensorisch) und insbesondere über die am besten ausgebildete Sinnesqualität (Grundmuster) erfahrbar werden;
- Eigenaktivitäten gefördert werden;
- Interferenzen vermieden werden;
- Strukturierungshilfen gegeben werden, so daß die betreffende Person planmäßig, Schritt für Schritt vorgehen kann;
- über einen längeren Zeitraum Wiederholungen statthaben...

Darüber hinaus sind auf der Basis eines positiven pädagogischen Bezugs spezielle Aspekte zu beachten, wenn wir es mit *neuropsychologisch eng umschriebenen Störungen* zu tun haben: So macht es z. B. im Falle einer Rechtshirnschädigung, bei der Raumanalyse bzw. Raumrichtungsstörungen vorliegen, wenig Sinn, eine funktionale Reorganisation der Leistungen durch Aktivierung anzustreben, bei denen aus Einzelteilen ein Ganzes gebildet werden soll, da solche Aufgaben genau jene Fähigkeiten voraussetzen, die zunächst aufzubauen wären. Vielmehr müßte mit einer räumlich gegliederten Ganzheit begonnen werden, die zerlegt und verändert werden könnte (vgl. Wais/Wais-Köster 1986; Wais 1990, 102f.). Bei linkshirngeschädigten Menschen mit sequenzrekonstruktiven Störungen könnte nach dem Prinzip des „backward chaining” verfahren werden, indem Handlungssequenzen von hinten aufgebaut werden: „Nehmen wir als Beispiel das Kaffeekochen. Der Therapeut wird dem Patienten zunächst die Aufgabe erklären, sodann wird er dokumentierend alle Handlungsschritte selbst durchführen... Den *letzten* Handlungsschritt, also das Eingießen des heißen Wassers in die Tasse, die einen Löffel löslichen Kaffees enthält, läßt er aus. Der Patient wird jetzt meist selbst wissen, welcher Schritt jetzt notwendig ist, und ihn auch selbst ausführen können... Gelingt ihm das, so bauen wir wieder die gleiche Sequenz auf und lassen nun die *beiden* letzten Schritte weg. Also wir haben noch nicht das Pulver in die Tasse geschüttet. Nun ist es wieder die Aufgabe des Patienten, die fehlenden Schritte zu ergänzen und sie dann vorauszusagen ..." (Wais 1990, 114). Wichtig in dem Zusammenhang ist, daß die pädagogisch-therapeutische Arbeit über nichtgestörte Areale beider Hemisphären erfolgt, also an *vorhandenen Stärken und Fähigkeiten* anknüpft und darauf aufbaut (ein linkshirngeschädigter Mensch, der die Handlungsschritte beim Kaffeekochen völlig durcheinander bringt, führt die einzelne Handlung richtig aus, also braucht diese nicht geübt zu werden). Eine spezielle Therapie erfordert auch das Neglect-Syndrom (z. B. durch bewußte Hinlenkung der Aufmerksamkeit zur vernachlässigten [linken] Seite; Greifübungen mit der linken Hand ...; [ebd., 108f.; Sturm 1989b, 376]).

Rolle des Pädagogen:
beobachtend, dialogisch, therapeutisch, führend

Perspektiven in bezug auf Verhaltensauffälligkeiten:
Neuropsychologische Erklärungen können zum *Verständnis* von Menschen mit geistiger Behinderung und Verhaltensauffälligkeiten beitragen, zudem lassen sich durch eine neuropsychologisch orientierte Rehabilitation Verhaltensprobleme als Folge- oder Begleiterscheinungen im Falle spezifischer Funktionsstörungen vermeiden, abbauen oder kompensieren.

Repräsentanten/Bezugsliteratur:
Poeck (1989a); Jantzen (1990; 1998; 1999; 2000); Wais (1990); Menzen (1994a); Sacks (1987; 1989; 1997)

Querverbindungen:
Basale Stimulation; Sensorische Integration; PLAG; Wahrnehmungs- und Bewegungsförderung nach M. Frostig; Konzept der ‚Verhaltensphänotypen‘

Beurteilung aus der Sicht des Verfassers:
In den letzten Jahren setzt sich in zunehmenden Maße die Einsicht durch, daß es

Sinn macht, bei der Planung und Durchführung pädagogisch-therapeutischer Konzepte auch allgemeingültige, neurowissenschaftliche Erkenntnisse und Grundlagen zu beachten. In diesem Sinne kann inzwischen das Konzept der Basalen Stimulation (Fröhlich) neurowissenschaftlich begründet werden (Pickenhain 1998). Ferner lassen sich mit Hilfe neuropsychologischen Wissens Leitprinzipien (Subjektzentrierung; Du-Bezug; basales Lernen; sinnerfülltes Lernen; handelndes Lernen) für eine angemessene Lernförderung (geistig) behinderter Menschen begründen und beschreiben. Wenngleich es sich hierbei nicht um sensationelle Neuentdeckungen handelt (vgl. Breitenbach 1996), so erfahren zumindest einige pädagogische Erkenntnisse und Grundsätze (z. B. die Leitprinzipien in unserer Schrift), die bislang eher aus der praktischen Arbeit hervorgegangen sind, weithin ihre Bestätigung. Es sind aber auch in letzter Zeit bemerkenswerte Erkenntnisse aus dem Arbeitsgebiet der Neuropsychologie hervorgegangen, die eine Erweiterung und Spezifizierung der behindertenpädagogischen Arbeitsformen erlauben und in Zukunft verstärkt berücksichtigt werden sollten. Als wegebnend können hierzu die Arbeiten von Sacks (1987; 1989; 1997), auch von Poeck (1989a) und insbesondere von Jantzen (1990; 1998; 1999) gelten. Freilich bewegen wir uns auf dem Gebiete einer neuropsychologisch orientierten Arbeit mit Menschen, die als geistig behindert gelten, noch am Anfang, und es bleibt abzuwarten, ob es sich hier um eine fruchtbare Perspektive für das pädagogisch-therapeutische Arbeiten handelt. Wichtig ist es, sich neben den Chancen auch der Ideologieanfälligkeit eines „schädigungsorientierten Konzepts" vor allem im Hinblick auf psychosoziale Auffälligkeiten bewußt zu sein (monokausale Erklärungen; Defizitorientierung). Ferner ist zu bedenken, daß wir es bei Menschen, die als geistig behindert bezeichnet werden, zumeist mit diffusen Hirnschädigungen zu tun haben, die weite Gebiete des Gehirns betreffen, also nicht eng umschrieben werden können. Demgegenüber spielen als Ursachen neuropsychologisch eng umschreibbarer Funktionsstörungen Hirntumore, vaskuläre Erkrankungen oder Hirntraumen eine zentrale Rolle, weshalb die neuropsychologische Sichtweise für die klinische Rehabilitation (Ergotherapie) von besonderer Bedeutung ist. Nichtsdestotrotz sollten neuropsychologische Erkenntnisse in die (pädagogische) Arbeit mit geistig behinderten Menschen einfließen und dort, wo eine Hemisphärenschädigung oder Funktionsstörung ausgemacht werden kann, besonders beachtet werden.

- **‚Verhaltensphänotypisch' orientierte Förderung und Lebenshilfe**

Zielgruppe:
geistig behinderte Menschen

Definition und Ziele:
Wie bei der neuropsychologisch orientierten Lernförderung und Therapie verstehen wir unter einer ‚verhaltensphänotypisch' orientierten Förderung und Lebenshilfe kein eng umschriebenes Verfahren, sondern einen *subjektzentrierten Ansatz*, der ausgehend von der Beschreibung eines sog. Verhaltensphänotyps darauf zielt, Stärken und Fähigkeiten betroffener Menschen aufzugreifen, zu unterstützen und zu entfalten sowie im Hinblick auf syndromspezifische Entwicklungs- und Verhaltensprobleme lebensbegleitende und entwicklungsfördernde pädagogisch-therapeutischen Hilfe zu geben (Sarimski 1997).

Theoretische Bezugspunkte und Überlegungen:
Das im angloamerikanischen Sprachraum (Dykens 1995) mittlerweile viel diskutierte Konzept der ‚Verhaltensphänotypen' (behavioral phenotypes) gewinnt auch hierzulande zur Erklärung von Verhaltensauffälligkeiten bei Menschen mit geistiger Behinderung zusehends an Bedeutung (Seidel 2000). Unter einem ‚Verhaltensphänotyp' versteht Sarimski (1997, 15) „eine Kombination von bestimmten Entwicklungs- und Verhaltensmerkmalen, die bei Kindern und Erwachsenen mit einem definierten genetischen Syndrom mit einer höheren Wahrscheinlichkeit auftritt als bei Kindern und Erwachsenen mit einer Behinderung anderer Ursache." Mit dieser ‚reflektierten' Definition grenzt sich Sarimski von monokausalen Sichtweisen ab, die z.B. eine genetische Determinierung bestimmter Verhaltensauffälligkeiten (z.B. aggressives Verhalten) behaupten und diese nur durch Gendefekte zu erklären versuchen. Unter seriösen Forschern auf dem Gebiete der Humangenetik, Verhaltensmedizin und Psychiatrie, die ‚klinische Syndrome' geistiger Behinderung zu bestimmen und zu beschreiben versuchen, besteht Übereinstimmung darin, daß es unzulässig und völlig unwissenschaftlich ist, Verhaltensauffälligkeiten oder psychische Störungen auf ein einzelnes Gen oder auf eine bestimmte Gen-Konstellation zurück zu führen. Stattdessen wird bei bestimmten klinischen Bildern (Genotypen) nur von einer genetisch determinierten Prädisposition im Sinne einer *erhöhten Vulnerabilität* für spezifische Verhaltensauffälligkeiten ausgegangen (Seidel 2000); und das bedeutet, daß Umweltfaktoren einen ausgeprägten Einfluß darauf haben, wie sich eine genetisch determinierte Vulnerabilität auf der Verhaltens- und Gefühlsebene manifestiert. Insofern ist bei einem bestimmten Gendefekt (z.B. Schädigung des 15. Chromosoms), der einem bekannten klinischen Syndrom bei geistiger Behinderung (z.B. Prader-Willi-Syndrom) zugrunde liegt, lediglich das Risiko erhöht, auffälliges Verhalten (z.B. zwanghafte Suche nach Nahrung) zu entwickeln, woraus aber nicht schlußgefolgert werden darf, daß bei einer erhöhten Vulnerabilität ‚verhaltensphänotypische' Auffälligkeiten auftreten *müssen*. Daher ist es „wichtig, um inter- und intraindividuelle Unterschiede zu wissen. Nicht alle Kin-

der mit Prader-Willi-Syndrom entwickeln die ungebremste Neigung zum Essen in gleichem Maße, nicht alle Kinder mit Cornelia-de-Lange-Syndrom entwickeln autoagressive Verhaltensweisen, nicht alle Kinder mit fragilem-X-Syndrom sind gleichermaßen überaktiv" (Sarimski 1997, 8). Diese Erkenntnis, die ebenso für das Lesch-Nyhan-Syndrom gilt, welches – wie schon an anderer Stelle erwähnt – auch ohne Selbstverstümmelungstendenz beobachtet worden ist, unterstreicht geradezu die Notwendigkeit, Festschreibungen, Etikettierungen, deterministische, voreilige oder gar nihilistische Schlußfolgerungen und Prognosen zu vermeiden, um den pädagogischen und therapeutischen Handlungsspielraum nicht unnötiger Weise einzuengen. Allein die Mitteilung von charakteristischen Entwicklungs- und Verhaltensmerkmalen im Sinne eines Verhaltensphänotyps kann nämlich Irritationen oder Unsicherheiten in der Einstellung, Kommunikation und Interaktion befördern „und zu einer sich selbst erfüllenden Prophezeiung werden" (ebd., 8). Entscheidend ist somit immer auch die Frage, unter welchen Bedingungen Menschen mit einem bekannten klinischen Syndrom die ‚verhaltensphänotypisch' erwarteten Auffälligkeiten zeigen und unter welchen Bedingungen das Verhalten in sozial erträglicher Weise selbstgesteuert werden kann und die Umwelt oder Bezugspersonen mit den Betroffenen weithin unkompliziert kommunizieren und interagieren können. Alles in allem dürfen somit ‚verhaltensphänotypische' Auffälligkeiten nicht einzig und allein als personinhärente Merkmale oder Probleme ausgelegt werden – und erst recht nicht als ‚genetisch festgelegte' Verhaltensmuster (ebd., 22) – sondern erst das reziproke Zusammenwirken biologisch-organischer, psychischer und sozialer Aspekte trägt zur Erklärung sowohl von Verhaltensproblemen wie auch – und das sollte nicht in Vergessenheit geraten – von ‚verhaltensphänotypischen' Stärken und Fähigkeiten bei, die im Einzelfalle für die Konzeptentwicklung genutzt werden können. In diesem Sinne kann Sarimskis (1997, 216) Einschätzung syndromspezifischer Verhaltensprobleme beim Cornelia-de-Lange-Syndrom als allgemeine Richtschnur für den Umgang mit ‚Verhaltensphänotypen' betrachtet werden: „*Die Hintergründe dieser selbstverletzenden Verhaltensweisen sind bisher kaum geklärt.* Es ist jedoch wahrscheinlich, daß sie in einigen *Fällen Ausdruck körperlicher Schmerzen und Mißbehagens* sind (z.B. bei Reflux, Infektionen der oberen Luftwege oder des Mittelohrs, Zahn- und Kopfschmerzen). In anderen Fällen sind sie durch Überforderung und Reizüberflutung bedingt. *Eine sorgfältige Analyse der Bedingungen und kommunikativen Funktionen der schwierigen Verhaltensweisen* (...) ist Voraussetzung für eine erfolgreiche Intervention." Im folgenden haben wir nun auf Wunsch vieler in der Behindertenarbeit Tätigen ähnlich wie im vorausgegangenen Kapitel einige klinische Syndrome stichwortartig aufgeführt, bei denen mit hoher Wahrscheinlichkeit Entwicklungsbeeinträchtigungen (geistige Behinderung) und Verhaltensauffälligkeiten auftreten können (vgl. genauere Ausführungen Sarimski 1997; Neuhäuser 1999).

• *Fragiles-X-Syndrom* (1: 2000 – 1: 5000 geschätzte Häufigkeit)
Klinische Besonderheiten:
Gendefekt: brüchige Stelle am langen Arm des X-Chromosoms; überstreckbare Gelenke; anfallsgefährdet; kardiologische Auffälligkeiten als ,Phänotypmerkmale'; Vergrößerung des Hodens
Entwicklungs- und Verhaltensprobleme:
Überaktivität; mangelnde Impulskontrolle; Vermeiden von Blickkontakt; Beißen in die eigene Hand; scheu und depressive Tendenzen, sprachliche Perseverationen; Probleme bei der visuellen Gestaltgliederung
(Typische) Stärken:
freundlich; bewegungsfreudig; läßt sich begeistern; interessiert an Umwelt; lebenspraktische Selbständigkeit und Fähigkeiten; soziale Kooperationsfähigkeiten (mit Beginn der Pubertät)

• *Prader-Willi-Syndrom* (1: 15000 geschätzte Häufigkeit)
Klinische Besonderheiten:
Gendefekt (Erkrankung des 15. Chromosoms); gesteigerter Appetit; Übergewicht; Herz-Kreislaufprobleme; leicht vermindertes Wachstum; Skoliose; mangelnde Ausbildung der Genitale
Entwicklungs- und Verhaltensprobleme:
Passivität; ,dranghaftes' Essen; häufige Zornesausbrüche; Impulsivität; zwanghafte Suche nach Nahrung; Schläfrigkeit; Langsamkeit; Stimmungsschwankungen; Sturheit; verzögerte Sprachentwicklung
(Typische) Stärken:
freundlich; lustig; gutmütig; hohe Ausdauer und Konzentration; starker Ordnungssinn; hohe lebenspraktische Kompetenzen; gute visuelle Gestaltgliederungsfähigkeit; ausgesprochene Vorlieben für bestimmte Interessen; bestehend auf feste Gewohnheiten

• *Rett-Syndrom* (1: 15000 – 1: 23000 geschätzte Häufigkeit)
Klinische Besonderheiten:
Unregelmäßiger Entwicklungsverlauf; Wachstumsverlangsamungen; sekundäre Mikrozephalie; Rumpfataxie/apraxie; Spastizität; Skoliose; stereotype Handbewegungen und ,Waschbewegungen'; Gangstörungen; Zähneknirschen; häufig schwere geistige Behinderung
Entwicklungs- und Verhaltensprobleme:
Selbstverletzendes Verhalten wie Handbeißen, Kopfschlagen; depressive Stimmungen, Gefühlsschwankungen; ,autistische' Tendenzen

(Typische) Stärken:
lächeln; interessiert an Musik und Rhythmusinstrumenten; bringt Emotionen gerne zum Ausdruck; kommuniziert gerne auf non-verbale Weise (z.B. mit Bildkarten); Interesse an der zielgerichteten Manipulation mit Gegenständen (Effekte erzeugen)

• *Williams-Beuren-Syndrom* (1: 20000 – 1: 50000 geschätzte Häufigkeit)
Klinische Besonderheiten:
Mikrodeletion am Chromosom 7; niedriger Muskeltonus; Überstreckbarkeit der Gelenke; Probleme der motorischen Koordination und beim Krafteinsatz; typische Gesichtsdysmorphien („Elfengesicht"); sternförmiges Irismuster; auditive Hypersensibilität
Entwicklungs- und Verhaltensprobleme:
schwere Ernährungsschwierigkeiten in den ersten Lebensjahren; leichte Ablenkbarkeit; Überempfindlichkeit für Geräusche; Probleme bei der visuell-räumlichen Wahrnehmung und Bewältigung entsprechender Aufgaben; Konzentrationsschwierigkeiten; soziale Isolierungstendenz; Überaktivität
(Typische) Stärken:
sozial zugewandt; freundlich; ausgeprägte Redegewandtheit; gute sprachliche Ausdrucksfähigkeiten und Gedächtnisleistungen; Stärken im Umgang mit sprachlichen Begriffen

• *Cornelia-de-Lange-Syndrom* (1: 30000 – 1: 50000 geschätzte Häufigkeit)
Klinische Besonderheiten:
Dysmorphiesyndrom; multiple angeborene Fehlbildungen; Mikrozephalie; Minderwuchs; schwere Ernährungsprobleme (in den ersten Lebensjahren); häufiges Erbrechen
Entwicklungs- und Verhaltensprobleme:
Selbstverletzendes Verhalten wie Kopfschlagen, beißen, sich kratzen; ‚exessives' Schreien (mitunter Hinweis auf körperliche Schmerzen); Probleme bei der visuellen Perzeption; Zornesausbrüche; stereotype Verhaltensweisen (rhythmisches) Schaukeln)
(Typische) Stärken:
lächeln; ‚schmusig'; interessiert in der ‚Sachwelt'; originelle Bewegungen; lebenspraktische Fähigkeiten; differenzierte gestische Ausdrucksmittel; Interesse an sozialer Kommunikation

• *Smith-Lemli-Opitz-Syndrom* (1: 40000 geschätzte Häufigkeit)
Klinische Besonderheiten:
Autosomalrezessiv vererbte Mutation wird vermutet; Mikrozephalie; Strabismus oder Katarakt, die das Sehvermögen behindern; Ernährungsprobleme im Säuglingsalter; hohe frühe Sterblichkeitsquote (Pneumonie)

Entwicklungs- und Verhaltensprobleme:
Tendenzen zu autoaggressivem Verhalten (evtl. durch Sehbehinderung befördert)
(Typische) Stärken:
müssen individuell erkundet werden (allg. Beschreibungen fehlen weithin)
• *Lesch-Nyhan-Syndrom* (1: 380000 geschätzte Häufigkeit)
Klinische Besonderheiten:
Metabolischer Defekt; X-Chromosomerkrankung; progrediente – vorwiegend dyskinetische Cerebralparese; in Bezug auf Autoaggressionen werden Störungen im Dopamin-Neurotransmittersystem angenommen (Übersensitivität für Dopamin); begrenzte Lebenserwartung
Entwicklungs- und Verhaltensprobleme:
Zwanghaftes selbstverletzendes Verhalten wie Beißen von Fingern, Händen, Lippen; dabei Tendenzen zur Selbstverstümmelung; Kopfschlagen
(Typische) Stärken:
sprachliches Verständnis und schlußfolgerndes Denken; kommunikativ; sozial zugewandt; hilfsbereit und sozial sensibel; interessiert an der Umwelt
• *Sanfilippo-Syndrom* (1: 500000 geschätzte Häufigkeit)
Klinische Besonderheiten:
Enzymdefekt (Mukopolysacharidose); Minderwuchs; Gelenkversteifung; Kontrakturen; anfallsgefährdet; Schlafstörungen; frühe Entwicklung zu Demenz; begrenzte Lebenserwartung
Entwicklungs- und Verhaltensprobleme:
Überaktivität; Reizbarkeit; aggressiv-impulsive Reaktionen; Ängstlichkeit; Kontaktstörung
(Typische) Stärken:
müssen individuell erkundet werden (allg. Beschreibungen fehlen weithin)

Setting/Raum:
reale Lebenswelt

Medien/Mittel:
alltägliche Dinge; in der Regel werden keine speziellen Materialien benötigt.

Sozialform:
in der Regel Einzelarbeit
Vorgehensweise:
Einer ‚verhaltensphänotypisch' orientierten Förderung und Lebenshilfe geht eine humangenetische, medizinische (pädiatrische, psychiatrisch-neurologische) und (entwicklungs-)psychologische Untersuchung voraus, um ein bestimmtes ‚klini-

sches Syndrom' mit charakteristischen Verhaltensmerkmalen diagnostizieren zu können (Sarimski 1997; 2000; Neuhäuser 1999; 2000). Wesentliche diagnostische Orientierungshilfen und Instrumente der (entwicklungs-)psychologischen und medizinischen Untersuchung sind dabei die (Entwicklungs-)Psychopathologie, spezielle Tests und syndromspezifische Beobachtungsverfahren, Befragungsbögen für Bezugspersonen zur Erfassung charakteristischer Merkmale eines sog. Verhaltensphänotyps, qualitative Situations-, Interaktions- und Verhaltensbeobachtungen (am besten mit Videoaufzeichnungen und –analysen, um u.a. Zusammenhänge zwischen dem Verhalten des Betroffenen und seiner Umgebung zu erfassen) sowie die üblichen Explorationsgespräche mit dem Betroffenen und/oder seinen Bezugspersonen (vgl. Sarimski 1997, 15ff.). Um eine einseitige Diagnostizierung von Auffälligkeiten zu vermeiden ist es von Beginn an wichtig, auch typische bzw. individuelle Stärken, syndromspezifische Bedürfnisse wie auch Umweltressourcen zu beachten (hierzu auch Lingg/Theunissen 2000). Außerdem gilt es – und das darf (auch) im Falle einer ‚verhaltensphänotypisch' orientierten Praxis nicht zu kurz kommen – die Identiät und subjektive Wirklichkeitskonstruktion zu erkunden, die sich ein Betroffener „unter dem Druck der Bedingungen" (klinisch-phänotypischer und sozial-reaktiver Art) erschlossen und erschaffen hat (hierzu auch Sacks 1997, 16, 196). Kein geistig behinderter Mensch mit einem bekannten „klinischen Syndrom" ist wie der andere. Die Verhaltensausprägungen eines Syndroms sind in keinem Fall gleich. Wollen wir daher nicht nur eine Erklärung für bestimmte Verhaltensmerkmale sondern den Betroffenen auch ‚verstehen', bedarf es dazu der rehistorisierenden Betrachtung, einer umfassenden Aufbereitung der Lebensgeschichte.

Der Diagnose folgt sodann die Planung spezifischer Maßnahmen und Hilfen, die sich zum einen auf kontextuelle Veränderungen und auf die Arbeit mit den Bezugspersonen beziehen, um möglichst günstige Resonanzen zwischen dem Betroffenen und seiner Umwelt zu erzielen (person-environment-fit; person-environment-interplay). Zum anderen geht es um die konkrete Arbeit mit dem Betroffenen, die wir als Förderung und Lebenshilfe ausweisen: Ihr Ausgangspunkt sollen die individuellen Stärken sein, die es für die Fundierung einer positiven Beziehungsgestaltung sowie für entwicklungsfördernde und identitätsstiftende Prozesse nutzbar zu machen gilt. Weiß man z.B. um die Stärken (hohe Sprachgewandtheit) eines Kindes mit dem Williams-Beuren-Syndrom, so könnte man diese Fähigkeit für Rollenspiele und für ein verhaltensmodifikatorisches Selbstinstruktionsprogramm aufgreifen, indem das betreffende Kind angeregt wird, sich bei bestimmten Handlungsschritten selbst Anweisungen zu geben (vgl. Sarimski 1997, 95). In dem Falle lernt der Betroffene auf dem Hintergrund seiner Stärken Kompensationstechniken zu nutzen, die ihm eine verbesserte Handlungskontrolle zur Bewältigung von Lebensaufgaben sowie günstigere soziale Austauschprozesse, Kommunikationen und Interaktionen erlauben. Leidet er darüber hinaus an einer Geräuschüberempfindlichkeit, so könnten auf der Basis einer positiven Beziehung entspannte Situationen (z.B. relaxen auf einem Wasserbett oder in einem Snoezel-Entspannungsraum) hergestellt werden, in denen dann eine systematische Desensibilisierung statthat, indem z.B. über einen CD-Player ihm unangenehme Geräusche (Musik) sekundenhaft gesteigert eingeblendet werden (hierzu ebd., 96). Handelt es sich bei dem Erwerb von Kompensationstechniken um eine ‚verhaltensphänotypisch' orientierte Förderung, so betrachten wir das Angebot der Desensibilisierung als einen subjektzentrierten Beitrag zur Lebenshilfe. Ein solches Unterstützungsmanagement kann freilich nur *individualisiert* erschlossen werden, wobei die speziellen Angebote häufig subjektzentrierte Modifikationen bekannter heilpädagogischer oder therapeutischer Verfahren (Basale Stimulation; Sensorische Integration; heilpädagogische Musiktherapie; Unterstützte Kommunikation ...) darstellen (vgl. ebd., 131f., 316ff.).

Rolle des Pädagogen:
einfühlsam, dialogisch, begleitend, auch therapeutisch-führend

Perspektiven in bezug auf Verhaltensauffälligkeiten:
Folgt man den Ausführungen Sarimskis (1997), so kann eine im oben beschriebenen Sinne ‚verhaltensphänotypisch' orientierte Förderung und Lebenshilfe im Hinblick auf Abbau, Bewältigung oder Kompensation von Verhaltensauffälligkeiten als zweckmäßig und hilfreich eingeschätzt werden.

Repräsentanten/Bezugsliteratur:
Dykens (1995); Sarimski (1997; 2000); Seidel (2000); Neuhäuser (1999; 2000)

Querverbindungen:
Neuropsychologisch orientierte Lernförderung und Therapie

Beurteilung aus der Sicht des Verfassers:
Forschungen auf dem Gebiete der Konzeptualisierung sog. Verhaltensphänotypen werden erst seit wenigen Jahren intensiv betrieben (dies fast ausschließlich im angloamerikanischen Sprachraum), und es gibt deutliche Anzeichen dafür, daß wir in den nächsten Jahren mit einer Fülle an neuen Entdeckungen und Erkenntnissen in bezug auf ‚klinische Syndrome', sog. Geno- und Verhaltensphänotypen bei geistiger Behinderung konfrontiert werden. Diese Entwicklung und ihre Resultate stellen ohne Zweifel eine große Herausforderung für die Behindertenpädagogik dar,

die sich damit auseinandersetzen muß, wenn sie ihren Anspruch und ihr fachliches Selbstverständnis in bezug auf eine qualifizierte Arbeit aufrechterhalten will. Auf den ersten Blick scheint eine ‚verhaltensphänotypisch' orientierte Förderung und Lebenshilfe eine vielversprechende Angelegenheit zu sein, und daher wird sie auch von einer immer größer werdenden Zahl an fachlich interessierten Medizinern und Psychologen als ausgesprochen fruchtbar eingeschätzt. Die Protagonisten des Konzepts der sog. Verhaltensphänotypen erhoffen sich sowohl in psychopharmakologischer Hinsicht als auch in sozialer verbesserte, d.h. gezielte Therapiemöglichkeiten und Hilfen. Das ist im Prinzip nicht unredlich und daher sollten die Chancen, die das Konzept der sog. Verhaltensphänotypen bietet (z.B. verbesserte Kommunikation und Interaktionen), auch genutzt werden. Diese dürfen allerdings nicht überschätzt werden und es bestehen nur dann Chancen, wenn eine reflektierte und selbstkritische Betrachtung des Konzepts statthat. Denn machen wir uns nichts vor: so, wie wir in aller Kürze das Konzept der sog. Verhaltensphänotypen für die handlungspraktische Ebene anskizziert haben (vor allem mit dem Blick auf Stärken, Umwelteinflüsse und reziproke Zusammenhänge), ist es längst noch nicht selbstverständlich, und es wäre naiv anzunehmen, daß es in diesem Sinne immer auch seine Anwendung und praktische Umsetzung erfährt. Wohl kein anderes Konzept wie das hier beschriebene ist so ideologieanfällig, birgt so schwerwiegende Risiken im Hinblick auf Mißverständnisse, Verkürzungen, Etikettierungen und einen Mißbrauch. Dies hängt mit seinem Ausgangspunkt zusammen, den die humangenetische Forschung betrifft (hierzu kritisch Theunissen 1997a, 51ff.). Sie ist alles andere als von einem Mißbrauch (z.B. eugenisch orientierte Gesundheitspolitik; Bevölkerungsgenetik) befreit (Fuchs 1996). Wer garantiert uns, daß nicht auf Dauer die Suche nach genetischen Schädigungen, die Bestimmung und Beschreibung ‚klinischer Syndrome' und sog. Verhaltensphänotypen in eine völlig andere Richtung als in die hier anskizzierte verläuft, indem von der genetischen Struktur anfällige Menschen mit geistiger Behinderung und Verhaltensauffälligkeiten selektiert und für zukünftige humangenetische bzw. biomedizinische, fremdnützige Experimente und „Krankheitsverhütungsmaßnahmen" (Abtreibung, Sterilisation, Gentherapieversuche; Genmanipulationen; Hirngewebstransplantationen; Keimbahntherapie ...) in Betracht gezogen werden? „Schließlich entstehen aus dem Konzept von Verhaltensphänotypen *schwierige Fragen bei der pränatalen Diagnostik und Beratung*. Mit den wachsenden Möglichkeiten zu pränataler Diagnostik fragen immer mehr Eltern nach den Entwicklungsmöglichkeiten, die ein identifiziertes Syndrom für ihr werdendes Kind offenläßt, und beziehen sie in ihre Entscheidungsfindung über Fortsetzung oder Abbruch der Schwangerschaft ein. Ethische Grundsatzfragen und Fragen der psychologischen Beratung von Eltern in dieser Grenzsituation ihres Lebens können an dieser Stelle nicht angemessen diskutiert werden. Es sei aber darauf hingewiesen, daß vermehrtes Wissen über Entwicklungsperspektiven und interindividuelle Unterschiede bei Kindern mit definierten genetischen Syndromen den Eltern ihre Entscheidung nicht unbedingt leichter macht“ (Sarimski 1997, 9). Und ist nicht die Versuchung, von einer genetischen Schädigung aus unmittelbar auf das Verhalten und Erleben (Charaktereigenschaften) eines Menschen zu schließen, zu verlockend, als daß die Sozial- und Gesundheitspolitik ihr langfristig widerstehen könnte? Aus den USA wissen wir, daß es für Eltern behinderter Kinder, bei denen eine genetische Schädigung (klinisches Syndrom) festgestellt wurde, immer schwieriger wird, eine Krankenversicherung abzuschließen... (dazu auch Fuchs 1996, 26f.; 216f.). Vor diesem Hintergrund ist es verständlich, ja notwendig, daß es auch Vorbehalte, kritische Positionen (vgl. Jantzen/Schnittka 2000) und warnende Stimmen in bezug auf das Konzept der sog. Verhaltensphänotypen gibt, denn über eines sind wir uns wohl alle einig: Eine Neuauflage biologistischen Denkens und Handelns bis hin zur Definition und Vernichtung „lebensunwerten Lebens“ darf nie wieder sein (hierzu auch Theunissen 1997a; auch Sacks 1997, 401).

5.3.2 Lebensweltorientierte Behindertenarbeit

Zusammengefaßt stellen wir fest, daß die spezielle Pädagogik über eine breite Palette an zum Teil sehr unterschiedlichen Arbeitsformen verfügt, die oft als ‘Therapie’ ausgelegt oder etikettiert werden. Mit dieser Gepflogenheit gehen häufig unreflektierte Denkvoraussetzungen und Vorstellungen einer heilpädagogischen (speziellen) Praxis einher, die dem engen Paradigma der klinischen Therapie verhaftet sind. An anderer Stelle sind wir auf die damit verknüpfte Problematik ausführlich eingegangen (vgl. Theunissen 1993; Theunissen/Plaute 1995). Hier sei nur erwähnt, daß die spezielle Pädagogik als Zweig der Allgemeinen Pädagogik in der Erziehungswissenschaft verortet ist und nicht als eine „angewandte Psychiatrie” oder „angewandte Psychopathologie” mit dem Ziel des „Gesundmachens” oder “Heilens” mißverstanden werden darf.

Ebensowenig ist sie eine Heil-Hilfsdisziplin, etwa im Sinne einer Beschäftigungstherapie, Ergotherapie oder Physiotherapie. Diese Konzepte setzen häufig die spezielle Arbeit mit geistig behinderten Menschen „absolut”, indem sie sich auf das orthodoxe Therapie-Modell stützen, ein- oder zweimal wöchentlich individuumzentrierte Behandlungs- oder Förderstunden in speziellen Therapiezentren oder -räumen ansetzen und dabei das klassische Arzt-Patient-Verhältnis festschreiben. Wie ineffektiv dieses klinische Setting und System in der Arbeit mit geistig behinderten Menschen ist, geht immer wieder aus ‘inoffiziellen’ Berichten von Mitarbeitern aus traditionellen Großeinrichtungen hervor, in denen die klinisch-therapeutische Praxis zum Teil noch weit verbreitet ist. Anscheinend bekunden viele sog.

schwierige geistig behinderte Menschen oft Widerstand gegen eine therapeutendominante (heilpädagogische) Förderpraxis, außerdem bestehen Transferprobleme, wenn die Betreffenden die neu erworbenen Verhaltensweisen bzw. das Geübte nicht in anderen Situationen anwenden können. Auch aufgrund eigener Beobachtungen sind wir zu der Erkenntnis gekommen, daß eine individuumzentrierte heilpädagogische Behandlung gemäß dem klassischen Paradigma der Psychotherapie in der Arbeit mit geistig schwer behinderten und hospitalisierten (verhaltensauffälligen) Erwachsenen viel zu kurz greift, wenn einzelne „schwierige" oder geistig schwer behinderte Menschen über viele Jahre hinweg ein- oder zweimal wöchentlich mehreren Spezialisten anvertraut werden bzw. verschiedene Therapieangebote (Musik-, Kunst-, Beschäftigungs-, Reittherapie) erhalten, die aber bis heute zu keiner wesentlichen (stabilen) Veränderung des Alltagsverhaltens, etwa zum Abbau von Verhaltensproblemen und zur Entwicklung der Persönlichkeit, beigetragen haben. Denn zum einen konkurrieren und operieren oftmals verschiedene Förder- oder Behandlungsmaßnahmen nebeneinander, so daß ein zusammenhangloses therapeutisches und alltagspädagogisches Handeln die Regel ist. Zum anderen gerät bei dieser Art der Übertherapeutisierung der Alltag als zu veränderndes Moment leicht aus dem Blick, indem zum Beispiel klinisch orientierte Versorgungsprinzipien in der primären Lebenswelt (Wohngruppe) aufrecht erhalten werden. Was nutzen einem geistig behinderten Menschen „schöne" Musik-, Kunsttherapie- oder Snoezelstunden, wenn er tagein, tagaus unter einem „stationären" Wohnmilieu fremdbestimmt wird, keine Möglichkeiten erhält, an der Kontrolle und Verfügung über die eigenen Lebensumstände mitzuwirken? Derlei widersprüchlichen Situationen begegnen wir in traditionellen Behindertenheimen, in denen zwar viel von Therapie und Förderung, relativ selten aber von Autonomie, Mitbestimmung und einem Selbstbestimmt-Leben die Rede ist. Nur wenige Anstalten haben dieses Problem erkannt, indem sie ein „therapeutisches Wohnmilieu" auf der Basis einer lebensweltorientierten behindertenpädagogischen Konzeption gegenüber einem „therapeutischen Zentrum" oder einer Förderstätte mit klinischem Setting priorisieren. Der Begriff der Therapie wird hierbei „im weiteren Sinne" benutzt, indem er eine generelle Aktivierung, Ich-Stützung und Identitätsentwicklung des geistig behinderten Menschen in seiner vertrauten Lebenswelt zum Ziele hat. Therapie „im engeren Sinne" bedeutet dagegen Psychotherapie, die dann angesagt ist, wenn der lebensweltbezogene pädagogisch-therapeutische Ansatz zur (Auf-)Lösung und zur Bewältigung von Verhaltensproblemen nicht ausreicht (vgl. Lingg/Theunissen 2000). Eine Absolutsetzung bzw. ein isolierter Einsatz der psychotherapeutischen Verfahren ist gleichermaßen verfehlt wie ein entkontextualisiertes Angebot aus dem Spektrum der speziellen Pädagogik (pädagogisch-therapeutische Arbeitsformen). Es geht nicht an, daß Heil- oder Rehabilitationspädagogen ihr Programm fern ab von der Lebenswelt des geistig behinderten Menschen durchführen und dabei die Lebensumstände als „unabänderlich" erachten. Zu reflektieren und konzeptionell zu berücksichtigen ist stets das Entsprechungsverhältnis zwischen der Persönlichkeitsentwicklung des geistig behinderten Menschen und der sozialen Umwelt. Eine sozioökologische Blindheit darf sich die Heilpädagogik (spezielle Pädagogik) nicht mehr erlauben. Sie muß erkennen, daß sich das Leben geistig behinderter Menschen mit Verhaltensauffälligkeiten in „realen" sozialen Systemen abspielt, die auf die individuelle Entwicklung Einfluß nehmen und von den Betroffenen beeinflußt werden. Die Heilpädagogik macht es sich zu einfach, wenn sie nur nach monokausalen (individuumzentrierten) Erklärungen für Verhaltensauffälligkeiten bei geistig behinderten Menschen sucht und eine darauf abgestimmte symptomzentrierte (defizitorientierte) Praxis fokussiert.

Dieses konzeptionelle Ungenügen ist in den letzten Jahren sehr wohl erkannt worden, weswegen ein Paradigmenwechsel in der Heilpädagogik angezeigt ist. Ein Ansatz, der die klinisch orientierte Denktradition und Praxis zu überwinden verspricht, ist das aus der (amerikanischen) Gemeindepsychologie und Sozialen Arbeit stammende *Empowerment-Konzept* (vgl. hierzu Rappaport 1985, Simon 1994; Adams 1996; Turnbull/Turnbull III 1997; Saleebey 1997; Herriger 1997; Theunissen 1998b; 1999a; Weiß 1999). Empowerment kann umschrieben werden mit „Selbst-Bemächtigung", „Selbst-Ermächtigung" oder „Selbst-Befähigung". Empowerment verweist auf einen Prozeß, in dem Betroffene, d.h. Menschen in marginaler Position, selbst Kräfte entwickeln und Initiative ergreifen, ihre Interessen durchzusetzen und ihre Lebensumstände zu verbessern, zu kontrollieren und zu gestalten. Ziel ist somit die „(Wieder-)Herstellung von Selbstbestimmung über die Umstände des eigenen Alltags" (Herriger 1991, 222), „die (Wieder-) Gewinnung von Kontrolle und Kontrollbewußtsein und die Ermöglichung der Gestaltung der eigenen Lebensumstände" (Bobzien/Stark 1991, 2). Demzufolge ist Empowerment eine Alternative zur herkömmlichen heilpädagogischen Arbeit, die sich in der Regel auf von Experten definierte Interventionen, auf Reparation oder Kompensation beschränkt und damit die „Passiv-Rolle der Adressaten institutioneller Fürsorglichkeit" (Herriger 1991, 227) verfestigt. Empowerment meint dagegen eine Rehabilitation neuer Art, die vom Menschen, seinen Bedürfnissen und seiner Lebenswelt aus denkt und handelt, so daß der einzelne durch das Entdecken eigener und gemeinsamer Bewältigungsressourcen, durch Eigenerfahrung und kollektive Unterstützungsnetzwerke Gefühle eigener Ohnmacht, Formen „erlernter Hilflosigkeit" (Seligman) und Kontrollverlust überwinden kann. „Mit dem Konzept ‚empowerment' können wir nicht länger Menschen einfach als ‚Kinder in Not' oder ‚Bürger mit Rechten' sehen, sondern vielmehr als vollwertige menschliche Wesen, die sowohl Rechte als auch Bedürfnisse haben ... Wir müssen uns mit dem Widerspruch auseinandersetzen, daß selbst Menschen mit wenigen Fähigkeiten oder in extremen Krisensituationen, genauso wie jeder von uns, eher mehr als weniger Kontrolle über ihr eigenes Leben brauchen" (Keupp 1993, 371). Diese Fähigkeit zur Selbstbestimmung, das Bedürfnis in eigener Sache zu entscheiden und zu handeln oder eigene Angelegenheiten selbst regeln zu können, wird im Empowerment-Konzept bei jedem Menschen vorausgesetzt. Dies schließt aber nicht aus, daß sie im Einzelfalle (erst) geweckt und entwickelt werden muß. Darauf hat sich die spezielle Pädagogik einzustellen – wurde doch das Streben nach Autonomie bei Menschen mit geistiger Behinderung häufig erst gar nicht zugelassen und/oder aber pervertiert. Eine pädagogische Förderung, die sich dem Empowerment-Gedanken verpflichtet fühlt, steht für eine lebensweltbezogene, flankierende (z.B. wohngruppenbegleitende) Hilfe, durch die der geistig behinderte Mensch mit Verhaltensauffälligkeiten zu emotionaler Stabilität und Ausgeglichenheit, zu einem sozial kompetenten Verhalten und zu verbesserter Entscheidungs- und Handlungsautonomie gelangen soll. Sie soll ihn in die Lage versetzen, aus sich selbst etwas zu machen, d.h. die persönlichkeitsfördernden, identitätsstiftenden Selbstaktualisierungstendenzen und häufig verborgenen Kompetenzen aufspüren, unterstützen, verstärken und zu einer relativ selbstbestimmten Lebensverwirklichung hinführen. *Förderung als zentrale Kategorie der speziellen Pädagogik bedeutet somit keine heilpädagogische Intervention, bei der etwas aus dem geistig behinderten Menschen „gemacht" werden soll.* Das herkömmliche Rollenverständnis vom Heilpädagogen als „Bestimmer der Situation" ist durch kooperatives, d.h. gemeinsames Handeln und Erleben zu ersetzen (hierzu auch Kap. 5.2.9). Bezugspunkt für die pädagogische Förderung sind somit die eingangs genannten Leitprinzipien, denen es schon um Empowerment und Lebensweltorientierung zu tun ist. Demzufolge hat die spezielle Pädagogik die reale Lebenswelt des geistig behinderten Menschen als Stätte der Hilfe und Entwicklungsförderung aufzugreifen und aufzubereiten. Auf dem Hintergrund von Verhaltensbeobachtungen, Situationsbeschreibungen, der Analyse und Interpretation der Bedingungen ist in enger Zusammenarbeit mit relevanten Bezugspersonen (z.B. Eltern; Mitarbeiter[team]) ein Förderkonzept zu entwerfen, das der Alltagsbegleitung nicht widersprechen darf, sondern mit der allgemeinen Pädagogik abgestimmt sein muß. Bestandteil eines solchen Förderkonzepts können Anregungen oder Elemente aus den eingangs genannten pädagogisch-therapeutischen Arbeitsformen oder aber einzelne Verfahren sein, die so zu modifizieren und zu vernetzen sind, daß Lernen in der natürlichen (vertrauten) Lebenswelt stattfinden kann. Rezepte für einen lebensweltorientierten Förderansatz gibt es nicht, wohl aber können wir aufgrund von Erfahrungen konzeptionelle Vorgehensweisen nennen, die sich anscheinend häufig bewähren. Ein Aspekt, der schon in der Bewertung der einzelnen Arbeitsformen eingegangen ist, bezieht sich auf die Notwendigkeit der engen

Verschränkung von beziehungsstiftenden (z.B. körperorientierten) Arbeitsformen mit Aktivitäten, die zur Bewältigung von Lebenssituationen herausfordern (PLAG-Konzept). Ausgangspunkt der pädagogischen Förderung könnte demnach eine basalkommunikative Arbeit zur physisch-psychischen Entspannung sein, die als Voraussetzung (im Sinne einer Lernbereitschaft und -offenheit) für ein lebenspraktisches Tun betrachtet wird, das für den behinderten Menschen lebensrelevant, sinnvoll und entwicklungsfördernd sein muß. Primärer Ort der Förderung wäre hierbei die Wohngruppe, in der eine Ruhezone oder ein sog. Snoezel-Raum zur Basalen Kommunikation und eine Wohnküche zur lebenspraktischen Tätigkeit vorhanden sein müßte. Der Vorteil dieses Ansatzes besteht darin, daß soziale und sächliche Ressourcen in der Wohngruppe gezielt und alternativ zu bisherigen Erfahrungen, nämlich identitätsstiftend genutzt würden, daß die Aktivierung im Alltagsleben des behinderten Menschen sinnvoll eingebettet ist und daß das Erlernte, die neuerworbenen Verhaltensweisen, eher auf zukünftige Alltagssituationen transferiert werden können als in einer „therapeutischen Lernküche". Alltagshandeln wird damit sinnerfülltes Handeln, wodurch Verhaltensauffälligkeiten als Signal für erlernte Hilflosigkeit und Langeweile abgebaut, kompensiert und präventiv vermieden werden können. Natürlich sind unter dieser Perspektive auch andere Akzentsetzungen oder Verknüpfungen denkbar, indem zum Beispiel der körperorientierten, basalpädagogischen Arbeit Angebote zur Entwicklung von „selbstbestimmten Freizeitkompetenzen" folgen, oder indem eine Bewegungsaktivierung am Anfang der Förderung steht, um überflüssige Energie zu kompensieren, die der Konzentration auf lebenspraktisches Tun abträglich ist. Ein ausgezeichnetes Beispiel für eine lebensweltorientierte und bewegungsaktivierende (heilpädagogische) Förderung finden wir bei Kane (1994), der über ein mehrjähriges Projekt mit sieben geistig behinderten Anstaltsbewohnern berichtet, die man aufgrund schwerer selbstverletzender Verhaltensweisen weder in eine Sonderschule noch in eine Werkstatt für Behinderte aufgenommen hatte. Dieser Ansatz ist soeben auch von Markowetz (1996) aufgegriffen und als Förderangebot für geistig schwer behinderte und verhaltensauffällige Menschen aufbereitet worden. „Alle hatten im Laufe ihres Lebens eine Vielzahl von Therapien und/oder pädagogischen Maßnahmen erhalten, ohne erkennbaren Erfolg. Alle waren zur Zeit der Aufnahme in das Projekt überwiegend in ihren Wohngruppen, einige standen auf der Liste zur Überweisung in die Psychiatrie, weil sich auch die Wohngruppe überfordert sah" (Kane 1994, 89). Ziel des Projekts war es, durch sinnvolle und passende Beschäftigungen den Erfahrungs- und Lebensbereich der behinderten Menschen zu erweitern. Da alle sieben Bewohner selbständig gehen konnten, wurde als erster Aufgabenbereich ein Liefer- und Transportdienst eingeführt. Durch wetterfeste Kleidung wurde sichergestellt, daß Aufgaben wie Lieferung von Essen und Medikamenten sowie der

Transport von Schmutzwäsche oder Müll unabhängig von Witterungsbedingungen bewältigt wurden. Ein zweiter Aufgabenbereich war ein Holz- und Walddienst. Hier ging es um das Sammeln und die Kompostierung von Ästen und Reisig. Dabei lernten einige der Betroffenen gemeinsam mit ihren Assistenten eine Bogensäge zu benutzen. „Andere fanden großen Spaß daran, Reisig in einen Häcksler zu werfen" (91). Zwei weitere Angebote erstreckten sich auf das Zubereiten von Obstsaft und auf Gartenarbeiten. Bemerkenswert ist das Fazit, das Kane zieht: „Das Projekt hat uns gelehrt, Abschied zu nehmen von der Vorstellung, daß zunächst Therapien selbstverletzende Menschen ‚fit machen' müssen, damit sie Aufgaben und Arbeit in bestehenden Einrichtungen wie den Schulen und beschützenden Werkstätten übernehmen können" (94). Vielmehr komme es darauf an, „Beschäftigungen zu finden, die ein Handeln im natürlichen Umfeld ermöglichen und dadurch die Erfahrungsmöglichkeiten erweitern" (ebd.). Dies gelte nicht nur für Anstaltsbewohner, sondern ebenso für geistig behinderte Menschen aus gemeindeintegrierten (städtischen) Wohnformen. In Großstädten, wo keine Möglichkeit für Waldarbeit bestünde, könnten zum Beispiel im Rahmen von Nachbarschaftshilfe oder im Auftrag älterer Mitbürger „Entsorgungsaufgaben" wie Abtransport von Altpapier oder Altglas übernommen werden. Denn für einige der Betroffenen sei „das Einwerfen von Glas in den Container, bei dem es laut scheppert und kracht, eine sehr interessante Beschäftigung" (ebd.).

Alles in allem merken wir also, daß eine lebensweltorientierte spezielle Pädagogik der alltäglichen Entfremdung im natürlichen Lebensraum zuvorkommen soll. Außerdem kann ihre Bedeutung in bezug auf das originäre menschliche Bedürfnis nach Realitätskontrolle und selbstbestimmter Lebensbewältigung nicht hoch genug eingeschätzt werden. In diesem Zusammenhang setzt die spezielle Pädagogik an der primären Lebenswelt (z.B. Wohngruppe) als Ort der Förderung an. Von dort aus begleitet sie den Betroffenen in seiner Entwicklung, indem sie *mit ihm gemeinsam* neue Lern- und Erfahrungsfelder erschließt wie auch weitere Lebensräume erkundet. Insofern findet eine systematische Öffnung nach außen statt, die ein flexibles Vorgehen und einen Wechsel der Lernorte (z.B. in-vivo-training) beinhaltet. Einige der genannten Arbeitsformen haben hier ihren Stellenwert (z.B. soziales Kompetenztraining). Wie wichtig ein Lernen in unterschiedlichen Settings bzw. Situationen ist, geht aus der Übersichtsarbeit von Westling und Floyd (1990) hervor, die der Frage nach effektiven Methoden zur Optimierung von Transferleistungen, der Übertragung von neuerworbenen Verhaltensweisen auf neue (unbekannte) Situationen, nachgegangen ist. Demnach genügt es in der Arbeit mit geistig behinderten Menschen nicht, neue Verhaltensweisen (z.B. lebenspraktische Fertigkeiten) nur in simulierten Situationen oder durch Rollenspiele einzuüben. Ein Training ausschließlich in ein und demselben realen Lebensraum reicht aber ebenso wenig aus.

Am besten ist es, verschiedene Lernfelder (reale Standorte und simulierte Situationen) zu nutzen und dabei nicht nur an einem Objekt (z.B. Waschmaschine von einem bestimmten Fabrikat/Typ), sondern an (drei) unterschiedlichen Gegenständen mit Ähnlichkeitscharakter (z.B. drei verschiedenen Waschmaschinen) zu üben. Ein solcher Ansatz kann nur dann zum Erfolg gereichen, wenn die sozialen Bezugssysteme mitspielen und die Arbeit unterstützen. Hilfreich ist in dem Zusammenhang eine Fach- oder Praxisberatung. Dadurch kann z.B. die Gefahr einer Verstrikkung der primären Lebenswelt mit Verhaltensauffälligkeiten eines geistig behinderten Menschen rechtzeitig thematisiert werden. Bleibt dieses Thema ausgespart, kann womöglich die Förderung im primären Lebensraum scheitern. Ebenso ist der Empowerment-Gedanke zu beachten, und es ist wichtig in einem gemeinsamen Prozeß die vorhandenen oder blockierten Kräfte und Stärken, die Ideen, Bewältigungsressourcen und Möglichkeiten des einzelnen Individuums, der Bezugspersonen, Gruppen und des Umfeldes aufzuspüren und zu nutzen (vgl. Saleebey 1997). Die Realisierung eines solchen Konzepts ist zweifellos ein anspruchsvolles Unternehmen, welches hohe Anforderungen an die Pädagogik stellt. Dabei kommt es nicht nur auf eine qualifizierte Ausbildung und angemessene Personalbemessung (hierzu Anmerkung 19, 280) an, sondern auch immer auf die Persönlichkeit des Pädagogen, zum Beispiel auf den Grad seiner psychisch-physischen Ausgeglichenheit, auf seine Einstellung (positive Grundhaltung) gegenüber dem geistig behinderten Menschen sowie auf seine Bereitschaft und sein Geschick, mit behinderten Menschen, Kollegen und anderen Bezugspersonen (Eltern, Nachbarn, Geschäftsleuten, Mitarbeitern anderer Institutionen) zusammenzuarbeiten. So selbstverständlich dies klingen mag, so schwierig ist häufig die entsprechende Umsetzung in der Praxis. Ein pädagogisches Konzept kann noch so gut durchdacht sein, wenn die Kooperation im Mitarbeiterteam nicht funktioniert, läßt der Erfolg in der Regel auf sich warten. Wichtig sind daher vor allem ein positives Arbeitsklima, gegenseitige Unterstützung und Achtung, Vertrauen und eine kollegiale Verläßlichkeit, gegenseitige Impulse und die Wertschätzung der Arbeit, ein effektiver Informationsfluß, kollegiale Offenheit und gegenseitiges Bewußtmachen von Stärken und Eingestehen sowie Anerkennen von Schwächen, das Erkennen spezifischer Grenzen des Teams und die Bereitschaft, Praxisberatung oder externe Supervision anzunehmen, das Einhalten von Teamabsprachen, regelmäßige Gruppenbesprechungen, ein fachlicher Austausch mit Kollegen sowie die (ständige) Reflexion (Selbstevaluation) der alltäglichen Arbeit.

5.3.3 Arbeitsschritte der speziellen Einzelhilfe – ein Leitfaden für Qualitätsentwicklung und -evaluation

Folgende Überlegungen und Arbeitsschritte liegen der speziellen Einzelhilfe zugrunde:

1.Anlaß

Verhaltensauffälligkeiten eines behinderten Menschen lassen sich nicht im Rahmen der pädagogischen Alltagsbegleitung bewältigen; die Mitarbeiter eines Teams wünschen sich eine „Fallbesprechung" (anstatt von „Fall" sollte besser von „Problem" oder „Situation" gesprochen werden);

2. Interdisziplinäre Teamsitzung

Von seiten der Einrichtungs- oder Gruppenleitung wird eine Teamsitzung einberufen, an der nicht nur alle Mitarbeiter der Wohngruppe, sondern zugleich auch andere relevante Bezugspersonen (z.B. Fachberater; Psychiater; Therapeut; Eltern; Werkstattmitarbeiter) teilnehmen sollen (z.B. sog. Runder Tisch). Nach Möglichkeit sollte auch der betreffende behinderte Mensch in das Gespräch miteinbezogen werden. Durch dieses Erstgespräch soll ein Überblick über den beklagten Sachverhalt gewonnen werden, außerdem sollen Zuständigkeiten und Aufgabenverteilungen (z.B. im Rahmen des diagnostischen Prozesses) festgelegt und weitere Absprachen getroffen werden. Am besten ist es, einen „Problemmanager" (synonym ‚case-manager') zu benennen, der das weitere Vorgehen koordinieren soll (das kann ein Gruppenleiter sein oder ein persönlicher Assistent, der später auch die Einzelarbeit übernimmt).

3. Diagnostischer Prozeß

Im Rahmen eines in der Teamsitzung festgelegten Zeitraumes sollen möglichst viele Bausteine im Rahmen der verstehenden Diagnostik aufbereitet werden (z.B. Erstellung der Lebensgeschichte; Beobachtung positiver Botschaften; positive Konnotation des Problemverhaltens; psychiatrische und medizinische Untersuchung; Analyse der Situation etc.). Je nach Situation bietet sich eine unterschiedliche Gewichtung einzelner Aspekte an.

4. Vorstellung der Ergebnisse und Auswertung

Auf einer nachfolgenden Teamsitzung sollen die einzelnen Untersuchungsergebnisse vorgestellt und ausgewertet werden. Ziel sollte dabei eine einheitliche Einschätzung (assessment) und Definition der Problematik sein, um zu einem gemeinsamen Ausgangspunkt im Sinne einer Arbeitshypothese für eine individualisierte Konzeptentwicklung zu gelangen.

5. Entwicklung eines Einzelhilfe-Konzepts

Der Ausgangslage folgen Entscheidungen über Ziele, Angebote, situationsverändernde Maßnahmen und Methoden, die in einem schriftlich zu fixierenden Einzelhilfe-Konzept einzuarbeiten sind. Einzelhilfe bedeutet dabei keineswegs nur ein unmittelbar subjektorientiertes Arbeiten mit dem Betroffenen, dem sog. Symptomträger, sondern ebenso denkbar ist eine kontextorientierte Fokussierung der Einzelhilfe (z.B. Veränderung der Umgebung; Überprüfung und Veränderung von Gruppenregeln; Arbeit mit dem Team; Elternarbeit), die zur Auflösung von Verhaltensproblemen beitragen kann. *Eine ausschließlich symptomzentrierte Arbeit sollte grundsätzlich vermieden werden*, weil sie das „volle Menschsein" (Portmann) verfehlt, den Betroffenen nur ein „Versagen" vor Augen führt und ihn damit letztlich entwertet. Vorhandene Stärken, Kompetenzen, Interessen, sozial positive Signale und Zukunftswünsche stellen stets die wichtigsten Anknüpfungspunkte für eine pädagogische Konzeptentwicklung dar. Angesichts verkrusteter Verhaltensprobleme haben wir es häufig mit einer langfristigen Planung zu tun, die mit der allgemeinen Alltagsbegleitung abgestimmt werden muß, so daß ein Gesamtkonzept, eine Einheit von allgemeiner Pädagogik und spezieller Hilfe verwirklicht werden kann.

6. Benennung einer Vertrauensperson

Der Konzeptentwicklung folgt die Benennung einer Vertrauensperson (z.B. persönlicher Assistent; Teammitarbeiter; Mitarbeiter aus dem begleitenden Fachdienst), die die speziellen Maßnahmen durchführen soll (vgl. Praxisbeispiele in Theunissen 1999a). Wichtig ist eine Verläßlichkeit und Kontinuität in der speziellen Begleitung.

7. Durchführung und Dokumentation der individualisierten Einzelhilfe

In Absprache mit allen relevanten Bezugspersonen wird die Vertrauensperson beauftragt, das gemeinsam festgelegte Programm zu vereinbarten Zeiten durchzuführen. Oft müssen auch andere Mitarbeiter an der individualisierten Arbeit mitwirken (z.B. durch gemeinsam festgelegte symptomzentrierte Interventionsformen *und* „aufbauende" pädagogische Verkehrsformen in der konfliktfreien Zeit). Erfolgreiches Arbeiten hängt dabei in entscheidendem Maße davon ab, ob die MitarbeiterInnen eines Teams hinter den Absprachen und der Einzelarbeit stehen. Außerdem müssen die verschiedenen Systeme (Wohnheim, WfB etc.) bereit sein, zusammenzuarbeiten und die Problemlösung zu unterstützen. Wichtig ist von vornherein eine genaue Dokumentation der speziellen Arbeit und der Entwicklung des behinderten Menschen. Die Vertrauensperson soll hierzu einen Verlaufsbericht erstellen, die übrigen Teammitarbeiter sollten ihre Beobachtungen in einem Verlaufsdiagramm festhalten.

8. Programmüberprüfung und Reflexion

In mehrwöchigen Abständen (regelmäßige Teamsitzungen) soll das vereinbarte Programm mit möglichst allen relevanten Bezugspersonen (wenn möglich auch gemeinsam mit dem Betroffenen) reflektiert werden, um gegebenenfalls Modifikationen des Konzepts vornehmen zu können. Grundsätzlich sollte eine vorschnelle Programmänderung vermieden werden.

9. Allmähliche Beendigung oder zusätzliche flankierende Hilfen
Führt das individualisierte pädagogische Konzept zum Erfolg, so sollte es durch eine partielle Integration in die pädagogische Alltagsbegleitung (durch Übernahme einzelner Angebote und Stützformen) behutsam ausgeblendet werden. Im anderen Falle sollten weitere gezielte Hilfen (z.B. psychiatrische oder psychotherapeutische Behandlung) in Betracht gezogen werden. Dies alles muß selbstverständlich interdisziplinär vereinbart, in das Gesamtkonzept integriert und von der Wohngruppe aus koordiniert werden. Natürlich bedarf es auch einer sorgfältigen Dokumentation aller zusätzlichen Maßnahmen (Medikalisierung; Therapie; Freiheitsentzug).

5.3.4 Grundeinsichten und Leitfragen für die spezielle pädagogische Hilfe

Unser Verständnis von Verhaltensauffälligkeiten legt nahe, daß systemökologische Einsichten und „verstehende" Fragestellungen in die spezielle Pädagogik eingehen müssen. Im folgenden haben wir nun wesentliche Aspekte (einen Ausschnitt möglicher Fragen) zusammengefaßt, die zum (selbst-)kritischen Nachdenken und Nachforschen als eine Art *Orientierungshilfe* sowohl für die Problemaufbereitung i.S.d. verstehenden Diagnostik als auch für den alltäglichen pädagogischen Umgang mit Verhaltensauffälligkeiten anregen sollen:

• Auffälliges Verhalten als Ausdruck einer „gestörten Individuum-Umwelt-Beziehung" verstehen
Hiermit möchten wir nochmals unseren theoretischen diagnostischen Bezugspunkt, die Definition von Verhaltensauffälligkeit, in Erinnerung rufen; sie besagt zugleich, daß es so unterschiedliche Konfliktkonstellationen wie Bewohner-Bewohner, Bewohner-Mitarbeiter, Mitarbeiter-Mitarbeiter, Mitarbeiter-Angehörige, Bewohner-Angehörige, Mitarbeiter – andere Institution geben kann, die mit der Problematik (Verhaltensauffälligkeit) verstrickt sein können;

• Auffälliges Verhalten als sinnvolles Verhalten verstehen
Diagnostisch, pädagogisch und therapeutisch wertvoll sind Fragen nach der subjektiven Bedeutung des Verhaltens und Erlebens: Was soll mit dem Verhalten erreicht werden? Wozu (und wie) wird das Problemverhalten eingesetzt? Wem nutzt das Verhalten? Gibt es Beziehungsmuster, die durch das auffällige Verhalten aufrechterhalten werden?; Symptome positiv (um-)deuten; Verhaltensauffälligkeiten als Versuch einer Problemlösung betrachten; nicht kausal fragen: „warum hast Du mit

dem Messer geworfen?", sondern: „was kannst Du verändern, damit das in Zukunft nicht mehr vorkommen muß?"; oder: „was könntest Du in Zukunft anders machen...?" (systemisch-finale Sicht);

• Auffälliges Verhalten ungeschehen machen
Damit ist keine Leugnung des Verhaltens gemeint, sondern ein „therapeutischer Kunstgriff", der womöglich kreative Problemlösungen befördern kann, etwa mit der Frage: Was wäre, wenn es das Problem nicht mehr gäbe? Für wen könnte es gefährlich werden, wer könnte in eine Krise geraten, wenn die Auffälligkeiten kein Problem mehr darstellen würden? (z.B. das Team?); Wie würde die Gruppe ohne den Betreffenden auskommen? Was würde sich dann an Beziehungen verändern?

• Eine offen-neutrale Grundhaltung einnehmen und Schuldzuschreibungen vermeiden
Zum Beispiel Kränkungen oder Provokationen „ertragen"; Wertschätzung und Akzeptanz der Person auch bei schwierigem Verhalten; Offenheit und Sensibilität für eigene Gefühle und für die Emotionen oder Wahrnehmungen anderer; Typisierung oder Etikettierung des Betroffenen z.B. als „Clown", „Hänschen", „Essensverweigerer" oder „Klauer" wahrnehmen und sich davon distanzieren; den Symptomträger oder andere Personen (z.B. Mutter, Kollegen, Mitbewohner, Partner des Bewohners) nicht als Schuldige diffamieren;

• Signale erkennen
Gerade bei geistig behinderten Menschen sind nonverbale und verbal verschlüsselte Botschaften besonders zu beachten. „Laß mich in Ruhe" kann bedeuten: komm zu mir und helfe mir; ein Brummen kann Ausdruck von Freude oder Unzufriedenheit sein, ebenso auch ein Warnsignal im Vorfeld eines aggressiven Akts; bestimmte Körperhaltungen, Bewegungsmuster, Mimik oder Atemrhythmus können ebenfalls wichtige Hinweise geben;

• Individuelle Stärken und Kompetenzen wahrnehmen und beschreiben
- persönliche Talente, Fähigkeiten, Fertigkeiten, Interessen, Wünsche;
- positive Botschaften, Eigenschaften oder Verhaltensweisen;
- spezielle Fähigkeiten, die durch das auffällige Verhaltensmuster womöglich verdeckt werden;
- Problemlösungsmuster, mit denen in der Vergangenheit psychische Krisen oder soziale Belastungen schon erfolgreich verarbeitet wurden;
- persönliche Interessen, die zur Bewältigung von Krisen hilfreich sein können;

• Soziale Stärken und Ressourcen erkennen
Zum Beispiel Problemlösungsmuster anderer Personen wahrnehmen, durch die Konflikte schon erfolgreich bewältigt werden konnten; vorhandende oder potentielle stützende Hilfen wahrnehmen bzw. ausfindig machen; Stärken, positive Kontakte und Reaktionen des Umfelds erkennen (z.B. auch Vertrauenspersonen im Umfeld ausfindig zu machen); Wer könnte mit dem Betroffenen zurechtkommen? Orte suchen und wahrnehmen, wo das Problem selten oder gar nicht auftritt;

• Beziehungskonstellationen und sozio-emotionale Einstellungen erfassen
Zu wem hat der Symptomträger enge, positive oder negative Beziehungen? Welche Beziehungs- und Machtkonstellationen, hierarchischen Strukturen oder Subsysteme gibt es in der Gruppe? Wie steht es um das Verhältnis Betroffener-Mitbewohner, Betroffener-Mitarbeiter, Betroffener-Mutter/Vater etc.? Frage nach dem Gruppenstatus; Wer steht sich am besten mit dem Betreffenden? Wer kommt mit ihm überhaupt nicht aus? Sympathien/Antipathien? Frage nach dem Grad der Beliebtheit (bei Bewohnern und Mitarbeitern; welcher Mitarbeiter mag den Betreffenden, wer könnte ihn noch mögen?); Wie steht es um das Mitarbeiterteam, das von dem Problem betroffen ist?

• Einstellungen der Bezugspersonen zum Problemverhalten erfassen
Wer macht sich am meisten Sorgen, wenn das Problemverhalten auftritt? Wer hat sich als erster eine Problemlösung gewünscht? Wer thematisiert am meisten das Problemverhalten? Wer ist am stärksten an einer Problemlösung interessiert? (Warum?, Wem soll dadurch geholfen werden?) Wie wird das Problem erlebt? Warum wird es als so schwerwiegend erachtet? Wie groß ist der Grad der Übereinstimmung bezüglich der Einschätzung des Problems unter den Bezugspersonen und anderen Beteiligten (z.B. Mitarbeitern anderer Einrichtungen)? Welche grundsätzlichen Vorstellungen oder Ansichten über Auffälligkeiten oder psychische Störungen und deren Beeinflussung existieren im Team? Gibt es Überzeugungen (eventuell auch verbreitet durch die Philosophie des Einrichtungsträgers), die statisches oder naivkausales Denken sowie sich selbsterfüllende Prophezeiungen befördern? Besteht ein pädagogischer Optimismus oder dominiert eine resignative Grundhaltung, die womöglich durch restriktive Trägerinteressen oder politische Vorgaben und Sparmaßnahmen begünstigt wird?

• Auffälliges Verhalten und Erleben beobachten und beschreiben
Art und Weise, Intensität und Häufigkeit des Verhaltens; auch situative und interpersonelle Aspekte berücksichtigen; Selbst- bzw. Verhaltenskontrolle beachten (Sind die Auffälligkeiten durch den Betreffenden kontrollierbar?);

• Konfliktsituationen wahrnehmen, beobachten und beschreiben
Dies unter Beachtung der räumlichen und sächlichen Bedingungen (Ort, Ausstattung, Angebote, auch Lärmpegel); der ‚personellen Dichte', Gruppenkonstellation, Betreuungsintensität, Reaktionen der Umkreispersonen fokussieren; Wer spürt als erster eine Krise? Wer reagiert als erster auf das Problem und greift ein? Wer dann? Wie verhalten sich dabei die Anderen? Wie erleben die Umkreispersonen den Konflikt? Wie gehen sie mit ihrem Verhalten, ihrer Ohnmacht, Wut, Angst oder auch mit Ekel um?

• Konfliktfreie Zeiten beobachten und auswerten
Wie verhält sich der Betroffene in krisen- oder konfliktfreien Zeiten? Was macht er während dieser Zeit? Wie sind die Rahmenbedingungen? (personell, sachlich)? Wie reagieren die Umkreispersonen?; beobachten, wann und unter welchen Bedingungen Probleme auftreten; beobachten, was der Betreffende aus der Sicht der Mitarbeiter richtig macht, gut kann und dieses Verhalten positiv verstärken (authentisch loben);

• Pädagogisches Alltagshandeln und Klima wahrnehmen und reflektieren
Zum Beispiel Grundhaltung gegenüber dem Betroffenen; dominierende Verkehrsformen, Erziehungsstil, allgemeine Atmosphäre; Wie steht es um die Handlungskompetenzen und -sicherheit der Bezugspersonen?

• Tagesablauf beobachten und beschreiben
Einige der bereits genannten Aspekte können hier eingehen; wesentlich sind darüber hinaus das Bild über die immer wiederkehrenden Muster der Alltagsgestaltung, die Frage nach den alltäglichen (üblichen) Zuwendungsmustern, die Frage nach dem Platz in der Gruppe (Grad der sozialen Integration und Erleben des Betroffenen), allgemeine Häufigkeit der Kontakte zu anderen Bewohnern und Art dieser Zuwendung, die Frage nach den alltäglichen Angeboten unter Beachtung der Bedürfnisbefriedigung, den allgemeinen und individuellen Anforderungen, Gruppenregeln, Grenzen und Freiräumen, Ritualen und zeitlichen Vorgaben;

• Alltagsleben und Lebensgestaltung beschreiben
Hierbei denken wir an Aspekte des individuellen Alltagslebens und der Lebensgestaltung, die durch die Beschreibung eines allgemeinen Tagesablaufs nicht erfaßt werden. Dies gilt zum Beispiel für die Pflege und den zeitlichen Aufwand von Hobbys, Freundschaften, Freizeit- oder Außenaktivitäten, für den Besuch der Eltern oder bei Angehörigen;

• Primäre Lebenswelt und weitere Bereiche beschreiben
In Ergänzung zum Bisherigen: Frage nach räumlicher Gestaltung der primären Lebenswelt, Intimbereich, Begegnungs- und Rückzugsmöglichkeiten, Größe der Gruppe, Mitarbeiterbesetzung; allgemeines Betreuungskonzept; auch Beschreibung und Reflexion des „heimlichen Betreuungskonzepts" (Theunissen), d.h. all jener Prozesse, die im Alltag „nebenbei" und „heimlich", also nicht ausdrücklich intendiert ablaufen, aber wesentlichen Einfluß auf das pädagogische Klima und die Lebensführung sowie auf das Verhalten und Erleben des Betroffenen haben; Beschreibung anderer relevanter sozialer Systeme oder Lebenswelten (Werkstatt, Schule, angrenzendes Umfeld, Stadtteil, Elternhaus, Trägerkultur);

• Bisherige (pädagogische und therapeutische) Maßnahmen und Methoden reflektieren
Beschreibung und Analyse bisheriger Interventionen und Konzeptionen, die zum Abbau des Problemverhaltens führen sollten;

• Lebensgeschichte erstellen und aufbereiten
Wer die individuelle Biographie nicht kennt, wird viele Verhaltensauffälligkeiten, Krisen und Bewältigungsformen, Interessen und Bedürfnisse kaum verstehen und das aktuelle Verhalten und Erleben häufig fehleinschätzen. Denn frühe Lebenserfahrungen, kritische Lebensereignisse, psychosoziale Krisen und Verhaltensauffälligkeiten aus der Kindheit oder Jugend, kehren nicht selten in verschlüsselter Form im aktuellen Erleben und Verhalten wieder. Außerdem ist die Kenntnis der Lebensgeschichte wichtig, um verschüttete oder verkümmerte Fähigkeiten und Interessen aufzuspüren. Sie ist somit unzweifelhaft mehr als eine Krankengeschichte, indem nicht nur anamnestische Daten und Fakten (z.B. durchgemachte Krankheiten) erfragt, sondern indem darüber hinaus soziale und psychologische Informationen gesammelt und in Beziehung gesetzt werden zur subjektiven Ereigniswahrnehmung, zur individuellen Bewältigung (Coping) und zu den sozialen Ressourcen, Situationen und Reaktionen. Die Erarbeitung der Lebensgeschichte benötigt neben einem einfühlenden Gesprächsgeschick insbesondere auch Kenntnisse der frühkindlichen Entwicklung und Sozialisation. Sie ist im allgemeinen zeitintensiv, da sie sowohl Aktenstudien, Durchsicht alter Aufzeichnungen, Briefe oder Fotos sowie Dokumentationsanalysen als auch Explorationsgespräche verlangt. Aus der Praxis wissen wir um die Problematik von (alten) Akten, insbesondere bei psychiatrisch oder pflegerisch betreuten behinderten Personen, weswegen diese Informationen, die neben ihren Lücken und Etikettierungen häufig einen therapeutischen Nihilismus verbreiten, nur unter Vorsicht und Vorbehalt ausgewertet werden dürfen. Läßt man die Gesprächspartner (z.B. Eltern, Angehörige, behinderte Person,

langjähriger Freund, Mitarbeiter, Fachleute anderer relevanter Institutionen) frei und ungelenkt schildern, besteht die Gefahr, daß unvollständige Informationen entstehen, daß wesentliche Aspekte vielleicht aufgrund von Schuldgefühlen verschwiegen werden und daß manche Ereignisse zu breit geschildert, dramatisiert und überbewertet werden. Deswegen spricht einiges für ein sog. *Leitfadeninterview*, in dem der Fokus weniger problem- denn stärkenorientiert (Herriger 1997; Theunissen 1999a) sein sollte. Bei der Befragung und Aufbereitung kann man sich aus pädagogischer Sicht an folgende Aspekte orientieren:

- soziale Herkunft, familiales Milieu (häusliche Situation, Berufstätigkeit von Vater/ Mutter, Wohnverhältnisse, Anzahl der Familienmitglieder, Einzelzimmer, Wohnlage, Umfeld etc.)
- Verlauf der Schwangerschaft
- Geburt (Verlauf, Zustand des Kindes)
- gesundheitliche Entwicklung (Krankheiten; physischer Zustand) unter Berücksichtigung kritischer Lebensereignisse (Krankenhausaufenthalt, Unfall, Verletzungen)
- Emotionen und affektives Verhalten des Säuglings (Stimmungen, Labilität, Reizbarkeit, Kontakte zur Umwelt, zu Fremden)
- Aktivität des Säuglings (Bewegungsfreudigkeit, Vigilanz, Aufmerksamkeit, Konzentration, Eigeninitiative)
- Sauberkeits- und Selbständigkeitserziehung (Grad der Selbständigkeit im An- und Ausziehen, Essen; Grad der psychischen und physischen Belastung für die Bezugspersonen)
- Trotzphase (Zeitpunkt, Intensität, erzieherische Reaktion)
- psychosoziale Entwicklung (bedeutsame Bezugspersonen, frühe Bindungen/ Trennungen/ Konflikte, Verhältnis zu Mutter/Vater/Geschwister und anderen Angehörigen)
- senso-motorische und kognitive Entwicklung (auch Zeitpunkt des Gehens, Sprechens)
- Spielentwicklung und -verhalten (bevorzugtes Spielzeug)
- Interessen, Neigungen, Vorlieben, Alltags- und Freizeitgestaltung (Verlaufsbeschreibung bis zum aktuellen Alter)
- Sexualentwicklung (einschl. Zeitpunkt und Entwicklung der Pubertät)
- Verhalten im Kindergarten (Eintritt, Loslösung von zu Hause, Verhältnis zu den Erzieherinnen, zu den anderen Kindern, Spielverhalten, Ausdauer, Kompetenzen)
- Schule (Eintritt, Verhalten, Erleben, Leistungen, Lehrerbeurteilungen)
- Sozialverhalten außerhalb der Familie (frühe Freunde; Verhalten auf dem Spiel-

platz fremden Kindern gegenüber, in der Öffentlichkeit, außerhalb der Kindergartenzeit, außerhalb der Schule)

- erweitertes soziales Milieu und soziale Einbindung (Umfeld, Kontakte der Familie zu Nachbarn, Nutzung kultureller Angebote, Partizipation an Öffentlichkeit, gesellschaftliche Vorurteile, familiale Isolation)
- Erleben und Bewältigung der Behinderung (Prozeß der Krisenverarbeitung beim Betroffenen und bei den Bezugspersonen), Umgang mit der Behinderung in der Familie und Verwandtschaft
- Rolle der Fachleute (z.B. Empfehlung der Ärzte)
- Bewältigung kritischer Lebensereignisse (z.B. eines Umzugs, Krankenhausaufenthalts, Tod eines Elternteils, Geburt eines Geschwisterkindes, Eintritt in Kindergarten, Schule oder WfB, Wechsel einer wichtigen Bezugsperson in der Wohngruppe, Heim- oder Anstaltseinweisung, Stations- oder Wohngruppenwechsel)
- Erwachsenwerden und Erwachsensein (Ablösungsthematik, Einstellung der Bezugspersonen, Förderung und Sicherung von Autonomie, Grad der Selbstbestimmung, Tagesstrukturierung, Freizeitgestaltung, berufliche Interessen und Ausbildung)
- Partnerschaft, Freundschaften und Beziehungen
- Arbeitsstelle (Eintritt in WfB, Betrieb, Tagesstätte; Erleben, Sozialverhalten, Verhältnis zu Mitarbeitern, Angebote und Arbeitsverhalten)
- Wohnen (Verlaufsbeschreibung bis zum aktuellen bzw. bis ins Erwachsenenalter; Wohnen im Elternhaus: Einstellung aller Beteiligten, zukünftige Entwicklung/Probleme z.B. unter Beachtung des Alters der nächsten Bezugspersonen; Wohneinrichtung: Situation, Gruppe, Verhältnis zu Mitarbeitern, Autonomie, Mithilfe etc.)
- Individueller Lebensplan, Zukunftsplanung und –entwürfe.

6. Pädagogische Hilfen für den Unterricht mit geistig behinderten und verhaltensauffälligen Schülern

(unter Mitarbeit von Melitta Stichling)

6.1 Einleitende Bemerkungen

Geistig behinderte Kinder und Jugendliche, die im Unterricht durch plötzliches Toben und Wutanfälle, durch Treten und Schlagen ihrer Mitschüler auffallen, die Sachobjekte entwenden, herumwerfen oder zerstören, die nicht still sitzen können, in der Klasse herumrennen und lärmen, die über einen längeren Zeitraum schreien, kreischen und andere bedrängen, die Essen oder Getränke stehlen, Medikamente ausspucken und Anweisungen ihrer Lehrkräfte ignorieren, werden üblicherweise als *schwierig, aggressiv, verhaltensgestört* oder *dissozial* erlebt und eingeschätzt. Ferner gibt es geistig behinderte Schüler, die durch dranghaftes Essen und Trinken ungenießbarer Dinge, durch selbstverletzendes oder autoaggressives Verhalten immer wieder die Aufmerksamkeit ihrer Umkreispersonen auf sich lenken, die sich kratzen, mit spitzen Gegenständen traktieren, Haare reißen, ins Handgelenk beißen oder die mit ihrem Kopf gegen Türkanten und Scheiben schlagen. Wieder andere fallen durch sexuelle Stimulationen, zwanghafte Verhaltensweisen, Tics, Autostimulationen oder Stereotypien auf, indem sie über einen längeren Zeitraum rhythmisch schaukeln, Grimassen schneiden, mit dem Kopf wackeln oder bizarre Bewegungen ausführen. Dazu kommen Schüler, die dazu neigen, aus der Klasse zu gehen oder wegzulaufen, die sich während des Unterrichts entkleiden, die einnässen oder einkoten und sich beschmieren. Als *psychisch auffällig* gelten aber auch jene Schüler, die sich in sich zurückziehen und kommunikativ abkapseln, die im Unterricht verschlossen, kontaktscheu, gehemmt oder apathisch wirken, die Verstimmungszustände, extreme Gefühlsschwankungen, depressive Verhaltensweisen, Ängste oder mangelndes Selbstvertrauen an den Tag legen.

Insgesamt betrachtet haben wir es somit mit einer Fülle an *Symptomen und Zuschreibungen* zu tun, die sich unter dem *Oberbegriff der Verhaltensauffälligkeit* subsumieren lassen. Unserer theoretischen Diskussion zufolge handelt es sich hierbei um subjektiv bedeutsame Verhaltens- und Erlebensweisen, durch die sich Lehrkräfte *herausgefordert* fühlen. Erfahrungsgemäß bieten sich zwei Vorgehensweisen zur Problembewältigung an: zum einen können unterrichtsverändernde Maßnahmen auf der Basis eines „Situations-Assesment" (Einschätzung der „herausfordernden" Situation) statthaben; zum anderen kann eine spezielle Einzelhilfe auf der Basis einer umfassenden Problemaufbereitung und „verstehenden Diagnostik" ins Auge gefaßt werden. Nicht selten ist eine Verschränkung beider Maßnahmen notwendig, indem unterrichtsbezogene und begleitende (pädagogisch-therapeutische und beratende) Hilfen zu arrangieren sind. Die folgenden Ausführungen beschränken sich aus Platzgründen allerdings nur auf den Unterricht. Über Schulsozialarbeit, Beratungsangebote und Elternarbeit haben wir an anderer Stelle berichtet (Theunissen 1992; Lingg/Theunissen 2000).

6.2 Situations-Assessment und unterrichtsverändernde Maßnahmen

Ein Situations-Assessment und unterrichtsverändernde Maßnahmen bieten sich in aller Regel nur bei leichteren Formen herausfordernder Verhaltensweisen an, da der diagnostische Prozeß im Unterschied zur speziellen Einzelhilfe weniger aufwendig ist und nur eine grobmaschige Orientierung bietet. Insofern bleibt dieser Ansatz auf der Oberfläche, was seine Wirkung und Reichweite grundsätzlich begrenzt. Häufig spielt auch Zeitersparnis eine Rolle, wenn zunächst Veränderungen auf der Basis eines Situations-Assessment angestrebt werden. Im folgenden wollen wir nun die wichtigsten Schritte des Vorgehens nennen:

1. Aufbereitung der herausfordernden Verhaltens- und Erlebensweisen

- Beschreibung aller Verhaltensauffälligkeiten
  Die Lehrkraft listet alle Verhaltens- und Erlebensweisen auf, die sie als sozial unerwünscht oder auffällig wahrnimmt und als veränderungsbedürftig erachtet.
- Beobachtung der registrierten Verhaltensauffälligkeiten in Häufigkeit und Intensität
  Durch direkte Beobachtung des Schülers im Unterricht sollen die auffälligen Verhaltens- und Erlebensweisen in Häufigkeit und Intensität erfaßt werden. Hierzu können Beobachtungsbögen benutzt werden (vgl. Anhang); außerdem soll eine baseline (Häufigkeitskurve/Grunddaten) erstellt werden.
- Erfassung der Verhaltensauffälligkeiten in einem A-B-C-Schema
  Die Verhaltensauffälligkeiten (B) sollen im Hinblick auf auslösende/vorausgehende Situation (A) und Konsequenzen (C) erfaßt werden.

Auslösende bzw. vorausgehende Situation	Verhalten	Konsequenz
1. Der Lehrer erklärt das freie Spiel für beendet und fordert die Klasse auf, die Spielsachen wegzuräumen u. sich zum Unterricht an den Tisch zu setzen. Maik spielt gerade mit Legosteinen.	Maik ignoriert die Aufforderung und spielt weiter.	Der Lehrer ermahnt Maik: „Du mußt auch aufhören."
2. Maik bekundet seinen Willen, weiterspielen zu wollen („Nein, ich will nicht!"), aber der Lehrer hält seine Forderung aufrecht. Er geht zu Maik, bietet Hilfe beim Wegräumen an und „verspricht" Maik, daß der Unterricht ihm Spaß machen wird.	Maik wehrt den Lehrer ab, schreit ihn an („Laß mich in Ruhe!"), kniet sich schützend vor seine Legosteine und spielt weiter.	Der Lehrer fängt an, die Legosteine selbst in eine Kiste zu räumen und fordert Maik auf, dabei mitzuhelfen.
3. Der Lehrer fordert Maik mit Nachdruck zum Aufräumen auf, indem er ihm einen Legostein, mit dem Maik weiterbauen wollte, aus der Hand nimmt und in die Kiste wirft.	Maik greift einige Legosteine und wirft sie in den Raum, schreit und strampelt wütend mit den Beinen.	Der Lehrer ignoriert Maiks Wutausbruch und fordert andere Schüler auf, die verstreuten Legosteine aufzusammeln.
4. Maik sitzt auf dem Fußboden und schaut zum Lehrer auf. Der Lehrer zieht ihn vom Boden hoch, legt eine Hand auf seine Schulter und führt ihn zum Tisch.	Maik schüttelt die Hand des Lehrers ab, schlägt die Arme wild um sich und tritt heftig gegen seinen Stuhl, so daß dieser umkippt.	Der Lehrer stellt den Stuhl wieder auf und bittet Maik, sich zu setzen.
5. Maik stellt sich herausfordernd vor seinen Stuhl. Der Lehrer drückt ihn in Sitzhaltung.	Maik schimpft („Ich mache sowieso nicht mit!"), setzt sich steif auf und dreht das Gesicht zur Seite.	Der Lehrer ignoriert Maiks Äußerung und beginnt mit dem Klassenunterricht.

- Beschreibung der Funktion herausfordernder Verhaltensweisen (positive Konnotation)

Die Lehrkraft soll die mögliche Bedeutung/Funktion der auffälligen Verhaltensweisen beschreiben. Wichtige Leitfragen sind: Was will der Schüler mit seinem Verhalten erreichen? Welchen Nutzen hat das Verhalten? Bei der Beantwortung dieser Fragen sollten stets das Lehrer-Schüler-Verhältnis sowie die Stellung des betreffenden Schülers in seiner Klasse mitreflektiert werden.

Die im Schema beschriebenen Verhaltensweisen könnten folgende Bedeutung/ Funktion haben:

a) Vermeiden von kognitiven Belastungssituationen	(Maik will nicht an der Unterrichtsstunde teilnehmen, weil es für ihn Anstrengung bedeutet, sich zu konzentrieren und dem Unterrichtsgeschehen zu folgen.)
b) Durchsetzungsstrategie	(Maik will seinen Willen durchsetzen: Er will lieber spielen als lernen.)
c) Durchsetzungsvermögen testen	(Maik will die Geduld des Lehrers auf die Probe stellen und feststellen, inwieweit er sich gegenüber dem Lehrer durchsetzen kann.)
d) Selbstbestimmung erfahren	(Maik möchte selbst bestimmen, wann er was tut; er möchte seinen eigenen Interessen nachgehen.)
e) Aufmerksamkeit erregen	(Maik will in den Mittelpunkt des Geschehens in der Klasse rücken.)
f) persönliche Zuwendung sichern	(Maik weiß aus Erfahrung, daß der Lehrer ihn in den Unterricht zu integrieren versucht.)
g) auf Distanz bleiben	(Maik will in Ruhe gelassen werden.)
h) Vollendungsstreben	(Maik will die Tätigkeit nicht unterbrechen und sein Spielvorhaben beenden; er hat sich ein Ziel gesetzt und will dies zu Ende führen.)
i) freien Bewegungsdrang sichern	(Maik will nicht am Tisch sitzen müssen, sondern sich frei bewegen können.)
j) Mitteilungscharakter	(Maik will zeigen, was er besonders gut kann [z.B. mit Legosteinen eine Mauer bauen].)
k) Selbstbekräftigung	(Maik will sich durch sein Spiel mit Legosteinen Erfolgserlebnisse verschaffen).

• Auswertung

Die gesamten Beobachtungen und Ergebnisse werden im Team (mit Kollegen) diskutiert und ausgewertet. Dabei soll eine Hierarchisierung der beklagten Verhaltensweisen statthaben (vom Leichten zum Schweren).

In bezug auf die möglichen Funktionen von Maiks Verhalten könnten folgende Fragen diskutiert werden:

Zu a) Tritt das beschriebene Verhalten immer dann auf, wenn der Klassenunterricht beginnen soll? Wie ist Maiks kognitive Belastbarkeit? Kann Maik dem Unterrichtsstil des Lehrers folgen? Tritt bei ihm rasch ein Konzentrationsabfall ein? Welche Lerntätigkeiten werden von ihm bevorzugt? Wie reagiert er auf Mißerfolge? Ist Maik bereit, Hilfen anzunehmen? Braucht Maik individuelle Motivationen für die Lerntätigkeit? Erhält er diese?

Zu b) Ist Maiks Durchsetzungswille insgesamt stark ausgeprägt? Oder tritt das beschriebene Verhalten nur auf, wenn er ein Spiel beenden soll? Wo liegen Maiks Interessen? Kann er seinen Interessen im Tagesablauf ausreichend nachgehen?
Versucht Maik auch, sich gegenüber der Gruppe durchzusetzen? Wie verhält er sich bei solchen Gelegenheiten? Wie reagiert die Gruppe? Kommt Maik gern zur Schule? Welche Einstellung zum Lernen wird erkennbar?

Zu c) Will Maik die Geduld des Lehrers auf die Probe stellen? Warum? Ist der Lehrer Maiks Verhalten gegenüber öfter nachgiebig? Hat Maik die Erfahrung gemacht, daß er seinen Willen gegenüber dem Lehrer behaupten kann? Wie gestaltet sich das Lehrer-Schüler-Verhältnis insgesamt?

Zu d) Inwieweit ist der Tagesablauf in der Klasse selbstbestimmt organisiert? Läßt der Unterricht des Lehrers ausreichend Selbstbestimmung der Schüler zu? Kommt die Strukturierung des Schultages und der Unterrichtsstunden Maiks Wunsch nach Selbstbestimmung entgegen? Inwieweit ist Maik zur Ein- bzw. Unterordnung bereit? Ist er in der Lage, Selbstbestimmungsansprüche an soziale „Normen" des Gruppenlebens anzupassen?
Kann Maik seine Fähigkeiten gut einschätzen?

Zu e) Versucht Maik öfter, die Aufmerksamkeit auf sich zu lenken? In welchen Situationen geschieht das? Welche Ursachen kann dieses Verhalten haben? Wie ist seine soziale Stellung innerhalb der Klasse? Ist Maik in der Klasse beliebt/unbeliebt? Wird er weniger als andere beachtet?
Welche Stellung hat Maik in der Familie? Wie ist sein Verhältnis zu anderen wichtigen Bezugspersonen?
Auf welche Weise versucht Maik noch, sich in den Mittelpunkt zu rücken?

Zu f) Versucht Maik öfter, sich die persönliche Zuwendung des Lehrers zu sichern? In welchen Situationen geschieht das? Welche Ursachen kann das haben? Bekommt Maik (zu) wenig persönliche Zuwendung durch den Lehrer?

Erfährt Maik in der Familie ausreichend persönliche Zuwendung?

Zu g) Läßt sich das Bedürfnis Maiks, in Ruhe gelassen zu werden, aus der speziellen Situation erklären (momentanes Bedürfnis, sich zurückzuziehen)? Gewährleistet der Tagesablauf einen angemessenen Wechsel von Anspannung und Entspannung? Ist das Bedürfnis nach Distanz für Maik charakteristisch? Wie gestaltet sich das kommunikative Verhältnis Maiks zum Lehrer und zur Klasse?

Zu h) Reagiert Maik öfter aggressiv, wenn er seine Tätigkeit unterbrechen muß? Oder zeigt sich das beschriebene Verhalten nur, wenn er ein Spiel beenden soll? Wie ist Maiks Vollendungsstreben im allgemeinen? Wie ist sein Durchhaltevermögen bei der Lösung von Lernaufgaben? Hält Maik besser durch, wenn ein vorzeigbares Produkt entstehen soll?

Zu i) Schafft der Tagesablauf für Maik ausreichend Gelegenheit zur freien Bewegung? Ist Maik motorisch unruhig? Wie lange kann er stillsitzen?

Zu j) Bestehen für Maik im Unterricht genügend Möglichkeiten individuelle Stärken, Fähigkeiten oder Fertigkeiten zu zeigen? Erfährt er diesbezüglich vom Lehrer genügend Aufmerksamkeit und Interesse? Wird er diesbezüglich gelobt? Werden seine Stärken wertgeschätzt?

Zu k) Hat Maik im Unterricht genügend Möglichkeiten erfolgreich zu lernen? Hat er bei der Bewältigung von Lernaufgaben Erfolgserlebnisse?

2. Aufbereitung der Stärken und positiven Botschaften des Schülers

Gleichermaßen wichtig wie die Aufbereitung auffälliger Verhaltensweisen ist die Erfassung der Stärken und positiven Signale des Schülers. Denn eine rein symptomzentrierte Intervention reicht nicht aus, der Subjektivität eines Schülers gerecht zu werden. Häufig können Symptomverschiebungen auftreten, wenn sich der Schüler nicht verstanden fühlt oder wenn er sich weiterhin als Versager erlebt. Ferner erscheint der Schüler in einem negativen Licht, und allzuleicht wird ihm eine vermeintliche Inkompetenz unterstellt. Um dies zu vermeiden, sollte die Lehrkraft für die Aufbereitung der positiven Botschaften genauso viel Zeit aufbringen wie für die Analyse des auffälligen Verhaltens.

- Beschreibung aller positiven Signale und Stärken des Schülers
- Beobachtung der positiven Botschaften in Häufigkeit und Intensität
- Erfassung der positiven Signale im A-B-C-Schema
- Beschreibung der Bedeutung/Funktion positiver Signale und Stärken
- Gesamtanalyse und Vergleich

Die Ergebnisse sollen mit der Aufbereitung der herausfordernden Verhaltensweisen verglichen und ausgewertet werden. Dabei ist oft zu beobachten, daß den Stärken des Schülers im Vergleich zu den Verhaltensproblemen wesentlich weniger Aufmerksamkeit während des Unterrichts gezollt wird (vgl. Anmerkung 6, 276).

Stärken
zeigt Interesse für Spiel mit Lego; kann sich über längere Zeit mit Lego beschäftigen; zeigt Handgeschick beim Bauen mit Klötzen; baut gerne Turngeräte auf; hilft gerne beim Rollstuhlschieben; hilft einem Mitschüler beim Binden der Schnürsenkel, beim Zuknöpfen der Jakke ...

Schon bei dem Bemühen, die Funktion auffälliger/herausfordernder Verhaltensweisen des Schülers zu beschreiben und im Team zu diskutieren und auszuwerten, treten positive Botschaften und Stärken des Schülers zutage. An diese muß der Lehrer anknüpfen, wenn er herausfordernde Verhaltensweisen mindern oder abbauen will. Das heißt für den Lehrer zunächst, die positive Konnotation des Verhaltens des Schülers in der jeweiligen Lernsituation zu erkennen. Im weiteren ist wichtig, das didaktisch-methodische Handeln des Lehrers an den positiven Botschaften, die sich hinter dem herausfordernden Verhalten des Schülers verbergen, zu überprüfen und auszurichten.

Beispiel: Der Lehrer sieht in Maiks Verhalten ein Vollendungsstreben.
Er erkennt diese positive Konnotation des auffälligen Verhaltens, weil Maik nicht nur herausfordernd reagiert, wenn er beim Spiel unterbrochen wird. Maik reagiert fast immer verärgert, wenn er von einer Tätigkeit ablassen soll, die er noch nicht beendet hat.
Dieser Vollendungswille zeigt sich auch bei der Lösung von Lernaufgaben. Wenn die kognitiven Anforderungen einer Lernaufgabe Maik aber überfordern, reagiert er schnell aggressiv und gibt auf. Besonders gutes Durchhaltevermögen zeigt er bei Aufgaben, die auf Ergebnisse abzielen, die er vorzeigen, anfassen, praktisch handhaben kann.

3. Überprüfung der Strukturelemente von Unterricht
Die Auswertung des Gesamtverhaltens des Schülers führt zur Frage nach unterrichtsverändernden Maßnahmen. Hierbei gilt es zu überprüfen, inwieweit einzelne Strukturelemente von Unterricht so verändert werden können, daß einerseits positive Botschaften oder Stärken des Schülers stärker zur Geltung und andererseits die

herausfordernden Verhaltensweisen abgebaut oder in ein sozial erwünschtes und zugleich subjektiv bedeutsames, identitätskonstituierendes Verhalten überführt werden können. Möglichkeiten der Veränderung ergeben sich auf:

- der intentionalen Ebene
  (Lernzielkorrektur; Akzentuierung emotionaler und sozialer Lernziele; Zurücknahme kognitiver Lernziele, um Überforderung zu vermeiden u.a.m.)
- der thematisch-inhaltlichen Ebene
  (z.B. Auswahl von Unterrichtsstoffen, die an den positiven Signalen des Schülers anknüpfen)
- der allgemeinen sozio-kommunikativen Ebene
  (z.B. statt befehlen: anregen, statt behandeln: gemeinsames Handeln und Erleben; Verbalisierung positiver Konnotationen des auffälligen Verhaltens; zuhören; aussprechen lassen; Geduld und empathische Gelassenheit ausstrahlen; nonverbale Signale einsetzen; loben; ermutigen; motivieren u.a.m.)
- der speziellen (symptomorientierten) Interventionsebene
  (Überprüfung und Veränderung spezieller Strategien wie: auffälliges Verhalten bewußt ignorieren; direkter Appell; Intervention durch Signale; Kontrolle durch unmittelbare Anwesenheit; Beruhigung durch körperlichen Kontakt; Umlenken; Wiedergutmachung; Grenzen setzen und verbieten u.a.m.)
- der präventiven Interventionsebene
  (z.B. kleine Hilfen zur Überwindung von Augenblickskrisen; Umsetzen der Schüler; Umlenken; präventive Absprachen durch Vereinbarung von Regeln; Einschränkung der räumlichen Bewegungsfreiheit und der Verfügbarkeit von Gegenständen u.a.m.)
- der zeitlichen Ebene
  (z.B. Wechsel von Aktivitäts- und Ruhephasen; kürzere/längere Pausen, um aktuelle Belastbarkeiten zu berücksichtigen)
- der Ebene der Sozialformen
  (Einzelunterricht; Teilgruppenunterricht; Partnerarbeit; Kreissituation)
- der Ebene der Verfahrensweisen
  (z.B. Einsatz spezieller Verfahren, von denen eine pädagogisch-therapeutische Wirkung erwartet wird: Basale Kommunikation als Entspannungsangebot; Basale Stimulation als anregendes Angebot; Musik-Malen zur psychisch-physischen Entspannung; Psychomotorik und Sportspiele zur körperlichen Entkrampfung und Aktivierung)
- der didaktisch-methodischen Ebene
  (z.B. Elementarisierung oder Reduktion des Unterrichtsstoffes; „meditatives" oder „aktives" Lernangebot; Lernen „Schritt für Schritt"; handelndes Lernen; Projektarbeit)

- der medialen Ebene
  (z.B. Einsatz spezifischer Medien und Materialien, die der Problem- und Interessenlage entsprechen; z.B. kooperative Spiele zur Einübung von Sozialverhalten)
- der situativ-räumlichen Ebene
  (z.B. Durchstrukturierung des Klassenraumes mit Freiarbeits-, Entspannungs- oder „Sinne"-Zone; Veränderung der Sitzordnung).

Diese Strukturelemente von Unterricht sind eng miteinander verknüpft, so daß eine Veränderung auf einer Ebene Konsequenzen für die anderen hat. Wir gehen davon aus, daß bei leichteren Formen auffälligen Verhaltens Modifikationen in diesen Bereichen schon häufig genügen, um „gestörte" Interaktionssituationen im Unterricht aufzulösen.

4. Auswertung
In mehrmonatigen Abständen sollen die unterrichtsverändernden Maßnahmen im Hinblick auf das Schülerverhalten überprüft werden. Hierzu können über Beobachtungsbögen (siehe Anhang) tägliche Verhaltensmessungen vorgenommen werden, ebenso denkbar sind Verlaufsdokumentationen oder stichprobenhafte Beobachtungen des Verhaltens. Treten keine wesentlichen Veränderungen des Verhaltens des Schülers im Vergleich zur Anfangsphase (baseline) auf, müssen weitere Maßnahmen ins Auge gefaßt werden, die in eine spezielle Einzelhilfe münden.

6.3 Spezielle Einzelhilfe

Zwischen den unterrichtsverändernden Maßnahmen auf der Basis eines Situations-Assessment und der speziellen Einzelhilfe besteht – ähnlich wie bei dem Verhältnis von allgemeiner pädagogischer Alltagsbegleitung und spezieller Pädagogik – kein prinzipieller, sondern höchstens ein gradueller Unterschied. Auch in der schulischen Einzelhilfe können spezielle Verfahren aus dem Bereich der pädagogischen Kunsttherapie/ästhetischen Erziehung, Motopädagogik, Erlebnispädagogik, Wahrnehmungsförderung oder basalen Pädagogik zum Einsatz kommen, von denen man sich therapeutische Wirkungen erhofft. Was die Arbeitsschritte der speziellen Einzelhilfe betrifft, so entsprechen diese denen der außerschulischen Praxis:

1. Anlaß für die spezielle Hilfe
Verhaltensprobleme eines geistig behinderten Schülers lassen sich im Rahmen allgemeiner unterrichtsbezogener Maßnahmen nicht bewältigen; die Lehrkräfte wünschen sich eine „Fallbesprechung" (besser gesagt: ‚Problembesprechung') .

2. Erstgespräch
Von seiten der Lehrkräfte wird ein Erstgespräch einberufen, an dem auch die Eltern

bzw. Erziehungsträger (Mitarbeiter einer Wohngruppe) sowie andere relevante Bezugspersonen (Schulleiter; andere Fachlehrer; Therapeuten) teilnehmen sollen. Im Einzelfall sollte auch der betroffene Schüler mit einbezogen werden. In diesem Erstgespräch wird das pädagogische Anliegen erörtert, und es sollte einvernehmlich das diagnostische Vorgehen im Sinne der „verstehenden Sicht" festgelegt werden.

3. Diagnostischer Prozeß

Im Rahmen eines im Erstgespräch festgelegten Zeitraumes sollen möglichst viele Bausteine im Rahmen einer „verstehenden Diagnostik" (multidimensionales Assessment) aufbereitet werden. Dies erfordert ein gewisses Maß an Zuarbeit aller am Erstgespräch beteiligten Personen.

4. Auswertung der Ergebnisse

In einem nachfolgenden Gespräch sollen Lehrer, Eltern und Therapeuten (ggfs. auch unter Einbeziehung des betroffenen Schülers) gemeinsam die Ergebnisse auswerten und *Arbeitshypothesen* als Ausgangspunkt für eine individualisierte Konzeptentwicklung formulieren.

5. Entwicklung eines Einzelhilfe-Konzepts

Der Ausgangslage folgt die Entwicklung eines Einzelhilfe-Konzepts, das schriftlich zu fixieren ist. Dabei muß es sich nicht einzig und allein um unterrichtsspezifische Maßnahmen handeln, ebenso denkbar sind auch *kontextorientierte Entscheidungen* (Elternarbeit; Arbeit mit der Lehrerschaft). Bei massiven Verhaltensproblemen haben wir es häufig mit einer langfristigen Planung zu tun, die sowohl unterrichtstherapeutische als auch flankierende therapeutische Maßnahmen beinhalten kann. Unter *unterrichtstherapeutischen Maßnahmen* verstehen wir spezielle Stützprogramme, die zu bestimmten Zeiten anstelle des „regulären" Unterrichts treten. Eine breite Palette solcher Arbeitsformen bietet die *ästhetische Erziehung*, unter der wir so unterschiedliche Angebote wie basalpädagogische oder beziehungsstiftende Aktivitäten, bildnerische, spielpädagogische, aktionistische Verfahren, kreative Gruppenaktivitäten, Rollen-, Sing-, Kreis- oder Schattenspiele, Pantomime, ausdrucksfördernde oder psychomotorische Übungsprogramme, Basteln und Werken, Snoezelen, therapeutische Mal- oder Spielmethoden, projektartige Unternehmungen (Theater- oder Videoprojekte) fassen (vgl. hierzu Richter 1977; 1982; 1984; Theunissen 1984; 1994; 1997a;b). Weitere Anregungen sind Kapitel 5.3.1 der vorliegenden Schrift zu entnehmen. Grundsätzlich sei in diesem Zusammenhang betont, daß es wenig Sinn macht, derlei Verfahren losgelöst vom Gesamtunterricht einzusetzen. Die unterrichtstherapeutischen Arbeitsformen erfahren nur dann Sinn, wenn sie in einem Gesamtkonzept integriert sind, das für den betroffenen Schüler „passend", d.h. subjektiv bedeutsam und sinnstiftend sein muß. Deshalb muß eine Verknüpfung und Abstimmung zwischen der speziellen Einzelhilfe und dem „regulären" Unterricht hergestellt werden. Mit anderen Worten: Der Unterricht darf dem speziellen Konzept nicht widersprechen. Denn unterrichtstherapeutische Maßnahmen, die angewandt werden, gehen ins Leere, wenn unter- oder überfordernde Strukturelemente des Unterrichts unverändert bleiben. Dies gilt ebenso für unterrichtsflankierende, additive Schülerhilfen (stundenweise Einzelhilfe oder [Psycho-]Therapie außerhalb der Klasse oder Schule). Über den Wert psychotherapeutischer oder auch psychiatrischer Hilfen haben wir an anderer Stelle berichtet (vgl. Lingg/Theunissen 2000). Hier genügt nur der Hinweis, daß diese Unterstützungsformen nicht überschätzt werden dürfen und keinesfalls unterrichtsverändernde Maßnahmen ersetzen können. Überdies sind sie nur im Kontext der Lebenswelt und im Zusammenwirken einer pädagogischen Konzeption sinnvoll und legitim.

6. Durchführung und Dokumentation der Einzelhilfe
In gemeinsamer Absprache wird eine Vertrauensperson (Lehrkraft; Therapeut) beauftragt, das vereinbarte Programm zu festgelegten Zeiten durchzuführen. Der Erfolg der Arbeit hängt dabei in entscheidendem Maße davon ab, ob alle Gesprächspartner hinter den Absprachen und der Einzelarbeit stehen. In der Regel müssen auch andere Bezugspersonen (Eltern, Fachlehrer, Therapeuten) bereit sein, mitzuarbeiten und die Problemlösung zu unterstützen (z.B. durch vereinbarte Interventionsformen und „aufbauende" Instruktionen). Wichtig ist von vornherein eine genaue Dokumentation der Einzelarbeit und der Entwicklung des geistig behinderten Schülers.

7. Programmüberprüfung und Reflexion
In mehrmonatigen Abständen soll das vereinbarte Konzept mit möglichst allen relevanten Bezugspersonen evaluiert werden. Wenngleich bei ausbleibendem Erfolg gewisse Modifikationen vorgenommen werden können, sollte grundsätzlich eine vorschnelle Programmänderung vermieden werden. Denn gerade bei massiven Verhaltensproblemen kann kaum eine stabile Verhaltensänderung in kürzester Zeit erwartet werden.

Schlußbemerkung

Erklärtes Ziel der vorausgegangenen Ausführungen war die Grundlegung einer Pädagogik für Menschen mit geistiger Behinderung und Verhaltensauffälligkeiten. Eine solche Schrift war notwendig geworden, um das Thema der psychischen Störungen bei Menschen mit geistiger Behinderung nicht pädagogischen Nachbardisziplinen wie Psychologie, Psychiatrie oder Psychotherapie zu überlassen oder zu überantworten. Denn zwischenzeitlich liegen schon mehrere Veröffentlichungen vor, die sich explizit dieser Thematik angenommen haben und dabei auf psychologische und psychiatrische Behandlung setzen. Die damit verknüpfte Gefahr der Nachgeordnetheit der Pädagogik liegt auf der Hand, weswegen unsere Arbeit einerseits ein Gegengewicht zur Therapeutisierung und neuen Medizinierung der Behindertenhilfe darstellen und andererseits eine Lücke in bezug auf pädagogische Handlungsmöglichkeiten schließen soll.

7. Anmerkungen

1

In dem Falle wird der Begriff der psychischen Störung mit dem der Verhaltensauffälligkeit weithin synonym benutzt. Eine Unterscheidung der Begriffe stellt sich ausgesprochen schwierig dar. In unserer Schrift „Psychische Störungen und geistige Behinderung“ (Lingg/Theunissen 2000) schlagen wir vor, bei leichten Formen abweichenden Verhaltens sowie bei massiven auffälligen Verhaltensweisen, denen keine Psychopathologie zugrunde liegt (z.B. bei Agressionen als Mitteilungsreaktion auf körperliche Beschwerden wie Zahnschmerzen o.ä.), von Verhaltensauffälligkeiten zu sprechen. Dabei sind wir uns über fließende Übergänge bewußt: Beide Begriffe „liegen auf einem Kontinuum, bei dem an einem Ende klare *psychiatrisch definierte Merkmale* liegen (etwa in Form einer Psychose), am anderen Ende ‚Verhaltensstörungen‘, die unmittelbar auf den *erzieherischen Kontext* zurückzuführen sind“ (Petry 1999, 15).

2

Unter ‚Paradigmen' fassen wir in dem Zusammenhang disziplinorientierte, übergreifende, komplexe und grundlegende Sichtweisen zur Erklärung von Verhaltensauffälligkeiten, die handlungsbestimmende Funktion haben (vgl. hierzu auch Theunissen 1992). Dabei orientieren wir uns an *Leitdisziplinen*, die die Arbeit mit geistig behinderten Menschen über einen bestimmten Zeitraum maßgeblich bestimmt haben oder derzeit bestimmen. Zunächst dominierte die Psychiatrie, die Kritik am 'medizinischen Modell' führte dann zu einer ‚sozialen Bewegung', die durch die Sozialwissenschaften repräsentiert wurde; und heute sind es die Systemwissenschaften und/oder ökologische Theorien, die aus der Kritik an (mono-kausalen) sozialen Erklärungen hervorgegangen sind.

Freilich besteht die Möglichkeit, auch einen anderen Bezugsrahmen zur Erklärung von Verhaltensauffälligkeiten zu wählen. So lassen sich zum Beispiel unterschiedliche Erklärungsansätze nennen, die aus eng umschriebenen therapeutischen Konzepten, psychologischen, soziologischen oder auch biologischen Theorien hervorgegangen sind: *Lernpsychologische Sichtweisen, psychoanalytische Sichtweisen, individualpsychologische Sichtweisen, rollentheoretische Sichtweisen, neuropsychologische Sichtweisen*... Um den Rahmen der vorliegenden Arbeit nicht zu sprengen, haben wir auf die Darstellung dieser Ansätze verzichtet. Dem interessierten Leser empfehlen wir hierzu die einschlägige Literatur; einen praxis- bzw. therapieorientierten Einstieg in lernpsychologische und tiefenpsychologische Sichtweisen bietet darüber hinaus die Arbeit von Lingg und Theunissen (2000); einen praxisorientierten Einstieg und Überblick in neuropsychologische Sichtweisen bietet u. a. ein Beitrag von Breitenbach (1996); ferner sei auf die grundlegende Arbeit von Jantzen (1990) verwiesen; zudem werden einige Aspekte bzw. Erklärungen auffälligen Verhaltens aus dem Bereich der Lern-, Tiefen-, Wahrnehmungs- und Neuropsychologie an späterer Stelle (in Kapitel 3 und 5.3) der vorliegenden Schrift aufgegriffen und diskutiert. Unsere Schrift „Heilpädagogik und Soziale Arbeit bei verhaltensauffälligen Kindern und Jugendlichen" (Theunissen 1992) enthält rollentheoretische Überlegungen.

3
Unter diesem Ansatz lassen sich Erklärungsmodelle unterschiedlicher Provenienz subsumieren, denen eines gemeinsam ist: die Untersuchung der familialen Sozialisation (insbesondere der Beziehungsstrukturen) im Hinblick auf Ursachen oder auslösende Momente von Verhaltensauffälligkeiten. Das gilt für psychoanalytische oder individualpsychologische Konzepte gleichermaßen wie für soziologische, rollen- oder auch lerntheoretische Sichtweisen.

4
Auf diese Weise lassen sich Zusammenhänge zwischen Hirnschädigungen, damit verknüpften Intelligenzbeeinträchtigungen, Kognitionsproblemen, Wahrnehmungsstörungen und Verhaltensauffälligkeiten erfassen und diskutieren (hierzu Ayres 1984; Affolter 1991; Breitenbach 1996; auch Kap. 5. 3.1). Diesbezüglich hat kürzlich zum Beispiel Bielski (1999) auf das Probem der *„sozialen Informationsverarbeitung"* aufmerksam gemacht. Bielski geht davon aus, daß Probleme in der sozialen Informationsverarbeitung den Aufbau eines adäquaten Verhaltensrepertoires bei geistig behinderten Menschen beeinträchtigen. Demnach können seiner Ansicht nach Verhaltensauffälligkeiten „einerseits mit Defiziten im Verhaltensrepertoire begründet werden, andererseits kann auffälliges Sozialverhalten von geistig behinderten Menschen direkt auf die Probleme in der sozialen Informationsverarbeitung zurückgeführt werden" (35). Betroffene hätten aufgrund ihrer „Limitierung der Intelligenzausprägung" (41) sowie aufgrund „schlechterer physischer Wahrnehmungsfähigkeiten" (40) angesichts spezifischer Zusatzbehinderungen und aufgrund eingeschränkter Möglichkeiten in ihrer Lebenswelt, „eine ausreichende

Erfahrungsbasis aufzubauen" (40), Schwierigkeiten, soziale Situationen adäquat wahrzunehmen, so zum Beispiel „Wichtiges von Unwichtigem zu unterscheiden" (39), eine „selektive", gesteuerte oder gerichtete Aufmerksamkeit zu zeigen; und daher käme es zur Fehlinterpretation sozialer Situationen, die „nicht angemessene Verhaltensreaktionen" (35) im Sinne von Verhaltensauffälligkeiten nach sich ziehe. Daß es derlei Probleme geben kann, wollen wir nicht in Abrede stellen; und dort, wo sie beobachtet oder vermutet werden, bietet es sich an, auf pädagogisch-therapeutische Konzepte zurückzugreifen, der es explizit um die Förderung von Wahrnehmung, senso- oder psychomotorischen Integrationsprozessen zu tun ist. Die wichtigsten Konzepte werden in Kapitel 5.3 beschrieben. Nichtsdestotrotz müssen die Ausführungen Bielskis kritisch gelesen werden, da sie zu Irritationen und Fehlschlüssen verleiten. Zum Beispiel hat sich der Autor einem statischen Begabungs- und Persönlichkeitskonzept sowie einem impliziten biologistischen Determinimus verschrieben; hinzu kommen unzulässige Verallgemeinerungen, Absolutaussagen und Schlußfolgerungen (vgl. 40f.), die Menschen mit geistiger Behinderung als bloße Defizitwesen ausweisen. Das betrifft unter anderem auch jene Textpassage, wo Bielski über sein statisches Denken hinaus geistig schwer behinderten Menschen kognitive Voraussetzungen abspricht, die zu einer „erfolgreichen Teilnahme an Förderprogrammen zur Verbesserung der sozialen Kompetenz nötig erscheinen" (42). Desweiteren hinterläßt Bielskis Beitrag den Eindruck, als ob es eine ‚einheitliche Problemstruktur' bei geistiger Behinderung, also 'den' geistig behinderten Menschen gebe. Tatsächlich aber ist die Bandbreite der Menschen, die als geistig behindert etikettiert werden, sehr breit. Dies gilt ebenso für die Problemlage der Betroffenen. Was Bielski in seiner Theorieskizze weithin ignoriert, ist die Fülle an Faktoren, die auf die Wahrnehmung von Informationen, Informationsverarbeitung und Reaktion (Handlungsplanung und -ausführung) Einfluß nehmen (z. B. körperliche Vorgänge und Befindlichkeiten, Emotionen, Bedeutungszuschreibungen, subjektive Einstellungen, Vorstellungen, Erwartungen, individuelle Erfahrungen). Ferner ist die jeweilige Situation, in der die Informationsverarbeitung statthat, ein zu beachtender Faktor: Nicht jeder Mensch mit geistiger Behinderung reagiert gleichermaßen motiviert auf dieselbe Situation. Alles in allem ist es somit unzulässig, eine lineare Ursache-Wirkung-Beziehung der Theorie der Informationsverarbeitung zugrunde zu legen, stattdessen sollten Zusammenhänge hergestellt und in ihrem wechselseitigen Geschehen systemisch betrachtet werden.

Neben dem Ansatz der ‚sozialen Informationsverarbeitung' kann auch eine andere, die von K. Goldstein schon vor über 50 Jahren erarbeitete Theorie der *„Katastrophenreaktionen"*, für das Verständnis und Management psychosozialer Auffälligkeiten geistig behinderter Menschen fruchtbar sein: Goldstein verstand in seinen „Beobachtungen an hirngeschädigten Menschen" (1934) deren Symptome als Antworten des Organismus auf ganz bestimmte, ihm gestellte Fragen und betrachtete sie damit nicht unbedingt als unmittelbaren Ausdruck der Schädigung selbst. Für ihn waren die auffallendsten Symptome vielmehr Antworten auf Fragen, die sich dem Betroffenen in seinem Alltag stellen bzw. das Fehlen solcher Antworten (Rückzug, Starre, Ausweichen). Die weiteren Symptome ergeben sich ihm als Antworten auf spezielle, vom Untersucher gestellte Fragen, die allerdings nicht zufällig sind, sondern aus den theoretischen Grundvorstellungen folgen, die sich der Untersucher von dem zu untersuchenden Phänomen macht. Der Wunsch nach Ordnung und Systematisierung (man betrachte nur die Testpsychologie) läßt die Theoriebildung oft zu früh einsetzen und deshalb erfaßt man häufig recht zufällig nur die ins Auge stechenden Symptome. Goldstein plädierte dagegen für die möglichst ‚untheoretische' Registrierung aller Phänomene im Alltag des Betroffenen und in der Untersuchungssituation. Als ein in diesem Zusammenhang wichtiges Ergebnis seiner Betrachtungen hob Goldstein hervor, daß der hirnorganisch geschädigte Mensch je nach den Fragen, die eine Situation ihm stellt, nur ein ungeordnetes Verhalten an den Tag legen kann. Er ist bemüht, diese „Katastrophenreaktion" tunlichst zu vermeiden, denn er erlebt sich dann als unfrei, zerrissen und schwankend, widerfährt ihm doch die Erschütterung seiner Welt wie seiner selbst. Er befindet sich in einem Zustand, den wir gewöhnlich als Angst bezeichnen. Während er gewöhnlich nach einer geordneten Reaktion zu einer anderen einfach fortschreiten kann, ist seine Reaktionsfähigkeit nach einer Katastrophenreaktion für mehr oder weniger lange Zeit überhaupt behindert. Er ist dann mehr oder weniger unzugänglich und versagt auch bei Aufgaben, denen er unter anderen Umständen mühelos gerecht werden kann. Diese „Katastrophenreaktionen" haben zudem eine langstörende Nachwirkung.

Wie der Betroffene selbst instinktiv derart irritierenden Situationen zu entgehen sucht, so können selbstverständlich auch seine Umgebung, Familie oder Bezugspersonen (Assistenten) in Kenntnis seiner Labilität versuchen, ihm derartige Dekompensationen zu ersparen.

Mit zunehmendem Versagen wird der Betroffene also mehr und mehr auf das Verständnis, die Toleranz und die Unterstützung seiner Umgebung angewiesen sein – eine Selbstverständlichkeit, der in der Realität jedoch sehr häufig nicht Genüge getan wird. Wesentlich ist, daß auch diejenigen Bewältigungs- oder Ausweichversuche des Betroffenen, die seiner Umgebung als störend und ‚abnorm' erscheinen, als solche erkannt und unterstützt werden: So können etwa sein Bedürfnis nach einer starren Ordnung, seine Stereotypien, sein Ausweichen vor Überstimulation, aber auch seine Angst vor Leere als Bemühen einer Person begriffen werden, sich in einer bestimmten Situation zu behaupten. Wenn diese Kompensations- oder Bewältigungsbemühungen dagegen einfach als Ausdruck einer Hirnschädigung (Geistige Behinderung) oder Ausfluß eines Hirnabbaus (Demenz) mißverstanden werden, den es womöglich ‚wegzutherapieren' gilt, dann können wir dem Betroffenen bei seinem Bemühen, ein inneres Gleichgewicht zu halten oder wieder herzustellen, nur in den Rücken fallen. In der Praxis wird diesem Sachverhalt gerade im Umgang mit geistig behinderten oder dementen Personen häufig zu wenig Rechnung getragen, indem die Störanfälligkeit der Betroffenen wenig berücksichtigt und der Entwicklung angemessener (differenzierter) Bewältigungsmuster keine Aufmerksamkeit geschenkt wird.

5 (unter Mitwirkung von Albert Lingg)
Das Konzept der Vulnerabilität stammt aus der Schizophrenieforschung. Es unterstellt ein komplexes Bedingungsgefüge für Verhaltensauffälligkeiten und psychische Störungen. Dies soll am Beispiel moderner Theorien über die Entstehung schizophrener Erkrankungen kurz illustriert werden: L. Ciompi (1986) hat etwa in seinem „3-Phasen-Modell der Schizophrenie" ein Schema zum Verständnis der Entstehungsbedingungen und des Verlaufs dieser in den letzten Ursachen noch immer unergründeten und darum als ‚endogen' bezeichneten Psychose vorgestellt: Beim heutigen Wissensstand muß eine multifaktorelle Genese angenommen werden, d. h. ein Zusammenwirken seelischer (charakterlicher, familiärer, sozialer) und körperlicher Momente auf der Grundlage einer ererbten oder früh erworbenen Disposition.

Als einmal eher angeborene, dann wieder eher früh erworbene Disposition betrachtet Ciompi eine *prämorbide Vulnerabilität* (Phase I), d. h. gestörte affektiv-kognitive Bezugs- bzw. Informationsverarbeitungssysteme. Durch verschiedene Belastungen, wie streßvolle zwischenmenschliche Situationen und Ereignisse, aber auch drogeninduziert oder infolge körperlicher Krankheit oder Erschöpfung, kommt es zur *akuten Psychose* (Phase II), die wiederum je nach Grad der zugrundeliegenden Vulnerabilität und je nach Zuträglichkeit der Umwelt abklingt, rezidiviert oder den Beginn eines *chronischen Verlaufes* (Phase III) markiert.

Die Einflußnahme auf den Verlauf schizophrener Erkrankungen ist damit von verschiedenen Zugängen her möglich: Je nach dem Stadium der Krankheit sind entweder eine medikamentöse Einflußnahme auf die nachgewiesene Gleichgewichtsstörung der verschiedenen Transmittersysteme bzw. Hirnteile, eine Abschirmung oder Vereinfachung des ‚therapeutischen Milieus', eine ‚optimale Stimulation', Psychotherapie und Angehörigenarbeit oder ein kognitives Training u. a. m. (ebd., 56f.) indiziert.

Das noch eher lineare Modell Ciompis, in dem die Vulnerabilität als überdauernde Eigenschaft des Individuums bestimmend bleibt und das annimmt, daß mit dem Wegfall des Stressors die psychotische Episode abklingen wird, ist kürzlich von

Dauwalder (1992) durch ein *zirkulär-dynamisches Modell* weiterentwickelt worden. Der entscheidende Unterschied ergibt sich für präventive Interventionen: Im linear-kausalen Konzept wird Prävention nur so lange für richtig gehalten, als sie im Vorfeld eines zu verhindernden 'irreversiblen Zustands' eingreift; im zirkulär-dynamischen Ansatz wird sie dagegen als permanente Aufgabe verstanden – sei es zum Aufbau eines stabilen und störungsresistenten Gleichgewichts vor einer Krise, sei es zur Verhinderung einer irreversiblen 'Programmierung' pathologischer Bewältigungsmechanismen während und nach der akuten Krise.

Aus den kognitiven und anderen, speziell emotionalen Besonderheiten eines geistig behinderten Menschen kann nun selbstverständlich eine Disposition oder Verletzlichkeit resultieren, die beim Versagen der Abwehrkräfte in eine vorübergehende akute psychische Krise oder auch in eine psychotische Erkrankung führen kann. Bei vergleichsweise weniger differenzierten Bewältigungsstrategien werden geistig behinderte Menschen, vor allem in einer inadäquaten Umgebung oder bei Überforderung, häufiger in ‚primitive', ‚unreife' oder ‚psychotische' Copings ausweichen (vgl. auch Wüllenweber 2000).

Aus Forschungsergebnissen, die an neurotisch oder psychotisch auffällig gewordenen Menschen hinsichtlich ihrer Bewältigungs- und Abwehrstrategien (Coping) gewonnen wurden, können auch für das Verständnis und die Begleitung und Unterstützung geistig behinderter Menschen wertvolle Ansätze abgeleitet werden. Nach Rüger, Blomert und Förster (1990) können vier ‚Reifungsebenen' oder Niveaus des *Coping* unterschieden werden: Auf Niveau I, dem der ‚psychotischen' Mechanismen, herrschen 1. wahnhafte Projektion, 2. Verleugnung, 3. Verzerrung, auf Niveau II, den ‚unreifen' Mechanismen, 4. Projektion, 5. schizoide Phantasien, 6. Hypochondrie, 7. passiv aggressives Verhalten und 8. Ausagieren. Das Niveau III (‚neurotische' Mechanismen) wird durch 9. Intellektualisierung, 10. Verleugnung, 11. Verschiebung, 12. Reaktionsbildung und 13. Dissoziierung bestimmt, während Niveau IV, das der 'reifen' Mechanismen, durch 14. Altruismus, 15. Humor, 16. Aufschub, 17. Antizipation und 18. Sublimation geprägt ist. Je nach Reife und Differenziertheit ihrer Ich-Funktionen (vgl. Haan 1977) wählt eine Person ihre Bewältigungsstrategie. Die Entwicklung der Ich-Funktionen kann psychoanalytisch oder genetisch strukturell bzw. in der Zusammenschau konstitutioneller und erfahrener Anteile gesehen werden. Für die Pädagogik ergibt sich aus alledem die Aufgabe, Konzepte zu entwerfen und umzusetzen, die das Repertoire an Bewältungsmustern zu erweitern bzw. zu differenzieren versprechen (z. B. über Programme des Sozialen Lernens, Rollenspiele...).

Wie wir bereits anskizziert haben, wird heute in der (Sozial-)Psychiatrie, klinischen Psychologie und Pädagogik davon ausgegangen, daß sich Verhaltensauffälligkeiten durch das Zusammentreffen verschiedener Ursachen, Auslöser oder

Verstärker ausbilden und manifestieren, die innerhalb und außerhalb der Person liegen können. „Das heißt, es ist in der Regel nicht möglich, das einzelne psychische Störungsbild oder seinen Träger entweder der einen Kategorie oder der anderen zuzuordnen. Menschliches Handeln und ebenso die psychische Fehlentwicklung und das abnorme Handeln sind stets multifaktoriell begründet, d. h. es wirken eine im einzelnen gar nicht erfaßbare Zahl von Faktoren der unterschiedlichsten Art zusammen" (Lempp 1978, 114). Damit scheint weder eine klar definierte Diagnose von Verhaltensauffälligkeiten noch die exakte ätiologische Zuordnung bestimmter Symptome möglich.

Dies gilt insbesondere auch für Verhaltensauffälligkeiten, die im Zusammenhang mit einer frühkindlich erworbenen *Hirnschädigung leichten Grades* zu stehen scheinen. Darunter werden die Folgen aller Noxen gefaßt, die prä-, peri- oder postnatal bis etwa zum 18. Lebensmonat auf das menschliche Gehirn gewirkt haben. Leichte Störungsformen werden in der einschlägigen Literatur unter Begriffen wie „Minimale cerebrale Dysfunktion" (MCD), „minimal braindamage" (MBD) oder „Hyperkinesie", „hyperkinetisches Syndrom", „Hyperaktivität" und „frühkindlich exogenes Psychosyndrom" rubriziert und diskutiert (Bauer 1986), wobei MCD häufig fälschlicherweise mit dem hyperkinetischen Syndrom in eins gesetzt wird.

Die Pathogenese dieser Störungsbilder ist bis heute nicht eindeutig. So gibt es z.B. die Annahme, daß es bei einer frühkindlichen Hirnschädigung zu Migrationsstörungen der Nervenzellen sowie zu Beeinträchtigungen der Verdrahtung von Neuronen kommt. Darüber hinaus werden als „Teilätiologien" (Bauer) biochemische und neurochemische Veränderungen im Hirnstoffwechsel, ein unausgewogenes Verhältnis der sog. Transmittersubstanzen, eine Hirnreifungsverzögerung oder sensorische Integrationsstörung (Ayres 1979) wie auch eine „anlagebedingte Vulnerabilität" (Lempp 1989, 890) in Erwägung gezogen, wobei schon geringfügige und alltägliche Belastungen im Milieu zu einer Symptombildung ausreichen sollen (Bauer 1986, 18 ff.). Generell hängt ihre Ausprägung sehr stark von den jeweiligen äußeren Bedingungen ab. Betreffende Kinder fallen häufig durch Hypermotorik auf, auch werden ihnen sog. Kurzschlußhandlungen nach dem Motto: „Sie handeln oft, bevor sie denken" (Lempp 1989, 891), ‚distanzloses' Verhalten, d. h. mangelndes Sozialgefühl, dazu motorische Ungeschicklichkeit, verminderte Angstbildung und affektive Labilität sowie oberflächliches Kommunikationsverhalten nachgesagt. Als Grundstörung dieser Symptomatik wird eine sog. Teilleistungsstörung angenommen, die sich als Aufnahme- und Differenzierungsschwäche vorwiegend im optischen Bereich (Gestalterfassungs-, Figur-Grundprobleme), im motorischen, auditiven, taktilen oder kinästhetischen Bereich wie auch in der Kombination spezifischer Teilschwächen ausdrücken kann. Die erschwerte Erfassungs-

und Differenzierungsfähigkeit von Reizen unterschiedlicher Modalität läßt sich durch spezielle diagnostische Verfahren (z. B. Frostig) recht gut erkennen.

Von entscheidender Bedeutung ist nun, daß diese „Primärsymptomatik" (Lempp) häufig Anlaß für Fehlreaktionen der Umwelt gibt, indem die sensorischen und motorischen Störungsformen als „Charakterfehler oder als Erziehungsmangel mißgedeutet" (ebd. 895) werden. „So wird ein visumotorisch beeinträchtigtes Kind im Kindergarten sehr leicht als tolpatschig und damit als dumm abgestempelt, was bei entsprechend sensibler psychischer Struktur... zu einer Fehlentwicklung mit Selbstunwertgefühlen führen kann" (Lempp 1980, S. 330). Reagiert die Umwelt mit wenig Verständnis, Leistungsdruck sowie ständiger Reglementierung, und spürt das Kind, daß es regelmäßig zurückgewiesen wird, dann erlebt es ständig Enttäuschung und Versagung. Diese Grunderfahrung bewegt es letztlich zu einem sozial unerwünschten Verhalten, zum Beispiel „in Form von übersteigerten Zuwendungsforderungen, von Forderungen nach kompensierenden Liebesbeweisen und entsprechenden Provokationen, die den Teufelskreis der *sekundären Neurotisierung* in Gang setzen" (Lempp 1989, 895). Die Verhaltensauffälligkeiten bei (leichter) frühkindlicher Hirnschädigung resultieren somit aus Beziehungsstörungen: „Das Kind näßt oder stiehlt nicht deswegen, weil es eine hirnorganische Störung durchgemacht hat, sondern weil es infolge seiner durchgemachten Hirnschädigung für Milieustörungen besonders empfindlich geworden ist und weil es darüber hinaus durch sein Verhalten sich selbst ein neurotogenes Milieu schafft" (Lempp 1970, 115).

Diese Erkenntnis gilt es sowohl in der Arbeit mit Kindern und Jugendlichen als auch mit Erwachsenen zu beachten, die als „Grenzfälle", d. h. als *leichtgradig geistig behindert oder lernbehindert* beschrieben werden und denen Anpassungs- oder Verhaltensstörungen nachgesagt werden.

6

Untersuchungen zur Folge fällt es professionellen Helfern (z.B. Mitarbeitern in Einrichtungen) wie auch Lehrpersonen anscheinend schwer, Stärken, Fähigkeiten oder „positive Botschaften" bei Menschen mit geistiger Behinderung wahrzunehmen, aufzugreifen und zu unterstützen. So haben Houghton, Bronicki und Guess (1987, 25f.) beobachtet, daß Lehrkräfte, die geistig behinderte Schüler unterrichten, selbstinitiierte Handlungen, intrinsisches Lernverhalten und positive Kommunikationen und Interaktionen wenig Beobachtung schenken und nur selten autonomiefördernd verstärken. In eigenen Studien (Plaute u.a. 1998; Theunissen u.a. 2000) konnten wir feststellen, daß selbst erfahrene MitarbeiterInnen, die im Gruppendienst tätig sind, erhebliche Probleme haben, Stärken und Kompetenzen der Gruppenbewohner zu benennen und in ihren Teams z.T. zu sehr unterschiedlichen Einschätzungen gekommen sind. Anders sind dagegen die Ergebnisse in bezug auf die Beurteilung von Verhaltensauffälligkeiten ausgefallen: Hier gab es eine wesentlich größere Übereinstimmung zwischen den einzelnen MitarbeiterInnen und dem gesamten Team (ebd.). Dennoch gab es auch in dem Falle signifikante Unterschiede zwischen Einzel- und Teammeinung. Die Differenzen betrugen im Rahmen einer ‚Vorher' und ‚Nachher'-Untersuchung 17% (1996/97) bzw. 13% (1998/99) bei der Beurteilung von Verhaltensauffälligkeiten und 46,5% (1996/97) bzw. 35% (1998/99) bei der Beurteilung von Stärken. Hinzu kommt, daß das Einzelurteil in der Regel deutlich niedriger war als das Teamergebnis. Daher sollten Einschätzungen (assessment) von Auffälligkeiten und Stärken möglichst in einem supervidierten Diskurs (hierzu Plaute u.a. 1998, 70f.; Theunissen u.a. 2000) vorgenommen werden und darüber hinaus empfiehlt es sich, den ‚eigenen' Blick für Stärken des Anderen zu schulen und zu schärfen.

7

Unter „Qualität" fassen wir nicht das, was sich Sparkommissare, Agenten sozialer Kontrolle und Macht wie aber auch Wohlfahrtsverbände, Träger oder Einrichtungen im Lichte von Eigeninteressen wünschen, sondern Aspekte eines menschenwürdigen Lebens, die aus der Sicht Betroffener, mit ihnen gemeinsam und auf der Basis von Menschenrechten für sie erschlossen worden sind bzw. erschlossen werden (hierzu Gromann 1998; Beck 1998). Vor diesem Hintergrund sollte die gegenwärtige Diskussion um „Qualität" kritisch-konstruktiv gesehen werden (vgl. Speck 1999b).

8

Die folgenden Ausführungen stammen von E. Eim und A. Pirl und entsprechen neben eigenen ergänzenden Informationen im wesentlichen dem Jahresbericht 1999.

9

Genauere Informationen über die Enthospitalisierungsbemühungen der Behinderteneinrichtung Schloß Hoym e.V. sind den Beiträgen von Theunissen/Hoffmann (1998) und Böhning (1998) zu entnehmen.

10

Als „primäre Gebärdensprachen" gelten von Gehörlosen entwickelte Gebärdensysteme, als „künstliche Gebärdensprachen" Handzeichensysteme, die für Menschen mit geistiger Behinderung entwickelt wurden (Adam 1996, 114).

11
Diese setzt sich aus mehr als 60 Bildkarten (Piktogrammen) im DIN-A-6 Format zusammnen, die sich auf für die alltägliche Kommunikation relevante Dinge und Begriffe beziehen.

12
Diese Bildersammlung ist noch wesentlich umfangreicher als das Löb-System; sie enthält einfach strukturierte Symbole und Zeichnungen von alltäglichen Dingen und Tätigkeiten.

13
Diese besteht aus ca. 1000 Schwarz-Weiß-Zeichnungen, deren Bedeutungen wie folgt zum Ausdruck gebracht wird: Eine Zeichnung eines Gesichts mit Tränen, herabhängenden Mundwinkeln bedeutet so viel: „Ich bin traurig".

14
Hierbei handelt es sich um ein ideographisches (verbildlichendes) System mit 2400 Symbolen.

15
Bei der Gestützten Kommunikation (Facilitated Communication) handelt es sich um eine Methode im Rahmen der Unterstützten Kommunikation, bei der der Helfer dem Betroffenen spezifische „Stützen" geben soll (z. B. verbale Instruktion, physische Hilfen, emotionale Unterstützung, Anwendungshilfen), so daß (langfristig gesehen) eine möglichst selbständige Benutzung von Kommunikationshilfen erreicht werden kann.

16
Zum besseren Verständnis der folgenden Ausführungen sei erwähnt, daß der am höchsten entwickelte und größte Teil des Gehirns aus einer linken und rechten Gehirnhälfte besteht; diese Hälften werden üblicherweise jeweils in vier Lappen unterteilt: *Lobus frontalis* (Frontal- oder Stirnlappen), zuständig für Denkprozesse, Entscheidungen, Emotionen; koordiniert alle Vorstellungen und Gefühle zu einer einmaligen ‚Identiät'; beteiligt an der Kontrolle der Körperbewegungen und damit enge Verbindungen (wie auch der Scheitellappen) zum pyramidalen und extrapyramidalen System (Regulator für motorische Funktionen);
Lobus parietalis (Parietal- oder Scheitellappen), empfängt Informationen über

Körperempfindungen, definiert sich als somatosensorischer Bereich, zuständig für Aktivitäten wie Herstellung räumlicher Beziehungen und für räumliche Orientierung;
Lobus occipitalis (Okzipital- oder Hinterhauptlappen), zuständig für Verarbeitung optischer Informationen;
Lobus temporalis (Temporal- oder Schläfenlappen), zuständig für Verarbeitung auditiver Informationen und Kontrolle für Gedächtnis (z. B. für Transferleistungen von Informationen vom Kurzzeit- zum Langzeitgedächtnis) und Sprache. Zwischen dem Scheitel-, Hinterhaupt- und Schläfenlappen gibt es Überlappungen (vgl. genauere Ausführungen Jantzen 1990, 68ff.).

17
So hat z. B. bei einer Mosaikkonstrukionsaufgabe eine Person mit einer parieto-okzipitalen Läsion womöglich große Schwierigkeiten, eine räumliche Beziehungsanalyse zu leisten, sie besitzt aber den Willen, die Aufgabe zu lösen. Eine Person mit einer Frontallappen-Läsion kann dagegen räumliche Beziehungen herstellen, sie versagt jedoch bei der Problemstellung und wirkt eher unmotiviert (vgl. Hartje/Sturm 1989a, 314).

18
Damit keine Mißverständnisse auftreten sei an dieser Stelle noch einmal erwähnt, daß stets (auch aus neuropsychologischer Sicht) die Dialektik von Biologischem, Psychischem und Sozialem im Auge behalten werden muß. Jantzen und Mertens (2000, 7f.) haben dies soeben am Beispiel der Depression anskizziert:
„Neuere Arbeiten zur Neuropsychologie der Depression legen nahe, daß die alte Trennung von reaktiver bzw. neurotischer und endogener Depression keine Berechtigung mehr hat (Aldenhoff 1997). Das Kernproblem bei Depressionen scheint in grundlegenden Veränderungen des Streßbewältigungsmechanismus zu liegen, für welchen die Achse Hypothalamus, Hypophyse, Nebennierenrinde (HHN-Achse) die Hauptrolle spielt. Bei der Depression, aber auch bei postraumatischem Psychosyndrom, kommt es zu spezifischen Änderungen der Streßbewältigungsmechanismen dieser Achse (...). Dabei ist der Zustand der großen Depression durch eine Überfunktion des Kortikotropin (ACTH) freisetzenden Hormons CRH gekennzeichnet (CRH-Overdrive). Dies entspricht einer Überfunktion der Phase 1 der Streßbewältigung entsprechend dem Modell von Selye, der Aktivierungsphase. Gleichzeitg ergibt sich eine pathologische Veränderung in Phase 2, der adaptiven Streßreaktion, durch die reduzierte Fähigkeit zur adaptiven Anpassung an Streßbedingungen. Der Übergang in diese Phase findet durch die Bildung von Kortisol

statt. Es ist zur Bildung von Kortikosteroiden erforderlich, die zum Abbau der CRH-Überproduktion führen. Bei der Depression werden Kortikosteroide deshalb nicht ausgeschüttet, weil es zur Reduktion spezifischer Rezeptoren, der Glukokortikoid-Rezeptoren im Hippokampus kommt. Dieses Gebiet ist von großer Bedeutung für die Wahrnehmung der eigenen Situation in der Welt und damit für den Aufbau des biographischen Gedächtnisses (...).

Aus den Veränderungen in Phase 1 resultiert, daß in der Depression schwache Stressoren als starke Stressoren wirken, wodurch sich Furcht erhöht. Gleichzeitig kommt es durch die Veränderung der Glukokortikoid-Rezeptoren zu deutlich kognitiven Defiziten. Entsprechend wird vermutlich die eigene Situation als Hilflosigkeit wahrgenommen, was wiederum die Streßbelastung erhöht. Dies ist eine Sackgasse, aus der mit eigenen Mitteln nicht zu entkommen ist. (Sowohl Antidepressiva als auch psychotherapeutische Kurztherapien zeigen höchst deutliche Wirkungen, wobei bei Psychotherapien psychophysiologisch nachweisbare Veränderungen auftreten. Da gleichzeitig angenommen werden muß, daß genetische Faktoren für den Aufbau von erworbener Hilflosigkeit prädisponierend sein können, ergibt sich die Situation, daß die psychische Ebene auf die Organische zurückwirkt, ebenso wie die organische Ebene bereits genetisch prädisponierend im Sinne größerer Verwundbarkeit sein kann [Aldenhoff a.a.O.]"; Anmerkung von Jantzen und Mertens).

19

Als angemessen gelten Relationen von 1:1,1 (vgl. Wedekind u.a. 1994, 268f., Neubauer 1999, 61; Dieter 1999, 72).

8. Literaturverzeichnis

AAMR: Mental retardation: Definition classification, and systems of supports, Washington 1992

Adam, H.: Mit Gebärden und Bildsymbolen kommunizieren, Würzburg 1996

Adams, R.: Social Work and Empowerment, London 1992

Affolter, F.: Wahrnehmungsprozesse, deren Störung und Auswirkung auf die Schulleistungen, insbesondere Lesen und Schreiben, in: Zeitschrift für Kinder- und Jugendpsychiatrie, 3/1975, 223-234

dies.: Wahrnehmung, Wirklichkeit und Sprache, Villingen-Schwenningen 1991 (5. Auflage)

dies.; Bischofberger, W.: Lernen im Alltagsgeschehen, in: Fröhlich, A. (Hrsg.) a.a.O.

Aldenhoff, J.: Überlegungen zur Psychobiologie der Depression. Der Nervenarzt, 68 (1997), 379-389

Andreasen, N. C.: Das funktionsgestörte Gehirn. Einführung in die biologische Psychiatrie, Weinheim 1990

Andritzky, M.; Selle, G.: Lernbereich Wohnen, Band 1, Hamburg 1983

Aoki, C.; Sievitz, P.: Die Plastizität der Hirnentwicklung, in: Spektrum der Wissenschaft 2/1989, 84-93

Arns, W.; Jochheim, K.-A.; Remschmidt, H.: Neurologie und Psychiatrie für Krankenpflegeberufe, Stuttgart 1978

Aucouturier, B.; Lapierre, A.: Bruno. Bericht über eine psychomotorische Therapie bei einem zerebralgeschädigten Kind, München 1982

Augustin, A.: Beschäftigungstherapie bei Wahrnehmungsstörungen, Idstein 1989

Ayres, A. J.: Lernstörungen, Heidelberg 1979

dies.: Bausteine menschlicher Entwicklung, Berlin 1984

Bach, H.: Personenkreis geistig Behinderter, in: Hdb. der Sonderpädagogik, Bd. 5, Berlin 1979

Bandura, A.: Sozial-kognitive Lerntheorie, Stuttgart 1979

Baroff, G.S.: General Learning Disorder: A New Designation for Mental Retardation, in: Mental Retardation, 1/1999, 68-72

Bärsch, W.: Der Behinderte in der Gesellschaft, in: Muth, J. (Hrsg.): Behinderte – inmitten oder am Rande der Gesellschaft? Berlin 1973

Bauer, A.: Minimale cerebrale Dysfunktion und/oder Hyperaktivität im Kindesalter, Heidelberg 1986

Baumeister, A.; Rollings, J. P.: Self-injurious behavior, in: Ellis, N. R. (Ed.): International Review of Research in Mental Retardation, New York 1976 (Academic Press), 1-34

Beck, I.: Das Konzept der Lebensqualität: eine Perspektive für Theorie und Praxis der Hilfen für Menschen mit einer geistigen Behinderung, in: Jakobs, H.; König, A.; Theunissen, G. (Hrsg.): Lebensräume – Lebensperspektiven. Ausgewählte Beiträge zur Situation Erwachsener mit geistiger Behinderung, Butzbach-Griedel 1998, 348-388

Becker, A.; Conolly-Smith, E.: Du-ich-wir. Handbuch der emotionalen und sozialen Erziehung, Ravensburg 1975

Becker, H.: "Förderung durch Arbeit" in der Bremer Tagesstätte für Schwerst- und Mehrfachbehinderte, in: Das Band 1/1983

ders.: Zum Verhältnis von Werkstatt und Tagesstätten, in: Zeitschrift für Heilpädagogik, 5/1992

Becker, H. S.: The outsiders – Studies in the sociology of deviance. New York 1963

Begemann, E.: Anmerkungen und Fragen zur "sonderpädagogischen" Situation, in: Zeitschrift für Heilpädagogik 8/1995, 388-397

Beirne-Smith, M., Ittenbach, R. F., Patton, J. R.: Mental Retardation, (Merrill) 1998 (5. Ed.)

Bender, W. N., Rosenkrans, C. B., Crane, M.-K.: Stress, Depression und Suicide among Students with Learning Disabilities: Assessing the Risk, in: Learning Disability Quarterly, Vol. 22/1999, 143-156

Bericht zur Lage der Psychiatrie in der ehemaligen DDR, Bonn (Drucksache) 1991

Bernhard-Opitz, V.; Blesch, G.; Holz, K.: Sprachlos muß keiner bleiben, Freiburg 1988; 1992 (2. Aufl.)

Bertling, E.; Schwab, A.: Erfülltes Alter: Was Lebensgeschichten dazu beitragen können, in: Theunissen, G.; Lingg,

A.(Hrsg.): a.a.O., 213-225
Bielski, S.: 'Soziale Informationsverarbeitung' und Verhaltensauffälligkeiten bei geistig behinderten Kindern, in: Heilpädagogische Forschung 1/1999, 35-48
Bienstein, Ch.; Fröhlich, A. (Hrsg.): Bewußtlos – Eine Herausforderung für Angehörige, Pflegende und Ärtze, Düsseldorf 1994(a)
dies.: Basale Stimulation in der Pflege, Düsseldorf 1994(b)
Bigger, A.: Förderdiagnostik Schwer- und Schwerstbehinderter, Diagnostik und Förderung unter dem Aspekt der Kognition, Luzern (Zentralstelle für Heilpädagogik) 1993 (2. veränd. Auflage)
Birkebaek, M.: Kreative Musiktherapie mit autistischen Kindern – Darstellung aus der praktischen Arbeit mit Tonbandaufzeichnungen, in: Therapeutische Ansätze ... a.a.O.
Birkebaek, M.; Winter, U.: Musiktherapie mit autistischen Kindern, in: Beschäftigungstherapie und Rehabilitation 2/1985, 113-118
Bleuler, E.: Lehrbuch der Psychiatrie, Berlin 1983 (15. Aufl.)
Böckmann, H.: Förderung und Betreuung von schwerbehinderten Menschen in der WfB Ledde, hekt. Manuskript 1988
Bobzien, M.; Stark, W.: Empowerment als Konzept psychosozialer Arbeit und als Förderung von Selbstorganisation, in: Balke, K.; Thiel, W. (Hrsg.): Jenseits des Helfens, Freiburg 1991
Böhning, E.: Wohnen heißt zu Hause sein. Eine Studie zur Erfassung von Lebenszufriedenheit bei Bewohnerinnen und Bewohnern der Außenwohngruppen des „Schloß Hoym e. V.", in: Theunissen, G. (Hrsg.) a.a.O., 181-205
Bonfranchi, R.: Psychotherapie und geistige Behinderung, in: Geistige Behinderung 1/1995, 62-67
Bradl, C.; Steinhart, I.(Hrsg.): Mehr Selbstbestimmung durch Enthospitalisierung, Bonn 1996
Brandt, R. (Hrsg.): Handlungstheorie und Entwicklungsförderung, Bd. I u. II, Emden 1980
Braun; U.: Minspeak – eine Kodierungshilfe, in: ISAAC's Zeitung 2/1991, 9-15
dies. (Hrsg.): Unterstützte Kommunikation, Düsseldorf 1994
Bredenkamp, K.; Bredenkamp, J.: Was ist Lernen? (Funkkolleg Pädagogische Psychologie), Weinheim 1973
Breitenbach, E.: Auf neuen Pfaden zu alten (sonder)pädagogischen Prinzipien. Neuropsychologische Aspekte von Lernen und Lernstörungen, in: Zeitschrift für Heilpädagogik 10/1996, 408-419
Brezovsky, P.: Diagnostik und Therapie selbstverletzenden Verhaltens, Stuttgart 1985
Bronfenbrenner, U.: Ökologie der menschlichen Entwicklung, Stuttgart 1981
Bröcher, J.: Lebenswelt und Didaktik, Heidelberg 1997
ders.: Kunsttherapie als Chance, Heidelberg 1999a
ders.: Bilder einer zerissenen Welt, Heidelberg, 1999b
Bruckmüller, M.: Altern – Eine neue Dimension, in: Theunissen, G.; Lingg, A. (Hrsg.) a.a.O., 203-212
Brunner-Danuser, F.: Mimi Scheiblauer – Musik und Bewegung, Zürich 1984
Buber, M.: Philosophische Schriften, Bd. I, Stuttgart 1962
Buchner, H.: Geist, in: Krings, H.; Baumgartner, H.; Wild, C. (Hrsg.): Handbuch philosophischer Grundbegriffe, München 1973
Bundschuh, K.: Facilitated Communication bei Menschen mit schwere Kommunikationsstörungen als Herausforderung und Aufgabe für die Sonder- und Heilpädagogik, in: Zeitschrift für Heilpädagogik 49. Jhg. 1998, 358-364
Bundschuh, K.; Herbst, T.; Kannewischer, S.: Unterstützte Kommunikation, in: Zeitschrift für Heilpädagogik 11/1999, 516-522
Busemann, A.: Psychologie der Intelligenzdefekte, München 1963
Buytendijk, F.: Prolegomena einer anthropologischen Physiologie, Salzburg 1967
Ciompi, L.: Wie können wir die Schizophrenen besser behandeln? Ein neues Krankheits- und Therapiekonzept, in: Der Nervenarzt 52 (1981), 506-515
ders.: Schizophrenie als Störung der Informationsverarbeitung, in: Stierlin, H.; Wynne, L. C.: Sozialtherapie der Schizophrenie, Berlin 1985
ders.: Auf dem Weg zu einem kohärenten multidimensionalen Krankheits- und Therapieverständnis, in: Böker, W.; Brenner, H. D.: Bewältigung der Schizophrenie, Bern 1986
Carroll, V.: Bildungsangebote für Erwachsene mit geistiger Behinderung, in: Jakobs, H.; König, A.; Theunissen, G. (Hrsg.): Lebensräume – Lebensperspektiven. Ausgewählte Beiträge zur Situation Erwachsener mit geistiger Behinderung, Butzbach-Griedel 1998, 290-316
Cotton, M.: Out of doors with handicapped people, London 1981 (Souvenir press)

Croissier, S.; Heß, G.; Köstlin-Gloger, G.: Elementarspiele zum Sozialen Lernen, Weinheim, Basel 1979
Dalferth, M.: Modell einer Integration von geistig schwerst- und mehrfachbehinderten Menschen aus der Psychiatrie in die Gemeinde. Bericht über ein Projekt der Dr. Loew'schen Einrichtungen, in: Theunissen, G. (Hrsg.), a.a.O. (1998a), 240-260
ders.: Enthospitalisierung in westlichen Industrienationen am Beispiel der USA/ Kalifornien, Norwegen und Schweden, in: Theunissen, G.; Lingg, A. (Hrsg.), a.a.O., 88-113
Daublebsky, B.: Spielen in der Schule, Stuttgart 1973
Dauwalder, J. P.: Eine dynamische Sichtweise der Vulnerabilität, in: Neuropsychiatrie Band VI, Heft 1-2/1992, 257-264
Day, K. A.: Psychische Störungen und geistige Behinderung – Sind spezielle psychiatrische Dienste notwendig? in: Gaedt, Ch. u.a., a.a.O. (1993a)
ders.: Mental health services for people with mental retardation: a framework for the future, in: Journal of Intellectual Disability Research, 37 Vol. 1993(b), 7-16
Deutscher Bildungsrat: Zur pädagogischen Förderung behinderter und von Behinderung bedrohter Kinder und Jugendlicher, Beiheft 11, Zeitschrift für Heilpädagogik, 1974
Dever, R. B.: Defining Mental Retardation from an Instructional Perspective, in: Mental Retardation, Vol. 28, 3/1990, 147-153
Dieter, M.: Zur Enthospitalisierung geistig behinderter Menschen in der Schweiz, in: Theunissen, G.; Lingg, A. (Hrsg.), a.a.O., 63-87
Dietrich, M.: Die humane Werkstatt für Behinderte, in: Geistige Behinderung 4/1983
Doering, W.; Doering, W. (Hrsg.): Sensorische Integration, Dortmund 1990
Domma, W. (Hrsg.): Praxisfelder der Kunsttherapie, Köln 1993
Dörner, K.: Enthospitalisierung aus sozialpsychiatrischer Sicht. Am Beispiel des Landeskrankenhauses Gütersloh. in: Theunissen, G. (Hrsg.), a.a.O. (1998a), 31-42
ders.; Plog, U.: Irren ist menschlich, Lehrbuch der Psychiatrie/Psychotherapie, Bonn 1994
Dose, M.: Psychopharmaka-Behandlung bei chronisch psychisch Kranken und geistig behinderten Menschen, in: Theunissen, G.; Lingg, A. (Hrsg.), a.a.O., 168-186
Dosen, A.: Psychische en gedragsstoornissen bij zwackzinnigen. Amsterdam 1990
ders.: Diagnostische und therapeutische Probleme, in: Gaedt, Ch. u.a., a.a.O. 1993 (a)
ders.: Diagnosis and treatment of psychiatric and behavioural disorders in mentally retarded individuals: the state of art, in: Journal of Intellectual Disability Research. 37, 1993 (b), 1-7.
ders.: Entwicklungsdynamische Beziehungstherapie, in: Hennicke, K.; Rotthaus, W. (Hrsg.), a.a.O. 1993 (c)
Dupont, A.: Gegenwärtige Trends in der Arbeit mit Menschen mit geistiger Behinderung und das Problem der „dual diagnosis", in: Gaedt, Ch. u.a., a.a.O. (1993)
Durand, V. M.: Self-injurious behavior as intentional communication, in: Advances in Learning and Behavioral Disabilities 5/1986, 141-155
ders.; Carr, E. G.: Self-injurious behavior, Motivating conditions and guidelines for treatment, in: School Psychology Review 14/1985, 171-176
ders.; Crimmins, D.: Identifying the Variables Maintaining Self-Injurious Behavior, in: Journal of Autism and Developmental Disorders 18/1988, 99-117
Dykens, E.: Measuring behavioral phenotypes: Provocations from the „New Genetics", in: Am Journal on Mental Retardation 99 Vol. 1995, 522-532
Dzikowski, St.; Vogel, C.: Störungen der sensorischen Integration bei autistischen Kindern, Weinheim 1988
Edgerton, R. B.: The cloak of competence – stigma in the lives of mentally retarded, Berkeley 1967
ders.: Aging in the Community – A Matter of Choice, in: American Journal on Mental Retardation, Vol. 52 1988, 351-355
Egger, B.: Bilder verstehen, Bern 1991
Eggert, D.: Veränderungen im Bild von der geistigen Behinderung in der Psychologie, in: Hennicke, K.; Rotthaus, W. (Hrsg.), a.a.O.
ders.: Theorie und Praxis der psychomotorischen Förderung, Dortmund 1994
ders.: Von den Stärken ausgehen... , Dortmund 1996
Eim, Y.; Pirl, A.: Jahresbericht der Beratungsstelle der Behinderteneinrichtung „Schloß Hoym e. V." 1999

dies.: Persönliche Mitteilung 1999
Ellger-Rüttgart, S.: Die aktuelle bildungspolitische Diskussion um die Förderung von Kindern und Jugendlichen mit schwersten Behinderungen, in: Die Sonderschule 1/1995, 41-51
Erikson, E.: Einsicht und Verantwortung, Stuttgart 1966
Escalera, C.: „Verhaltensauffälligkeiten": Eine Gratwanderung zwischen intellektueller Herausforderung und emotionaler Überforderung, in: Theunissen, G. (Hrsg.), a. a.O. (2000c)
Esser, M.: Der psychomotorische Ansatz von B. Aucouturier, in: Dreher, W. (Hrsg.): Geistigbehindertenpädagogik vom Menschen aus, Gütersloh 1990
dies.: Psychomotorische Therapie nach B. Aucouturier, in: Fikar, S. u.a., a.a.O.
Fartacek, R.; Geretsegger, Ch.: Aggression aus biologischer Sicht, in: Schöny, W.; Rittmannsberger, H.; Guth, Ch. (Hrsg.): Aggression im Umfeld psychischer Erkrankungen, Linz 1994
Feil, N.: Validation, Wien 1992 (4. Aufl.)
Feith-Lehmann, H. u.a.: Versuche der Umsetzung der Sivus-Methode, Tagesstätte Parkstraße in Bremen, in: Die Sivus-Methode, hrsg. von Verb. ev. Einrichtungen für geistig und seelische Behinderte, Stuttgart 1989 (Selbstverlag)
Feurstein, A.: Älter werden mit geistiger Behinderung in der Lebenshilfe Vorarlberg – „(k)eine Freude?" in: Theunissen, G.; Lingg, A. (Hrsg.) a.a.O., 254-262
Feuser, G.: Grundlagen zur Pädagogik autistischer Kinder, Weinheim 1979
ders.: Zum Verständnis selbstverletzender Verhaltensweisen autistischer Kinder und Jugendlicher, in: Therapeutische Ansätze ... a.a.O.
ders.: Zum Verständnis von Stereotypien und selbstverletzenden Verhaltensweisen bei Kindern mit Autismus-Syndrom unter Aspekten der pädagogisch-therapeutischen Arbeit, in: Beschäftigungstherapie und Rehabilitation 2/1985,75-90
ders.: „Geistigbehinderte gibt es nicht!" Projektionen und Artefakte in der Geistigbehin-dertenpädagogik, in: Geistige Behinderung 1/1996, 18-25
FEW (Frostigs Entwicklungstest der visuellen Wahrnehmung), Manual, Weinheim 1982 (4. Aufl.)
Fikar, S.; Fikar, H.; Thumm, K. (Hrsg.): Körperarbeit mit Behinderten, Stuttgart 1992
Finger, G.: Verhaltensstörungen als gestörtes Miteinander, in: Finger, G. (Hrsg.): Mein Kind ist nicht wie andere, Leben mit verhaltensauffälligen, behinderten und autistischen Kindern, Freiburg 1995
Fischer, E.: Wahrnehmungsförderung und Sinnerschließung bei schwer geistig Behinderten, in: Geistige Behinderung 4/1983 (a), 282-291
ders.: Wahrnehmungsförderung, Bad Honnef 1983 (b)
Flehmig, I.: Sensorische Integration bei autistischen Verhaltensweisen, in: Beschäftigungstherapie und Rehabiliation, 24. Jg., 2/1985, 69-74
Fletcher, R.: Die Betreuung von Menschen mit geistiger Behinderung und psychischen Störungen in den USA, in: Gaedt, Ch. u.a., a.a.O. (1993)
Fletcher, R.; Menolascino, F. (eds.): Mental retardation and mental illness. Lexington 1989 (Lexington Books)
Frank, W.: Kurzlehrbuch Psychiatrie, Neckarsulm, Stuttgart 1993 (11. Aufl.)
Franzkowiak, T.: Verständigung mit graphischen Symbolen, in: Braun, U. (Hrsg.) a.a.O.
Fröhlich, A.: Ganzheitliche Schwerstbehindertenförderung, in: Bewegen, Erleben, Lernen. Beiheft der Zeitschrift für Heilpädagogik, Bd. 12, Nienburg 1985
ders.: Ganzheitliche Schwerstbehindertenförderung, in: Fröhlich, A. (Hrsg.) a.a.O.
ders. (Hrsg.): Pädagogik bei schwerster Behinderung, Hdb. der Sonderpädagogik Bd. 12, Berlin 1991
ders.: Basale Stimulation für Menschen mit schwerster Mehrfachbehinderung, in: Fikar, S.; Fikar, H.; Thumm, E. (Hrsg.), a.a.O., 1992 (a)
ders.: Basale Stimulation. Düsseldorf 1992 (b)
ders.: Laß' mich wie ich bin – komm' und hilf mir! Überlegungen zur frühen Förderung geistig behinderter Kinder, in: Hofmann, T.; Klingmüller, W. (Hrsg.): Abhängigkeit und Autonomie, neue Wege in der Geistigbehindertenpädagogik, Berlin 1994
ders.; Kölsch, S.: „Alles was wir sind, sind wir in Kommunikation", in: Geistige Behinderung 1/1998, 22-36
Frisch, M.: Homo Faber, Hamburg 1969
Fromm, E.: Das Menschenbild bei Marx, Frankfurt 1985
Frostig, M.: Bewegungserziehung, München, Basel 1975
Frostig, M.; Müller, H. (Hrsg.): Teilleistungsstörungen, München 1981

Fuchs, U.: Gentechnik – Der Griff nach dem Erbgut. Eine kritische Bestandsaufnahme, Bergisch Gladbach 1996
Fürth, W.: Wege zur Eingliederung – Möglichkeiten einer heiminternen Arbeit für hospitalisierte geistigbehinderte Erwachsene – am Beispiel des Rhein. Heilpädagogischen Heimes Langenfeld, in: Theunissen, G.: Der Schule entwachsen – Wege zur Rehabilitation Geistigbehinderter im Erwachsenenalter, Frankfurt 1987 (2. Auflage)
Gaedt, Ch.: Ein Ort zum Leben, in: Kritisches Jahrbuch der Medizin (Argument-Verlag), Berlin 1981
ders. (Hrsg.): Psychotherapie bei geistig Behinderten, Neuerkeröder Beiträge 3, 1987 (a) (Selbstverlag der Anstalt)
ders.: Normalisierung, Neuerkeröder Beiträge 2, 1987 (b) (Selbstverlag der Anstalt)
ders.: (Hrsg.): Selbstentwertung und depressive Inszenierung bei Menschen mit geistiger Behinderung, Neuerkeröder Beiträge 6, 1990 (Selbstverlag der Neuerkeröder Anstalten)
ders.: Psychisch krank und geistig behindert. Dortmund 1993
ders.: Aspekte eines psychoanalytisch orientierten Konzeptes zur Diagnostik und Therapie von psychischen Störungen bei Menschen mit geistiger Behinderung, in: Lotz, W.; Koch, U.; Stahl, B. (Hrsg.): Psychotherapeutische Behandlung geistig behinderter Menschen, Bern 1994
ders.; Gärtner, D.: Depressive Grundprozesse – Reinszenierungen der Selbstentwertung, in: Gaedt, Ch. (Hrsg.) a.a.O. (1990)
Galperin, P. J.: Die geistige Handlung als Grundlage für die Bildung von Gedanken und Vorstellungen, in: Galperin, P. J.; Leontjew, A. N. u.a. (Hrsg.): Probleme der Lerntheorie, Berlin 1972
Ginsburg, H.; Opper, S.: Piagets Theorie der geistigen Entwicklung, Stuttgart 1975
Goffman, E.: Stigma, über Techniken der Bewältigung beschädigter Identität, Frankfurt 1967
ders.: Asyle. Frankfurt 1972
Goldstein, K.: Der Aufbau des Organismus, The Hague 1934
Goll, H.: Heilpädagogische Musiktherapie. Frankfurt u.a. 1993
ders.: Vom Defizitkatalog zum Kompetenzinventar, in: Hofmann, T.; Klingmüller, B. (Hrsg.): Abhängigkeit und Autonomie, Berlin 1994
Görres, S.; Hansen, G.(Hrsg.): Psychotherapie bei Menschen mit geistiger Behinderung. Bad Heilbrunn 1992
Gouldner, A.W.: Die westliche Soziologie in der Krise, Reinbek 1974
Grandic, A.: Sensorische Integration in der Förderung geistig behinderter Menschen, in: Fikar, S. u.a., a.a.O.
Griffin, J. C.; et al.: Self-Injurious Behavior: A State Prevalence Survey of the Extend and Circumstances, in: Applied Research in Mental Retardation 7/1986, 105-116
Gromann, P.: Nutzerkontrolle als Element der Qualitätssicherung für das System der Hilfen für Menschen mit geistiger Behinderung, in: Theunissen, G. (Hrsg.) a.a.O., (1998a), 94-108
Gromann-Richter, P. (Hrsg.): Was heißt hier Auflösung? Die Schließung der Klinik Blankenburg, Bonn 1991
Gunzburg, H. C.: Further Education for the Mentally Handicapped, in: Clarke/Clarke (Eds.): Mental Deficiency, London 1974
Haan, H.: Coping and Defending, New York (Acad. Press) 1977
Hackenberg, W.: Psychische Störungen bei Menschen mit geistiger Behinderung, in: Zeitschrift für Heilpädagogik 1/1996, 10-17
Haeberlin, U.: Heilpädagogik als wertgeleitete Wissenschaft, Bern 1996
Hähner, U. u. a. (Hrsg.): Vom Betreuer zum Begleiter. Eine Neuorientierung unter dem Paradigma der Selbstbestimmung, Marburg 1997
Hahn, K.: Erziehung zur Veranwortung, Stuttgart 1954
Hallahan, D.; Cruickshank, W.: Lernstörung bzw. Lernbehinderung, München 1979
Hanselmann, H.: Einführung in die Heilpädagogik, Zürich 1976 (1. Aufl. 1930)
Hansen, G.: Behinderung, in: Hansen, G.; Stein, R. (Hrsg.): Sonderpädagogik konkret, Bad Heil-brunn 1994
Harder, G.: „Ich kann was". Erlebnispädagogik für geistig Behinderte, in: Jugendschutz heute 2/1990, 14-16
Haring, C.: Psychiatrie, Stuttgart 1989, 1996 (2. ver. Aufl.)
Harlow, H. F.; Harlow, M. K.: Social deprivation in monkeys, in: Scientific American 207 (1962), 136-146
Harlow, H. F.; Suomi, S. J.: Die Wiederherstellung sozialen Verhaltens bei isoliert aufgezogenen Primaten, in: Scherer, K. R.; Stahnke, A.; Winkler, P. (Hrsg.): Psychobiologie, München 1987, 76-84
Hartje, W.: Funktionelle Spezialisierung der Großhemispäre, in: Poeck, K. (Hrsg.) a.a.O., 37-70
ders., Sturm, W.: Störungen der Intelligenzfunktion, in Poeck. K. (Hrsg.) a.a.O., 311-313 (1989a)
ders., Sturm, W.: Räumliche Orientierung und konstruktive Apraxie, in: Poeck, K. (Hrsg.) a.a.O., 225-265 (1989b)

ders., Sturm, W.: Amnesie, in Poeck, K. (Hrsg.) a.a.O., 226-254 (1989c)
Hartmann, N.; Passon, B.: Pädagogik der Schwerstbehinderten, in: Hartmann, N. (Hrsg.): Beiträge zur Pädagogik der Schwerstbehinderten, Heidelberg 1983
Hasler, R.: Die spezifischen Schwierigkeiten der Integration von Schwerst- und Mehrfachbehinderten in Werkstätten für Behinderte (WfB), Examensarbeit an der Ev. FH Rheinland – Westfalen – Lippe, Abt. Düsseldorf FB Sozialwesen II 1984
Hausser, K.: Identitätsentwicklung, New York 1983
Haupt, U.; Fröhlich, A.: Entwicklungsförderung schwerstbehinderter Kinder, Mainz 1982
Heller, A.: Das Ideal der Arbeit vom Blickwinkel des Alltagslebens, in: Bloch, E. (Hrsg.): Marxismus und Anthropologie, Festschrift für Leo Kofler, Bochum 1980
Heck, K.: Alles über OBAS, in: http://www.obas.de (1998)
Heller, T.: Über Psychologie und Psychopathologie des Kindes, Wien 1925
Hennicke, K.: Therapeutische Zugänge zu geistig behinderten Menschen mit psychischen Störungen: Traditionelles und systemisches Konzept, in: Geistige Behinderung 33 (1994), 95-110
ders.: Der andere Blick. Traditionelle und systemische Sichtweisen, in: Petry, D.; Bradl, C.: (Hrsg.) a.a.O., 83-101
ders.: Aggressive Verhaltensweisen von Menschen mit geistiger Behinderung: Wozu könnten sie nützlich sein und wie werden sie aufrechterhalten? Was müßte getan werden, damit sie weiter bestehen bleiben? In: Theunissen, G. (Hrsg.) a.a.O. (2000c)
ders.; Rotthaus, W. (Hrsg.): Psychotherapie und geistige Behinderung. Dortmund 1993
Hentig, v. H.: Spielraum und Ernstfall, Stuttgart 1969
ders: Systemzwang und Selbstbestimmung, Stuttgart 1970
Herriger, N.: Empowerment – Annäherungen an ein neues Fortschrittsprogramm der sozialen Arbeit, in: Neue Praxis 3/1991, 221-230
ders.: Empowerment in der Sozialen Arbeit, Stuttgart 1997
Hielscher, H. (Hrsg.): Materialien zur sozialen Erziehung, Heidelberg 1973
Hippler, B.; Scholz, W.: Token-Verstärkersysteme in der Schule, in: Kraiker, C. (Hrsg.): Handbuch der Verhaltenstherapie, München 1974
Höss, H.; Goll, H.: Wege nach draußen, Stuttgart 1986
Hoffmann, C.: Enthospitalisierung oder Umhospitalisierung? Am Beispiel der Neuen Länder, in: Theunissen, G.(Hrsg.), a.a.O. (1998a), 109-153
dies.: Enthospitalisierung und Deinstitutionalisierung - Einführung in die Leitterminologie, in: Theunissen, G.; Lingg, A. (Hrsg.), a.a.O., 16-27
dies.: Sterben und Tod, in: Lebenshilfe (Hrsg.): Persönlichkeit und Hilfe im Alter, Marburg 1999, 182-197
dies.; Kulig, W.; Theunissen, G.: Bildungsangebote für Erwachsene mit geistiger Behinderung an Volkshochschulen, in: Geistige Behinderung (vor.) 4/2000
Holtz, K.-L.: Geistige Behinderung und soziale Kompetenz, Heidelberg 1994
Holtz, K.-L.; Nassal, A.: Epidemiologische Analysen zur Zusammensetzung der Schülerschaft an Schulen für Geistigbehinderte, in: Zeitschrift für Heilpädagogik 3/1999, 90-98
Homfeldt, H. G.: Stigma und Schule. Düsseldorf 1974 (a)
ders.: Wie Ali und Werner vom Schulbesuch ausgeschlossen wurden. Essen 1974 (b)
Houghton, I.; Bronicki, B.; Guess, D.: Opportunities to Express Preferences and Make Choices among Students with Severe Disabilities in Classroom Settings, in: JASH (Journal of the Association for Persons with severe handicaps) 1987, Vol. 12, 18-27
Huber, G.: Psychiatrie, Stuttgart 1994
Huber, N.: Der Autrag der Werkstatt, Arbeitsplätze für alle Behinderte zu schaffen, in: Sonderdruck aus Caritas '83 – Jahrbuch des Deutschen Caritasverbandes, Freiburg 1983.
Huber, W.; Peock, K.; Weniger, D.: Aphasie, in: Poeck, K. (Hrsg.) a.a.O., 89-136
Hulsegge, J.; Verheul, A.: Snoezelen – eine andere Welt, Marburg 1993
Huslisti, B.; Huslisti, S.: Der Lebensbereich Freizeit von Erwachsenen mit geistiger Behinderung, unveröffentlichte Diplomarbeit, Kath. Fachhochschule Freiburg 1994
Huslisti, B.; Huslisti, S.; Theunissen, G.: "Workshop Wohnen", in: Lebenshilfe e. V. (Hrsg.) a.a.O.
Inhelder, B.: Die kognitive Entwicklung und ihr Beitrag zur Diagnose einiger Erscheinungsformen geistiger Behinderung,

in: Inhelder, B. (Hrsg.): Von der Kinderwelt zur Erkenntnis der Welt, Wiesbaden 1978
Jacobs, B.; Welter, H.: Grundzüge caritativer Werkstattarbeit, in: Caritas 12/1992
Jakobs, H.: Kategorien des Alltags – zur Lebenssituation und „Lebenszufriedenheit" Erwachsener mit geistiger Behinderung, in: Jakobs, H.; König, A.; Theunissen, G. Hrsg.): Lebensräume – Lebensperspektiven – Erwachsene mit geistiger Behinderung in der Bundesrepublik Deutschland, Frankfurt 1987
ders.: Erwachsen-Werden, Erwachsen-Sein bei geistiger Behinderung, in: Jakobs, H.; König, A.; Theunissen, G. (Hrsg.): Lebensräume – Lebensperspektiven. Ausgewählte Beiträge zur Situation Erwachsener mit geistiger Behinderung, Butzbach-Griedel 1998, 18-59
ders.; Theunissen, G.: Eine Werkstatt für alle?, in: Jakobs, H.; König, A.; Theunissen, G. (Hrsg.): Lebensräume – Lebensperspektiven. Ausgewählte Beiträge zur Situation Erwachsener mit geistiger Behinderung, Butzbach-Griedel 1998, 262-289
Janke, W.: Erfassung von aggressivem und impulsivem Verhalten. Ansätze der Psychologie, in: Möller, H. J.; Praag, v. H. M. (Hrsg.) a.a.O.
Jantzen, W.: Sozialisation und Behinderung, Gießen 1974
ders.: Behindertenpädagogik – Persönlichkeitstheorie – Therapie, Köln 1978
ders.: Geistigbehinderte Menschen und gesellschaftliche Integration, Bern u.a. 1980
ders.: Allgemeine Behindertenpädagogik, Band II. Neurowissenschaftliche Grundlagen, Diagnostik, Pädagogik und Therapie, Weinheim 1990
ders.: Syndromanalyse und romantische Wissenschaft – Perspektive einer allgemeinen Theorie des Diagnostizierens, in: ders. (Hrsg.): Die neuronalen Verstrickungen des Bewußtseins – Zur Aktualität von A. R. Lurijas Neuropsychologie, Münster 1994, 125-158
ders.: Enthospitalisierung und verstehende Diagnostik, in: Theunissen, G. (Hrsg.), a.a.O. (1998a), 43-61
ders.: Rehistorisierung, in: Behinderte 6/1999, 31-40
ders.: Diagnostik und Rehistorisierung: Probleme und Strategien einer verstehenden Diagnostik, hekt. Manuskript, erscheint vor. in: Behinderte 2000
ders.; Lauwer-Koppelin, W. (Hrsg.): Diagnostik als Rehistorisierung, Berlin 1996
ders.; Mertens, N.: Psychische Störungen bei geistig behinderten Menschen und die Methode der Rehistorisierung, hekt. Manuskript, Bremen 2000
ders.; Salzen, v. W.: Autoaggressivität und selbstverletzendes Verhalten, Berlin 1986
ders., Schnittka, T.: „Verhaltensauffälligkeit" ist eine soziale Konstruktion: über Vernunftfallen und andere Angriffe auf das Selbst, in: Theunissen, G. (Hrsg.) a.a.O. (2000c)
Jervis, G.: Kritisches Handbuch der Psychiatrie. Frankfurt 1978
Jetter, K.: Förderdiagnostik als kooperative Rekonstruktion bedeutsamer Handlungserfahrungen, in: Vierteljahresschrift für Heilpädagogik und ihre Nachbargebiete 3/1985, 280ff
ders.: „Verstehende Diagnostik", in: Geistige Behinderung, 4/1994, 297-307
Jones, R. S. P.; Baker, L. V.: Differential Reinforcement and Challenging Behavior, A critical review of the DRI schedule, in: Behavioral Psychotherapy 18 (1990), 35-47
Kane, J. F.: Schwere geistige Behinderung und selbstverletzendes Verhalten: Neuere Überlegungen in der internationalen Diskussion, in: WISTA a.a.O.
ders.; Hettinger, J.: Die Förderung von Menschen mit selbstverletzenden Verhaltensweisen, in: Geistige Behinderung 1/1987, 13-21
Kanter, G.: Lernbehinderungen, Lernbehinderte, deren Erziehung und Rehabilitation, in: Sonderpädagogik Bd. 3, Gutachten der Bildungskommission, Stuttgart 1974
Kauschus-Nazario, Ch.: Snoezelen – mit allen Sinnen lernen, in: Geistige Behinderung 3/1989, 209-214
Kerkhoff, E.; Kerkhoff, W.: Fördermaßnahmen mit der Übungs- und Beobachtungsfolge „Visuelle Wahrnehmungsförderung" von Frostig/Reinartz, in: Reinartz, A. u.a. (Hrsg.) a.a.O.
Keupp, H.: Gemeindepsychologie, in: Speck, O.; Martin, K.-R. (Hrsg.): Sonderpädagogik und Sozialarbeit, Handbuch der Sonderpädagogik Band 10, Berlin 1990
ders.: Die (Wieder-)Gewinnung von Handlungskompetenz, Empowerment in der psychosozialen Praxis, in: Verhaltenstherapie und psychosoziale Praxis, 25 Jg., 3/1993, 365-381
King, B. H.: Self-Injury by People With Mental Retardation: A Compulsive Behavior Hypothesis, in: American Journal on

Mental Retardation, Vol. 98, 1/1993, 93-112
Kiphard, E.: Motopädagogik. Dortmund 1984
ders.: Die heilpädagogische Bewegungserziehung Marianne Frostigs als humanistisch-psychomotorischer Ansatz, in: Festschrift Memorial – Symposium zum 1. Todestag von Prof. Dr. Marianne Frostig, (Universität) Frankfurt 1986 (Selbstverlag)
Kittman, N.: Die Aufgaben der Psychiatrie bei geistig behinderten Menschen in psychosozialen Krisen. Erfahrungen einer psychiatrischen Klinik – ein Modell für die Zukunft? Oder: Psychisch krank und geistig behindert – was nun? In: Theunissen, G.; Lingg, A. (Hrsg.) a.a.O., 154-167
Klafki, W.: Neue Studien zur Bildungstheorie und Didaktik, Weinheim 1985
Klein, F.: Scheiblauer-Rhythmik unter heilpädagogischem Aspekt – insbesondere für das Kind mit schwerer geistiger Behinderung, in: Vierteljahresschrift für Heilpädagogik 2/1991, 137-148
ders.: Geistige Behinderung, in: Hansen, G.; Stein, R. (Hrsg.): Sonderpädagogik konkret, Bad Heilbrunn 1994
Kluge, K.-J.: Schwererziehbarkeit/Erziehungsschwierigkeit – Leistungsrückstände – Lernversagen, in: Acta Paedopsychiatrica 38 Jg. 5 u. 6/1971, 144-153
Knust-Potter, E.: „We can change the future" – Self Advocacy Gruppen in Großbritannien, in: Hofmann, T.; Klingmüller, B. (Hrsg.): Abhängigkeit und Autonomie, neue Wege in der Geistigbehindertenpädagogik, Berlin 1994
dies.: Self Advocacy – oder Wir sprechen für uns selbst, in: Lebenshilfe e.V. (Hrsg.), a.a.O.
dies.: Behinderung – Enthinderung. Die Community Living Bewegung gegen Ausgrenzung und Fremdbestimmung, Köln 1998
Köckenberger, H.: „Spaß ist die beste Motivation" – Psychomotorische Entwicklungsförderung, in: Fikar, S. u.a., a.a.O.
Kohn, A.: Caring Kids. The Role of the Schools, in: Phi Delta Kappan 72 Vol. 1991, 497-506
Kofler, L.: Der Alltag zwischen Eros und Entfremdung, Bochum 1982
Kraemer, G. W.; Clarke, S.: The behavioral neurobiology of self-injurious behavior in Rhese monkeys, in: Prog. Neuro-Psychopharmacol. and Biol. Psychiat. 14 (1990), 141-168
Krappmann, L.: Soziologische Dimensionen der Identität, Stuttgart 1972
Krebs, H.: Aktuelle Probleme geistig behinderter Menschen, in: Münch. med. Wochenschrift 51/52 1980, 1849-1854
ders.: Aktuelle sozialmedizinische und sozialpsychiatrische Aspekte zur geistigen Behinderung, in: Geistige Behinderung 3/1988, 170-179
Krimm-Fischer, v. Ch.: Rhythmik und Sprachanbahnung, Heidelberg 1986
Kristen, U.: Unterstützte Kommunikation, in: Zeitschrift Lokus interdisziplinär 1/1994(a), 5
dies.: Praxis Unterstützte Kommunikation, eine Einführung, Düsseldorf 1994(b)
Kuhse, H.: Warum Fragen der aktiven und passiven Euthanasie auch in Deutschland unvermeidlich sind, in: Deutsches Ärzteblatt Heft 19, 1990, 913-920
dies.; Singer, B.: Should the Baby live? Oxford 1985
Kuppe; G.: Enthospitalisierung aus sozialpolitischer Sicht. Am Beispiel der Position des Landes Sachsen-Anhalt, in: Theunissen, G. (Hrsg.), a.a.O. (1998a), 15-30
Lazarus, R. S.: Streß und Streßbewältigung – ein Paradigma, in: Filipp, S.-H. (Hrsg.): Kritische Lebensereignisse, München 1990.
Lebenshilfe e. V. (Hrsg.): Selbstbestimmung, Marburg 1996
Leboyer, F.: Sanfte Hände, München 1984
Lempp, R.: Frühkindliche Hirnschädigung und Neurose, Bern u. a. 1970
ders.: Organische Psychosyndrome, in: Harbauer, H. u. a. (Hrsg.): Lehrbuch der speziellen Kinder- und Jugendpsychiatrie, Berlin u. a. 1980
ders.: Pädagogik, Heilpädagogik und Kinder- und Jugendpsychiatrie, in: Dreher, W. u. a. (Hrsg.): Geistigbehinderte zwischen Pädagogik und Psychiatrie, Bonn 1987
ders.: Medizinische Grundlagen der Verhaltensstörungen, in: Goetze, H.; Neukäter, H. (Hrsg.): Pädagogik bei Verhaltensstörungen, Hdb. der Sonderpädagogik, Band 6. Berlin 1989
Lindenmaier, W.: Heilpädagogische Förderung Hangweide, hekt. Manuskript, Kernen 1988
Lingg, A.: Autoaggressivität bei geistig behinderten Menschen und Möglichkeiten einer Therapie, hekt. Manuskript, Vortrag am 21/22.10.1994 im Rahmen der „Würzburger Therapeutischen Gespräche" zum Thema „Aggressivität und Gewalt – Prävention und Therapie"

ders.: Adäquates Diagnostizieren und Behandeln psychischer Störungen, in: Strubel, W.; Weichselgartner, H. (Hrsg.): Behindert und verhaltensauffällig, zur Wirkung von Systemen und Strukturen, Freiburg 1995

ders.; Theunissen, G.: Psychische Störungen und geistige Behinderung. Freiburg 2000

Liungman, C. G.: Der Intelligenzkult, Hamburg 1973

Löb, R.: Der Aufbau der Sprache und Kommunikation bei schwerstgeistigbehinderten Kindern, in: Feuser, G.; Oskamp, U.; Rumpler, F. (Hrsg.): Förderung und schulische Erziehung schwerstbehinderter Kinder und Jugendlicher, Stuttgart 1983 (VDS-Selbstverlag), 133-137

ders.: Mit Löb-System lernen, Amberg 1985

Loon, v. J. H. M.: Die Beziehungstherapie und Gentle Teaching in der Behandlung von psychischen Störungen und Verhaltensstörungen, in: Hennicke, K. Rotthaus, W. (Hrsg.) a.a.O.

Lotz, W.: Psychische Störungen bei Menschen mit geistiger Behinderung. Unveröffentl. Diplomarbeit, Universität Freiburg 1991 (Psychologisches Seminar)

ders.; Koch, U.: Zum Vorkommen psychischer Störungen bei Personen mit geistiger Behin-derung, in: Lotz, W.; Koch, U.; Stahl, B. (Hrsg.): Psychotherapeutische Behandlung geistig behinderter Menschen, Bern 1994

Lüders, D.; Jaritz, E.; Student, U.: Lesch-Nyhan Syndrom ohne Selbstverstümmelung, in: Pädiatrische Praxis 22 (1979), 211-215

Lurija, A. R.: The Working Brain, London 1973

Mall, W.: Festhaltetherapie bei Personen mit autistischem Verhalten im Heim für geistig Behinderte, in: Zur Orientierung 7/1983, 38-46

ders.: Basale Kommunikation – ein Weg zum anderen, in: Geistige Behinderung 23 (1/1984) (Praxisteil)

ders.: Die Wiederaufnahme der primären Kommunikationssituation als Basis zur Förderung schwer geistig behinderter Menschen, in: Bewegen, Erleben, Lernen. Beiheft der Zeitschrift für Heilpädgogik Bd. 12, Nienburg 1985

ders.: Basale Kommunikation, Heidelberg 1990

Markowetz, R.: Körperliche Aktivierung. Ein Förderansatz für Menschen mit schwerer geistiger Behinderung und gravierenden Verhaltensproblemen, in: Behinderte 2/1996, 33-56

ders., Cloerkes, G. (Hrsg.): Freizeit im Leben behinderter Menschen, Heidelberg 2000

Maturana, H. R.; Varela, F. J.: Der Baum der Erkenntnis, Bern 1987

McGee, J. J. et al. (ed): Gentle Teaching. A non-aversive approach to helping persons with mental retardation. New York 1987 (Human Sciences Press)

McGee, J.; Menolascino, F.: Beyond Gentle Teaching, New York 1991 (Plenum Press)

Medicus, G.: Humanethnologische Aspekte der Aggression, in: Schöny, W.; Rittmannsberger, H.; Guth, Ch. (Hrsg.): Aggression im Umfeld psychischer Störungen, Linz 1994

Meins, W.: Psychotherapie und Psychopharmakotherapie, in: Hennicke, K.; Rotthaus, W. (Hrsg.): Psychotherapie und Geistige Behinderung, Dortmund 1993

ders.: Affektive Störungen bei Menschen mit geistiger Behinderung, in: Lotz, W.; Koch, U.; Stahl, B. (Hrsg.): Psychotherapeutische Behandlung geistig behinderter Menschen, Bern u.a. 1994

Menzen, K.-H.: Heilpädagogische Kunsttherapie, Freiburg 1994a

ders.: Von künstlerischer Arbeit in der Heilpädagogik, in: Zeitschrift für Heilpädagogik 6/1994(b), 389-398

ders.: Kunsttherapie mit wahrnehmungsgestörten und geistig behinderten Menschen (zit. n. hekt. Manuskript 1990), in: Petzold, H.; Ort, I. (Hrsg.): Die neuen Kreativitätstherapien, Bd I, Paderborn, 499-514

Mercer, J. R.: Labeling the mentally retarded, Berkely 1973

Merkens, L.: Basale Lernprozesse zur Förderung der visuellen Wahrnehmungsfähigkeit bei Autismus, hirnorganischen Schädigungen und sensomotorischen Deprivationen, in: Praxis der Kinderpsychologie 32 Jg., 1/1983, 4-11

dies: Modifikation des „Frostig-Entwicklungstests der visuellen Wahrnehmung (FEW)" zur Anwendung bei Schwerbehinderten, in: Praxis der Kinderpsychologie 33 Jg., 4/1984, 114-122

Meyer, B.: Geistige Behinderung. Pflegerische und heilpädagogische Aspekte, Berlin, Wiesbaden 1997

Meyer, H.: Zur Psychologie der geistig Behinderten, Berlin 1977

Miller, A.; Keys, C.: Awareness, Action, and Collaboration: How the Self-Advocacy Movement is Empowering for Persons With Developmental Disabilities, in: Mental Retardation 5/1996, 312-319

Möller, H.-J.: Autoaggressives Verhalten – medikamentöse Behandlungsmöglichkeiten, in: Möller, H.-J.; Praag, v. H. M. (Hrsg.) a.a.O.

ders.: Psychiatrie, Stuttgart 1994 (2. Aufl.)

Möller, H.-J.; Praag, v. H. M. (Hrsg.): Aggression und Autoaggression, Berlin 1992
Moog, W.: Anamnese, Beobachtung, Tests – Pädagogisch-diagnostische Untersuchungsverfahren im Bereich der Geistigbehindertenpädagogik, Hagen, Fernuniversität, Fachbereich Erziehungs- und Sozialwissenschaften 1984
ders.: Interaktionsanalyse bei Schwerstbehinderten, unv. Manuskript, Dortmund 1985
Mühl, H.: Einführung in die Geistigbehindertenpädagogik, Bonn 1991
Mudford, O. C.: Review of the Gentle Teaching Data, in: American Journal on Mental Retardation 1995, Vol. 99, 345-355
Musiktherapeutische Umschau (Themenheft: Musiktherapie und Geistige Behinderung), Bd. 15, 3/1994
Naske, R.: Schwachsinn (Oligophrenie), in: Friedmann, A.; Thau, K. (Hrsg.): Leitfaden der Psychiatrie, Wien 1987
Nedopil, N.: Das Dilemma der Aggressions- und Impulskontrollstörungen in Diagnose und Therapie aus forensisch-psychiatrischer Sicht, in: Möller, H.-J.; Praag, H.M. (Hrsg.) a.a.O.
Neikes, J.; Danuser-Zogg, E.: Scheiblauer Rhythmik, Augustin 1993
Neubauer, G.: Zur Enthospitalisierung von Menschen mit geistiger Behinderung in Österreich, in: Theunissen, G.; Lingg, A. (Hrsg.) a.a.O., 28-62
Neubauer, W.: Selbstkonzept und Identität im Kindes- und Jugendalter, München 1976
Neuhäuser, G.: Klinische Syndrome, in: Neuhäuser, G., Steinhausen, H.-C. (Hrsg.): Geistige Behinderung, Grundlagen, klinische Syndrome, Behandlung und Rehabilitation, Stuttgart 1990 (2. Aufl. 1999)
ders.: Geistige Behinderung, in: Faust, V. (Hrsg.): Psychiatrie, Stuttgart 1995
ders.: Plastizität des Zentralnervensystems, in: Opp, G.; Peterander, F. (Hrsg.): Focus Heilpädagogik, München 1996, 217-223
ders.: Das Konzept der Verhaltensphänotypen – eine Einführung aus neuropädiatrischer Sicht, (unv. Vortrag), erscheint in: DGSGB (Hrsg.): Bericht zur Arbeitstagung „Das Konzept der Verhaltensphänotypen" am 14.04.2000 in Kassel
Nickolai, W.: Erlebnispädagogik mit Jugendlichen im Strafvollzug, in: Caritas 2/1993, 91-97
ders.; Quensel, St.; Rieder H.: Erlebnispädagogik mit Randgruppen, Freiburg 1991 (2. Aufl.)
Niehoff, U.: Von Pflege- und Behandlungsplänen zu individuellen Zukunftsplanungen, in: Hähner, U. u. a. (Hrsg.) a.a.O.
Opaschowski, H. W.: Pädagogik und Didaktik der Freizeit, Opladen 1987
Orgass, B.: Allgemeine klinische Neuropsychologie, in: Poeck, K. (Hrsg.) a.a.O., 1-7 (1989a)
ders.: Agnosie, in: Poeck, K. (Hrsg.) a.a.O., 207-225 (1989b)
Orlick, T.: Kooperative Spiele,Weinheim 1982
Oy, v. C.; Sagi, A.: Lehrbuch der heilpädagogischen Übungsbehandlung, Heidelberg 1995 (10. Aufl.)
PAC-System, v. Günzburg, H. L., Marburg (Lebenshilfe-Verlag) o. J.
Petry, D.: Menschen mit geistiger Behinderung zwischen Psychiatrie und Behindertenhilfe, in: Petry, D.; Bradl, C. (Hrsg.) a.a.O., 14-26
ders.; Bradl, C. (Hrsg.): Multiprofessionelle Zusammenarbeit in der Geistigbehindertenhilfe, Bonn 1999
Petzold, H.: Zur Integration motopädagogischer, psychotherapeutischer und familientherapeutischer Interventionen in der Arbeit mit geistig Behinderten, in: Lotz, W.; Koch, U.; Stahl, B. (Hrsg.): Psychotherapeutische Behandlung geistig behinderter Menschen, Bern 1994
Pfingsten, U.; Hinsch, R.: Gruppentraining sozialer Kompetenz, Weinheim 1991
Pflüger, L.: Neuorgene Entwicklungsstörungen, München 1991
Piaget, J.: Theorie der modernen Erziehung, Frankfurt 1974
ders.: Das Erwachen der Intelligenz beim Kinde, Stuttgart 1975
Pickenhain, L.: Basale Stimulation. Neurowissenschaftliche Grundlagen, Düsseldorf 1998
Pitsch, H.-J.: Zur Didaktik und Methodik des Unterrichts mit Geistigbehinderten, Oberhausen 1998
Plaute, W.; Theunissen, G.: Arbeitsassistenz, in: Bundschuh, K.; Heimlich, U.; Krawitz, W. (Hrsg.): Wörterbuch Heilpädagogik, Bad Heilbrunn 1999, 20f.
Plaute, W. u. a.: Befragungen auf dem Prüfstand – Kann ein Diskursverfahren zu mehr Objektivität in bezug auf Verhaltensauffällligkeiten und psychosoziale Kompetenzen bei Menschen mit schwerster geistiger Behinderung beitragen? In: Vierteljahresschrift für Heilpädagogik und ihre Nachbargebiete 1998, Jahrgang 67, 69-78
Poeck, K. (Hrsg.): Klinische Neuropsychologie, Stuttgart 1989a
ders.: Apraxie, in: Poeck, K. (Hrsg.) a.a.O., 188-204 (1989b)
ders.: Neuropsychologische Symptome ohne eigenständige Bedeutung, in: Poeck, K. (Hrsg.): a.a.O., 275-284 (1989c)
ders.: Störungen von Antrieb und Affektivität, in: Poeck, K. (Hrsg.) a.a.O., 323-329 (1989d)

Pöggeler, F.: Die Bedeutung der Freizeit für den Menschen, in: Freizeit – Zeit zum Mensch-sein, Tagungsbericht, Verb. kath. Einrichtungen für Lern- und Geistigbehinderte, Freiburg 1993

Polloway, E. A. et al.: Historic Changes in Mental Retardation and Developmental Disabilities, in: Education and Training in Mental Retardation and Developmental Disabilities, 31 Vol. 1996, 3-12

Portmann, A.: Entläßt die Natur den Menschen? München 1970

ders.: Biologie und Geist, Frankfurt 1973

Prekop, I.: Hättest du mich festgehalten. Grundlagen und Anwendung der Festhalte-Therapie, München 1989 (a)

dies.: Der kleine Tyrann, München 1989 (b)

dies.: Festhalten und Festhaltetherapie, in: Fikar, S. u.a., a.a.O.

Psychiatrie-Enquete: Bericht über die Lage der Psychiatrie in der Bundesrepublik Deutschland, Bonn 1975

Rahmann, H.; Rahmann, H.: Das Gedächtnis, München 1988

Rappaport, J.: Ein Plädoyer für die Widersprüchlichkeit. Ein sozialpolitisches Konzept von ‚empowerment' anstelle präventiver Ansätze, in: Verhaltenstherapie und psychosoziale Praxis 2/1985, 257-278

Rath, W.: Systematik und Statistik von Behinderungen, in: Bleidick, U. (Hrsg.): Theorie der Behindertenpädagogik, Hdb. der Sonderpädagogik, Bd. 1, Berlin 1985

Rauh, H.; Arens, D.; Calvat-Kruppa, C.: Vulnerabilität und Resilienz bei Kleinkindern mit geistiger Behinderung, in: Opp, G.; Fingerle, M.; Freytag, A. (Hrsg.): Was Kinder stärkt, Erziehung zwischen Risiko und Resilienz, München 1999

Redl, F.; Wineman, D.: Steuerung des aggressiven Verhaltens beim Kind, München 1976

Redlich, F.: Der Gesundheitsbegriff in der Psychiatrie, in: Mitscherlich, A. u.a. (Hrsg.): Der Kranke in der modernen Gesellschaft, Köln, Berlin 1967

Redlich, F.; Freedman, G. X.: Theorie und Praxis der Psychiatrie, Bd. I u. II, Frankfurt 1976

Reinartz, A.; Reinartz, E.; Reiser, H. (Hrsg.): Wahrnehmungsförderung behinderter und schulschwacher Kinder, Berlin 1990

Reinartz, E.: Visuelles Wahrnehmungstraining und psychomotorische Förderung als prophylak-tische Maßnahmen gegenüber Lernschwächen in der Schule, in: Reinartz, A. u.a. (Hrsg.) a.a.O.

Remschmidt, H.: Aggressives Verhalten von Kindern und Jugendlichen, in: Möller, H. J.; Praag, v. H. M. (Hrsg.) a.a.O.

Richter, H.-G. (Hrsg.): Therapeutischer Kunstunterricht, Düsseldorf 1977

ders. (Hrsg.): Kunst als Lernhilfe, Frankfurt 1982

ders.: Pädagogische Kunsttherapie, Düsseldorf 1984

Rödler, P.: Defizitorientierung, Kompetenzorientierung, Stichworte, in: Bundschuh, K.; Heimlich, U.; Krawitz, R. (Hrsg.): Wörterbuch Heilpädagogik, Bad Heilbrunn 1999

Rogers, C.: Entwicklung der Persönlichkeit, Stuttgart 1974

Rohmann, U. H.; Elbing, U.: Festhaltetherapie und Körpertherapie, Dortmund 1990

ders; Facion, J.: Behandlung von Autoaggressionen unter besonderer Berücksichtigung verschiedener Methoden der Basisinteraktion, in: Therapeutische Ansätze ... a.a.O.

ders; Hartmann, H.: Autoaggressionen, Dortmund 1988

Romanczyk, R. G.; Goren, E.: Severe self-injurious behavior, The problem of clinical control, in: Journal of Consulting and Clinical Psychology 43 (1986), 29-56

Rotthaus, W.: Menschenbild und psychische Krankheit des Geistigbehinderten aus systemischer Sicht, in: Hennicke, K.; Rotthaus, W., a.a.O. (1993)

Rourke, B. P.: Syndrome of nonverbal learning disabilities: The final common pathway of white matter disease/ dysfunktion?, in: Clinical Neuropsychologiest, 1 Vol. 1987, 209-234

ders.: Socio-emotional disturbance of learning disabled children, in: Journal of Consulting and Clinical Psychology, 56 Vol. 1988, 801-810

ders. et al.: A childhood learning disability that predisposed those afflicted to adolescent and adult depression and suicide risk, in. Journal of Learning Disabilities, 22 Vol. 1989, 169-175

Rüger, U.; Blomert, A. F.; Förster, W.: Coping, Göttingen 1990

Saal, F.: Warum sollte ich jemand anders sein wollen, Gütersloh 1992

Sacks, O.: Der Mann, der seine Frau mit einem Hut verwechselte, Hamburg 1987

ders.: Der Tag, an dem mein Bein fort ging, Reinbek 1989

ders.: Eine Anthropolgin auf dem Mars, Hamburg 1997

Saleebey, A. (ed.): The strengths perspective in social work practise, New York 1997 (2. Aufl.)
Sand, A.: Diagnostisch-therapeutische Dienste für geistig behinderte Menschen mit einer psychischen Störung in der Evangelischen Stiftung Neuerkerode, in: Gaedt, Ch. (Hrsg.), a.a.O. (1993)
dies.: Psychopharmakotherapie bei Menschen mit geistiger Behinderung, in: Lotz, W.; Koch, U.; Stahl, B.(Hrsg.): Psychotherapeutische Behandlung geistig behinderter Menschen, Bern 1994
Sander, A.: Behinderungsbegriffe und ihre Konsequenzen für die Integration, in: Eberwein, H. (Hrsg.): Behinderte und Nichtbehinderte lernen gemeinsam, Hdb. der Integrationspädagogik, Weinheim 1988
ders.: Integration behinderter Schüler und Schülerinnen auf ökosystemischer Grundlage, in: Sander, A.; Raidt, B. (Hrsg.): Integration und Sonderpädagogik, St. Ingbert 1991
Sarimski, K.: Entwicklungspsychologie genetischer Syndrome, Göttingen 1997
ders.: Entwicklungspsychologische Aspekte der Verhaltensphänotypen – theoretische Grundlagen und praktische Erfahrungen (unv. Vortrag), erscheint in: DGSGB (Hrsg.): Bericht zur Arbeitstagung „Das Konzept der Verhaltensphänotypen“ am 14.04.2000 in Kassel
Schalock, R.L. et al.: The Changing Conception of Mental Retardation: Implications for the Field, in: Mental Retardation, Vol. 32, 3/1994, 181-193
Scharb, B.: Validation – ein humaner Zugang zu alten verwirrten Menschen, in: Zapotoczky, H.; Fischof, P. (Hrsg.): Handbuch der Gerontopsychiatrie, Stuttgart 1996
Scheiblauer, M.: Grundsätzliches zur Rhythmik bei behinderten Kindern, in: Vierteljahresschrift für Heilpädagogik und Nachbargebiete 3/1991, 233-236
Schilling, F.: Grundlagen der Motopädagogik, in: Clauss, A. (Hrsg.): Förderung entwicklungsgefährdeter und behinderter Heranwachsender, Erlangen 1981
Schnierer, S.: Enthospitalisierung in historischer Verpflichtung, in: Theunissen, G. (Hrsg.) a.a.O., 154-164 (1998a)
Schlosser, R. W.; Goetze, H.: Selbstverletzendes Verhalten bei Kindern un Jugendlichen mit geistiger Behinderung, eine Meta-Analyse von Einzelfalluntersuchungen zur Effektivität von Interventionen, in: Sonderpädagogik 21 (1991), 138-154
Schmitz, G.: Wahrnehmungstraining mit dem Pertra Spielsatz, Dortmund 1992
Schneeberger, F.: Freizeit Geistigbehinderter, in: Helfendes Licht 1/1975
Schneider, W.; Morgeenstern, E.; Schindera, I.: Lesch-Nyhan Syndrom ohne Selbstverstüm-melungstendenz, in: Deutsche medizinische Wochenschrift 101 (1976), 167-172
Schnell, W.: Musiktherapeutische Arbeit im Pränatalraum, in: Fikar, S. u.a., a.a.O.
Schöler, J.: Schwere Behinderungen beim Lernen von Schwerbehinderten, in: Vierteljahresschrift für Heilpädagogik und ihre Nachbargebiete, 61. Jg. 1992, 41-52
Seidel, Ch.: Marianne Frostig – Mensch und Werk, in: Festschrift Memorial-Symposium zum 1. Todestag von Prof. Dr. Marianne Frostig, (Universität) Frankfurt 1986 (Selbstverlag)
Seidel, M.: Das Konzept der Verhaltensphänotypen – eine Einführung aus psychiatrischer Sicht (unv. Vortrag), erscheint in: DGSGB (Hrsg.): Bericht zur Arbeitstagung „Das Konzept der Verhaltensphänotypen“ am 14.04.2000 in Kassel
Seifert, M.: Auffälliges Verhalten – eine Zumutung für die Nachbarschaft? Probleme der Akzeptanz beim gemeindeintegrierten Wohnen, in: Theunissen, G. (Hrsg.) a.a.O. (2000c)
Seifert, R.: Aspekte der nachschulischen Förderung Schwerstbehinderter, in: Behindertenpädagogik 2/1987
Seligman, M.: Erlernte Hilflosigkeit, Weinheim 1986 (3. Aufl.)
Shaftel, F.; Shaftel, G.: Rollenspiel als soziales Entscheidungstraining, München 1973
Siegel, L. S.: Issues in the Definition and Diagnosis of Learning Disabilities, in: Journal of Learning Disabilities, Vol. 32 1999, 304-319
Simon, B.: The empowerment tradition in amercian social work, A history, New York 1994
Singer, G.: Praktische Ethik, Stuttgart 1984
ders.: Vortrag, der in Marburg (Lebenshilfe) nicht gehalten werden durfte, in: Weber, D. (Hrsg.): Publik-Forum Materialmappe: Wer nicht paßt, muß sterben, Oberursel 1990 (1. Auflage mit dem nicht gehaltenen Singer-Vortrag)
Sommer, A.: Rhythmisch-musikalische Erziehung bei Menschen mit geistiger Behinderung, in: Geistige Behinderung 1/1987 (Praxisteil)
Sommer, G.: Kompetenzerwerb in der Schule als Primäre Prävention, in: Sommer, G.; Ernst, H. (Hrsg.): Gemeindepsychologie, München 1976

Speck, O.: Die Rehabilitation der Geistigbehinderten, München 1977
ders.: Die Bedeutung des Wohnens für den geistig behinderten Menschen aus philosophisch-anthropologischer Sicht, in: Bundesvereinigung Lebenshilfe (Hrsg.): Humanes Wohnen, Marburg 1982
ders.: Möglichkeiten und Grenzen der WfB aus der Sicht unterschiedlicher Zielgruppen, in: Zur Orientierung 1/1986
ders.: System Heilpädagogik, München 1988 (4. Aufl. 1998)
ders.: Menschen mit geistiger Behinderung und ihre Erziehung, München 1999a
ders.: Die Ökononisierung sozialer Qualität, München 1999b
ders.: Autonomie und Kommunität – zur Fehldeutung von „Selbstbestimmung" in der Arbeit mit geistig behinderten Menschen, in: Theunissen, G. (Hrsg.) a.a.O. (2000c)
Spitz, R.: Vom Säugling zum Kleinkind, Stuttgart 1973
ders.: Vom Dialog, Stuttgart 1976
Spreen, O.: Geistige Behinderung, Berlin u.a. 1978
Stark, W.: Empowerment, Freiburg 1996
St. Claire, L.: A multidimensional model of mental retardation, in: American Journal on Mental Retardation, 94 Vol. 1989, 88-96
Stichling, M.; Theunissen, G.; Plaute, W.: Schüler im „Grenzbereich" zwischen Lernbehinderung und geistiger Behinderung – Ergebnisse einer Lehrerbefragung in Sachsen-Anhalt, in: Die neue Sonderschule 6/1999, 406-420
Stöber, I. C.: Alle kommen gern wieder: Freude am gemeinsamen Tun, Hamburger Tagesförderstätten für Jugendliche und Erwachsene, in: Das Band 5/1982
Stöber, Th.; Zutautas-Damijonaitis, R.: Aufbau eines Kriseninterventionsdienstes, in: Wohnen heißt zu Hause sein, Lebenshilfe Marburg 1995, 123-134
Störmer, N.: Trivialisierungen und Irrationalismen in der pädagogisch-therapeutischen Praxis, in: Behindertenpädagogik 2/1989, 157-169
Strahlberg, D.; Gothe, L.; Frey, D.: Selbstkonzept, in: Asanger, R.; Wenninger, G. (Hrsg.): Handwörterbuch der Psychologie, München 1988
Sturm, W.: Theoretische Konzepte der Funktionswiederherstellung, in: Poeck, K. (Hrsg.) a.a.O., 359-363 (1989a)
ders.: Neuropsychologische Therapieansätze bei Störungen intellektueller Funktionen, Wahrnehmungsstörungen, Gedächtnisbeeinträchtigungen und Aufmerksamkeitsstörungen, in: Poeck, K. (Hrsg.) a.a.O.. 317-400 (1989b)
TASH Conference: Many Voices One Future, San Francisco, Dec. 1995
TBGB: Testbatterie für geistig behinderte Kinder
Thaler-Battistini, A. (Hrsg.): Rhythmik in der Heilpädagogik, Luzern 1989
Thalhammer, M.: Geistige Behinderung, in: Speck, O.: Die Rehabilitation der geistig Behinderten, München 1977
Therapeutische Ansätze in Theorie und Praxis, Tagungsbericht der 6. Bundestagung des Bundesverbandes „Hilfe für das autistische Kind e.V." 1984 in Düsseldorf (hrsg. v. o.g. Bundesverband)
Theunissen, G. (Hrsg.): Ästhetische Erziehung bei Behinderten, Ravensburg 1980
ders.: Soziales Lernen, in: Geistige Behinderung 1/1983
ders. (Hrsg.): Schüler machen Theater, Unterricht mit schwierigen Schülern, Frankfurt 1984
ders.: Wege aus der Schule – Zur Rehabilitation Geistigbehinderter im Erwachsenenalter, Frankfurt 1987
ders.: Wege aus der Hospitalisierung, Ästhetische Erziehung mit schwerstbehinderten Menschen, Bonn 1989
ders.: Heilpädagogik und Soziale Arbeit mit verhaltensauffälligen Kindern und Jugendlichen. Freiburg 1992
ders.: Heilpädagogik im Umbruch. Über Bildung, Erziehung und Therapie bei geistiger Behin-derung, Freiburg 1993 (2. Aufl.)
ders.: Abgeschoben, isoliert, vergessen. Schwerstgeistig- und mehrfachbehinderte Menschen in Anstalten, Frankfurt 1994 (4. Aufl.)
ders.: Ausgliederung geistig behinderter Menschen aus der Psychiatrie, in: Lebenshilfe e. V. (Hrsg.): Wohnen heißt zu Hause sein, Marburg 1995
ders.: Basale Anthropologie und ästhetische Erziehung. Eine ethische Orientierungshilfe für ein gemeinsames Leben und Lernen mit behinderten Menschen, Freiburg 1997 (a)
ders. (Hrsg.): Kunst, ästhetische Praxis und geistige Behinderung. Ein Nachschlagewerk über Bildnereien, Kunstunterricht, Kunsttherapie und integrative Kulturarbeit, Bad Heilbrunn 1997 (b)
ders.: Erlebnispädagogik mit geistig behinderten Menschen, in: Adam, G.; Kollmann, R.; Pithan, A.(Hrsg.): „Blick-

wechsel". Alltag von Menschen mit Behinderungen als Ausgangspunkt für Theologie und Pädagogik, Münster 1997 (c)
ders.: Lebensweltorientierte Intervention bei hospitalisierten älteren Menschen mit geistiger Behinderung, in: Weber, G. (Hrsg.): Psychische Störungen bei älteren Menschen mit geistiger Behinderung, Bern 1997 (d), 132-155
ders. (Hrsg.): Enthospitalisierung – ein Etikettenschwindel? Neue Studien, Erkenntnisse und Perspektiven der Behindertenhilfe, Bad Heilbrunn 1998(a)
ders.: Empowerment und Enthospitalisierung, in: Theunissen, G. (Hrsg.). a.a.O. (1998b)
ders.: Wege aus der Hospitalisierung. Empowerment in der Arbeit mit schwerstbehinderten Menschen, Bonn 1999a (4. völlig veränd. u. erw. Auflage)
ders.: Empowerment und Integration geistig behinderter Menschen. Die Möglichkeiten kultureller Bildung, in: BKJ [Bundesvereinigung kultureller Jugendbildung] (Hrsg.): Eigen*sinn* & Eigen*Art*, Remscheid 1999(b)
ders.: Kooperationsklassen, in: Zeitschrift für Heilpädagogik 10/1999(c), 458-465
ders.: Empowerment und Self-Advocacy. Impulse für die schulische Arbeit mit lernbehinderten, benachteiligten und geistig behinderten Menschen, in: Die neue Sonderschule (vor.) 2000(a)
ders.: Begleitung ohne Engagement genügt nicht. Assistierende Hilfen im Liche von Empowerment, in: Theunissen, G. (Hrsg.) a.a.O. 2000(b)
ders. (Hrsg.): Verhaltensauffälligkeiten – Ausdruck von Selbstbestimmung? Wegweisende Impulse für die heilpädagogische, therapeutische und alltägliche Arbeit mit geistig behinderten Menschen, Bad Heilbrunn 2000(c)
ders.: Empowerment und Schule. Impulse für die Arbeit mit Schülerinnen und Schülern, die als geistig behindert gelten, unv. Manuskript, als Buchveröffentlichung in Vorbereitung, Halle 2000(d)
ders.; Hoffmann, C.: Von einer Verwahranstalt zu einer reformierten Großeinrichtung. Schloß Hoym im Wandel, in: Theunissen, G. (Hrsg.) a.a.O. (1998a), 165-180
ders.; Hoffmann, C.; Plaute, W.: Geistige Behinderung aus der Empowerment-Perspektive, in: Greving, H.; Gröschke, D. (Hrsg.): „Geistige Behinderung"-Reflexion zu einem Phänomen, (Buch in Vorbereitung) Bad Heilbrunn 2000
ders.; König, A.: Erwachsenenbildung bei schwerer geistiger und Mehrfachbehinderung, in: Jakobs, H.; König, A.; Theunissen, G. (Hrsg.): Lebensräume – Lebensperspektiven – Ausgewählte Beiträge zur Situation Erwachsener mit geistiger Behinderung, Butzbach-Griedel 1998, 317-331
ders.; Lingg, A. (Hrsg.): Wohnen und Leben nach der Enthospitalisierung, Perspektiven für ehemals hospitalisierte und alte Menschen mit geistiger und seelischer Behinderung, Bad Heilbrunn 1999
ders.; Niehoff, U. u. a.: Zur Situation geistig behinderter Menschen in ihrer Freizeit. Eine Umfrage bei der Lebenshilfe in Deutschland, erscheint in: Geistige Behinderung 2000
ders.; Plaute, W.: Empowerment und Heilpädagogik. Ein Lehrbuch, Freiburg 1995
dies.: Endstation oder Chance? Zum Problem von Schülern im „Grenzbereich" zwischen Lernbehinderung und geistiger Behinderung, in: Die neue Sonderschule 4/1999, 25-268
ders.; Stuckert, M.: Förderung als Abenteuer. Ein erlebnispädagogisches Projekt mit einem verhaltensauffälligen geistig behinderten Mann, in: Heilpädagogik 4/1996, 2-11
Theunissen, G. u. a.: Enthospitalisierung von geistig schwer behinderten und psychisch gestörten Menschen in Alten- und Pflegeheimen, unv. Forschungsbericht, Institut für Rehabilitationspädagogik, Fachrichtung „Geistigbehindertenpädagogik", Martin-Luther-Universität Halle-Wittenberg 2000
Theunissen, G.; Ziemen, K.: Unterstützte Kommunikation – (k)ein Thema für den Unterricht mit geistig behinderten Schülerinnen und Schülern? Dargestellt und diskutiert am Beispiel einer Lehrerbefragung an Schulen für geistig Behinderte im Land Sachsen-Anhalt, unv. Manuskript, erscheint vor. in: Zeitschrift für Heilpädagogik 2000
Tinbergen, N. E.: Autismus, Berlin 1984
Tölle, R.: Psychiatrie, Berlin 1985/1990
Tomatis, A. A.: Der Klang des Lebens – Vorgeburtliche Kommunikation, die Anfänge der seelischen Entwicklung, Reinbek 1989
Tomm, K.: Weg von der Etikettierung, in: Beschäftigungstherapie und Rehabilitation, 31 (5/1992), 420-424
Tooley, M.: Aportion und infanticid, in: Philosophy and Public Affairs 2/1972, 37-65
ders.: Abtreibung und Kindestötung, in: Leist, A. (Hrsg.): Leben und Tod, Frankfurt 1989
Tuinier, S.; Verhoeven, W. M. A.: Psychiatry and mental retardation: towards a behavioural pharmacological concept, in: Journal of Intellectual Disability Research, 37 (1/1993), 16-25
Turnbull, A. P.; Turnbull III, H. R.: Families, professsionals, and Exceptionality: A special partnership, Upper Saddle River

(Merrill) 1997 (3. Aufl.)
Uchtenhagen, A.: Wie könnte die psychiatrische Versorgung bei geistig Behinderten aussehen? in: Bonderer, E.; Egli, J. (Hrsg.): Von der Verwahrung zur sozialen Integration geistig behinderter Menschen in psychiatrischen Kliniken, Luzern 1992
Ullrich de Muynck, R.; Forster, T.: Selbstsicherheitstraining, in: Kraiker, C. (Hrsg.): Handbuch der Verhaltenstherapie, München 1974
Ullrich de Muynck, R.; Ullrich, R.: Das Assertiveness-Training-Programm ATP. Einübung von Selbstvertrauen und sozialer Kompetenz. Teil I, München 1976(a), Teil II, München 1976 (b), Teil III, München 1976 (c)
Ullrich de Muynck, R.u.a. (Hrsg.): Soziale Kompetenz, München 1980
Vester, F.: Denken, Lernen, Vergessen, Stuttgart 1978
Vetter, B.: Psychiatrie, Stuttgart 1995 (3. Aufl.)
Vetter, T.: Das geistig behinderte Kind, seine Bildung und Erziehung, Villingen 1972
Vogel, B.: Ein Schlüssel zur Seele – der Pränatalraum. Ein Therapieansatz für schwer- und mehrfach Behinderte, in: Geistige Behinderung 2/1988 (Praxisteil)
ders.: Lebensraum Musik. Stuttgart 1991
Voß, R.; Werning, R.: Systemische Konsultation von Familien mit sozial auffälligen Kindern und Jugendlichen, in: Hohmeier, J.; Mair, H. (Hrsg.): Eltern- und Familienarbeit, Familien zwischen Selbsthilfe und professioneller Hilfe, Freiburg 1989
Wais, M.: Neuropsychologie für Ergotherapeuten, Dortmund 1990
ders.; Köster-Wais, H.: Zur Therapie der Raumanalysestörung bei rechtshemispärisch Hirngeschädigten, Dortmund 1986
Wallujo, S.; Gromann-Richter, P.: Handbuch der SIVUS-Methode (eine Zusammenfassung), in: Diakonisches Werk (Hrsg.): Die SIVUS-Methode, Stuttgart 1989
Warnke, A.: Entwicklungspsychopathologie – der Krankheitsbegriff in der Kinder- und Jugendpsychiatrie im Verhältnis zur psychosomatischen Sichtweise, in: Zeitschrift Kinder- und Jugendpsychiatrie 21. Jg. 1993, 163-179
Watzlawick, P. (Hrsg.): Die erfundene Wirklichkeit. Stuttgart 1985
Watzlawick, P.; Beavin, J.; Jackson, D.: Menschliche Kommunikation, Bern u.a. 1990 (8. Aufl.)
Wedekind, R. u.a.: Wege der Eingliederung geistig behinderter Menschen aus Psychiatrischen Kliniken in ein Leben so normal wie möglich, Schriftenreihe des Bundesministeriums für Gesundheit, Bd. 32, Bonn 1994
Wehmeyer, M. L.: Self-determination and the Education of Students with Mental Retardation, in: Education and Training in Mental Retardation, 27 Vol. 1992, 302-314
ders.; Bolding, N.: Self-determination across living and working environments, in: Mental Retardation, 37 Vol. 1999, 353-363
ders.; Kelchner, K.; Richards, S.: Individual and environmental factors related to the Self-determination of adults with mental retardation, in: Journal of Vocational Rehabilitation, 5 Vol. 1995, 291-305
ders.; Schwartz, M.: The relationship between self-determination, quality of life satisfaction for adults with mental retardation, in: Education and Training in Mental Retardation, 33 Vol. 1998, 3-12
Wegener, H.: Die Rehabilitation der Schwachbegabten, München 1970
Weid-Goldschmidt, B.: Tragbar ... und kompakt. Elektronische Kommunikationshilfen – richtig ausgewählt, in: Unterstützte Kommunikation 1/1997, 10-13
Weiß, H.: Familie und Frühförderung, München 1989
ders.: Armut, Entwicklungsgefährdung und „frühe Hilfen", in: Frühförderung interdisziplinär 13 Jg. 1994, 145-165
ders.: Empowerment in der Heilpädagogik und speziell in der Frühförderung – ein neues Schlagwort oder eine handlungsleitende Idee? In: Vierteljahresschrift für Heilpädagogik und ihre Nachbargebiete 1/1999, 23-35
Weitbrecht, H. J.; Glatzel, J.: Psychiatrie im Grundriß, Berlin 1979
Wendeler, J.: Psychologische Analysen geistiger Behinderung, Weinheim 1976
ders.: Psychologie des Down-Syndroms, Bern 1988
ders.: Geistige Behinderung, Weinheim 1993
ders.; Godde, H.: Geistige Behinderung: Ein Begriff und seine Bedeutung für die Betroffenen, in: Geistige Behinderung 4/1989, 306-317
Westling, D.; Floyd, I.: Generalization of community skills: How much training is necessary? Journal of special education, 23 Vol. 1990, 386-406

ders.; Fox, L.: Teaching Students with severe disabilities, New Jersey 1995
White, R. W.: Motivation reconsidered: The concept of competence, in: Psycholog. Rev. 66 Vol. 1959, 179-221
Windisch, M. u.a.: Wohnformen und soziale Netzwerke von Erwachsenen mit geistiger und psychischer Behinderung, in: Neue Praxis 2/1991, 138-146
WISTA Experten-Hearing 1993 Wohnen im Stadtteil für Erwachsene mit schwerer geistiger Behinderung, (hrsg. v. Fischer, U. u.a.) Stuttgart 1994
Wittneben, K.: Patientenorientierte Theorieentwicklung als Basis einer Pflegedidaktik, in: Pflege 3/1993, 203-209
Wolfensberger, W.: Common assets of mentally retarded people that are commonly not acknowledged, in: Mental Retardation, 26 Vol. 1988, 63-70
Wüllenweber, E.: Verhaltensprobleme als Selbstbehauptungsstrategie, in: Theunissen, G. (Hrsg.): a.a.O. (2000c)
Wunderlich, C.: Das mongoloide Kind, Stuttgart 1970
Wygotzki, L. S.: Zur Orientierung auf die Zone der nächsten Entwicklung, in: Psychologische Studientexte, Vorschulerziehung, Ost-Berlin 1974
Zielniok, W. J.: Anstöße zur Selbständigkeit, Erfahrungen aus einer Erholungsfreizeit für Geistigbehinderte, in: Lebenshilfe 1/3/1973
ders.: Anstöße zur Selbständigkeit. Die Gestaltung von Funktionstrainingsprogrammen für Geistigbehinderte im Freizeitbereich, Freiburg 1977
Ziemen, K. u. a.: Finden und erfinden von Mitteln wechselseitiger Verständigung. Unterstützte Kommunikation mit nichtsprechenden Menschen, unveröff. Forschungsbericht, Institut für Rehabilitationspädagogik, Martin-Luther-Universität Halle-Wittenberg 1998
Zigler, E.; Hodapp, R. M.: Understanding mental retardation, New York 1986
Zubin, J.; Spring, B.: Vulnerability – a new view on schizophrenia, in: Journal of Abnormal Psychology 86 Vol. 1976, 103-126

Dr. Georg Theunissen, Dipl.-Päd., Jg. 1951, Universitätsprofessor, Studium der Erziehungswissenschaften, Heil- und Sonderpädagogik in Köln, 1980-1989 leitend tätig in großen Behinderteneinrichtungen, 5 Jahre Professor für Heilpädagogik an der KFH Freiburg, seit April 1994 Ordinarius für Geistigbehindertenpädagogik am Institut für Rehabilitationspädagogik des Fachbereichs Erziehungswissenschaften der Martin-Luther-Universität Halle-Wittenberg, Lehr- und Forschungsgebiete: Enthospitalisierung und Deinstitutionalisierung; Erwachsenenbildung bei Menschen mit geistiger Behinderung; Ästhetische Bildung und pädagogische Kunsttherapie; Verhaltensauffälligkeiten/psychische Störungen bei Menschen mit geistiger Behinderung; Empowerment und Heilpädagogik; ca. 250 Fachbeiträge und mehrere Buchveröffentlichungen über ästhetische Erziehung in der Heilpädagogik, Geistigbehinderten- und Verhaltensauffälligenpädagogik.

9. Anhang

Erfassung von Verhaltensauffälligkeiten

Name:...	**Datum: ....**
Alter:	**Gruppe: ....**
Grad der Behinderung:..............	

1 = 1 bis 3x monatlich

2 = 1x wöchentlich

3 = mehrmals in der Woche

4 = täglich

5 = mehrmals am Tag

Auffälligkeiten im Sozialverhalten

	1	2	3	4	5
• Streiten	□	□	□	□	□
• Toben	□	□	□	□	□
• andere bespucken, beißen, treten oder verletzen	□	□	□	□	□
• aufsässiges Verhalten	□	□	□	□	□
• Führungsresistenz	□	□	□	□	□
• Streunen	□	□	□	□	□
• Trotz	□	□	□	□	□
• Verwahrlosung	□	□	□	□	□
• Kontaktverweigerung	□	□	□	□	□
• Kontaktabwehr	□	□	□	□	□
• sozialer Rückzug	□	□	□	□	□
• distanzloses Verhalten	□	□	□	□	□
• Prostitution	□	□	□	□	□
• mangelndes Gemeinschaftsgefühl	□	□	□	□	□
• soziales Desinteresse	□	□	□	□	□
• fehlende Hilfsbereitschaft und Kooperation	□	□	□	□	□
• Überangepaßtheit	□	□	□	□	□
• Mitläufertum	□	□	□	□	□
• Einzelgängertum	□	□	□	□	□
• Lügen	□	□	□	□	□
• Stehlen	□	□	□	□	□

	1	2	3	4	5
• mangelnder Blickkontakt	☐	☐	☐	☐	☐
•	☐	☐	☐	☐	☐
•	☐	☐	☐	☐	☐

Auffälligkeiten im psychischen Bereich

	1	2	3	4	5
• Apathie	☐	☐	☐	☐	☐
• depressiver Rückzug	☐	☐	☐	☐	☐
• Stimmungsschwankungen	☐	☐	☐	☐	☐
• Gefühlsausbrüche	☐	☐	☐	☐	☐
• Ängste	☐	☐	☐	☐	☐
• Weinen	☐	☐	☐	☐	☐
• Schreien	☐	☐	☐	☐	☐
• Jammern	☐	☐	☐	☐	☐
• pavor nocturnus (Angst vor Dunkelheit)	☐	☐	☐	☐	☐
• Überempfindlichkeit	☐	☐	☐	☐	☐
• Wutausbrüche	☐	☐	☐	☐	☐
• Eifersucht	☐	☐	☐	☐	☐
• läppisches Verhalten	☐	☐	☐	☐	☐
• masochistische Züge	☐	☐	☐	☐	☐
• Tagträumerei	☐	☐	☐	☐	☐
• Minderwertigkeitsgefühle	☐	☐	☐	☐	☐
• mangelndes Selbstvertrauen	☐	☐	☐	☐	☐
• Passivität	☐	☐	☐	☐	☐
• Pedantrie	☐	☐	☐	☐	☐
• Hypochondrie	☐	☐	☐	☐	☐
• exzessive Masturbation	☐	☐	☐	☐	☐
• Mutismus	☐	☐	☐	☐	☐
• euphorisches Verhalten	☐	☐	☐	☐	☐
• Wahnvorstellungen	☐	☐	☐	☐	☐
• Zwangsverhalten	☐	☐	☐	☐	☐
• Einnässen	☐	☐	☐	☐	☐
• Einkoten	☐	☐	☐	☐	☐
• Schlafstörungen	☐	☐	☐	☐	☐

	1	2	3	4	5
• Selbstmordversuche	□	□	□	□	□
• Verschüchterung	□	□	□	□	□
• Suchtverhalten	□	□	□	□	□
• katatones Verhalten	□	□	□	□	□
•	□	□	□	□	□
•	□	□	□	□	□

Auffälligkeiten im Arbeits- und Leistungsbereich

	1	2	3	4	5
• mangelnde Ausdauer	□	□	□	□	□
• fehlende Konzentration	□	□	□	□	□
• Arbeitsunlust	□	□	□	□	□
• Arbeitsverweigerung	□	□	□	□	□
• leichte Ermüdbarkeit	□	□	□	□	□
• Wahrnehmungs- und Auffassungsstörungen	□	□	□	□	□
• Interessenlosigkeit	□	□	□	□	□
• Leistungs- und Arbeitsversagen	□	□	□	□	□
• mangelnde Arbeitsbereitschaft	□	□	□	□	□
• Arbeitsflucht	□	□	□	□	□
• Unselbständigkeit	□	□	□	□	□
• Arbeitsangst	□	□	□	□	□
• Verspieltheit	□	□	□	□	□
• Schwerfälligkeit	□	□	□	□	□
•	□	□	□	□	□
•	□	□	□	□	□

Auffälligkeiten gegenüber Sachobjekten

	1	2	3	4	5
• Zerstören	□	□	□	□	□
• Beschädigen von Objekten	□	□	□	□	□
• mit Dingen umherwerfen	□	□	□	□	□

• rituelles Verhalten	☐	☐	☐	☐	☐
• stereotyper oder zwanghafter Sachumgang	☐	☐	☐	☐	☐
• geschickter Umgang mit Objekten (z.B. Kreiseln)	☐	☐	☐	☐	☐
• Gleichgültigkeit	☐	☐	☐	☐	☐
• Interesselosigkeit	☐	☐	☐	☐	☐
• Verstecken, Verlegen oder Wegwerfen von Objekten	☐	☐	☐	☐	☐
• Verschlucken kleiner Gegenstände	☐	☐	☐	☐	☐
• Trinken oder Verspeisen ungenießbarer Gegenstände	☐	☐	☐	☐	☐
•	☐	☐	☐	☐	☐
•	☐	☐	☐	☐	☐

Auffälligkeiten im somatisch-physischen Bereich

	1	2	3	4	5
• Jactationen (Schaukeln)	☐	☐	☐	☐	☐
• Ruminieren (Wiederkäuen)	☐	☐	☐	☐	☐
• Kopfschmerzen	☐	☐	☐	☐	☐
• Schwindel	☐	☐	☐	☐	☐
• Eßstörungen	☐	☐	☐	☐	☐
• Verdauungsstörungen	☐	☐	☐	☐	☐
• Schlafstörungen	☐	☐	☐	☐	☐
• Daumenlutschen	☐	☐	☐	☐	☐
• Schmatzen	☐	☐	☐	☐	☐
• Erbrechen	☐	☐	☐	☐	☐
• Zähneknirschen	☐	☐	☐	☐	☐
• Seifern	☐	☐	☐	☐	☐
• Atemfunktionsstörungen	☐	☐	☐	☐	☐
• Ventilieren	☐	☐	☐	☐	☐
• Herzklopfen	☐	☐	☐	☐	☐
• erhöhtes Schwitzen und Zittern	☐	☐	☐	☐	☐
• zerebrale Krämpfe	☐	☐	☐	☐	☐
• motorische Besonderheiten	☐	☐	☐	☐	☐
• ständiges Hin- und Herrennen	☐	☐	☐	☐	☐
•	☐	☐	☐	☐	☐
•	☐	☐	☐	☐	☐

Autoaggressives Verhalten

	1	2	3	4	5
• sich kratzen, beißen und Wunden zuführen	☐	☐	☐	☐	☐
• mit Objekten verletzen	☐	☐	☐	☐	☐
• Haare reißen	☐	☐	☐	☐	☐
• Kopfschlagen	☐	☐	☐	☐	☐
• sich selbst verstümmeln	☐	☐	☐	☐	☐
• Augen ausdrücken	☐	☐	☐	☐	☐
• Selbstmordversuche	☐	☐	☐	☐	☐
•	☐	☐	☐	☐	☐
•	☐	☐	☐	☐	☐

Psychopharmaka (Neuroleptika) ....

			1	2	3	4	5
• Fixierung	ja ☐	nein ☐	☐	☐	☐	☐	☐

Erfassung von Stärken und positiven Botschaften

Name:...	**Datum: ....**
Alter:	**Gruppe: ....**
Grad der Behinderung:..............	

Anzahl der Gruppenmitglieder:...............

Anzahl der Mitarbeiter: ....

Erläuterung:

1 = sind im Erstehen erkennbar
2 = sind als Reaktion erkennbar
3 = sind eine eindeutige Reaktion der Person
4 = kommen kontinuierlich zum Ausdruck

Stärken und positive Botschaften im Sozialverhalten

	1	2	3	4
• Zuwendungsbereitschaft (Einlassen in unbekannte Situationen)	☐	☐	☐	☐
• Vertrauen entwickeln	☐	☐	☐	☐
• Bedürfnisse Anderer wahrnehmen können	☐	☐	☐	☐
• Kontaktaufnahme	☐	☐	☐	☐
• Verwendung nonverbaler Kommunikationstechniken (z. B. durch Zeichen, Stimmen)	☐	☐	☐	☐
• Anwendung sozialer Regeln	☐	☐	☐	☐
• Andere um Hilfe	☐	☐	☐	☐
• Sensibles Verhalten für Situationen	☐	☐	☐	☐
• Sympathiebezeugung	☐	☐	☐	☐
• Trost spenden	☐	☐	☐	☐
• Sich gedulden können	☐	☐	☐	☐
• Will immer gern dabei sein	☐	☐	☐	☐
• Will alles richtig machen	☐	☐	☐	☐
• Kann von sich aus Beziehungen aufnehmen	☐	☐	☐	☐
• Mitgefühl zeigen	☐	☐	☐	☐

• Sich in andere hineinversetzen können	☐	☐	☐	☐
• Sich behaupten wollen	☐	☐	☐	☐
• Sich nicht alles gefallen lassen	☐	☐	☐	☐
• Verbalen Widerstand leisten	☐	☐	☐	☐
• Willensbekundung	☐	☐	☐	☐
• Seinen Willen durchsetzen	☐	☐	☐	☐
• Soziales Interesse	☐	☐	☐	☐
• Kooperatives Verhalten	☐	☐	☐	☐
• Mitbestimmen wollen	☐	☐	☐	☐
• Mitentscheiden wollen	☐	☐	☐	☐
• Fehler eingestehen können	☐	☐	☐	☐
• Hilfsbereitschaft	☐	☐	☐	☐
• Bedürfnis, sich mitzuteilen	☐	☐	☐	☐
• Kann sich auf Freundschaften einlassen	☐	☐	☐	☐
• Ehrlichkeit	☐	☐	☐	☐
• Kritikfähigkeit	☐	☐	☐	☐
• Geltungsbedürfnis im positiven Sinn	☐	☐	☐	☐
• Gemeinschaftsgefühl	☐	☐	☐	☐
• Akzeptanz	☐	☐	☐	☐
• Rücksichtnahme	☐	☐	☐	☐
• Sich selbst Normen setzen	☐	☐	☐	☐
•	☐	☐	☐	☐
•	☐	☐	☐	☐
•	☐	☐	☐	☐

Stärken und positive Botschaften im psychischen Bereich

	1	2	3	4
• Freude	☐	☐	☐	☐
• Zuneigung	☐	☐	☐	☐
• Abneigung	☐	☐	☐	☐
• Liebe	☐	☐	☐	☐
• Gespanntsein (Vorfreude)	☐	☐	☐	☐
• Lachen	☐	☐	☐	☐
• Albern, humorvoll sein	☐	☐	☐	☐

• Erkennen der Stimmungslage	☐	☐	☐	☐
• Angst zeigen	☐	☐	☐	☐
• Trauer zeigen	☐	☐	☐	☐
• Weinen	☐	☐	☐	☐
• Echtheit von Gefühlen	☐	☐	☐	☐
• Willensbekundung	☐	☐	☐	☐
• Kann sich psychisch entspannen	☐	☐	☐	☐
• Genießen können	☐	☐	☐	☐
• Sich psychisch adäquat auf Andere einstellen können	☐	☐	☐	☐
• Konfliktsituationen, an denen man nicht beteiligt ist, psychisch aushalten können	☐	☐	☐	☐
• Konfliktsituationen, an denen man beteiligt ist, psychisch aushalten können	☐	☐	☐	☐
• Wunsch verbal ausdrücken können	☐	☐	☐	☐
• Wunsch nonverbal ausdrücken können	☐	☐	☐	☐
• Sexuelle Enthaltsamkeit psychisch aushalten können	☐	☐	☐	☐
• Bewältigungsstrategien entwickeln (sich selbst Raum für psychische Entspannung schaffen, ohne andere und sich selbst zu gefährden oder zu belasten)	☐	☐	☐	☐
•	☐	☐	☐	☐
•	☐	☐	☐	☐
•	☐	☐	☐	☐

Stärken und positive Botschaften im Arbeits- und Leistungsbereich

	1	**2**	**3**	**4**
• Ausdauer	☐	☐	☐	☐
• Aufmerksamkeit	☐	☐	☐	☐
• Fleiß	☐	☐	☐	☐
• Qualitätsbewußtsein	☐	☐	☐	☐
• Sorgfalt	☐	☐	☐	☐
• Kommunikationsfähigkeit	☐	☐	☐	☐
• Willensbekundung	☐	☐	☐	☐
• Kreativität	☐	☐	☐	☐
• Selbstbewußtsein	☐	☐	☐	☐

• Versteht Aufforderung	☐	☐	☐	☐
• Selbständige Umsetzung von Arbeitsprozessen	☐	☐	☐	☐
• Ergreifen von Initiative	☐	☐	☐	☐
• Kann Entscheidungen treffen	☐	☐	☐	☐
• Nachahmung	☐	☐	☐	☐
• Kann Aufträge ausführen	☐	☐	☐	☐
• Kann mit Anderen zusammenarbeiten	☐	☐	☐	☐
• Arbeitslust	☐	☐	☐	☐
• Arbeitsfreude	☐	☐	☐	☐
• Will fehlerfrei arbeiten	☐	☐	☐	☐
• Will Arbeiten machen, die seinen Interessen entsprechen	☐	☐	☐	☐
• Kann Arbeiten innerhalb seines Fähigkeitsprofils verrichten	☐	☐	☐	☐
•	☐	☐	☐	☐
•	☐	☐	☐	☐
•	☐	☐	☐	☐

. Stärken und positive Botschaften in der Umwelterkundung

	1	2	3	4
• Neugierde	☐	☐	☐	☐
• Beobachten, wahrnehmen können	☐	☐	☐	☐
• Fähigkeit, sich in neue oder unbekannte Situationen einzulassen	☐	☐	☐	☐
• Initiativfreudiges Verhalten (Aktionsradius erweitern)	☐	☐	☐	☐
• Örtliche Orientierung	☐	☐	☐	☐
• Zeitliche Orientierung	☐	☐	☐	☐
• Gefahrenbewußtsein	☐	☐	☐	☐
• Werkzeuggebrauch auf seinem Fähigkeitsniveau (im übertragenen Sinn)	☐	☐	☐	☐
• Interesse zum Spiel	☐	☐	☐	☐
• Geschickter Umgang mit Objekten (z. B. Kreiseln)	☐	☐	☐	☐
• Interesse für Dinge, die seinen Bedürfnissen entsprechen	☐	☐	☐	☐
• Spielfreude	☐	☐	☐	☐

• Freude an der Bewegung	☐	☐	☐	☐
• Vielsinnige Materialerfahrungen sammeln	☐	☐	☐	☐
•	☐	☐	☐	☐
•	☐	☐	☐	☐
•	☐	☐	☐	☐

Stärken und positive Botschaften im physischen Bereich

	1	2	3	4
• Ausdauernd laufen können	☐	☐	☐	☐
• Geschicklichkeit (Problemlösungsverhalten)	☐	☐	☐	☐
• Empfindungen körperlich ausdrücken können	☐	☐	☐	☐
(Annahme, Abwehr, Unterstützung, Abwendung)	☐	☐	☐	☐
• Wahrnehmung körperlicher Vorgänge	☐	☐	☐	☐
• Sich sexuell befriedigen können	☐	☐	☐	☐
• Braucht wenig Schlaf	☐	☐	☐	☐
• Kann seine Grenzen einschätzen	☐	☐	☐	☐
• Eigene Schmerzen bekämpfen	☐	☐	☐	☐
• Schmerzen aushalten können	☐	☐	☐	☐
• Körperliche Balance halten	☐	☐	☐	☐
• Von sich aus Möglichkeiten nutzen, um sich körperlich entspannen zu können	☐	☐	☐	☐
•	☐	☐	☐	☐
•	☐	☐	☐	☐
•	☐	☐	☐	☐

Stärken und positive Botschaften in der Identität

	1	2	3	4
• Seine eigenen Fähigkeiten einschätzen können	☐	☐	☐	☐
• Positives Selbstbild haben	☐	☐	☐	☐
• Selbstvertrauen	☐	☐	☐	☐
• Selbstsicherheit	☐	☐	☐	☐

• Optimismus	☐	☐	☐	☐
• Lebensfreude	☐	☐	☐	☐
• Um sich selbst Sorgen machen	☐	☐	☐	☐
• Kann seine eigenen Kräfte einschätzen	☐	☐	☐	☐
• Sich selbst annehmen können	☐	☐	☐	☐
• Sich auf die eigene Behinderung einstellen können	☐	☐	☐	☐
• Die eigenen Behinderung einsetzen können	☐	☐	☐	☐
• Vertrauen in die eigenen Ressourcen	☐	☐	☐	☐
• Zu eigenen Schwächen stehen zu können	☐	☐	☐	☐
• Bedürfnisse anderer akzeptieren können	☐	☐	☐	☐
• Selbstbehauptung	☐	☐	☐	☐
• Die eigene Behinderung wahrnehmen	☐	☐	☐	☐
•	☐	☐	☐	☐
•	☐	☐	☐	☐
•	☐	☐	☐	☐

Name:....................................... Datum:...................................

Auslösende Situation	Verhalten	Konsequenz
Peter nimmt Blickkontakt zum Lehrer auf; dieser bemerkt dies nicht und beschäftigt sich mit Klaus.	Peter schlägt sich mit der linken Hand gegen seine linke Wange.	Der Lehrer ermahnt Peter mit den Worten „Hör sofort auf“.

A-B-C Schema

Name:.. Datum:..

	Auslösende Situationen							Verhaltensweisen										Konsequenzen							Funktionen					
Tageszeit in Stunden																														
bis 6																														
6-7																														
7-8																														
8-9																														
9-10																														
10-11																														
11-12																														
12-13																														
13-14																														
14-15																														
15-16																														
16-17																														
17-18																														
18-19																														
19-20																														
	1	2	3	4	5	6	7	8	9	10	11	12	13	14	15	16	17	18	19	20	21	22	23	24	25	26	27	28	29	30

Wochentage

Datum: ....

Name	Verhalten	Häufigkeit	Untersuchungszeit	Minuten	Häufigkeit / Minuten	Rate
Peter	springt von seinem Stuhl auf	llll (4)	9-9.45	45	4/45	.09
	stellt von sich aus Blickkontakt her	lll (3)	9-9.45	45	3/45	.07

Name: .... Verhalten: ....

Beginn am: ....

☐.0............... ☒.≤ .4........... ■.≥.5.........

Tag/ 30 -Minuten- Intervalle	1	2	3	4	5	6	7	8	9	10	11	12	13	14	15	16	17	18	19	20	21	22	23	24	25	26	27	28	29	30
9																														
10																														
11																														
12																														
13																														
14																														
15																														
16																														

Wochentage

Häufigkeit und Intensität von Verhaltensweisen

Name:...

Datum:...

Funktionen / Verhalten	Autoaggression	Objektmanipulation	Masturbation	Wutausbrüche	distanzloses Verhalten	u.s.w.																						
Vermeidung von Belastungssituationen																												
Reaktion auf Überforderung																												
Reaktion auf Unterforderung																												
Erreichen von Zuwendung																												
Kontaktaufnahme																												
Durchsetzungsstrategie																												
u.s.w.																												

Verhalten und Funktionsverknüpfung

GEORG THEUNISSEN (HRSG.)

Enthospitalisierung – ein Etikettenschwindel?

Neue Studien, Erkenntnisse und Perspektiven der Behindertenhilfe

Erklärtes Ziel der Behindertenpolitik ist seit geraumer Zeit die Enthospitalisierung von Menschen mit geistiger und seelischer Behinderung. Dem liegt die Erkenntnis zugrunde, daß behinderte Menschen in psychiatrischen Einrichtungen, Krankenhäusern, Pflege-, Alten- oder Feierabendheimen fehlplatziert sind. Ziel der Enthospitalisierung muß es sein, über eine lebensweltbezogene Behindertenarbeit psychisches und physisches Wohlbefinden (wieder-) herzustellen und gesellschaftliche Integration zu ermöglichen. Dazu bedarf es der Deinstitutionalisierung, des Aufbaus und der Sicherung eines gemeindenahen, bedarfs- und bedürfnisgerechten Rehabilitationssystems. Gerade an dieser Stelle klaffen Anspruch und Wirklichkeit noch weit auseinander. Tatsache ist, dass vielerorts nur eine 'Umhospitalisierung' zu verzeichnen ist. Das aber ist ein Etikettenschwindel!

Die vorliegende Arbeit belegt diese Kritik und zeigt konkrete Wege für die *Praxis der Enthospitalisierung* auf Dabei werden neueste Studien vorgestellt, die von hohem Erfahrungswert, wegweisend und tragfähig für eine moderne Behindertenarbeit auch unter 'schwierigen' ökonomischen Bedingungen sind. Die Beiträge wurden von ausgewiesenen Experten aus der Sozialpolitik, Behindertenpädagogik, Psychiatrie, Behindertenhilfe und Praxis verfaßt.

Aus dem Inhalt

Enthospitalisierung aus sozialpolitischer Sicht, am Beispiel der Position des Landes Sachsen-Anhalt Enthospitalisierung aus sozialpsychiatrischer Sicht, am Beispiel des Landeskrankenhauses Gütersloh Enthospitalisierung und verstehende Diagnostik – Empowerment und Enthospitalisierung – Nutzerkontrolle als Element der Qualitätssicherung für das System der Hilfen für Menschen mit geistiger Behinderung – Enthospitalisierung oder Umhospitalisierung? Am Beispiel der neuen Länder – Enthospitalisierung in historischer Verpflichtung – Von einer Verwahranstalt zu einer reformierten Großeinrichtung, Schloß Hoym im Wandel – Lebenszufriedenheit von BewohnerInnen der Außenwohngruppen des „Schloß Hoym e.V."- Trägerbedingungen und Modell einer Integration von geistig schwerst- und mehrfachbehinderten Menschen aus der Psychiatrie in die Gemeinde, Bericht über ein Projekt der Dr. Loew'schen Einrichtungen – Geistig behinderte Menschen in der Valduna 1862-1995, Chronik, Enthospitalisierung, Katamnese, dargestellt aus einem Landeskrankenhaus.

1998. 290 Seiten, 36,- DM. ISBN 3-7815-0886-2

Julius Klinkhardt Verlag Bad Heilbrunn

GEORG THEUNISSEN

Basale Anthropologie und ästhetische Erziehung

Eine ethische Orientierungshilfe für ein gemeinsames Leben und Lernen mit behinderten Menschen

In den letzten Jahren findet eine Abkehr von Aussonderung und Verdinglichung behinderter Menschen und eine Zuwendung zu Normalisierung und Integration statt, Zugleich gibt es jedoch Tendenzen, das Lebensrecht behinderter Menschen in Frage zu stellen. Darauf wird im ersten Teil des Buches kritisch Bezug genommen. Quasi als ‚Gegenmodell' wird eine biozentrische Verantwortungsethik auf der Basis der basalen Anthropologie Adolf Portmann's entwickelt und begründet. Einen herausragenden Stellenwert hat dabei die Ästhetik als Vehikel zum Verstehen und Wahrnehmen von Lebenswirklichkeit.

Im zweiten Teil wird mit Blick auf Schiller's „Briefe zur ästhetischen Erziehung des Menschen" ein Konzept ästhetischer Erziehung für Menschen grundgelegt, die als geistig schwerst- und mehrfachbehindert bezeichnet werden. Dieser Ansatz führt zu einer ästhetischen Praxis, die Anregungen für den Kunstunterricht mit behinderten Schülern und für die außerschulische Bildungsarbeit mit behinderten Erwachsenen enthält.

Durch diese Praxisorientierung wendet sich das Buch über die Fachwissenschaft hinaus an praktizierende und angehende SonderschullehrerInnen, an Sozial- und HeilpädagogInnen, an therapeutische und pflegerische Fachkräfte sowie an die Eltern behinderter Kinder.

Aus dem Inhalt

Zur rationalen Ethik und utilitaristischen Lebensphilosophie – Zum Menschsein und Personsein aus utilitaristisch-rationaler Sicht – Zur Euthanasie-Diskussion – Genetik, Bioethik und Menschenwürde – Zur basalen Anthropologie und biozentrischen Ethik – Zum Menschenbild nach Adolf Portmann – Reflektionshilfen für eine ethische Grundhaltung – Ästhetische Erziehung und spezielle Pädagogik – Ästhetische Erziehung als Theorie der Bildung – Ästhetische Erziehung als basale Pädagogik – Impulse für den Kunstunterricht und die außerschulische Bildungsarbeit

1997. 183 Seiten, 28,- DM, ISBN 3-7815-0883-8

Julius Klinkhardt Verlag Bad Heilbrunn

GEORG THEUNISSEN (HRSG.)

Kunst, ästhetische Praxis und geistige Behinderung

In den letzten Jahren rücken Bildnereien, ästhetische Objekte und Prozesse kultureller Darbietungen geistig behinderter Menschen zunehmend in den Blickpunkt von Fachwelt und Öffentlichkeit. Allmählich setzt sich die Ansicht durch, dass Kunst und Kreativität weder Behinderung noch Normalität kennen.

Mit diesem Sammelband, an dem renommierte Fachwissenschaftler, Kunst-, Heil- und Sozialpädagoginnen und KünstlerInnen mitgewirkt haben, wird erstmalig ein Werk vorgelegt, daß das breite Spektrum der ästhetischen Praxis bei Menschen mit geistiger Behinderung widerspiegelt. Neben der theoretischen Grundlegung bietet das Buch eine Fülle an Anregungen für die Praxis.

Aus dem Inhalt

Zur Bildnerei von Menschen mit geistiger Behinderung – Zur ästhetischen Erziehung – Zur therapeutischen Grundorientierung der ästhetischen Erziehung in der Heilpädagogik – Einblicke in die kunsttherapeutische Arbeit mit schwerst- und mehrfachbehinderten Menschen – Spiel- und Theaterpädagogik Möglichkeiten aktionsorientierter Arbeitsformen im Kunstunterricht mit geistig behinderten Schülern – Animation und darstellendes Spiel in der Videoarbeit mit geistig behinderten Menschen – Über Bildnereien geistig behinderter Erwachsener aus psychiatrischen und heilpädagogischen Langzeiteinrichtungen – Ästhetik als Lebenshilfe für Menschen mit schwerer geistiger Behinderung, eine Galerie von Ein- und Ausdrücken – Ästhetische Praxis als integratives Medium im kulturellen Raum – Theater trotz Therapie mit geistig behinderten Menschen.

1997. 252 Seiten. Zahlreiche Abbildungen, 38,- DM, ISBN 3-7815-0885-4

Julius Klinkhardt Verlag Bad Heilbrunn